METZ LITTÉRAIRE.

1854.

METZ

LITTÉRAIRE

EN 1854.

METZ.

IMPRIMERIE F. BLANC, RUE DU PALAIS.

1854.

A

L'ACADÉMIE IMPÉRIALE DE METZ

SOCIÉTÉ

DES LETTRES, SCIENCES ET ARTS

DU

DÉPARTEMENT DE LA MOSELLE.

Par un de ses Membres titulaires,

F. BLANC.

COLLABORATEURS.

MM.

Charles Abel, Moïse Alcan, André, d'Attel de Luttange, Louis Barthélemy, Émile Bégin, F. Blanc, Émile Bouchotte, Georges Boulangé, Édouard Carbault, Michel Carré, F.-M. Chabert, L.-E. de Chastellux, Chenard de Mazières, Feu du Coetlosquet, Dufour, Dufresne, Camille Durutte, J.-A. Estienne, Faivre, Albert de la Fizelière, Charles Fournel, E. Gandar, Eugène Grellois, Louis Huart, A. Huguenin, G.-A. Humbert, E. Jacquot, Feu J. Koenig, Feu Lallemand, de l'Institut, Lasaulce, Gerson Levy, Adrien Linden, Macherez, Alfred Malherbe, Camille Malher, l'abbé Maréchal, Félix Maréchal, Maréchal, peintre, Alfred Mézières, E. Mouzin, F. Munier, Poncelet, de l'Institut, F. Straten Ponthoz, Aug. Prost, Th. de Puymaigre, Feu Ad. Rolland, F. de Saulcy, de l'Institut, Scoutetten, Victor Simon, Soleirol, C. Stoffels, Susane, Mme Amable Tastu, Toutain, V. Vaillant, Amédée Vaillant, Virlet, Mme Élise Voïart, l'abbé Wonner.

SOUSCRIPTEURS

DE

METZ LITTÉRAIRE.

1. M. le comte Malher, préfet de la Moselle.
2. M. Jaunez, maire de Metz.
3. La Ville de Metz pour sa bibliothèque
4. La Ville de Metz pour sa bibliothèque
5. L'Académie Impériale de Metz.
6. La Société des Sciences Médicales de la Moselle.
7. Le Cercle de la Réunion à Metz.
MM.
8. Grellois, secrétaire de l'Académie Impériale.
9. Wonner, curé de Notre-Dame.
10. Faivre.
11. Barral, à Paris.
12. Barral, id.
13. Moïse Alcan, libraire.
14. Chenard de Mazières, rédacteur de l'*Indépendant*.
15. Humbert, ancien sous-préfet, à Paris.
16. Gélinet, agent de change.
17. André, président du Comice.
18. Gandar (E.), professeur au Lycée.
19. Linden (Adrien), négociant.
20. Malher (Camille).
21. Poulet, avocat.
22. Moisson, procureur impérial.
23. Mouzin, directeur de l'École de Musique.
24. Robert, sous-intendant militaire.
25. Warion, libraire.
26. Bultingaire, commis des douanes.
27. Cornet, à Briey.
28. Didiot (Virgile).
29. Huart (Louis), du *Charivari*, à Paris.
30. Vaillant, rédacteur du *Vœu National*.
31. Aubusson, typographe.
32. Maréchal (Raphaël), peintre.
33. Puyperoux, propriétaire.
34. Fabricius (Edouard), négociant.
35. Barthelemy (Emile), négociant.
36. Dupuy (Benoît), à Épinal.
37. Thiriet, agent-général des Ecoles.

38. Whitaker, café de la Poste.
39. De Mardigny, ingénieur.
40. Châtel fils, avoué.
41. Henriquet, négociant.
42. Saint-Jacques, courtier.
43. Muller, clerc d'avoué.
44. Flandre, comptable.
45. Vilgrain.
46. Jacob (Léon), courtier.
47. Girgois, négociant.
48. Pin-Doisy, hôtel du Nord.
49. Pin-Doisy, id.
50. De Saulcy, vice-président de l'Académie.
51. Simon (Mathieu), banquier.
52. Simon (Emile), banquier.
53. Mauger, capitaine d'artillerie.
54. Georges, négociant.
55. Gandar (Adolphe).
56. Rémond jeune, avoué.
57. Ory, ancien sous-préfet.
58. Brussaux, receveur du timbre.
59. Berga, notaire honoraire.
60. Blondin, greffier du Tribunal de Commerce.
61. Gerson Levy, gérant de l'*Indépendant*.
62. Carbault (Edouard), homme de lettres.
63. Belliéni, opticien.
64. Simon, notaire honoraire.
65. Le Joindre, ingénieur en chef des Ponts et Chaussées.
66. Paul, ancien vice-président de la Société de Secours Mutuel.
67. Hussenot (Joseph), peintre.
68. Mathieu-Paquin, négociant.
69. Braye (l'abbé), chanoine.
70. Verronnais, imprimeur.
71. Jacquot, ingénieur des mines.
72. Bodin, artiste-mécanicien.
73. Terquem (Auguste), banquier.
74. Pelte, ancien cultivateur.
75. Van der Straten Ponthoz.
76. D'Attel de Luttange, homme de lettres.
77. Clercx, bibliothécaire de la ville.
78. Valette, maire de Rémilly.
79. Rolland (Alexis), à Rémilly.
80. Rolland (Auguste), à Rémilly.
81. Bellevoye, graveur.
82. Berga (Henry).
83. Kohler, greffier du Tribunal.
84. Poncelet (Théodore).
85. Loyauté (Louis), négociant.
86. Dufour, conseiller à la Cour.
87. Romary, papetier.
88. Van der Noot, ingénieur de la ville.
89. Billy, à Spincourt (Meuse).
90. Mangin, café Parisien.
91. Godron, médecin à Rombas.
92. Rémond, négociant, au Fort.
93. Westermann, négociant.
94. Boulangé, avocat.
95. Jacob (Charles), juge suppléant.
96. Demongeot, ancien magistrat.
97. Bouchotte (Emile), négociant.
98. De Gérando, procureur général.
99. Michel (Emile), peintre.
100. Estienne, professeur au Lycée.
101. Gandar (Eugène), professeur au Lycée (2ᵉ souscription).
102. Des Robert.
103. Roussel (Jules), pharmacien.
104. Loizillon, négociant.
105. De Chastellux, conseiller de préfecture.
106. Lecomte, maître de pension.
107. Gallez père.

108. Woirhaye, président à la Cour.
109. Freyberger, compositeur.
110. Worms (Justin), banquier.
111. Marlier, conseiller à la Cour.
112. Clinchant, avocat.
113. De Bollemont, juge.
114. Monard frères, médecins.
115. Cailly, à Thionville.
116. Laserre (l'abbé), chanoine.
117. Jauffret (l'abbé), chanoine.
118. Taiclet, professeur.
119. Gosselin, ancien colonel du génie.
120. Mme Maury et sa sœur, passementières.
121. Lallouette, rentier.
122. Robert (Georges), maître de forges.
123. Gentil (Emile), à Mainbottel.
124. Devilly (Théodore), peintre.
125. Toussaint, ancien avoué.
126. De Faultrier, avocat.
127. Dauphin (Emile), notaire à Vigy.
128. Dauphin (Evonyme), avocat.
129. Mondot, proviseur du Lycée.
130. Soyeur, miroitier.
131. Gillot, médecin.
132. Fresney, du Bureau de Bienfaisance.
133. Appiano, marchand de musique.
134. Robinet père, chaudronnier.
135. Blondin (Ferdinand), directeur du gaz.
136. Giraud, droguiste.
137. Simon, conseiller à la Cour.
138. Purnot, préposé en chef de l'octroi.
139. Humbert, notaire à Longuyon.
140. Chabert, de l'Académie Impériale.
141. Mme Humbert, à Scy.
142. Humbert, négociant en vins.
143. Westermann (Louis).
144. Fabricius (Auguste), à Francfort.
145. Durutte (Camille), compositeur.
146. Cornette, fabricant d'enclumes.
147. Richon, bijoutier.
148. Rémond, juge de paix.
149. Maréchal (l'abbé).
150. Morlanne, chirurgien honoraire des hospices civils.
151. Lejeune (Edmond).
152. Pierre (l'abbé).
153. Soleirol, ancien commandant du génie.
154. Box, principal du Collége de Sarreguemines.
155. Mme Bernard, rentière.
156. Henriet, procureur impérial à Briey.
157. Aix, propriétaire.
158. Maréchal (Félix), médecin.
159. Marly, notaire.
160. Leclerc-Aubry, entrepreneur.
161. Bastien (Charles), négociant.
162. Grand (Pierre), conseiller à la Cour.
163. Mayer (Philippe), négociant.
164. Lejeune, avocat.
165. Billotte, ancien avoué.
166. Aron Caën, président du Consistoire Israélite.
167. Leneveux, conseiller de préfecture.
168. Gougeon, conseiller à la Cour.
169. Puel père, médecin.
170. Niclausse (Emile).
171. Gougeon (Gabriel).
172. Charpentier, premier président.
173. Collignon, ancien libraire.
174. Bompard, ancien maire de Metz.
175. Scoutetten, médecin en chef.

SOUSCRIPTEURS A METZ LITTÉRAIRE.

176. Chartener (Gustave).
177. Luc, négociant.
178. Montaigu, propriétaire.
179. Marly (Gustave), avocat.
180. Fleury, directeur de messageries.
181. Simon-Nicéville, pépiniériste.
182. Cailleux, négociant.
183. Bertheaume jeune, négociant.
184. Clause-Hoffmann, négociant.
185. Salomon, professeur au Lycée.
186. Potain, négociant.
187. Berga (Charles), notaire.
188. Goussel-Laumont, négociant.
189. Barthélemy, médecin.
190. Aron Caën fils, avocat.
191. Vincent, rentier.
192. Rolland (Prosper), propriétaire.
193. Gobert, propriétaire.
194. Charpentier, médecin.
195. Bezanson, négociant.
196. Richet, médecin.
197. Mercy-Montaigu, négociant.
198. Mary fils, négociant.
199. Berga (Justin), avocat.
200. Renaut, négociant.
201. Marchal, ancien chirurgien-major.
202. Bouchotte (Emilien), à Fleur-Moulin.
203. Dornès (Léon), à Sarralbe.
204. Rousseau, libraire.
205. De Puymaigre, à Inglange.
206. Roger, capitaine en retraite.
207. Barbey, conducteur des Ponts et Chaussées.
208. Mittelberger, rentier.
209. Racine, architecte.
210. Lepigocher (Lucien), professeur de musique.
211. Lynam (John).
212. Maline, imprimeur.
213. Husson (Casimir), propriétaire.
214. Maréchal, peintre.
215. Gugnon (Louis).
216. Pistor, avocat.
217. Mahu, chirurgien-accoucheur.
218. Rolland (Gustave), à Vatimont.
219. Valette (Hypolite), négociant.
220. Goërg, ancien négociant.
221. Jacquinot, secrétaire-général de la Préfecture.
222. Teste, commerçant.
223. Marey-Monge, général de division.
224. Glavet, mécanicien.
225. Blanc (Nancy), à Constantine.
226. Gilbrin, notaire.
227. Réau, directeur des lits militaires.
228. Cuny (Aimé), étudiant.
229. Gélinet, capitaine d'artillerie.
230. Jacquemin, pharmacien.
231. Marchal, juge au Tribunal.
232. Mlle Victorine Lepigocher.
233. Mme Failly, à Moulins.
234. Karcher (Henri), négociant.
235. Sturel (Emile).
236. Sturel (Sylvain).
237. Barthélemy (Louis).
238. Ménidré, chef de division à la Préfecture.
239. Vautrin, propriétaire à Saint-Thiébault.
240. Aubert (Louis), négociant.
241. De la Fizelière (Albert), à Paris.
242. Olry Lévy, libraire.
243. Boileau, capitaine d'artillerie.
244. Gautiez, architecte.
245. Lasaulce, directeur de l'École Normale.
246. De Boblaye, général de brigade.

247. Des Rives, sous-intendant militaire.
248. De Saint-Chaman, receveur-général.
249. Rosman, pharmacien.
250. Niclausse, pharmacien.
251. Picard, officier d'administration militaire.
252. D'Hannoncelles, substitut.
253. Woirhaye, avoué.
254. Maline, avoué.
255. Brutillot, avoué.
256. Bernard, avocat.
257. Jacquin, médecin.
258. Scharff, commissionnaire de roulage.
259. Chartener (Hypolite).
260. De Maillier, élève à l'École d'Application.
261. Simon-Favier.
262. Salmon, négociant.
263. Du Coëtlosquet (le comte).
264. Romphleur, colonel en retraite.
265. Adam (T.).
266. L'abbé Thomas, secrétaire-général de l'Évêché.
267. L'abbé Masson, vicaire-général.
268. L'abbé Gilbrin, chanoine.
269. L'abbé Balzaire, chanoine honoraire.
270. L'abbé Martin, curé de Sainte-Ségolène.
271. L'abbé Mennessier.
272. Schvabe, conseiller municipal.
273. Mouzin (2e souscription).
274. Altmayer (N.), à Saint-Avold.
275. Mangin (Edouard), à Spincourt.
276. Ackermann, négociant.
277. Parnajon, colonel en retraite.
278. Couvrepuit, économe des hospices.
279. Labbé, à Gorcy.
280. Bertin, propriétaire.
281. Gérardin, substitut.
282. Rolly, conseiller à la Cour.
283. Salle, négociant.
284. Bompard (Ernest).
285. Abel, avocat.
286. Malherbe (Alfred).
287. De Maillier, sous-inspecteur des Forêts.
288. Boulangé, ingénieur des Ponts et Chaussées.
289. Muller, professeur.
290. Bultingaire (Auguste), négociant.
291. Morhange, professeur.
292. Finot, médecin principal.
293. Pougnet, de Landroff.
294. Huguenin, professeur d'histoire.
295. Auburtin, percepteur à Lubey.
296. Legrand (Emile), médecin.
297. Abel, propriétaire à Thionville.
298. Toutain, caissier de la Banque.
299. Virlet, chef d'escadron d'artillerie.
300. Blanc, rédacteur du *Courrier*.

Le livre n'a été tiré qu'à 300 exemplaires : MM. les Souscripteurs en seront donc seuls en possession.

AU LECTEUR.

—

Metz, 15 octobre 1854.

Au moment où paraît *Metz littéraire*, je remercie mes collaborateurs et mes concitoyens de l'appui qu'ils ont prêté à cette entreprise.

Je leur avais dit : « Les pauvres ont besoin, les lettres » sont délaissées ; venons-leur en aide par une publication » qui prouve à la fois ce que peuvent la littérature et la » charité messines. » Ils ont bien voulu me comprendre : soixante collaborateurs m'ont envoyé leurs manuscrits, et trois cents souscripteurs m'ont adressé leurs cotisations. Je n'en demandais pas davantage. J'ai pu verser immédiatement 1 500 francs dans les caisses des pauvres de la ville : les souscripteurs reçoivent aujourd'hui le livre que je leur avais promis.

La tâche que je m'étais imposée est ainsi remplie. Dans l'avenir, soit à Metz, soit ailleurs, d'autres feront sûrement plus et mieux : il nous restera du moins le mérite de leur avoir ouvert la route.

M. le Préfet de la Moselle, M. le Maire de Metz, l'Académie

Impériale, la Société des Sciences Médicales de la Moselle, le Cercle de la Réunion, enfin tous mes confrères de la presse locale se sont associés à ma pensée avec un zèle qui l'honore autant qu'il me touche. C'est grâce à leur bienveillance et à l'empressement des collaborateurs que nous avons pu, tout en soulageant les pauvres, élever ce monument de la littérature messine actuelle : s'il obtient l'approbation publique, c'est à eux que la plus grande part en reviendra.

Eloignés de nous par la guerre, frappés par la maladie ou accablés par leurs travaux, quelques écrivains seulement n'ont pu tenir leur promesse, ni même répondre à mon appel. Plus que personne je regrette que leur concours nous ait fait défaut : ils eussent ajouté, par leurs talents, au mérite de *Metz littéraire*.

Le Directeur, F. BLANC.

METZ

LITTÉRAIRE.

METZ LITTÉRAIRE.

FEUQUIÈRES DEVANT THIONVILLE.

(FRAGMENT.)

.... Au milieu de la nuit du 15 mai 1639, la ville de Metz fut mise en émoi par une vive canonnade qui se faisait entendre dans la direction de Thionville. Personne ne connaissait la cause de ce bruit sinistre. Le gouverneur lui-même, M. de Roquespine, qui commandait à Metz en l'absence du cardinal de Lavalette, partageait l'ignorance générale. Aussi s'empressa-t-il de jeter quelques éclaireurs dans la plaine de Woippy ; mais, pour toute nouvelle, ces soldats revinrent dérisoirement apprendre aux Messins que, dans la nuit, les vignobles avaient été attaqués par la gelée. Cependant le canon continuait de retentir et une épaisse fumée s'élevait à l'horizon. L'anxiété fut portée au comble quand, à huit heures du matin, la foule, que la peur avait amassée sur les remparts, vit accourir à bride abattue des cavaliers français qui firent en toute hâte lever la herse du Pont-Thieffroid, et, se précipitant au galop dans les rues de Metz, se dirigèrent vers le palais de la Haute-Pierre. Ces soldats escortaient un officier général qui prit à peine le temps de descendre de cheval pour s'élancer, tout poudreux, dans les appartements du gouverneur.

Quelques heures après, les cloches des paroisses étaient mises en branle dans toute l'étendue du pays Messin. Des affiches, apposées dans chaque carrefour, ordonnaient aux mainbourgs des villages dépendant de Metz et aux bannerots des paroisses de conduire, au nom du Roi, tous les hommes valides à la Haute-Pierre où ils devaient être enrégimentés. Les boulangers étaient mis en réquisition pour fabriquer du pain, et de l'arsenal sortait du canon que l'on conduisait vers Thionville.

Louis XIII, ou plutôt le cardinal Richelieu, venait de reprendre l'offensive contre la maison d'Autriche. A la parole du ministre tout-puissant, trois armées avaient été dirigées sur les frontières des Pays-Bas. L'une, sous les ordres de La Meilleraye, favori du cardinal, s'était avancée dans les Flandres pour s'emparer d'Hesdin sous les yeux mêmes du Roi. Les travaux du siége étaient à peine commencés, que, sur les confins de la Lorraine et des Trois-Evêchés, s'organisait une seconde armée sous les ordres de Manassès de Pas, marquis de Feuquières, gouverneur de Verdun, qui, après s'être fait, dans les cours d'Allemagne, une haute réputation d'habileté diplomatique venait de gagner toute la confiance de Richelieu par la prise de Damvillers. On avait donné aux troupes placées sous son commandement le nom d'Armée du Dauphin, tandis que celles réunies sous La Meilleraye s'appelaient l'Armée du Roi. Feuquières avait reçu la mission spéciale de prendre l'offensive dans le Luxembourg, afin d'occuper les troupes impériales échelonnées dans le Brabant et de leur enlever l'idée de se porter au secours d'Hesdin.

En attendant cette diversion, Châtillon réunissait en Champagne un troisième corps d'observation qui devait prendre l'ennemi en flanc, et donner la main, suivant l'occurrence, soit à Feuquières, soit à La Meilleraye.

Tel était le plan d'ouverture de la campagne de 1639. Conformément à ces ordres, Feuquières rassembla ses troupes à Consenvoy-sur-Meuse, d'où il partit, le 15 mai, à la tête de huit mille hommes. Dans la nuit, il prit gîte à Bassompierre puis à Sancy, et au point du jour ses colonnes débouchaient dans la plaine de Thionville par les vallées de l'Orne et de la Fensch.

Cette place était au pouvoir des impériaux depuis le traité de Câteau-Cambresis. A l'aspect de la petite armée française, elle l'accueillit par le feu de toutes ses batteries : telle était la cause de la canonnade qui avait si fort ému les Messins. A l'insu de Feuquières, les munitions préparées à Vitry pour son armée avaient été envoyées à l'armée du Roi, et on avait renforcé le corps d'observation de la Savoie des hommes destinés à compléter ses cadres : c'est ce qui explique le petit nombre de soldats qu'il amenait devant Thionville, et la nécessité où il se trouva d'envoyer demander à Metz des vivres, des hommes de corvée et de l'artillerie. M. de Choisy, intendant de la justice de l'armée du Dauphin, fut chargé de cette mission : c'est cet officier-général que nous avons vu s'introduire à la Haute-Pierre d'une façon si insolite.

Les paroisses répondirent à son appel. Il prit le tiers des enrôlés, leur fit distribuer du pain et leur promit une paie de douze sols par jour avec obligation de ne travailler que quatre journées par semaine, menaçant d'ailleurs de faire fouetter devant l'hôtel de ville de Metz quiconque déserterait. Il conduisit ainsi un millier d'hommes sous Thionville.

Jamais circonstance plus favorable ne s'était présentée pour assiéger cette place. Réduite à une très-faible garnison par les guerres de Flandre, son gouverneur, le comte de Woilth était à Bruxelles pour réclamer un surcroît de troupes, rendu d'autant plus nécessaire que la forteresse s'était augmentée de plus du tiers sous le commandement du baron de Viltz, en 1570. Quittant la forme pentagonale, l'enceinte était devenue un heptagone régulier avec des bastions à chaque angle, ce qui était une grande innovation pour l'époque. La muraille était de briques, bien flanquée par ses sept bastions et défendue par un large fossé dans lequel on avait pratiqué des contre-gardes. Au-delà de la Moselle, sur la rive droite, s'élevait un retranchement en terre. La défense de ces fortifications était confiée à une assez faible troupe, encore diminuée par la perte d'une centaine d'hommes qui se laissèrent surprendre par l'arrivée des Français; succès puéril et qui sembla du meilleur augure à la cour de France. Ajoutez à cela que la place manquait de munitions et de vivres.

Ces circonstances réunies semblèrent, sans doute, autoriser Feuquières à tenter un siége en règle. Toutefois, il se rappela que quand, en 1558, le duc de Guise s'emparait de Thionville, son armée était forte de plus de trente mille hommes. Aussi réclama-t-il de nouveaux contingents, et vers le 20 mai, il se trouva enfin à la tête de douze ou treize mille soldats.

Thionville était assise sur la rive gauche de la Moselle, au milieu de la vallée où coule cette rivière. Dans la partie que celle-ci ne baigne point, une vaste plaine environne la ville et la sépare d'une montagne appelée la côte de Guenetrange. Sur l'autre rive s'élevait en amphithéâtre le côteau d'Yutz qui dominait, il est vrai, les remparts de la forteresse ; mais l'expérience de 1558 avait démontré que la largeur de la Moselle rendait cette position peu dangereuse.

Feuquières disposa son armée autour de la place de façon à tracer une ligne de circonvallation de plus de deux lieues. Son quartier-général fut établi au sud-ouest de la ville, du côté de Metz, dans la maison forte de Daspich. C'était un antique manoir féodal, élevé sur les débris d'une *mansio*, d'une étape romaine, *Aspicium*, où Constantin avait fait plus d'une fois reposer ses légions. Près de là coule la Fensch.

Ce cours d'eau, avant d'arriver à Daspich alimentait, à une lieue et demie sud-ouest, un moulin et abreuvait les fossés d'un vieux château datant de l'invasion des barbares, comme l'indique son nom d'origine teutone, Florange. Dans les ruines de ce castel, Feuquières fit amener l'artillerie qui lui avait été envoyée de Metz. Il en confia le commandement à Saint-Aoust et la défense à deux régiments d'infanterie, Effiat et Kollasse.

Le parc d'artillerie se trouvait, ainsi que le quartier-général, défendu par la Fensch, dont les bords avaient été relevés pour les rendre plus difficiles à franchir.

A un quart de lieue de Florange, en montant vers l'occident, à la naissance de la côte de Guenetrange, se trouve le village de Weymerange : Saint-Pol s'y établit avec trois régiments d'infanterie, Saint-Luc, Plessis et Beauce.

Au nord-ouest, sur le sommet de la colline, Bussy-Rabutin se retrancha avec son régiment, dominant ainsi le grand chemin de Thionville à Longwy. La colline, boisée du côté de Longwy, était couverte de vignes sur le versant qui regarde Thionville. Ce poste était d'autant plus important que la pénurie de troupes avait empêché Feuquières de jeter quelques compagnies dans les deux anciens châteaux de Volkrange et d'Œutrange, postes avancés sur les routes de Longwy et de Luxembourg.

A une demi-lieue au nord de Thionville s'élevait un manoir féodal avec créneaux, meurtrières et donjon, comme la maison forte de Daspich. C'est le château actuel de Lagrange. Deux régiments, Navarre et Grancey, y étaient retranchés sous le commandement de Grancey, comte de Médavie.

Dans la direction nord-est, à une lieue de la forteresse, Choiseul, marquis de Praslin, avait établi le quartier-général de la cavalerie dans le village de Manom. Une vaste prairie qui s'étend entre la côte de Guenetrange et la Moselle, depuis Manom jusqu'au village de Garsch, dans la direction nord vers Luxembourg, favorisait parfaitement, en cas d'attaque, les évolutions de la cavalerie.

Sur la rive droite de la Moselle, à l'est de Thionville, dans le village de Yutz, était établi le quartier de Moulinet qui se composait d'un régiment de carabiniers et des régiments infanterie Coinsy et cavalerie Streff. Ce camp était appelé à protéger les travaux du siége contre une armée venant des provinces du Rhin. Il était mis en communication avec le restant des troupes par un pont de bateaux que Feuquières avait fait jeter sur la Moselle, près de l'embouchure de la Fensch, au-dessous du château fort de Neurbourg et du village de Terville situés, l'un et l'autre, au sud de Thionville, à la droite du quartier-général. Dans ce château et ce village étaient retranchés deux régiments, Picardie et Des Rambures, qui formaient, avec l'état-major cantonné à Daspich, un quartier que commandait Feuquières.

L'armée française était ainsi divisée en sept quartiers qui tous se trouvaient placés, dans un rayon d'une demi-lieue de Thionville, sur une circonférence d'environ trois lieues de développement. Par un singulier effet, soit du hasard, soit de la stratégie, chacun des sept quartiers avait son correspondant dans l'un des sept bastions de la forteresse.

Ce fut à relier ces quartiers entr'eux par des fossés et des palissades et sous le feu du canon de la place qu'on occupa les paysans messins mis en réquisition par Choisy. Mais il y eut bien des désertions, et plus d'un reçut, sur la pierre aux huchements, en face de la Cathédrale, cent coups de fouet de la main du bourreau. Bref, le mois de mai s'écoula et les travaux de circonvallation n'avançaient pas. Feuquières eut alors la malheureuse idée de demander à Metz six cents femmes pour porter la hotte dans les tranchées. Leur enrôlement devait être volontaire : on pense bien qu'il s'en présenta. Le camp des Français devint dès-lors un réceptacle de filles de mauvaise vie. Les ménétriers de Metz les y suivirent comme à une foire. Ce n'était que débauches et orgies parmi les soldats. Les officiers eux-mêmes abandonnaient le camp et venaient à Metz perdre leur argent au jeu dans les tripots. Cette conduite générale de l'armée paraît aujourd'hui d'autant plus inexplicable que, par les ordres de Richelieu, la surveillance morale en avait été donnée à plusieurs R. P. Jésuites qui étaient venus s'installer au quartier-général.

Et cependant, faisant contraste avec le camp de Thionville, le pays Messin supportait les angoisses de la faim et de la misère. Le vin était hors de prix et très-mauvais; le pain était si près de manquer que l'autorité en fut réduite à faire ouvrir, à Metz, plusieurs greniers de particuliers pour cause d'utilité publique.

Un tel état de choses accélérait peu les travaux de circonvallation : aussi, la partie septentrionale, située entre Manom et Lagrange, n'était pas encore entreprise. Le 2 juin,

Feuquières se rendit au château de Lagrange pour surveiller, par lui-même, les travailleurs. On lui amena une mendiante du pays de Luxembourg, qui crut mériter une récompense en l'informant de l'approche d'une grosse armée : Feuquières ne fit qu'en rire et congédia la pauvre femme en la menaçant de la faire pendre. Le lendemain un cavalier, qui était allé à l'aventure du côté de Bastogne, annonça l'arrivée de troupes nombreuses par les vallées de Luxembourg : mais il ne parvint pas à convaincre son général, qui, sur les renseignements reçus de l'armée du Roi, avait quelque raison de croire que l'ennemi rassemblait ses bataillons du côté de Givet et de Rocroi pour envahir la Champagne et inquiéter Châtillon. Mal instruit, comme Richelieu lui-même, Feuquières ne savait pas que, dès le 25 mai, à la nouvelle de l'investissement de Thionville, Octave Piccolomini rassemblait ses troupes, et leur donnait rendez-vous à Luxembourg pour le 6 juin. Il ignorait que, partis de Bastogne le 3 juin, les Espagnols marchaient à pas précipités, par Arlon, sur Thionville. Ce fut seulement dans la soirée du 6 juin, et par l'intermédiaire de la marquise de Feuquières, femme d'une rare énergie qui commandait à Verdun en l'absence de son mari, qu'on apprit au camp de Thionville que Piccolomini devait être à la tête de trente mille hommes sous les murs de Luxembourg.

Seulement alors, les Français comprirent les dangers qui les menaçaient. Leur camp était resté découvert précisément dans la partie que l'ennemi allait attaquer. Les généraux s'assemblèrent à Daspich. Il fut décidé que chaque quartier se retirerait dans ses retranchements pour diviser les efforts de l'armée impériale que l'on savait supérieure en nombre, et surtout en artillerie et en cavalerie.

Un pont de chevalets fut aussitôt organisé entre Manom et Yutz pour permettre au quartier de Moulinet de porter secours à celui de Praslin qui, par sa position, était appelé à supporter le premier choc de l'ennemi. Le régiment de Streff fut envoyé pour occuper la citadelle de Rodemack, à quatre lieues au nord sur la route de Luxembourg et le château fort de Roussy, à trois lieues dans la même direction.

Dès la pointe du jour, le 7 juin, Feuquières parcourut la ligne et vint, par sa présence, tout en s'assurant de l'achèvement du pont de Manom, stimuler l'ardeur du soldat.

Tout-à-coup un cavalier de Streff se présente et annonce que des croates s'avancent sur Roussy et que, d'après le rapport de paysans, une forte armée venait de s'emparer, sans coup férir, de la citadelle de Rodemack.

Pour confirmer cette nouvelle, une vive mousqueterie ne tarda pas à se faire entendre. Les croates débusquent des bois de Cattenom dans la plaine de Garsch et se rangent en bataille derrière le ruisseau la Kisel.

Bientôt on voit accourir, ventre à terre, les escadrons de Streff qui, serrés de près par les dragons autrichiens, se replient sur les avant-postes et cherchent à se rallier, près de l'entrée du camp, dans le hameau de la Maison-Rouge, situé sur la déclivité septentrionale de la côte de Guenetrange, au nord de Lagrange et à une lieue de Thionville. Piccolomini, qui tenait à ce poste, parce que sa position élevée dominait la vallée de la Moselle, y fait diriger un régiment d'infanterie luxembourgeoise qui, aidé des dragons, se rend maître du terrain. Il était six heures du matin quand les deux armées se trouvèrent en présence.

Praslin arrive avec sa cavalerie et dispose ses escadrons en avant du camp de Manom; les régiments de Navarre et Grancey lancent leurs tirailleurs dans la plaine. Piccolomini, de son côté, masse ses bataillons à la Maison-Rouge, et fait franchir la Kisel à ses escadrons.

La trompette sonne le signal ; les cuirassiers, les dragons autrichiens, commandés par Gonzague, ébranlent la terre sous le pied de leurs lourds chevaux et viennent se heurter contre les escadrons de Praslin. Ceux-ci sont culbutés dès la première charge et poursuivis à outrance : ils ne songent qu'à mettre la rivière entre eux et l'ennemi. Ils passent la Moselle, les uns à la nage, les autres sur le pont de chevalets ; pendant que de la place, le canon met le désordre dans les rangs des fuyards.

Derrière eux Gonzague s'avance. Le quartier de Moulinet, surpris et démembré, — le régiment de Streff en ayant été distrait pour marcher inutilement sur Rodemack et Roussy, — ne peut tenir contre des forces supérieures et tombe, avec armes et bagages, au pouvoir de l'ennemi. Les Français, néanmoins, se retirent en bon ordre par les hauteurs d'Yutz pour éviter le canon de la place. Ils repassent sur la rive gauche par le pont de bateaux, tandis que le canon du quartier-général et la mousqueterie des régiments de Picardie et Des Rambures arrêtent Gonzague dans sa poursuite et le forcent même à reculer.

Le quartier de Grancey n'étant pas soutenu par la cavalerie eut à supporter seul tout l'effort de la bataille. Mais que pouvaient deux régiments contre toute une armée ? Après deux heures d'arquebusades, Navarre et Grancey se replièrent sur le quartier de Rabutin, laissant deux cents hommes dans le château-fort de Lagrange avec des prisonniers, et, entre autres, le colonel luxembourgeois Beauregard.

Cette retraite avait été rendue possible par l'arrivée du régiment de Beauce qui était venu, du retranchement de Bussy-Rabutin sur le sommet de la côte de Guenetrange, tendre la main au quartier de Navarre.

Jusqu'alors l'avant-garde de l'armée impériale avait seule

donné. De nouveaux régiments de cuirassiers, sous le commandement de Beck, arrivent bientôt par Œutrange. Débouchant au travers des vignes de Guenetrange qui regardent l'ermitage Saint-Michel, ils prennent en flanc droit le quartier de Bussy-Rabutin, interceptent toutes ses communications et refoulent sur Terville et sur Daspich les troupes fraîches que Feuquières envoyait sur Guenetrange à travers champs. L'infanterie espagnole gagnait aussi du terrain : elle entrait à Lagrange et, mettant le feu au château-fort, forçait ses défenseurs à capituler et à rendre leurs prisonniers. Plusieurs régiments luxembourgeois, qui n'avaient pas quitté les hauteurs, se répandaient sur la crête de la côte de Guenetrange et contournaient à gauche, par les bois, le quartier de Bussy-Rabutin déjà aux prises avec les Autrichiens venus par les vignobles.

Enveloppés de toutes parts, les Français comprirent qu'ils n'avaient plus qu'à se faire tuer. Après avoir mis eux-mêmes le feu à leurs bagages, ils se jetèrent à corps perdu sur les bataillons ennemis, s'y firent jour et vinrent, par les vignes, se rallier à Weymerange dans le quartier de Saint-Pol.

Le régiment de Beauce favorisa puissamment cette retraite. Toutefois, d'Onzain, son colonel, fut tué, et Bussy-Rabutin, prisonnier un moment, fut dégagé par son lieutenant-colonel.

Ne pouvant plus tenir à Weymerange devant le flot des ennemis qui allait montant, les Français se retirèrent derrière la Fensch, sous le canon de Florange, qui força les Autrichiens à s'arrêter. Il était onze heures du matin. Le combat durait depuis le lever du soleil par une chaleur suffocante, rendue encore plus pénible par la poussière et la fumée que le vent du nord chassait dans les yeux des Français.

L'armée de Piccolomini se rangea en bataille parallèlement au cours de la Fensch dans la plaine de Guenetrange, appuyant son aile gauche sur une petite chapelle dédiée à saint Pierre, au sud-ouest de Thionville. Feuquières voulait se reporter sur Metz ou tout au moins se retrancher derrière l'Orne, au-dessous du pont de Richemont. Mais il manquait de chevaux pour traîner son artillerie, les ayant envoyés à Metz et à Verdun chercher le matériel de siége. Il résolut de garder sa position derrière la Fensch jusqu'à la nuit, les chevaux devant être alors de retour de Metz, puis de se diriger sur l'Orne par les vallées voisines. Malheureusement il ignorait que les fuyards du matin, ayant en tête Grancey et Choisy, avaient fait rétrograder les chevaux qui se rendaient à son camp.

Il retira de Terville les régiments de Picardie et de Rambures et n'y laissa que quatre compagnies de gens d'armes pour surveiller l'ennemi.

A cinq heures du soir, Piccolomini, après avoir renforcé son artillerie avec du canon pris dans l'arsenal de Thionville, reprenait l'offensive. L'infanterie austro-espagnole s'avance de front sur le ruisseau de la Fensch, dans l'escarpement duquel les Français avaient mis tout leur espoir, pendant que la cavalerie se prépare à passer le cours d'eau sur les ponts de Florange, de Daspich et du Moulin-Rouge, près de Terville. C'est vers ce dernier endroit que la cavalerie se dirige d'abord, abritée par les haies des nombreux jardins qui avoisinent la ville. Deux fois les impériaux s'approchent de la Fensch, et deux fois ils sont repoussés par une furieuse mousqueterie et par le canon de Florange. Mais la fumée aveugle les Français, le régiment allemand, Kolasse, est pris pour un régiment autrichien par Bussy-Rabutin, qui fait tirer dessus et le met en déroute. Le ruisseau est franchi par l'ennemi; la cavalerie autrichienne passe à Terville et à Florange : au lieu de lui tenir tête, la cavalerie de Praslin voit la confusion se mettre dans ses rangs et tourne bride. L'infanterie cherche à se rallier :

mais son chef, Saint-Pol, est tué ; le canon ne la soutient plus, le parc d'artillerie vient même à être enveloppé, et son commandant, Saint-Aoust, est fait prisonnier.

Le centre de l'armée française tenait bon encore derrière le pont de Daspich ; mais, se voyant débordés, à droite par Terville, à gauche par Florange, les soldats reculent, décimés par la mitraille des impériaux. Feuquières, désespéré, court à la tête de quelques braves disputer le passage du pont, afin de favoriser la retraite de l'armée et lui permettre de se rallier encore une fois à Richemont : deux balles lui brisent le bras droit. Le sang qu'il perd le force à descendre de cheval ; il se traîne plutôt qu'il ne marche vers la maison-forte de Daspich pendant qu'on lui prépare un batelet sur la Moselle. Bientôt il est enveloppé par l'ennemi et fait prisonnier. Piccolomini lui envoie son chirurgien et son carrosse ; mais il faut le porter à bras d'hommes et, comme un mort, dans un linceul, le seul mouvement de la voiture lui étant insupportable.

Les Français se reformèrent cependant en bataillons à Richemont et eurent encore à se défendre contre les Espagnols jusqu'à Talange. Arrivés aux portes de Metz, ils les trouvèrent fermées et campèrent dans les jardins de Plappeville et du Ban-Saint-Martin qu'ils dévastèrent. On ne les laissa entrer dans Metz que le 9 juin : ils n'étaient plus que deux mille cinq cents hommes. Ils couchèrent sur de la paille, au Champ-à-Seille ; et le 10 août, les deux fils de Feuquières les conduisirent en Champagne rejoindre l'armée de Châtillon, sans armes, sans bagage et un bâton à la main !

C'était là tout ce qui restait de l'armée de Monseigneur le Dauphin. On accusa six mille morts et trois mille prisonniers dont trois cents officiers ; les impériaux n'avait perdu qu'un millier d'hommes.

Le soir même de l'affaire, Piccolomini fit chanter un

Te Deum à Saint-Maximin, principale église de Thionville, au bruit de toute l'artillerie de la place.

Et, le 13 mars 1640, dans la même église, se célébrait une messe des morts. Quelques hommes seuls y assistaient avec une femme et des enfants en pleurs: c'était le convoi funèbre de M. de Feuquières tel que l'avait autorisé le baron Soyé, gouverneur de Thionville. Il poussa la cruauté jusqu'à refuser à la marquise de Feuquières la triste consolation de transporter à Verdun le corps de son mari pour l'inhumer dans le tombeau de ses pères!

Trois années s'étaient à peine écoulées que Condé vengeait dignement l'honneur des armes françaises en s'emparant de Thionville, ce digne prix de la victoire de Rocroy. Seulement alors, la veuve de Feuquières put faire conduire les restes de son époux à Verdun: Richelieu en avait donné le gouvernement au jeune Isaac de Feuquières, pour montrer que la cour tenait toujours en estime le prisonnier de Piccolomini.

CHARLES ABEL.

LES TROIS VOISINS.

Un homme allait partir pour un lointain rivage.
   Près de très-haut et puissant personnage
Il devait implorer une grande faveur,
   D'où dépendait son éternel bonheur,
     Mais il sentit faiblir son cœur
     Quand sonna l'heure du voyage.
   Comme il avait constamment sur ses pas
   Trois bons voisins qui ne le quittaient pas,
« Ça, dit-il en pleurant, dans cette longue route
    » Vous m'accompagnerez, sans doute?
      » Je n'oserai jamais
    » Entrer seul dans le grand palais
      » Où je vais.
— » Hélas, dit le premier, cela m'est impossible,
    » Sans moi tu feras le chemin.
— » Pour moi, dit le second, en lui prenant la main,
    » Je ne serai pas insensible,
» Et je veux jusqu'au seuil partager ton destin.
— » Partons, je suis tout prêt, répondit le troisième:

» Non-seulement, je t'accompagnerai,
» Mais encor j'entrerai,
» Et, s'il le faut, je parlerai moi-même
» Au maître de ce lieu sacré. »

Ce voyageur dans la détresse
N'est qu'une simple allusion
Au juste que le ciel reprend en sa vieillesse.
Le premier des voisins figure sa richesse;
Le second, les parents et les amis qu'il laisse ;
Et le dernier sa réputation.

LES LAMENTATIONS DE JÉRÉMIE.

Traduction de la moitié du Chapitre Ier.

I.

Comment Jérusalem si pleine et si peuplée
Est-elle maintenant déserte et désolée ?
  Son deuil et ses afflictions
L'ont transformée, hélas ! en veuve solitaire !

A son tour elle est tributaire,
La maîtresse des nations !

II.

Elle a toute la nuit pleuré dans les alarmes,
Et sa joue est encore humide de ses larmes :
    De tous ceux qu'elle aimait jadis
Pas un n'a consolé Sion triste et brisée.
    Ses amis, qui l'ont méprisée,
    Sont devenus ses ennemis.

III.

La fille de Juda, délaissant sa patrie,
A fui vers d'autres lieux un joug qui l'humilie !
    Mais point de trêve à ses douleurs !
Car, même en habitant sur la rive étrangère,
    Elle y retombe, — ô peine amère ! —
    Sous la main des persécuteurs.

IV.

De sa plainte Sion fait retentir les rues,
Nul ne vient admirer ses fêtes disparues,
    Et ses portes n'ont plus de seuil ;
Ses prêtres vont pleurant sur les ruines sacrées,
    Et ses vierges défigurées
    Comme elle ont revêtu le deuil.

V.

L'orgueilleux ennemi tout comblé de richesse
Sur elle s'est levé comme une forteresse,

Ainsi l'a voulu le Seigneur !
Pour ses iniquités, tous ses fils en bas-âge
    S'en sont allés en esclavage,
  Conduits, chassés par le vainqueur.

VI.

O fille de Sion si pleine de merveilles,
Hélas ! on t'a ravi tes beautés sans pareilles !
    Tes princes faibles, endormis,
— Semblables aux béliers qui manquent de pâture, —
    Ont fui, — languissante capture, —
  Devant les pas des ennemis.

VII.

De ses maux, de sa faute elle s'est souvenue
Et de sa vieille gloire enviée et perdue,
    Quand, sans secours pour le combat,
Ses fils abandonnés tombaient courbant leurs têtes.
    — Les ennemis ont vu ses fêtes
  Et se sont moqués du Sabbat.

VIII.

Pour prix de ses forfaits dans tous les lieux du monde
Sion est devenue errante et vagabonde ;
    Et tous ceux qui l'honoraient tant
En voyant ses péchés l'ont vouée à l'outrage ;
    Et Sion, voilant son visage,
  S'est détournée en gémissant.

IX.

Sur sa robe pourtant sa tache est apparue

Et Sion de la fin ne s'est point souvenue ;
    Son abaissement inouï
N'a trouvé ni secours ni pitié qui console.
    — Seigneur, voyez, je me désole
    Du triomphe de l'ennemi.

X.

Ce que son sanctuaire avait de désirable,
O Seigneur, est tombé dans leur main détestable
    Quand il lui fallut recevoir
Les autres nations, et qu'elle fut mêlée
    A ceux que dans votre assemblée
    Vous n'aviez jamais voulu voir.

XI.

Tout son peuple affamé gémit et se lamente,
Et donne pour calmer la faim qui le tourmente
    Ce qu'il a de plus précieux.
— Ils ont tout échangé pour soutenir leur vie ;
    O, sur votre fille avilie,
    Seigneur, daignez jeter les yeux !

Moyse Alcan.

LA VIE CHAMPÊTRE.

En choisissant pour sujet la vie des champs j'aurais beaucoup à dire. Mais je ne veux toucher, ni à notre agriculture comparée à celle des Anglais, qui, en cela, sont nos maîtres, ni à ce qu'on essaie en France pour améliorer nos procédés d'exploitation. Cette thèse serait trop didactique et trop peu littéraire. Ici, dans ce recueil, je veux comme les poètes rechercher la vérité des images plutôt que la force du raisonnement et ne parler que des charmes de la vie champêtre : puissé-je, en restant vrai, réussir à la faire aimer!

Dès qu'on entre dans cette existence on comprend les sentiments de bienveillance qui vont dominer la vie. On trouve une population laborieuse, simple dans ses mœurs, reconnaissante pour les moindres services ; on devient pour elle un conseil, un ami, un bienfaiteur, et, passant ses jours à être utile, on trouve en soi un sentiment ineffable de satisfaction. Que ne puis-je revenir au paisible hameau que j'ai habité si longtemps! Nous étions tous unis parce que nous avions tous besoin les uns des autres; un événement heureux, arrivé dans une chaumière, réjouissait toute la population : la mort ou un malheur quelconque venait-il affliger une famille ? toutes les autres étaient dans la tristesse. Les chagrins comme les plaisirs étaient partagés; la fraternité n'était point alors une chimère: chacun la bénissait comme une bonne mère dirigeant avec tendresse toutes les relations de l'humanité.

Nous n'avions que des tableaux gracieux et de pures jouissances. La journée commence avec le soleil; c'est un bonheur que ne connaissent point les habitants des villes: l'humidité de leurs rues, les émanations impures qui s'en échappent, ne leur font trouver aucun charme dans le commencement de leurs travaux de chaque jour; il n'est pour eux que la continuation de pénibles labeurs interrompus par le repos de la nuit. Mais dans les champs, qu'il est aimable et souriant le réveil de la nature ! L'air est frais et pur, la lumière radieuse; toutes les plantes sont couvertes d'une rosée dans laquelle scintillent les rayons lumineux; les fleurs exhalent leurs parfums, les oiseaux font entendre leurs chants, la terre elle-même semble avoir repris, par la fraîcheur de la nuit, un degré plus actif de fécondité, et de toutes parts le principe de vie se dégage d'une foule de végétaux et vient porter en nous-même un bien-être nouveau et des sensations joyeuses!

C'est alors que le mouvement du hameau commence à se manifester. Le laboureur, plein de force et de santé, attèle ses chevaux; la fermière diligente appelle, d'un cri clair et aigu, les habitants de sa nombreuse basse-cour, qui se précipitent en foule à sa voix bien connue, et viennent becqueter jusque dans sa main le grain qu'elle leur apporte; le berger tire de sa trompe d'écorce des sons incultes qui ne sont pourtant pas sans harmonie et appelle au parcours les animaux dont les cris retentissent de toutes parts; l'agneau, douce et fidèle image de l'innocence, suit sa mère, et avec des mouvements vifs et saccadés, cherche la mamelle nourricière et y puise le lait dont il a besoin pour soutenir et accroître ses forces, avant de se séparer du troupeau.

Bientôt un calme solennel fait place à cette animation d'un moment. Chacun est à son labeur. La nature est en travail de fructification ; on n'entend plus que le bourdonnement des abeilles qui voltigent, çà et là, pour recueillir le miel dont s'enrichit leur république ;'tout invite alors à la méditation sur la sagesse et la bonté du Créateur, sur les mystères qu'il cache à nos yeux et que nous cherchons vainement à découvrir. On veut s'identifier avec sa pensée et deviner le but final de tant de merveilles ; on voit la plante qui s'élève, le bouton qui s'ouvre et fleurit, le fruit qui se forme d'après des lois immuables que nous pouvons aider mais non changer; ce spectacle étonnant élève notre esprit, épure nos sentiments, et nous rend dignes d'être, parmi tant de chefs-d'œuvre, le plus digne, le seul qui puisse comprendre le bienfait et en rendre grâce à Dieu.

Le soir, le soleil descend lentement vers l'horizon en couvrant, de son manteau de pourpre et d'or, les montagnes qu'on aperçoit au loin. La nature, fatiguée de son éclat, semble aspirer au repos; les fleurs, accablées, penchent leur tige délicate ; les feuilles n'ont plus de raideur et pendent nonchalamment à leur pédoncule; toutes les plantes semblent s'affaisser vers la terre et attendre avec langueur le crépuscule et la fraîcheur de la nuit. Bientôt la clochette du bélier fait entendre ses tintements inégaux, la corne du pâtre ébranle l'air de ses sons graves ; c'est la rentrée du troupeau. Le fouet du laboureur s'agite et ses claquements, répétés par les échos, annoncent le retour de la charrue : les enfants courent au-devant du père de famille qui, heureux de leurs caresses, rentre en triomphe dans la cour de la ferme ; les jeunes gens se réunissent sur la place en chantant de naïfs rondeaux; tout prend un air de satisfaction et de bonheur.

L'obligation du travail qui nous est imposée devient elle-même un bienfait : le travail en plein air développe le corps et entretient la santé ; il nous fait trouver, dans la réparation de nos forces, par la nourriture et le repos, des jouissances inconnues à ceux qui passent leurs jours dans l'oisiveté. Dès le matin, le chef de l'exploitation agricole a passé en revue tous les détails et donné des ordres pour les opérations de la journée ; il a surveillé les étables dans lesquelles peuvent s'introduire, par défaut de soins, des causes de maladie ; il a fait réparer les instruments de culture, dont la rupture aurait pu arrêter l'action ; il a été aux champs diriger le labour, les semailles ou les récoltes. Son œil vigilant a tout vu : l'état du ciel, pour juger les variations probables du temps et changer au besoin l'ordre des travaux ; les attelages, pour savoir s'ils ont été bien conduits ; les ouvriers eux-mêmes, pour reconnaître l'intelligence qu'ils ont apportée dans le travail : alors il distribue, à chacun d'eux, le blâme ou l'éloge comme un encouragement utile. On lui voit développer dans sa carrière des qualités précieuses : un esprit exercé pour chercher à produire les récoltes les plus profitables ; un jugement sûr, pour tout coordonner ; la patience pour attendre la réussite, et enfin la résignation quand les grands fléaux viennent amoindrir et même détruire ses espérances. Aussi, ne puis-je voir un habile cultivateur sans me sentir porté vers lui par la sympathie la plus affectueuse !

Le propriétaire, s'il est plus instruit, visite les champs et reconnaît, à l'aspect de la végétation, ce qui manque à chacun d'eux. Là c'est le labour qui a été mal exécuté ; plus loin il y a défaut d'engrais ; ailleurs le sol a besoin d'être amendé, il le reconnaît à la présence de certaines plantes qui croissent spontanément ; enfin, si le sol est humide, si les plantes jaunissent, il songe à la nécessité du drainage, et il revient offrir au fermier des conseils et des capitaux ; l'agriculteur marche alors rapidement vers le progrès.

Tous les jours ne sont pas des jours de labeur : il y en a pour le plaisir. J'entends le roulement d'une voiture et des cris joyeux qui annoncent l'arrivée de quelques amis : on s'embrasse tout charmés de se revoir ; là l'hospitalité n'est point une charge, elle a tout le contentement, tout l'abandon du cœur. La campagne offre, en effet, des ressources infinies : le jardin, la laiterie, la basse-cour, l'étang ou le ruisseau, donnent à profusion tout ce qui est nécessaire pour composer un repas champêtre. Les mets sont simples, mais ils sont frais, et ils ont pour les habitants des villes une délicieuse saveur inconnue à leurs tables. Je n'oublierai jamais les éloges donnés au bon pain de gruau, au lait crémeux, au fromage frais, au beurre onctueux et parfumé, quoique je tienne compte du grand air qui excite l'appétit et exalte le mérite de bien des mets ! La journée se passe ensuite en promenades joyeuses à l'ombre des grands arbres, sur des gazons émaillés, ou en nacelle, sur le ruisseau, sous les branches pendantes des saules qui y entretiennent une fraîcheur délicieuse. Les causeries intimes, les saillies les plus vives, la joie la plus franche, remplissent tous les instants. On voit le temps s'enfuir de ses ailes rapides. O mes amis, combien d'heures fortunées j'ai passées avec vous ! votre présence dilatait mon cœur : la campagne ressemblait alors au paradis.

Les relations de voisinage, aussi, sont charmantes, et ne peuvent se comparer aux visites qui se font dans le monde des villes. Ici elles sont cérémonieuses et guindées, là les familles se confondent dans une aimable et honnête intimité. On arrive le matin pour toute la journée : on la passe à courir dans les jardins parmi les fleurs, ou dans les bois au milieu d'un air épuré et salutaire qui entretient la joie. Combien j'aurais à raconter sur nos excursions à l'ermitage Saint-Michel, aux ruines de Justemont, au beau château de Preische, à la foire de Cattenom, à la fête de Notre-Dame à Luxembourg! Chacun de ces voyages rustiques est une églogue, riche d'incidents pittoresques, pleine d'innocence et de gaieté.

Toutes les journées sont remplies et laissent une douce émotion. L'hiver même, le sombre hiver, n'interrompt point les agréables relations de voisinage. Dès que les sentiers sont tracés dans la neige, on se réunit ; la neige n'attriste point dans la campagne, elle y étale un faste éblouissant : les arbres sont chargés de givre, et leurs branches courbées en formes gracieuses imitent, sous un rayon de soleil, des festons et des guirlandes étincelants de cristaux. On n'a point le repoussant spectacle de la neige salie et encombrante des villes ; on ne ressent point le froid glacial et humide des rues ; la santé, ce bien précieux, devient plus forte, plus énergique : on dirait que la nature elle-même prépare l'homme à lutter avec avantage contre ses rigueurs.

O chers habitants du hameau! quiconque aurait vécu, comme moi, au milieu de vous reconnaîtrait que vous êtes bons et aimants. J'ai pu vous apprécier et je me souviens avec reconnaissance du dévouement que vous m'avez montré au moment où j'étais prêt à revenir habiter la ville.

J'avais besoin de vous: il me fallait, pour un établissement auquel je portais le plus grand intérêt, l'abandon de quelques-uns de vos sillons. Un autre aurait pris des détours, aurait cherché à vous circonvenir ; moi qui vous connaissais, je vous expliquai mon but avec franchise, sachant bien que je vous demandais un sacrifice. Je n'éprouvai aucun refus ; pas un d'entre vous ne montra de cupidité, pas un ne voulut abuser de la situation : tous acceptèrent le prix que j'offrais, prix conforme à la valeur. Vous avez eu raison, mes amis: l'établissement que je projetais s'est réalisé et il fait aujourd'hui la richesse des ouvriers du village.

On peut comprendre, par ce dernier trait et par ce que j'ai dit en commençant, pourquoi j'ai fait éclater si souvent mon zèle pour l'agriculture et pour la prospérité des cultivateurs. J'aime les champs, parce que j'y ai trouvé la liberté, la paix et le bonheur ; j'aime les habitants de la campagne parce que je les sais honnêtes et laborieux. J'ai dévoué ma vie à leur émancipation, à leur progrès, à leur bien-être ; puissé-je être un jour assez heureux pour voir l'agriculture florissante, faire le bonheur des ouvriers des champs en donnant la vie à bon marché à leurs frères qu'occupe l'industrie des villes ! A ce prix là seulement je ne regretterais pas les douces jouissances que j'ai perdues en vous abandonnant, ô chers et bien-aimés laboureurs !

ANDRÉ,
Président du Comice de Metz..

PERFIDIE DE L'AMOUR.

La nuit au milieu de sa course,
Près de la main du Boôtès
Voyait tourner le char de l'Ourse ;
Et sur les mortels fatigués,
Le Sommeil versait ses bienfaits ;
Quand l'Amour soudain, de ma porte,
S'en vient ébranler les verroux :
— « Qui, dis-je, frappe de la sorte,
Et trouble mes songes si doux ?
— Ouvre, répond le dieu de Gnide,
Je suis un enfant, ne crains pas ;
La nuit est froide et sombre, hélas !
Et tout mouillé j'erre sans guide. »
Touché de sa plaintive voix,
Ranimant ma lampe mourante,
J'ouvre... Un jeune enfant se présente ;
Il porte, je m'en aperçois,
Des ailes, un arc, un carquois ;

Devant une flamme brillante
Je l'assieds, et, dans mes doigts,
Réchauffant bien les siens, j'essuie
Ses cheveux inondés de pluie.
Il se ranime ; — « Ça, voyons,
Dit-il, voyons cet arc ; sachons
Si l'eau n'en a gâté peut-être
Quelque peu la corde ; essayons. »
Le saisissant alors, le traître,
Au cœur, me lance un trait brûlant,
Puis saute, et me dit en riant :
— « Bon courage, mon camarade !
Mon arc est toujours excellent,
Mais je crois ton cœur bien malade. »

LA COLOMBE.

— Colombe ! aimable messagère !
Où vas-tu, d'une aile légère ?
Dis-moi, d'où vient qu'au sein des cieux,

LA COLOMBE.

Ton brillant plumage distille
Tous ces parfums délicieux?
Quel soin guide ton vol agile?
— Anacréon veut qu'en ces lieux
J'aille vers le jeune Bathylle,
Qui soumet l'empire amoureux
A ses charmes victorieux.
Cypris, pour une chansonnette,
M'offrit jadis à ce poëte,
Et de ce chantre harmonieux,
Depuis ce temps je sers les feux.
Vois, à l'objet de sa constance,
Je porte les plus doux aveux!
Je serais libre en récompense,
Si je voulais, mais j'aime mieux,
Sous ce maître voluptueux,
Demeurer dans la dépendance.
Irais-je encore voltigeant
A l'aventure, et du feuillage
De ces verts rameaux m'abritant,
Cueillir une graine sauvage?
Moi maintenant, moi qui partage
Et ravis, jusque dans sa main,
Du tendre Anacréon le pain!
Du doux nectar qu'il boit lui-même
Dans sa coupe encore je bois;
Je bois!... pour l'ami de mon choix
Mon délire alors est extrême;
Mes ailes lui servent d'abri;
Puis la nuit, sur son luth chéri,
Heureuse amante je sommeille.....
Tu sais tout, je te laisse, adieu!

Je suis vraiment, j'en fais l'aveu,
Plus jaseuse qu'une corneille.

D'Attel de Lutange.

Nous avons emprunté les deux pièces qui précèdent à une édition des *Odes d'Anacréon* publiée, il y a longtemps déjà, par M. d'Attel de Lutange. Le traducteur a placé le texte grec en regard de sa traduction et s'est attaché à le rendre vers pour vers et avec la plus scrupuleuse fidélité. Il y a joint, avec un *fac simile* du manuscrit du Vatican, des traductions de son poète favori dans les langues latine, italienne, espagnole, anglaise et allemande. Des notes bibliographiques et critiques complètent cette publication et en font une des plus remarquables qui aient encore paru.

(Note du Directeur.)

SAINTE BARBE,

SON CULTE, SON ÉGLISE ET SES PÈLERINAGES DANS LE PAYS MESSIN.

L'auguste patronne des artilleurs et des mineurs, la vierge martyre de Nicomédie, sainte Barbe, dont plusieurs localités différentes se glorifiaient autrefois de posséder les restes, a vu disparaître, comme une vaine fumée, le souvenir attaché aux circonstances vulgaires de sa vie, absorbées qu'elles ont été par la sublimité de sa mort. Dès le quatrième siècle, les Grecs et les Latins l'honoraient déjà d'un culte public. Son nom ayant passé de l'Asie-Mineure en Europe, prit immédiatement place dans la liturgie gallicane; mais de toutes les églises, l'église messine fut celle qui peut-être l'honora davantage, comme le témoigne la galerie des saints exécutée sur les vitraux du chœur de la cathédrale de Metz. Sainte Barbe y figure avec sainte Catherine, sainte Marie, sainte Anne, sainte Madeleine, sainte Hélène, sainte Apolline et sainte Marguerite, cortège d'élite que révéraient nos pères : Barbe porte une chevelure d'or ondoyant sur ses épaules, un nimbe rouge pourpre, une robe violette, un manteau vert ; elle tient de la main droite un livre et de la gauche une tourelle.

Devenue la patronne du pays, ainsi qu'elle l'était déjà des arquebusiers, Barbe méritait un sanctuaire : en conséquence on lui éleva à deux lieues de Metz, au centre d'un plateau cultivé, une jolie chapelle, dont l'affluence des voyageurs consacra bientôt la célébrité. Le 4 décembre, fête anniversaire du martyre de cette sainte, les arquebusiers allaient entendre la messe à la chapelle, promener son image, ses bannières, et tirer le papegai. Dans les autres temps de l'année, pas un jour ne s'écoulait sans l'accomplissement de quelque vœu, sans l'exécution de quelque pèlerinage. Aussi, depuis Metz jusqu'au village de Sainte-Barbe, plusieurs croix monumentales, chapelles en plein air, marquaient les stations du pèlerin : c'étaient à la fois des œuvres d'art et de piété, qu'ombrageaient quelques ormes séculaires nés avec elles ; c'étaient des points d'attente et de repos, où l'esprit se recueillait, où le corps, allégé des fatigues d'une longue pérégrination, devenait plus apte à la prière.

Le chroniqueur Philippe de Vigneulles rapporte qu'en l'année 1449, le 3 septembre, Jean, duc de Calabre, fils de René d'Anjou, arriva dans la ville de Metz, *avec grosse compagnie et noblesse de chevaliers, escuiers et gentilzhommes*, et qu'après y avoir passé quarante-huit heures, il se rendit à Sainte-Barbe, *où il fit offrande d'ung cierge de vingt livres de cire et d'une couronne d'or.*

En novembre 1472, le duc Nicolas de Lorraine, revenant avec un corps de cavalerie considérable, du siége de Rouen, où il avait porté secours à Charles-le-Téméraire, passa par Sainte-Barbe. Les Messins lui envoyèrent une députation et des vivres. *Le duc et tous ses gens ouyrent la messe comme bons pèlerins, et une sainte Barbe acheptèrent, disant :* « *Nous la pouvons bien porter; elle nous a aidés en danger où nous sommes esté* [1]. » Ces dévotions accomplies, le duc Nicolas prit le chemin de Nancy.

Au mois d'août 1474, l'orgueilleux duc de Bourgogne, Charles-le-Téméraire, revenant de Dijon, où il était allé faire exhumer son père et sa mère, dans l'église des Chartreux, passa par Sainte-Barbe, *pour tirer et alleir à Thionville*. On craignait plus qu'on ne désirait la visite de cette altesse ; la terreur qu'inspirait son nom, attirait de toutes parts auprès de lui des seigneurs, des ecclésiastiques et des bourgeois empressés de condescendre à ses moindres caprices. Les Messins le traitèrent en héros de l'Iliade : il lui offrirent du vin, du poisson, de l'avoine, *dont il se tint fort content;* mais sainte Barbe, selon toute apparence, n'eut pas plus à se féliciter de sa générosité que de sa dévotion.

L'année suivante, René d'Anjou, prétextant l'accomplissement d'un vœu, traverse, suivi de cinq cents hommes, d'immenses plaines en culture qu'il ravage. Blés foulés aux pieds, troupeaux enlevés, laboureurs ruinés ; *quel pèlerinage!* s'écrie Philippe de Vigneulles.

Plus sincère dans ses pratiques religieuses que ne l'était René d'Anjou, réputé si pieux, le sire de Vergy, envoyé comme ambassadeur par le roi de France au roi des Romains, voulut porter son offrande à l'autel de la patronne des gens de guerre. Il s'y rendit en 1494, accompagné de cinquante hommes d'armes. Plusieurs autres seigneurs distingués suivirent son exemple.

Aucun pèlerinage n'eut alors tant d'éclat que celui de la duchesse de Lorraine, épouse du roi René. Voulut-elle expier les torts de son mari envers cette campagne qu'il avait désolée,

---

[1] Chroniques de Lorraine.

ou simplement faire parade d'une dévotion qui n'était point dans son cœur? la pompe dont elle fut environnée semblerait indiquer plus de faste que de piété véritable. *Estoit la dicte royne vestue d'une robbe de draip d'or, et estoit assise en une biere chevalleureuse, portée par deux grosses hacquenées, et avoit autour d'elle plusieurs gros coussins de draip d'or, moult richement ouvrez, et sa serorge* (belle-sœur), *sueur au roy de Sicille, son mairit, avec quinze dames de Loraine, qui estoient toutes montées sur blanches haquenées, et richement vestues* [1]. Deux cents personnes, seigneurs, chevaliers, dames, soldats ou valets suivaient la reine. On lui fit, à Metz, une réception somptueuse ; on la combla de présents magnifiques, et quand elle se rendit à Sainte-Barbe, les premiers de la ville en habit de cour, l'accompagnèrent. Cette princesse remarqua particulièrement *Seigneur Coinraird de Serrière, ung beaul et honneste personnaige saige et bien discret,* qui demeurait près de *la ruellette du Ponal, où elle fut receue et logiée triumphamment.*

Au mois d'avril 1512, un clerc ayant avec lui plusieurs frères Franciscains de l'Observance, accomplissait un double pèlerinage à *Nostre-Dame de Raba* et à *Nostre-Dame Sainte-Barbe,* localités distantes l'une de l'autre d'environ quatre lieues. Le clerc était sous l'empire d'idées bien tristes, de préoccupations bien profondes : il intercédait le ciel pour l'âme d'un voleur décédé depuis quelque temps, et qui, disait-on, n'avait cessé de lui apparaître et de le tourmenter jusqu'à ce qu'il se fut mis en route. Le voleur, nommé Vincent, pauvre pelletier, demeurant à Metz, s'était introduit, un jour, chez messire Otto, prêtre, avec l'intention d'y dérober quelque chose. Surpris par le clerc, il le frappe d'un couteau et prend

---

[1] Chronique de Philippe de Vigneulles.

la fuite, persuadé qu'il lui a donné la mort; mais le couteau avait glissé le long des côtes, sans l'atteindre, ce qui n'empêcha pas la justice d'appréhender le coupable qui fut pendu. Depuis lors, son image et son souvenir ne cessèrent d'être présents au jeune clerc : soit éveillé, soit endormi, le jour, la nuit, au cloître, à la maison, à l'église, à la campagne, partout il le voyait; il s'imaginait même entendre certains bruits, certaines plaintes, qu'il attribuait à ce mauvais esprit; il crut avoir été roulé par lui dans la rivière, et quelques jours après, l'ombre du défunt lui ayant demandé des prières, il promit d'exécuter le pèlerinage dont il vient d'être question. Le clerc arrive devant l'autel de sainte Barbe, et Vincent lui apparaît de nouveau; mais, cette fois, c'est pour le remercier, dire qu'il éprouve un grand allégement à ses peines, et promettre de préparer en paradis la place de son bienfaiteur. Dans toute la société messine, il ne fut longtemps question que de cette aventure racontée par le jeune clerc avec une candeur qui ne laissait aucun doute sur sa réalité. Messire Otto, lui-même, affirmait avoir entendu l'esprit marcher dans sa chambre, et jeter des pierres contre la porte; or, messire Otto passait pour un homme non moins grave qu'éclairé. Philippe de Vigneulles n'ose révoquer le fait en doute. *Je ne scey, au reste, comment il en fut*, dit-il ; *Dieu aye l'âme des trépassés ; amen.*

Vieille et petite, l'église de *Sainte-Barbe-aux-Champs* ne se prêtait plus qu'imparfaitement à l'affluence toujours croissante des pèlerins. Claude Baudoche, riche seigneur qui venait de construire à Moulins une jolie chapelle castale, eut l'idée de bâtir à Sainte-Barbe un sanctuaire digne de cette auguste patronne. *Dès incontinent l'on y accomençait à ouvrer, et furent pour celle saison partie des fondemens faits; et en fut prinse la forme sur l'église de Notre-Dame des Carmes, à*

Metz[1]. Cette église des Grands-Carmes était, quant à l'ensemble architectonique ainsi qu'aux détails de sculpture, tout ce qu'on pouvait imaginer de plus élégant et de plus grandiose. Bien qu'elle eût été terminée dans le quinzième siècle, les traditions de cette époque se conservaient encore assez pures dans le pays Messin pour que les artistes s'inspirassent d'un modèle aussi parfait.

Quand Baudoche mourut, le chœur, les trois nefs et les deux tiers du cloître étaient terminés. Valentin Bousch, ce Michel-Ange de la vitrerie peinte, formé sous les grands maîtres d'Italie, avait appendu aux baies des fenêtres ses resplendissantes verrières, parmi lesquelles on voyait l'image du fondateur, précieux débris, veuf aujourd'hui de ses pendants, sauvés en partie seulement de l'ignorance barbare des iconoclastes du siècle.

A peine l'église de Sainte-Barbe échappait-elle de la main des artistes, qu'on y voyait déjà d'innombrables pèlerins le front incliné sur les dalles. Le 23 février 1515, Claude de Guise, fils de René d'Anjou, devant partir incessamment pour l'Italie, traversa le pays Messin *à petite compaignie*, et s'en fut, à pied, porter sur l'autel de sainte Barbe un cierge d'une valeur de quatre-vingts francs et se rendit à Saint-Nicolas-du-Port, pour achever l'accomplissement du vœu qu'il avait fait. Sa confiance aux célestes protecteurs de la Lorraine, égalait sa bravoure. Sur le champ de bataille de Sainte-Croix, en Lombardie, *où il avoit esté en grant danger de sa personne, il se tourna vers le pays natal, et promit, s'il échappait à la mort, d'aller en voyaige à madame sainte Barbe, auprès de Metz, tout à pied, et de y offrir ung cierge de cire, le pesant de luy tout armé, et ainsy*

---

[1] Chronique de Philippe de Vigneulles.

le fist : et avec ce fut offerte une estaulue de bois, faicte à sa semblance et grandeur [1].

Un dimanche, 8 mai 1519, Guise arrive à Jouy-aux-Arches, *tout de pied et moyennement accompaigné*. Pendant qu'il y dîne avec ses gens, l'administration messine, avertie d'avance, se dispose à le recevoir : soldoyeurs, couleuvrineurs, bourgeois armés, gens de métiers, sortent par la porte Serpenoise et vont au-devant de lui jusqu'à Jouy. En tête des seigneurs messins figurait le duc de Suffolck, surnommé Blanche-Rose, ancien prétendant à la main de la reine, femme de Louis XII, et qui, volontairement exilé, dépensait dans le pays Messin, les revenus d'une fortune immense. Suffolck connaissait Claude de Guise ; il le combla de caresses, le prit par la main et le conduisit de la sorte, à pied comme lui, depuis Jouy jusqu'à Metz. Ce digne chef de la maison des Guise, qui grandissant près du trône en allait bientôt ébranler la base, *estoit ung biaul jeune-homme entre dix mille ; hault, droit et eslevé et en la fleur de son eaige*. Les exploits récents de Claude de Guise relevaient encore le physique avantageux dont il était doué, et son costume guerrier concordait très-bien avec l'élégance de sa taille et de sa tournure : revêtu comme un lansquenet *d'un pourpoint tout découppé et deschiqueté, doublé de fin drap d'or, et de chausses doublées pareillement ; il marchait précédé d'un jeune compagnon, lequel incessamment tambouroit un gros tambourin de Suisse pour luy reijoyr*.

La population messine presqu'entière s'étant portée vers la porte Serpenoise, il fallut la fermer dans la crainte d'accidents, et ne l'ouvrir qu'au moment de l'entrée du cortège, qui s'achemina jusqu'à l'hôtel abbatial de Saint-Vincent, où Claude de Guise fut logé. La ville lui fit présent d'une paire de

---

[1] Philippe de Vigneulles.

chevaux qui avait coûté cent florins d'or, puis, en témoignage de la haute considération qu'on lui portait, elle gracia une vingtaine de bannis qui venaient de rentrer dans Metz sous la sauvegarde du prince. Cette première partie du pèlerinage terminée, Guise accomplit l'autre le lendemain. Dès l'aurore, une brillante escorte, formée des premiers de la ville, attendait, devant l'abbaye bénédictine de Saint-Vincent, que Claude de Guise en sortit pour aller à Sainte-Barbe. Chacun s'y rendit à pied. La statue de bois, *portaicture* du pèlerin, ouvrait la marche que fermait Claude de Guise, toujours précédé du petit tambourin suisse.

Parée, pour cet objet, de ses tentures, de ses étendards et de ses reliquaires, *ne plus ne moins comme si ce fust esté le jour de la sainct Estienne ou le jour de Noël et encore mieulx,* la Cathédrale reçut au son des cloches, au bruit des grandes orgues, Claude de Guise, qui baisa les reliques et s'en retourna le soir en Lorraine.

Tout brillant qu'eut été ce pèlerinage, il fut loin d'approcher de celui qu'effectuèrent quelques années après, le duc et la duchesse Antoine de Lorraine. Nicolas Baudoche, damoiseau, protonotaire du Saint-Siége, averti de la prochaine arrivée des princes lorrains, avait fait dresser, dans le vaste jardin attenant à l'église de Sainte-Barbe, des tentes en feuillage où serait offert un festin aux illustres visiteurs, tandis qu'à Moulins le chevalier Claude Baudoche et sa femme, Claude de Croy, faisaient, dans leur château, des préparatifs somptueux, comme si *c'eust esté pour recepvoir nostre sainct père le pape ou l'empereur.*

Le 8 juin 1524, le duc Antoine, son jeune frère François, sa femme Barbe de Bourbon, sœur du connétable, suivis d'un cortège d'environ six cents personnes, toutes à cheval, parmi lesquelles figuraient des comtes, des baillis, des chevaliers, des gentilshommes et quantité d'autres dignitaires, gens de cour ou gens de service, arrivent au château d'Ancerville, chez Nicolle de Raigecourt. Après y avoir dîné et couché, tous se rendent à Sainte-Barbe. La messe dite, les dévotions faites, on se met à table ; la cour ducale prend ensuite le chemin de Metz. Au lieu de s'y arrêter, ainsi que l'en priait une députation venue à sa rencontre, le duc Antoine, craignant d'obérer la cité, s'arrête avec les deux tiers de son monde au village de Saint-Julien, donne à *madame sa femme* des avis sur la conduite qu'elle doit tenir, et lui dit en la quittant : *Je vous prie que vous contenés honnestement avec les Messains, et que vous monstrés la noblesse dont vous estes venue : et avec ce, vous prie que vous monstrés publicquement, sans en rien estre caché de vos atours ou bonnes graices*[1]. Le chroniqueur ajoute : *Ainsy le fist la dame*. Ayant remonté la Moselle jusque vis-à-vis Moulins, Antoine la traverse pour regagner Nancy, tandis que Barbe de Bourbon s'achemine vers Metz, dont l'artillerie des remparts, les cloches de toutes les églises, les voix retentissantes d'une population joyeuse vont saluer sa venue.

Sortie hors de son chariot ou de la biere chevauleureuse, et touste descouverte et despoitrenée (décolletée) *jusques bien bas, Madame Barbe de Bourbon fut montée sur une hacquenée, avec douze damoiselles qui pareillement estoient touttes bien montées et enhairnechées et habillées et acoustrées touttes d'une livrée d'ung brun tanné vellours et doublé de satin cramoisi, et la dicte dame estoit moult richement accoustrée avec ung cotillon de drap d'argent*[1].

Entrée dans Metz par la porte des Allemands, Barbe de Bourbon traverse la ville et va se loger avec sa suite au

---

[1] Philippe de Vigneulles.

Passe-Temps, vaste maison qui servait, comme ce nom l'indique, aux joyeux *esbattemens* de la bourgeoisie messine. On y fit pour honorer l'illustre princesse, *grant lairgesse et despense oultraigeuse*. Accueillie partout, de la manière la plus brillante, elle banqueta chez les nones de Saint-Pierre-aux-Dames et de Sainte-Glossinde, chez les bénédictines de Saint-Vincent et de Saint-Clément, et chez le sire François de Gournay. Comme elle désirait voir les principaux édifices, on la conduisit, le soir même de son arrivée, à la *Haulte-Pierre*, somptueuse demeure du duc de Suffolck, puis sur la *haulte tour de Saint-Hilaire*, d'où les regards embrassaient le cours de la Moselle d'une limite à l'autre du pays Messin. En atteignant le faîte de cette tour, la duchesse aperçoit, le long des côtes du mont Saint-Quentin, quantité de *chevaulcheurs : C'est Monsieur le duc avec ses gens*, s'écrie-t-elle, *qui vient faire une viriairde par devant moi*. Aussitôt, pour y répondre, les seigneurs ordonnent *une grande bulle et feu de joye*. Pendant qu'il brûlait, trompettes et tambourins retentissaient au loin : et les cris *à l'assault, à l'assault, se cornaient* de manière à frapper l'oreille du prince. Le lendemein, la *grande église Sainct-Estienne* (Cathédrale) et *Nostre-Dame-la-Ronde, acoustrées ne plus ne moins que si ce fut esté au jour de Noël et de Paicque*, reçurent les dévotions de la duchesse dont la chapelle resplendissante d'or et d'argent, avait été dressée d'avance par ses clercs, derrière le maître autel. En ce lieu, le prince François, héritier présomptif de la couronne ducale, *ayant ouy la messe chantée par son chaippelain*, se rendit au *Passe-Temps* pour y chercher Barbe de Bourbon qu'il amena dans la Cathédrale, *jonchée et parée de mays que c'estoit belle chose*. Un trône avec ciel, *encortiné tout à l'entour de drap damas cramoisi*, s'élevait auprès du maître autel ; mais la duchesse ne voulut point s'y placer, *affin que chascun la veist*..... La femme n'est-elle pas toujours femme? jusques dans ses dévotions pour le désir de plaire.

Demeurée trois jours à Metz, sa majesté ducale et les dames de la cour changeaient trois fois de costume : elle se revêtit d'un pardessus en velours violet, d'une robe de drap d'or, d'un pardessus en satin cramoisi avec cotillon de drap d'argent broché d'or ; les *damoiselles* portèrent successivement robe de satin brun, robe de velours noir fourré d'hermine, robe de taffetas tanné avec manches de velours noir, *touttes descouppées et déchicquetées*. Les bagues, les pierreries, les attaches qui complétaient ces costumes formeraient une énumération beaucoup trop longue. Le chroniqueur n'a pas voulu les *deschiffrer*. Nonobstant un si grand luxe, le duc, la duchesse et leur jeune fils se conduisirent avec une parcimonie qui donnait raison au proverbe : *Lorrain, vilain*. Magnifiques comme d'habitude, les Messins, pour indemniser leurs altesses des dépenses du voyage, les prièrent d'accepter six *cowes* de vin et cent *quairtes* d'avoine ; ils donnèrent à la duchesse *une belle couppe d'argent doré, bien gentement faicte, vallant cent livres et une riche pointe de diamant, mise en ung anneaul d'or, valant deux cents escus au soleil ;* au prince François, *ung beaul joine cheval*, valant quatre-vingts florins. Les chanoines de la Cathédrale ne furent point en reste de générosité : le jeune prince reçut d'eux *une petite boursette* renfermant *quarante florins de Metz*, et la duchesse un anneau d'or enchâssé d'une émeraude, qui avait été trouvée dans le tombeau de l'évêque *Jehan d'Aspremont ; pierre prisée à la somme de cinquante escus d'or au soleil*.

Montée, comme d'habitude, *dessus sa hacquenée ;* suivie d'un immense cortège de dames et de seigneurs, qui l'accompagnèrent jusqu'à Jouy-aux-Arches, la duchesse gagna Pont-à-Mousson, où, conjointement avec le duc qui l'y attendait depuis la veille, elle termina par de solennelles dévotions le pèlerinage qu'elle avait commencé. Chargé d'en immortaliser le souvenir, Valentin Bousch représenta la jeune duchesse René de Bourbon, le duc Antoine, ainsi que leurs patrons, saint Antoine et saint René, dans ce panthéon messin où l'art du peintre s'est élevé jusqu'aux hardiesses les plus sublimes. Bousch s'inspira des traits nobles et fins de la princesse ; il en fit une charmante figure de femme dont l'attitude pieuse rehausse l'éclat. Il sut donner à la portraiture du prince le caractère de résignation courageuse, de piété confiante qui ressortent des principaux actes de son règne [1].

Claude Baudoche avait eu l'intention d'établir à Sainte-Barbe un monastère dont sa fille eût été la première abbesse ; mais Baudoche mourut avant même que l'église ne fût terminée, et sa fille l'ayant bientôt suivi dans la tombe, d'autres héritiers mirent en vente le sanctuaire avec ses vastes dépendances. Plusieurs huguenots voulaient l'acheter pour y établir leur prêche, projet que traversa le chapitre diocésain. Devenus adjudicataire d'un domaine qu'ils ne pouvaient ni surveiller ni desservir spirituellement, les chanoines l'offrirent aux pères Cordeliers, puis, sur leur refus, aux pères de l'ordre de Cîteaux, qui ne voulurent pas non plus s'imposer la charge d'entretien d'un édifice aussi considérable. André Valladier, abbé de Saint-Arnould, eut dès-lors l'idée d'établir à Sainte-Barbe une communauté de dix bénédictins. Le 22 avril 1634, les chanoines lui cédèrent tous leurs droits sur l'église et le village, ils lui abandonnèrent aussi quelques fonds territoriaux auxquels Valladier ajouta différents biens de sa manse abbatiale. Les seules conditions qu'imposa Valladier aux membres du prieuré de Sainte-Barbe furent des conditions spirituelles ; il

---

[1] On peut voir dans notre *Histoire de la Cathédrale de Metz*, t. I*er*, p. 313 et suivantes, la description que nous avons donnée de ces vitraux.

voulut qu'après son décès on dît annuellement quelques messes pour le repos de son âme, et qu'au jour de la fête abbatiale les moines du prieuré assistassent aux offices solennels célébrés dans l'ancienne maison-mère.

Des constructions nouvelles devenant indispensables, on s'endetta, de sorte qu'après trente années de résidence, les Bénédictins, obérés, cherchèrent à céder Sainte-Barbe aux Turisins, frères du tiers-ordre de saint François de Nancy. Ces derniers vinrent s'y établir sur la fin de l'année 1664; mais le roi n'ayant pas ratifié le marché, il fallut que quatre ou cinq bénédictins, au lieu de dix, continuassent la tenue de la maison.

En 1682, le R. P. Dom Joachim Vivin, abbé de Senones, démembra de sa manse abbatiale le prieuré de Nures, pour le donner à la communauté de Sainte-Barbe; aussi cette communauté put-elle exister quelque temps sans contracter d'emprunts onéreux. Malheureusement, chaque année, les dévotions, les pèlerinages devinrent plus rares, l'édifice exigea d'importantes réparations qu'on ne put effectuer, de sorte que l'élégant sanctuaire créé par Baudoche, vieillit d'une manière prématurée.

Aujourd'hui il ne nous reste qu'à gémir sur la dégradation néfaste et la ruine presqu'entière de cet édifice. Beautés d'art, longs souvenirs, témoignages d'intercession puissante, rien n'a pu conjurer sa chute. Comme si l'on eut voulu donner le change à toutes les idées, bouleverser toutes les traditions, quand le conseil municipal de Sainte-Barbe eut remplacé par une grange la triple nef du seizième siècle, on ne trouva rien de mieux que de surmonter d'un télégraphe la vigie chrétienne du plateau, et de la grouper dans un système de triangulation cadastrale !

Emile Bégin.

LA MORT DE LA NOVICE.

> Dieu a vu qu'il lui manquait un ange,
> et il t'a rappelée.
>
> D...

... Et les anges chantaient : « Viens, ô blanche colombe !
Dans les bras de la mort en paix ferme les yeux.
    Ouvre ton aile, et, de la tombe,
Pour t'unir à l'époux, prends l'essor vers les cieux !
A sa voix, renonçant au bonheur de la terre,
Tu consacras tes jours au culte du malheur...
Dans sa mère aujourd'hui viens retrouver ta mère :
Elle te tend les bras... Viens à nous, jeune sœur ! »

La novice écoutait : — « Ne crois-tu pas entendre,
Dit-elle à sa compagne, un chant rêveur et tendre ?
D'une ivresse inconnue il fait battre mon cœur... »
— « Non, ma bien chère enfant, répondit l'autre sœur,
Je n'entends rien, sinon la cloche qui réveille
De ses sons matineux le couvent qui sommeille...
— O mère, quel bonheur, si la mort, en ce jour,
Du sommeil d'ici-bas m'éveillait à mon tour !...
Mais non pourtant... j'ai peur, en quittant cette enceinte,

D'en regretter la joie et la paix chaste et sainte. »
Alors, prêtant l'oreille, elle ajouta tout bas :
« C'est cependant un chant... je ne me trompais pas ! »

... Et les anges chantaient: « Viens, ô blanche colombe !
Dans les bras de la mort en paix ferme les yeux :
    Ouvre ton aile, et, de la tombe,
Pour t'unir à l'époux, prends l'essor vers les cieux !
Aux malheureux sans pain, que le monde abandonne,
Des chrétiens attendris tu distribuas l'or,
Et, pour guérir leurs cœurs, tu joignis à l'aumône
Quelques mots de ta voix plus consolants encor ! »

La novice écoutait. — « N'entends-tu pas, ma mère,
Un chant divin, semblable aux *ave* du rosaire
Murmurés de la voix dont l'ange Gabriel
Dut saluer Marie, en descendant du ciel ?... »
— « Mais non, ma chère enfant, c'est la brise enivrante
Qui du ruisseau voisin ride l'eau transparente
Et chante, au point du jour, en caressant les fleurs...
— Pauvres fleurs du jardin !... ah ! j'aime vos odeurs
Fraîches comme un sourire ou comme la prière...
Ce n'est pas un péché, n'est-ce pas, bonne mère ? »
Elle se tut alors, puis ajouta tout bas :
« C'est pourtant bien un chant, je ne me trompais pas ! »

... Et les anges chantaient: « Viens, ô blanche colombe !
Dans les bras de la mort en paix ferme les yeux :
    Ouvre ton aile, et, de la tombe,
Pour t'unir à l'époux, prends l'essor vers les cieux !
Lys divin qu'ici-bas le Seigneur fit éclore
Au céleste soleil de son mystique amour,

Toi que le ciel connaît et que la terre ignore,
Il va te transplanter dans un autre séjour ! »

La novice écoutait : — « Entends-tu dans l'espace,
Dit-elle à l'autre sœur, comme un doux chant qui passe,
Plus ravissant encor que les divins concerts
D'un cœur qui bénit Dieu, dégagé de ses fers ? »
— « Non, dit la plus âgée à la jeune novice,
C'est la voix de nos sœurs qui récitent l'office...
Du reste, ces chants-là, quand on meurt au couvent,
Ma fille bien-aimée, on les entend souvent.
— Alors je mourrai donc, ma mère ? » Sans rien dire,
La vieille sœur cacha ses pleurs dans un sourire,
Tandis que la malade, à part, disait tout bas :
« Oui, car c'est bien un chant : je ne me trompais pas ! »

... Et les anges chantaient : « Viens, ô blanche colombe !
Dans les bras de la mort en paix ferme les yeux :
  Ouvre ton aile, et, de la tombe,
Pour t'unir à l'époux, prends l'essor vers les cieux !
Viens, ô vierge choisie, ô jeune fiancée,
Le doux Jésus t'appelle en un séjour meilleur ;
Viens contempler sa gloire et t'endormir bercée,
Comme autrefois saint Jean, la tête sur son cœur ! »

La novice écoutait : — « N'entends-tu pas, dit-elle,
Tout près de nous, ma mère, une voix qui m'appelle ?
On dirait l'harmonie ineffable et sans nom
Qui transporte nos cœurs dans la communion... »
— « Mais ce n'est rien, enfant, sinon les cris peut-être
Du rossignol qui chante auprès de la fenêtre...
— Oh ! non pas, mère... écoute... entends-tu... c'est le chant

Des Séraphins... Je pars... adieu... Jésus m'attend ! »
La pauvre enfant se tut : elle avait fui la terre.
Sa compagne, en pleurant, lui ferma la paupière :
« C'est un ange de moins, » dit-elle. Les élus
Allaient se dire au ciel : « C'est un ange de plus ! »

... Et tous les saints chantaient : « Chaste et blanche colombe,
Aux clartés du vrai jour entr'ouvre enfin les yeux :
    Frémis, bats des ailes : la tombe
N'est qu'un seuil à franchir pour entrer dans les cieux !
Portes du paradis, ouvrez-vous !... Et nous, frères,
Du terrestre séjour ne soyons plus jaloux :
La vierge pour le ciel en a fui les misères...
Hosanna ! Hosanna !... Notre sœur est à nous !... »

FRESQUE ANTIQUE.

A M. MARÉCHAL PÈRE.

Affectant de Zeuxis la chasteté gnomique,
L'artiste a voulu peindre une Vénus pudique.
L'écume de la mer vient caresser ses pieds ;
Voilant ses doux attraits de ses deux bras pliés,

Par une de ses mains, comme un fruit qu'on dérobe,
De son sein frémissant elle couvre le globe ;
L'autre, essayant en vain de cacher ses appas,
Au marbre de ses flancs fait recourber son bras.

Plus loin, du Dieu du jour fuyant l'amour profane,
Daphné tombe expirante, en invoquant Diane.
La déesse l'exauce, et d'un laurier soudain
L'écorce verdissante emprisonne son sein.
Pan, dans un buis sonore, instruit par la nature,
Introduit une haleine harmonieuse et pure.
Quelques bouviers, groupés autour du vieux pasteur,
Ecoutent ses refrains qu'ils répètent en chœur.
Leurs taureaux, étonnés de ces concerts champêtres,
Mugissent : Pan conduit le grand troupeau des êtres.

A***

Montre-moi de tes yeux la céleste candeur,
Mets tes bras à mon cou, ta tête sur mon cœur,
Car, vois-tu, douce enfant, Dieu, la première cause,
Pour une fin d'amour a créé toute chose.
Lui qui connaît les noms des étoiles du soir
Et compte les soleils, il se penche pour voir
Sur la chaste rougeur d'une joue innocente
Une larme d'amour descendre pure et lente.

— O délices d'aimer ! — L'oiseau cherche le ciel,
La fleur exhale au vent l'arôme de son miel,
L'eau court dans les vallons, au milieu des clairières,
Et l'amour réunit les âmes solitaires.
Regarde... le jour naît ; l'horizon est vermeil ;
Tout tressaille d'ivresse aux baisers du soleil :
L'univers est heureux... Dans son tendre délire
Il cherche autour de lui des yeux à qui sourire.
Eh bien ! mon doux trésor, de toi seule amoureux,
Moi, je n'ai que ton cœur et je suis plus heureux !
Dieu s'aime et se complait dans la beauté du monde ;
Le ciel doit s'applaudir du printemps qu'il féconde :
Vous êtes ma beauté, mon printemps, mon bonheur ;
Je suis votre pensée et vous êtes mon cœur !

BAS-RELIEF ANTIQUE.

De l'artiste sacré le ciseau liturgique,
Sculptant en bas-relief le marbre pentélique,
Avait représenté sur le blanc piédestal
Apollon, le Dieu beau, le chantre sans rival.
De ses cheveux flottants les boucles vagabondes
Sur son cou musculeux laissent errer leurs ondes.
Son bras, libre des plis de sa chlamyde d'or,
Montre à ses pieds Python qui se débat encor.
Un courroux dédaigneux soulève sa poitrine ;

Ouvre à demi sa lèvre et gonfle sa narine,
Sans que du sceau divin son front deshérité
Perde son calme auguste et sa sérénité.

Plus loin, sur le sommet des monts de Thessalie,
Retraite solitaire où sa pudeur s'oublie,
Comme un songe d'amour, Phébé vient se poser
Près d'un pâtre endormi qu'éveille son baiser.
Partout, dans les vallons, dans les forêts bruyantes,
Sortent de leurs abris les biches confiantes :
Elles ne craignent plus que la reine des bois
Les atteigne des traits dont sonne son carquois,
Car Diane, éprouvant une ivresse inconnue,
Aux bras d'Endymion tombe amoureuse et nue.

LE VIEILLARD.

A PONSARD.

Avec un doux sourire accueillez le vieillard,
O vierges ! Pour aimer il n'est jamais trop tard.
Comme un vase d'Argos, dont l'argile choisie
Des côteaux du Taygète enferma l'ambroisie,
Exhale les parfums qui touchèrent ses bords,

LE VIEILLARD.

Ma mémoire a gardé de précieux trésors.
Des temps évanouis, des âges héroïques
Ma voix vous redira les histoires antiques.
Accueillez parmi vous, malgré ses cheveux blancs,
Le fils du dieu Mélès, le poète aux doux chants.
Lorsque, le thyrse en main et les tempes rougies,
Dyonise conduit les mystiques orgies
Et que notre univers, dont l'axe est secoué,
Semble bondir de joie et hurler : Evohé !
Auprès du jeune Dieu, comme lui hors d'haleine,
Débile et chancelant, marche le vieux Silène.
Ah! souffrez le vieillard encore un peu de temps,
Jusqu'au jour où fuiront mes rêves inconstants,
Jusqu'au jour où ma voix, mélodieuse encore,
Pour la dernière fois aura chanté l'aurore ;
Alors, ne mêlez pas mon deuil à vos festins,
Donnez ma place vide, oubliez mes destins !

Enfants, ignorez-vous que le lis avec grâce
Sur un front de vingt ans aux roses s'entrelace ?
Non, sur vos cheveux noirs j'ai souvent vu ces fleurs,
Délices des amours, marier leurs couleurs.
Ne méprisez donc pas, ô filles de la Grèce
De mon âge avancé l'apparente faiblesse ;
Le temps, ce Dieu jaloux, m'épargne sa rigueur,
Un sang impétueux fait palpiter mon cœur,
Et, dans les doux festins, écumante et profonde,
Neuf fois, sans m'enivrer, ma coupe d'or m'inonde.

Louis Barthélemy.

EXCURSION ARCHÉOLOGIQUE

DANS LE PAYS DE BITCHE.

LA MAIN DU PRINCE.

En quittant Bitche par la porte du sud et prenant ensuite la route de Wissembourg, qui se dirige exactement à l'est de la ville, on ne tarde pas à perdre de vue toute trace d'habitation. La route que l'on suit, considérée comme voie stratégique à l'époque de la domination de M. le comte de Bombelles, gouverneur de Bitche, et classée en 1852 au nombre des routes départementales de la Moselle, est nouvellement empierrée ; elle occupe l'axe d'un large essartement forestier qui doit dater du dix-septième siècle. On aperçoit enfin, à sept kilomètres de Bitche et sur la droite de la route, une tuilerie ; puis à gauche, à mille mètres au-delà, une habitation toute moderne, au-dessus de la porte de laquelle on peut lire ces mots : MAIN DU PRINCE. L'inscription qui, d'ailleurs, ne présente aucun caractère d'antiquité, est accompagnée d'une main grossièrement sculptée, de la date 1544 [1] et des lettres IHW qui sont probablement là comme monogramme du Christ, car l'H est surmonté d'une croix. Cette maison, qui porte en effet le nom que nous venons de lire sur sa façade, sert de caserne de douaniers et forme, avec quelques cabanes voisines et la tuilerie située en deçà, du côté de Bitche et sur le territoire de cette dernière commune, le hameau de *La Main-du-Prince*, *Herzogs-Hand*.

A quelques pas plus loin, on pouvait voir encore, avant l'exécution des travaux de terrassement entrepris sur la route de Bitche à Wissembourg en 1853, plusieurs mains grossièrement refouillées en creux sur la face supérieure des belles roches de grès vosgien qui, en ce point saillissent, de chaque côté du chemin, au-dessus de la crête qui sépare les deux grands bassins de la Sarre et du Rhin.

Ces essais de sculpture indigène ne remontaient pas à une haute antiquité, et il y a tout lieu de présumer qu'ils seront bientôt remplacés par d'autres empreintes. Déjà, en 1742, l'élargissement de ce passage avait fait enlever une sculpture plus ancienne dont M. le comte de Bombelles parle en ces termes dans son intéressant mémoire sur le comté de Bitche, écrit vers 1754 : « Il y a une douzaine d'années que l'on
» voyait encore, sur un roc qui était à côté du chemin, la
» forme d'une main qui y avait été sans doute creusée par
» quelque sculpteur et que l'injure du temps avait fort en-
» dommagée ; le peuple regardait ce monument avec une
» espèce de vénération, comme l'effet qu'y aurait produit la
» force de la main en frappant avec violence contre le rocher.

---

[1] Il m'a été impossible de savoir la provenance de cette date, évidemment erronée.

» La nécessité de faire ouvrir ce chemin, beaucoup trop étroit,
» nous a obligé à faire sauter ce rocher en 1742[1]. »

Quelle est l'origine de cette tradition qui porte les habitants du pays à reproduire invariablement l'empreinte d'une main sur ces roches ? La légende de la main du prince ou plutôt de la main du duc, car le nom allemand est *Herzogs-Hand*, qui se trouve dans toutes les bouches dans ces contrées presque sauvages, se charge de nous l'apprendre.

La voici dans toute sa simplicité : C'était au moyen-âge ; un grand combat fut livré sur la hauteur du *Herzogs-Hand*; le duc de Lorraine y assistait, il eut la main coupée pendant la bataille. La main du prince tombant sur le rocher y laissa son empreinte. Le duc, étant parvenu à se dégager, fut entraîné par son cheval dans la direction de Sturtzelbronn ; épuisé et à bout de forces, par suite de la perte de son sang, il tomba à environ un kilomètre du lieu du combat. La légende ajoute que là il reçut la mort de la main d'un soldat attaché à sa poursuite. Les Lorrains, arrivés trop tard pour le secourir, portèrent son corps sur le sommet de la montagne au pied de laquelle il avait succombé et l'enterrèrent à la hâte dans la forêt, en vue de soustraire au moins son cadavre à la rapacité des vainqueurs.

Le nom de *Herzogs-Kœrper,* ou Corps-du-Duc, que porte encore aujourd'hui cette partie de la forêt [2], ainsi que la mon-

---

[1] Mémoire manuscrit de M. de Bombelles sur le comté de Bitche, déposé aux archives de la ville de Bitche. (*Citation de M. Creutzer, Mémoires de l'Académie impériale de Metz, année 1852.*)

[2] Le confin de la forêt qui porte le nom de *Herzogs-Kœrper*, occupe toute la partie angulaire méridionale du territoire de la commune d'Haspelscheidt, dont le sommet vient s'appuyer sur la gauche de la route de Bitche à Sturzelbronn. L'indication donnée par la carte de l'état-major, qui place le *cadavre du prince* à droite de la route, n'est pas exacte.

tagne qu'elle recouvre, vient d'ailleurs rappeler, en lui servant de preuve, la tradition que nous venons de transcrire.

Le voyageur que l'attrait des investigations archéologiques poussera à gravir, comme je l'ai fait moi-même, la pente abrupte du *Herzogs-Kœrper,* sera amplement dédommagé de ses fatigues, car il aura la satisfaction de trouver près du sentier et sur le point culminant de la montagne, une nouvelle preuve matérielle de l'authenticité de la légende de la *Main-du-Prince.*

Un pierre tombale en grès rouge, sur laquelle on peut

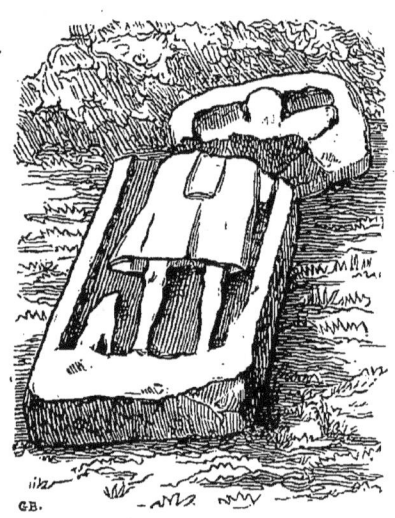

Pierre sculptée du Herzogs-Kœrper.

encore distinguer un personnage debout sculpté en relief dans le creux, est gisante sur le sol, au milieu de la forêt. La partie supérieure est brisée ; on croit reconnaître un chien assis à ses pieds. Le style de ce monument, excessivement fruste et presque complètement caché sous une épaisse couche de mousse et de lichens, rappelle le treizième siècle.

Si nous recourons aux documents fournis par l'histoire, ils

semblent d'abord présenter une concordance remarquable avec la tradition et les preuves matérielles que nous venons de signaler. Dom Calmet nous montre en effet le duc de Lorraine Ferri III, en guerre avec Bouchard d'Avesnes et livrant bataille aux gens de l'évêque de Metz, *entre Bitche et Stulzbronn.* « Ce combat fut sérieux, puisque Ferri y eut,
» dit-on, la main emportée et que plusieurs de ses gens y
» demeurèrent prisonniers. L'évêque de Metz donna ses lettres
» de quittance aux prisonniers le mardi d'avant la saint Luc,
» 18 d'octobre 1293[1]. »

Mais l'on retrouve ensuite le duc Ferri III, qui ne meurt réellement que dix ans plus tard, à Nancy, le 31 décembre 1313; il fut enterré dans l'abbaye de Beaupré.

Ces diverses circonstances nous amènent à conclure que la légende de la *Main-du-Prince* peut être appliquée à Ferri III

---

[1] *Dom Calmet. Preuves de l'Histoire de Lorraine. Première édition. Exemplaire non cartonné de la bibliothèque de la ville de Nancy :*
1293. Délivrance de quelques prisonniers pris dans la bataille entre Bitche et Stulzbronn, où le duc Ferry eut la main emportée. (Cartul. Bar.)
« Nous Bourchars, par la grace de Deu Eveskes de Mes, faisons savoir à tous,
» que nous acquittons à tous les prisons qui furent pris de nos chiers et feobles
» le Dom-Prevost de Strasbourch Monsignour Conrault signour de Hestemberch
» au poignis, qui fut *entre Bitches et Sturzelbronn (a)*; et acquittons encore
» tous les prisons qui ont esté pris en l'occoison de la werre qui ait estei entre
» nos et noble homme Ferri duc de Lorraine et Marchis, eux et tous les ostaiges
» aussi des prisons devant dit, qui furent pris de ceaux de Lictemberch devant
» nomeis. Et est assavoir, que nos, ne autres por nos, n'en poons jamais rien
» demander ne par nos, ne par atruy, aus prisons devantdits, ne à lor ostaiges
» por l'occoison de lor prison.... »

(a) Note manuscrite. *Le duc y eut la main emportée, et s'appelle encore pour cejourd'huy, le lieu où la rencontre se fit,* Herzoque Hanndt. *Je fus sur le lieu, en faisant la description de la seigneurie de Bitche, en 1576, mois de juin.*

C'est, je pense, M. le président Alix qui a fait cette note sur la très-ancienne copie, qui se lit au Cartul. du Barrois. (D. Calmet.)

et au combat de 1293; mais que celle du *Herzogs-Kœrper*, ainsi que le monument de la forêt, ne sauraient lui être attribués, si on considère la pierre sculptée du Herzogs-Kœrper comme un monument funéraire. Comment, en effet, la dépouille mortelle d'un duc de Lorraine fut-elle restée oubliée au milieu des bois, à trois kilomètres de l'abbaye de Sturtzelbronn, où déjà à cette époque sept ducs ou princes de la maison de Lorraine avaient choisi leur sépulture?

On ne peut voir dans la pierre du Herzogs-Kœrper qu'un monument commémoratif élevé au point où le vaillant Ferri III fut retrouvé par les siens, blessé et épuisé de fatigues, ou encore la pierre tombale d'un seigneur de sa suite.

10 Mars 1854.

GEORGES BOULANGÉ.

A AUGUSTE ROLLAND,

DE RÉMILLY [1].

Pendant vingt ans, ramant comme corsaire
Sans voir jamais se grossir mon butin,
A vingt métiers j'ai perdu mon latin
Et suis resté gueux comme un prolétaire.
Au fond du sac pas deux maravédis !
Sous le soleil pas un fêtu de paille !
Dame Indigence, assise en mon taudis,
De mes efforts incessamment se raille
Et sans pitié me répète : « Travaille »
Quand par hasard, joyeux, je m'ébaudis.
Pour m'achever, d'une serre cruelle
Le mal, bientôt, admirable assassin

---

[1] Pendant une maladie, qui me retint au lit plus d'un an, M. Aug. Rolland m'envoya un de ses admirables pastels, le *Ruisseau dans les Bois*. Cette publication sera comprise de ceux qui savent ma maladie et qui connaissent l'œuvre de l'éminent artiste.

> Et ce remercîment *atteste à tous les yeux*,
> Le *malheur*, le *bienfait*, et la *reconnaissance*.

(Note de l'auteur.)

A AUGUSTE ROLLAND.

Me cloue au lit ; et sans mon médecin,
Qui de sa main abrita ma chandelle,
J'allais au ciel droit comme un capucin !
Mais à ce compte il perdait une proie
Ce bon démon qui toujours me suivit :
En diable expert, et pour calmer ma joie,
En me sauvant il me retint au lit.

Depuis un an que dure ce martyre,
Malgré les soins de l'ange qui m'inspire
Et dont l'amour jour et nuit me confond,
Je suis bien las de ma triste prison ;
Las de ses murs, où s'éteint le sourire,
Las des vains bruits où s'endort ma raison.
Je veux de l'air, du soleil, des nuages ;
Je veux le ciel, fut-il chargé d'orages,
Et du midi les brûlantes ardeurs,
Et du matin les fraîcheurs émanées ;
Je veux la vie, enfin, et mes douleurs
Sont au repos trop longtemps condamnées !

Printemps, printemps, vieux père des amours,
Reviens sourire à mes pénibles jours !
Rends-moi du moins tes fraîches matinées,
La douce odeur des naissantes feuillées,
L'aimable éclat de nos vergers en fleurs ;
Et que le soir tes brises embaumées,
De tendres nuits intimes précurseurs,
Versent à flots dans les âmes charmées
Ce doux accord de bienfaits enchanteurs
Dont tu revêts le matin des années !

Mais tous ces biens que je croyais perdus
Près de mon lit viennent de m'apparaître.
Un art charmant, dont vous êtes le maître,

A AUGUSTE ROLLAND.

Les fait revivre et me les a rendus.
Sur le vélin, qu'anime leur poussière,
De vos pastels le caprice enchanteur
A semé l'air, l'espace, la lumière,
Le frais des bois, leur sombre profondeur,
Et puis là-bas, au bout de la clairière,
Un horizon où je lis le bonheur !
Ah ! laissez-moi parcourir cet espace !
Près du ruisseau disposez une place :
J'y veux rêver, seul, comme cet oiseau,
Et, comme lui, perché sur un fuseau.
De l'autre, hélas, si j'ai perdu l'usage,
Soutenez-moi dans ce premier voyage
Vous tous, amis, dont les soins délicats,
Secondant ceux d'une femme adorée,
Ont ramené des portes du trépas
Mon enveloppe infirme et délabrée :
Vos pas encore assureront mes pas.

Artiste, ami, merci ! Votre poussière,
Vos fins crayons, votre esprit créateur
En me donnant ces bois et leur mystère,
Et l'horizon où je lis le bonheur,
M'ont, d'un seul coup, rendu propriétaire.
C'est un miracle et l'art seul peut en faire.
On n'y croit plus, c'est une grave erreur :
Car, sans votre art, moi, pauvre prolétaire,
Vingt ans de plus ramant comme corsaire,
Point n'eusse encor joui de cet honneur !

F. Blanc.

ÉTUDE BIOGRAPHIQUE.

PIERRE JOLY, SEIGNEUR DE BIONVILLE, PROCUREUR-GÉNÉRAL ÈS-VILLE DE METZ ET PAYS MESSIN.

Pierre Joly est un des plus illustres messins nés dans le seizième siècle. Son père et sa mère avaient adopté la réforme. Leur famille appartenait à l'ancienne noblesse du pays ; ce ne fut pas un obstacle au mariage de leur fille Elisabeth avec un simple bourgeois de Fournirue, Jacques Féry, marchand d'une intelligence peu commune et surtout recommandable par sa probité. Paul Ferry, fameux ministre de l'église protestante de Metz, qui naquit de cette union, fut donc le neveu de Pierre Joly.

On n'a point de détails sur les progrès de la jeunesse de ce personnage, digne, autant par ses vertus que par ses talents, du respectueux souvenir de la postérité. Mais si l'on juge ses premières années par la célébrité qui est échue au magistrat instruit et lettré, au citoyen zélé pour l'intérêt public, il est permis de penser que Pierre Joly montra de bonne heure le désir d'apprendre et cette conception vive et pénétrante qui expliquent la diversité de ses connaissances et les succès qui lui étaient réservés. L'application du jeune homme s'accrut certainement en raison de l'importance et de la multiplicité des études auxquelles il se livra. On dut aussi remarquer dans l'adolescent, cet amour de la vérité et cette passion pour le bien qui ont formé les deux traits distinctifs du caractère du procureur-général Pierre Joly. Il n'est pas douteux que les sciences exactes, la philosophie, l'histoire, la littérature et le droit aient eu successivement part à ses méditations.

L'esprit et les connaissances variées de Joly le désignèrent à un âge peu avancé, quoiqu'il fût calviniste, à l'honneur de remplir plusieurs missions difficiles dont il s'acquitta avec habileté. L'heureux résultat qui s'en suivit pour le parti français dans la province, lui valut d'être choisi le premier pour la place de procureur-général auprès du président royal à Metz. Jurisconsulte profond et plein de sagacité, Joly avait particulièrement donné des preuves d'une grande capacité dans l'état primordial de conseiller au présidial séant en cette ville [1].

A une époque où l'empire d'Allemagne n'avait pas encore renoncé à la souveraineté des Trois-Evêchés, il importait de pourvoir de fonctions aussi graves un homme capable et éprouvé. Henri IV avait pesé les mérites de Joly et apprécié son dévouement à la couronne. Les lettres même d'établissement d'un procureur-général du roi à Metz, datées du camp de Châlons le 16 juillet 1593, contenaient la nomination de Joly à ce poste élevé. Elles mentionnaient la pleine confiance de Sa Majesté en la personne de son *amé et féal maître Joly* et l'estime qu'elle faisait de *ses forces, suffisance, littérature et grande expérience*, enfin la considération qu'elle conservait

---

[1] *Bibliothèque Lorraine*, page 548.

des *bons et recommandables services* qu'il avait rendus à ses prédécesseurs et à elle-même, *en plus grandes et importantes affaires*[1].

Notre compatriote méritait ces éloges. Libre des empressements de l'ambition, lorsqu'il se vit élever à un si haut emploi, il ne considéra que le bien qu'il y pouvait faire. Il favorisa avec ardeur la cause du roi qu'il avait embrassée. Il voulait la prospérité de la patrie. Il savait assurément sa liberté compromise ; mais il était persuadé que son avenir dépendait de l'attachement sincère des Messins à la France entre les bras de laquelle ils s'étaient jetés afin de se soustraire définitivement aux perfides projets de Charles-Quint sur leur ville.

Joly, devenu procureur-général, dut se consacrer exclusivement aux devoirs de sa charge. Il lui fallait renoncer aux travaux d'érudition qui avaient fait jusqu'alors le charme de ses loisirs. Il avait eu une éducation très-soignée, chose remarquable dans un temps où les guerres de religion avaient presque anéanti le goût des bonnes études. Il était versé en jurisprudence, bon mathématicien, et possédait, à un degré rare pour son époque, les auteurs grecs et latins. Joly avait traduit les *Emblèmes de Boissard*, imprimés en 1588 chez Abraham Fabert[2]. Le savant antiquaire et le célèbre maître-échevin et typographe étaient liés d'une vive amitié avec Joly.

Dans ses éminentes fonctions, le procureur-général prit constamment à cœur de se rendre utile. Il eut la douce satisfaction de plaire en même temps au roi et à ses concitoyens. Aussi était-il universellement aimé et respecté.

[1] *Histoire de Metz* par les religieux Bénédictins, tome III, page 147.
[2] *Essai philologique sur les commencements de la Typographie à Metz*, pag. 60-61.

Mais d'orageux événements se préparaient. Les deux frères Saubole, de la maison de Comenge, dont l'aîné commandait à Metz en l'absence du duc d'Epernon, exerçaient une tyrannie odieuse envers les habitants. La population était fatiguée des excès journellement commis par ces chefs militaires. A différentes reprises, elle avait exposé ses griefs. Les Saubole non seulement avaient résisté, mais encore encouragé les insolences de la garnison. La détresse des bourgeois était extrême. Dans cette triste et mémorable circonstance, Pierre Joly témoigna sa tendresse et son attachement à sa patrie. Il savait le crédit et le pouvoir de ses adversaires. Néanmoins, il ne craignit pas de réclamer en faveur des opprimés.

Les remontrances de Joly attirèrent sur lui l'inimitié des Saubole. Leur ressentiment s'accrut de la haine secrète qu'ils lui portaient déjà à cause de ses vertus. Ils résolurent sans retard de le perdre dans l'esprit du Roi et avec lui les magistrats qui s'opposaient à leurs pilleries et à leurs violences. Dans cet infâme dessein, les deux frères eurent recours à la plus noire calomnie. Ils accusèrent Pierre Joly et les principaux citoyens de félonie et d'intelligence avec l'archiduc Albert et de vouloir livrer la ville au comte de Mansfeld, gouverneur de Luxembourg. Ils eurent soin de marquer le procureur-général comme étant à la tête de ce complot tout-à-fait imaginaire.

A la nouvelle de ces criminelles suppositions, on essaya de faire parvenir des cahiers de plaintes à Henri IV. Mais les Saubole veillaient; les cahiers à l'adresse du roi furent saisis et brûlés. La compagnie de Saubole le cadet, surnommé le Boiteux, arrêta les bourgeois qui eurent la témérité de protester et les jeta en prison.

Pour en imposer plus sûrement au monarque et justifier leur conduite, les Saubole usèrent de stratagèmes de toute sorte. Quatre soldats, gagnés par eux, avouèrent avoir part à la complicité du crime et se laissèrent charger de fers.

La cour s'émut de cet acte d'accusation. Henri envoya en toute hâte à Metz, pour instruire l'affaire, deux présidents de Paris, Miron et Jeannin. Ces députés avaient des caractères bien différents. Le premier était un homme outré dans tout ce qu'il faisait ; le second, au contraire, avait coutume d'agir après mûr examen et avec modération. Ils arrivèrent ensemble le 21 avril 1601.

Saubole aîné, afin de rendre de plus en plus vraisemblables les soupçons calomnieux répandus contre ceux qu'il avait le plus envie de perdre, parce qu'il en avait éprouvé une plus vive résistance, payait largement de faux témoins à charge jusque parmi les gens du dehors.

Joly, dont l'influence avait été si préjudiciable aux actions criminelles des Saubole, fut principalement impliqué dans cette misérable affaire. Les deux frères poussèrent aux propos les plus mensongers contre ce citoyen que son rang et ses vertus auraient dû préserver de toute injure. Mais ils ne redoutaient rien tant que son patriotisme et sa prévoyance. D'ailleurs, le procureur-général, après avoir vu ses représentations impuissantes auprès des Saubole, avait opposé publiquement sa dignité à leurs horribles proscriptions.

Pour ajouter le comble à toute audace, Pierre Joly, Jacques Praillon, interprète du roi en langue germanique, ancien Maître-Echevin et le premier des Treize; Jean le Bacchellé, receveur municipal ; Charles Sartorius, aussi interprète en langue germanique ; Jean Hubert dit Bonhomme ; Jérémie le Goullon, greffier de la ville ; Jean Copperel et son fils, furent arrêtés soudainement, par les ordres de l'aîné des Saubole, et conduits sous forte escorte à la Citadelle. Tous furent placés sous verrou et accolés aux quatre soldats sur lesquels on avait rejeté la complicité de la trahison. L'un de ces derniers étant décédé, Saubole le traita comme convaincu du crime; son corps fut sur-le-champ traîné sur la claie. Ensuite on attacha ce hideux cadavre à un gibet qui avait été élevé à cet effet sur le grand chemin de Thionville, tandis que sa tête, fichée à l'extrémité d'une pique, était suspendue à la hauteur de la porte du Pontiffroy. Les restes de ce malheureux, voués à l'ignominie la plus honteuse, demeurèrent exposés aux regards des passants jusqu'à ce que la corruption forçât à les descendre de leur instrument de supplice et à leur donner la sépulture.

Saubole ne s'en tint pas encore là. Joly et ses compagnons, après être restés deux mois environ dans les prisons de la Citadelle, avaient été transférés à Paris, sous la garde du prévôt des maréchaux. Le parlement séant en cette ville était chargé de poursuivre le procès des différents accusés. Saubole se remuait de toutes manières; il faisait répéter chaque jour sur le compte de ses victimes les calomnies les plus injurieuses.

L'instruction avait été aussitôt commencée à Paris. Les présidents, venus à Metz, avaient présenté à leur retour, à la compagnie, l'exposé de leur mission et rapporté tous les faits qu'ils avaient pu recueillir pendant leur séjour. Saubole était prévenu de tout ce qui se passait. Il pressait la condamnation des citoyens messins. Son astuce alla jusqu'à faire enlever le seigneur du château de Logne, au duché de Luxembourg, sous prétexte de l'envoyer à Paris pour le confronter avec Praillon et ses coaccusés.

Pierre Joly, fort de toute la vigueur d'une âme juste et qui ne voulait que le bien, attendait patiemment que la haute cour se prononçât. Lorsqu'il comparaissait devant le parlement, sa raison puissante et son éloquence simple et digne, persuadaient les juges de sa fidélité au roi. Toujours aussi

modéré que ferme et insinuant dans ses réponses, il prit sur ces graves esprits un ascendant que sa seule raison lui donnait. Ce grand homme, sachant son innocence, n'était agité par aucune crainte. Les traitements qu'il n'avait pas mérités ne pouvaient l'abattre. « Tel un vieux rocher exposé au milieu de
» la mer, se rit de la fureur des flots et de la tempête. Dès
» que les nuages sont dissipés, dès que le calme a succédé à
» l'orage, il élève avec dignité sa cîme dans les cieux; il voit
» à ses pieds ces vagues terribles changées en écume : c'est
» ainsi qu'éclate et que triomphe la vertu de Joly [1]. »

Un premier arrêt du 20 septembre 1601, reconnut l'innocence de Jacques Praillon, de Jean le Bacchellé, de Charles Sartorius, de Jean Hubert dit Bonhomme, de Jérémie le Goullon et de Jean Copperel le jeune. Jean Copperel père était mort à Paris pendant le cours du procès. L'élargissement des citoyens absous fut ordonné immédiatement. Le roi ajouta à cet arrêt sa propre autorité. Henri signa, au mois d'octobre de la même année, des lettres-patentes qui déclaraient ces messins *purs et innocents des cas et crimes à eux imputés* [2]. Avis fut à la fois transmis au sieur de Saubole aîné, au Président royal et à Messieurs des Trois-États de la ville de Metz, d'avoir tous les égards pour ces personnes dignes de la bienveillance et de la faveur de Sa Majesté.

Le même arrêt du Parlement, du 20 septembre 1601, décidait, quant à Pierre Joly, qu'il serait plus amplement informé. Toutefois, il cessa d'être détenu à la Conciergerie du Palais. Défense seulement lui fut faite de quitter Paris et ses faubourgs. La raison de cette conduite de la Cour de Justice envers Joly était que par son état de procureur-général, il

---

[1] *Temple des Messins*, p. 110-111.
[2] Meurisse, *Histoire des Évêques de Metz*, p. 649.

devait être plus que tout autre aux intérêts du Roi, et que si la preuve de son innocence se trouvait aussi évidente qu'il pouvait être demandé, il fallait à un fonctionnaire d'un ordre aussi élevé une justification éclatante.

Le Parlement se montra minutieux dans les nouvelles informations. Enfin, le 30 mars 1602, il rendit un second arrêt qui justifiait pleinement le procureur-général Joly et le renvoyait à Metz pour reprendre l'exercice de ses fonctions. Le triomphe de l'estimable et intègre magistrat fut complet. En conséquence de l'arrêt d'absolution de son Parlement, Henri IV donna à Pierre Joly une déclaration solennelle remplie des témoignages les plus honorables qu'un souverain puisse accorder à son sujet. Cette lettre peint exactement les qualités éminentes de celui à qui elle fut expédiée ; elle exprime mieux que tous éloges la haute estime qu'avait d'un des Messins les plus recommandables le monarque qui mérita de ses peuples le titre glorieux de *Bon Henri* [1].

Ce prince généreux prit un tel intérêt à la réputation de son Procureur-Général ès-ville de Metz et Pays-Messin, qu'il voulut accompagner d'une instruction particulière l'envoi de ses lettres-patentes au Président de Metz (2 avril 1602). Il écrivit en outre le même jour à ses très-chers et bien aimés les Maître-Echevin, Treize et Conseil de la cité, pour leur apprendre tout le joyeux contentement qu'il ressentait lui-même à l'entière justification de leur compatriote. M. Emmery a résumé le plus convenablement tout ce qui pouvait être dit d'avantageux à ce sujet, dans cette phrase heureuse : « On » ne sait de qui la lettre envoyée aux Maître-Echevin et » Magistrats de Metz fait le plus d'éloge, ou du bon roi qui

---

[1] Arrêts du Parlement de Paris et autres pièces concernant la justification du procureur-général Joly. — Paris. René Ruelle, 1602.

» l'a écrite, ou de ceux à qui elle fut adresssée, ou de celui
» qui en fut l'occasion¹. »

Toutes ces pièces authentiques établissent suffisamment le rare mérite et le triomphe de notre illustre compatriote, ainsi que les services signalés par lui rendus au Roi et à l'Etat.

Le procureur-général Joly revint à Metz prendre possession de sa charge. Ses concitoyens accueillirent son retour avec enthousiasme. Les Saubole, contraints de recevoir le vertueux magistrat avec les honneurs et le respect dus à son rang, laissèrent apercevoir leur dépit. Ils continuèrent à jeter le trouble dans une province ordinairement paisible et facile à gouverner. Moins d'une année après ces événements, la présence du Roi à Metz devint nécessaire pour réprimer la tyrannie de ces lieutenants audacieux. Le 21 mars 1603, les Saubole furent destitués et sortirent de la ville.

Ce furent ces circonstances, préjudiciables aux gens amis de l'ordre et aux affaires de la cité, qui engagèrent Pierre Joly à user de tous les droits qui lui avaient été accordés à la suite de l'arrêt du Parlement de Paris et des lettres-patentes d'Henri IV.

A la demande du Conseil de la cité, les actes de justification du Procureur-Général furent publiés et enregistrés *ès registres des greffes* de Paris et de Metz et des autres villes du ressort de cette dernière, *pour mémoire perpétuelle à l'avenir de sa fidélité et de sa prud'hommie*. Le Président royal de Metz fit lire au siège de sa résidence, à huis ouverts, en grande assemblée des gens de la justice, de la garnison et du peuple, les mêmes déclarations, pour être également à *la postérité un témoignage et lettres de charte de l'innocence* de Joly. Ce magistrat fit

---

¹ *Recueil des Edits, Déclarations et Lettres-Patentes du Parlement de Metz*, tome Ier, page 32, voir la note.

frapper, en signe de sa délivrance, comme il en avait l'autorisation, des médailles d'argent. Les rares exemplaires qui nous ont été conservés, sont de la forme et du poids d'un écu de trois livres. D'un côté est représenté le buste tourné à droite de Pierre Joly, avec la légende : PETRVS LEPIDVS. Au revers, on voit un homme debout, mettant le pied droit sur un navire violemment agité par la tempête, et ayant la pointe du pied gauche appuyée sur un rivage battu par les flots. Dans une position si désespérée, cet homme lève les mains vers le ciel et des nuages écartés lui laissent entrevoir le nom tétragrammatique de Jéhovah. Ce revers tout allégorique, puisqu'il rappelle les épreuves par lesquelles Pierre Joly venait de passer, a pour âme ces mots : COELO TVTA QVIES, *Mon salut vient du ciel* [1].

Honoré de la confiance d'Henri IV et de son successeur, chéri de ses compatriotes, Pierre Joly acheva de conquérir, dans l'exercice de son emploi, la plus grande considération. Ce magistrat distingué remplit, jusque dans ses dernières années, avec une capacité toujours égale et avec beaucoup d'intégrité, les nouvelles missions que le gouvernement du Roi ne crut pouvoir confier qu'à lui seul [2].

Le procureur-général Joly termina sa vie à Metz le 26 septembre 1622, environ onze années avant la création d'un Parlement à Metz.

Il prenait le titre de Seigneur de Bionville. Le château qu'il avait fait construire dans ce village existait encore à la fin du dernier siècle. Ses armes étaient : *d'azur à la face d'or, chargée*

---

[1] *L'Histoire de Metz*, p. 173, et le *Temple des Messins*, p. 107, à la note, indiquent seulement deux mains en sautoir.

[2] Pierre Joly avait été chargé de recevoir à Dieulouard de la part de l'évêque de Verdun, en personne, la démission de tous ses droits régaliens en faveur de Sa Majesté.

d'un aigle éployé d'argent en chef et d'une rose de même en pointe [1].

Pierre Joly avait épousé Sara Busselot [2]. Leur fils Paul, écuyer, seigneur de Bionville, fut reçu avocat au Parlement de Metz le 6 février 1634, et conseiller au bailliage et siége présidial de la même ville en 1642.

Le petit-fils de celui-ci, Paul-Gédéon Joly, seigneur de Maizeroy, né à Metz en 1719, s'est rendu célèbre par de nombreux écrits de tactique, souvent cités. Il était chevalier de l'ordre de Saint-Louis et membre de l'Académie royale des inscriptions et belles-lettres.

Le portrait en marbre blanc du procureur-général Joly figure parmi les bas-reliefs, consacrés à diverses illustrations messines, qui ornent le grand salon de notre hôtel municipal. Il était bien juste, certes, que la mémoire de cet homme célèbre reçut, de la reconnaissance éclairée de ses concitoyens, cette précieuse et vénérable marque d'honneur.

F.-M. Chabert.

[1] *Bibliothèque Lorraine*, p. 548.
[2] *Biographie du Parlement de Metz*, p. 249.

AU LINOT.

IDYLLE.

DÉDIÉE A M. LOUIS BARTHÉLEMY.

> Oiseaux, gazouillez et respirez ces divines odeurs, ces âmes errantes des aubépines et des lavandes qui passent dans les tièdes brises.
>
> V.

Voici l'heure où l'oiseau joyeusement s'éveille
    Au sein des arbres frémissans,
Pour saluer l'aurore, éclatante merveille,
    Par ses mélodieux accens.

Linot, réveille-toi : dans les pampres voltige.
    Le buisson s'étoile de fleurs ;
Déjà l'églantier rose à la flexible tige,
    De l'aube a secoué les pleurs.

AU LINOT.

Livre ta voix légère au côteau qui s'anime ;
    Que Zéphire, au vol adouci,
La porte en se jouant jusqu'à la verte cîme
    Du peuplier qui chante aussi.

Sur la mousse des bois, d'ombre à peine voilée,
    Quand la brise murmure et fuit,
Chante, chante au matin : les lis de la vallée
    Te répondront par un doux bruit.

Ta voix attire, enivre, heureux qui peut l'entendre,
    De l'aube au soir dans ce beau lieu.
Mais, sais-tu que ton chant, toujours joyeux et tendre,
    Perle à perle te vient de Dieu ?

Tout vient de Dieu !... tes chants, ton vol et ton plumage,
    Ces trésors qu'il t'a départis.
Et, dans le mois des fleurs, mieux que ton gai ramage,
    Ta tendresse pour tes petits.

Tout vient de Dieu !... la côte à la fertile crête ;
    Au loin, les montagnes d'azur ;
L'éclair et l'aquilon ; puis, après la tempête,
    L'air qui s'épand plus frais, plus pur.

Linot, quand tout-à-coup viendra gronder l'orage,
    Dont le souffle frappe et ternit,
Loin des buissons aimés, rassemble ton courage
    Et vole aussitôt vers ton nid.

Te voyant accourir, ta compagne ravie,
    Portant ses regards tour-à-tour,

Sur ses petits, sur toi dont la vie est sa vie,
    Ne tremblera plus que d'amour !

Jouis des frais parfums que répand la verdure ;
    Jouis de ce ciel éclatant :
Le jour passe rapide et chaque fleur ne dure,
    Comme le bonheur, qu'un instant !

POURQUOI PASSEZ-VOUS ?

Tout passe, même le souvenir.
A. HOUSSAYE.

De la naïve enfance,
    O moments si doux !
Jours sereins d'ignorance,
De joie et d'espérance,
    Pourquoi passez-vous ?

Age où l'on se compose
    Un présent si doux,

Où l'on voit chaque chose
Briller couleur de rose,
   Pourquoi passez-vous ?

Ravissante jeunesse,
   Fleurs et billets doux,
Désirs, folle tendresse,
Amour, espoir, ivresse,
   Pourquoi passez-vous ?

Anges remplis de charmes,
   Qu'on adore à genoux,
Du cœur vives alarmes,
Regrets baignés de larmes,
   Pourquoi passez-vous ?

Heure où dans la retraite,
   Bien loin des jaloux,
La lyre du poète,
A résonner est prête,
   Pourquoi passez-vous ?

Harmonieux délire !
   O transports si doux,
Où tout en nous soupire,
Palpite, adore, aspire,
   Pourquoi passez-vous ?

Heure de nonchalance,
   De repos si doux,
Où d'ombre et de silence
Se couvre l'existence,
   Pourquoi passez-vous ?

Sur la terre tout passe !
Aux jours les plus doux
Le temps ne fait point grâce :
Tout s'effeuille et s'efface,
Hélas !... avant nous.

AUX ARTISTES LYRIQUES DE METZ.

ÉPITRE.

> Il y a partout des hommes qui luttent et qui souffrent : il y a partout des devoirs à remplir.

Sans repos, vers un but, tout se meut, tout gravite,
Monte, plane, retombe et ruisselle plus vite
Que le chevreuil ne passe au milieu des vallons,
Que l'oiseau dans son vol n'effleure les sillons,

Que le nuage ailé ne fuit vermeil et leste.
Mais, près du pauvre, hélas ! toujours le chagrin reste ;
N'osant plus aujourd'hui tendre au passant la main,
Privé du nécessaire il peut mourir demain.
A lui porter secours ma muse vous convie :
Chassez, par un concert, les brumes de sa vie !...
Que la trompe en spirale et le cornet des bois,
Que la harpe aux doux sons, la flûte et le hautbois,
Que le clavier sonore et les archets pleins d'âme,
Des tourments de la faim deviennent le dictame.
— Artistes, qui savez qu'il est des malheureux,
Bardes intelligents, rossignols généreux,
Chantez pour adoucir le vif accès de fièvre
Qui frissonne et s'attache à l'indigente lèvre.
Que le pauvre affamé qui gémit, se débat,
Apprenne en tressaillant, couché sur son grabat,
Qu'on peut calmer sa peine avec une romance ;
Et s'il en doute..... on doute au sein de la souffrance,
Sur lui faites pleuvoir comme un brillant trésor,
Des cadences de pain et des triolets d'or !.....
De l'offrande artistique enflant son escarcelle,
Qu'un rayon de bonheur dans son âme étincelle.
— Vous dont la vie entière est un pur dévoûment,
Vous qui savez si bien secourir ardemment,
Votre cœur est toujours la source qui ravive,
Et qui, pour tous, s'épanche harmonieuse et vive.
Ah ! savourez, au bruit de nos bravos flatteurs,
De cette œuvre d'amour, les suaves senteurs.
Dieu qui vous suit, vous compte, ineffable mystère,
Bénira vos efforts aux sentiers de la terre.
Des missions de l'homme — et seul Dieu sait juger, —
A ses yeux la plus sainte est celle d'obliger.

Pour les cœurs généreux, c'est aussi la plus douce ;
Qui donne à l'indigent se fait un lit de mousse,
Et trouve dans sa joie, en contemplant le ciel,
Pour son esprit, des chants, pour sa lèvre, du miel.
Heureuse, heureuse l'âme où l'aumône est fleurie :
Car l'aumône est la fleur qui parfume la vie !

Edouard Carbault.

ALEXIS.

> Il est un dernier malheur dont la pensée n'ose approcher ; c'est la perte sanglante de ce qu'on aime.
>
> (Baronne DE STAEL.)

Un jour du mois de mai 1837, M. L....., député, s'embarquait à Nort, sur le bateau à vapeur de l'Erdre, avec un jeune homme de ses amis, auquel il venait de faire faire un voyage de Bretagne.

L'Erdre se jette dans la Loire à Nantes. Elle parcourt une charmante vallée où les paysages se succèdent comme par enchantement, et les sinuosités de la rivière ménagent aux regards surpris tous les aspects pittoresques que la nature calme peut offrir dans un beau pays de collines.

Ce jour-là, les passagers n'étaient pas nombreux. Nos deux voyageurs allèrent s'asseoir, près du pilote, à l'abri du soleil. Autour d'eux tout était tranquille ; le capitaine suivait du haut du pont le mouvement régulier de la machine ; quelques ouvriers nonchalants manœuvraient les chétifs agrès du mât, et, par intervalle, le chauffeur lançait à regret dans la fournaise le charbon qui brûlait sans profit.

Après avoir contemplé pendant quelques instants les horizons changeants qui se présentaient à sa vue, le jeune compagnon de M. L..... porta les yeux sur ses voisins. Deux hommes venaient de se placer à côté de lui. Leur costume était celui des garçons de labour. Leur teint basané, leurs mains calleuses attestaient que les rudes travaux de la campagne étaient leur occupation journalière ; ils tenaient à la main le lourd bâton des bouviers et, à la première apparence, on devait les prendre pour de petits cultivateurs qu'une foire prochaine attirait aux environs de Nantes.

Mais, sous les rides et sous le hâle de leur visage, la physionomie des deux inconnus avait conservé un caractère de distinction qui étonnait. L'un était au moins sexagénaire. A l'autre il semblait difficile d'assigner un âge ; jeune, il ne l'était plus, et même il paraissait parvenu à cette période avancée de la vie où le corps commence à fléchir sous le poids des douleurs et des émotions passées. Mais un observateur pénétrant eût reconnu que l'heure du déclin n'avait pas sonné pour cet homme, et que la main mystérieuse de Dieu, en s'appesantissant sur lui, avait prématurément courbé son front.

Curieux de savoir quels étaient ces personnages dont l'austère maintien l'avait frappé, le touriste se leva et s'approchant du capitaine, il l'interrogea sur la condition des passagers du bord.

« Ceux près desquels vous étiez assis, lui fut-il répondu, sont des trappistes de la Meilleraye qui vont à Nantes, acheter des bœufs pour les charrues de leur ferme. Ils dirigent ensemble l'exploitation agricole ; et, sous l'habit du paysan, de temps à autre il leur est prescrit de parcourir la contrée. »

A cette révélation, le jeune homme se sentit pénétré de respect, et sa pensée se reporta tour-à-tour sur la règle sévère et sainte à laquelle sont soumis les religieux de la Trappe, et sur les événements souvent tragiques dont l'influence a poussé vers le cloître tant d'âmes passionnées. Dans le cours du voyage, il trouva l'occasion d'adresser la parole aux deux moines, et il obtint de leur part le plus bienveillant accueil, car son langage et ses manières inspiraient la confiance et la sympathie. En débarquant à Nantes, on se promit de se revoir, et le même jour, on se réunissait, après le coucher du soleil, sur le quai du port. La promenade fut un instant silencieuse. Le jeune homme aurait voulu connaitre l'histoire de ces habitants de la Meilleraye, et il n'osait en solliciter la confidence. Il dit enfin au plus âgé des deux religieux :

— Pour que l'homme trouve des consolations dans votre existence laborieuse et solitaire, il faut que de grands malheurs l'aient atteint ?

— Non, répondit le moine, il faut seulement que l'âme réussisse à se détacher de la terre, et il est donné à quelques élus de comprendre sans expérience le néant des choses d'ici-bas.

— Mais, ajouta l'autre religieux, nous n'avons pas été du nombre de ces heureux élus ; nous avons souffert des maux cruels avant de songer au cloître. Que le Seigneur en soit béni, car sans l'énergique impulsion de la Providence, nous eussions ignoré toujours notre véritable destinée.

Le tour qu'avait pris l'entretien permit au jeune homme d'interroger davantage le trappiste qui, après quelques minutes de recueillement s'exprima en ces termes :

« Comme vous j'ai vécu dans le monde. J'ai sacrifié au plaisir et le temps et la fortune ; mais, les passions de ma jeunesse n'ont pas été sans frein; le crime n'a souillé ni mes mains, ni mon cœur, et ce n'est pas le remords, ce n'est pas l'impérieux besoin d'une longue expiation qui m'a jeté dans la retraite où mes jours s'écoulent maintenant, partagés entre le travail et la prière. Enfant! vous êtes à l'âge des plus belles illusions; l'avenir vous apparaît sous les riantes couleurs qu'une vive imagination sait inventer; les chagrins sans remède vous sont inconnus: puisse le ciel vous protéger longtemps; puisse-t-il épargner toujours à votre âme les secousses que la mienne a ressenties! Aujourd'hui, par la pitié du Maître des hommes, je goûte les bienfaits d'un repos que je n'espérais plus. Mais à quel prix, hélas! les ai-je achetés? Et, je me le demande, aurais-je la force de traverser encore les mêmes épreuves avec le même courage, quand le seul souvenir de mon infortune me trouble et me déchire à cette heure? »

Le religieux s'arrêta, et relevant sa blouse de grosse toile grise, il s'en servit pour essuyer les gouttes de sueur qui de son crâne dénudé, roulaient sur ses tempes et sur ses joues amaigries. Jusqu'alors ses yeux étaient restés fixés vers la terre; il les dirigea vers le firmament comme pour offrir à Dieu le surcroît de douleur que la mémoire de sa triste destinée lui imposait en ce moment; puis, montrant au jeune homme les eaux de la Loire, il reprit:

« Il y a vingt ans, un de ces vaisseaux m'emportait loin de ma patrie: je voulais fuir la France et me fixer dans des contrées lointaines. Mes parents étaient morts pendant mon enfance, et personne n'exerçait sur mon esprit assez d'empire pour me détourner de mon projet. O ma mère! vous qui de la demeure éternelle, suiviez mes pas sur la terre, c'est alors que vos douces inspirations m'ont manqué!

» L'amitié la plus tendre me liait à l'un des condisciples,

au fils d'un ancien officier de l'armée des princes. Nos goûts et nos désirs étaient pareils ; nos cœurs se confiaient l'un à l'autre avec un abandon plein de charme ; nous rêvions le même avenir, et nos pensées, tantôt naïves comme celles de deux enfants, tantôt graves comme celles que l'ambition suscite, nous portaient vers le même but. Oui, mon fils, j'ai connu l'amitié, j'ai connu tout ce qu'elle peut donner de bonheur, car mon esprit et mon âme goûtaient ensemble les plaisirs d'une égale intimité.

» L'*Eudoxie* était en partance à Nantes ; nous nous embarquâmes au mois de juin 1817 pour l'Amérique du sud. C'était un premier voyage ; il fut le dernier pour mon ami ; il fut pour moi la source d'inexprimables angoisses.

» Après une traversée longue et monotone, nous arrivâmes à Lima, la capitale du Pérou, fondée par Pizarre au milieu de ce seizième siècle qui vit la vieille Europe étendre son sceptre sur le Nouveau-Monde par la tyrannie et les ravages. En entrant dans la rade de Callao, nous planions sur un de ces horizons magnifiques dont la vue force l'homme à s'incliner devant l'immensité de la nature et devant la puissance de son sublime dominateur. Quel grand, quel prodigieux spectacle ! Une exaltation indicible s'était emparée de nous, et l'enthousiasme semblait déjà nous attacher au sol que n'avaient pas encore foulé nos pieds. C'est que, dans ces climats dont l'Océan nous sépare, la nature étale toutes ses richesses merveilleuses et forme les plus énivrants tableaux qu'aucun navigateur ait jamais contemplés. Là, pensions-nous, là devait s'achever notre carrière, au milieu des douceurs d'une vie nouvelle, semblable en tout à l'image que nos désirs avaient créée.

» Il fallait choisir une profession. Après quelques mois de séjour à Lima, nous parvînmes à y fonder un établissement de commerce, à l'aide d'une portion de mon héritage. Tout nous réussit au-delà de nos vœux ; nous fûmes bientôt sur le chemin de la fortune. Deux années plus tard, nous possédions un navire, et nos opérations favorisées par la paix de l'Europe, prenaient un développement inattendu. Affranchis des inquiétudes énervantes qui, chez les spéculateurs, abâtardissent souvent l'intelligence et l'âme, nous consacrions en partie le temps de nos loisirs à des excursions sur les rivages péruviens, et, par nos relations avec une société distinguée, nous cherchions toujours à fortifier en nous les sentiments généreux innés dans nos cœurs.

» Non loin de notre demeure était celle d'un espagnol engagé comme nous dans le commerce maritime. Attiré en Amérique par l'espoir d'amasser des trésors, il y avait trouvé la ruine, à l'exemple de ceux qui se laissent entraîner d'abord dans des entreprises au-dessus de leurs forces. Pendant que notre influence et notre bonne renommée se consolidaient à Lima, il allait perdant son crédit et ses dernières ressources; mais c'était un homme loyal, et l'imprudence de sa conduite retombait sur lui seul de tout son poids.

» Il nous admettait presque chaque jour dans sa maison, et les heures que nous passions chez lui ont compté parmi les plus agréables de ma vie dans le monde. Sa femme était originaire du midi de la France ; elle avait longtemps vécu à Bordeaux où j'avais résidé moi-même durant les cent jours. Son langage et ses habitudes nous rappelaient le sol natal que nous avions quitté ; ses souvenirs s'alliaient souvent avec les nôtres ; sa franchise et sa gaieté, son instruction solide et la vivacité de son esprit la faisaient aimer et rechercher partout, et pour nous elle avait une bienveillance toute maternelle. »

Le religieux s'arrêta de nouveau. Il porta la main sur son cœur dont les pulsations précipitées brisaient sa poitrine. Ses lèvres crispées et les veines de son front fortement gonflées par l'affluence du sang étaient les signes de la violente agitation à laquelle il était en proie. Après un instant de silence, il reprit :

« La divine Providence a sur nous un pouvoir qui est infini comme sa sagesse, comme sa miséricorde que j'implore pour vous en ce moment. Elle nous gouverne à notre insu ; elle nous attire incessamment à elle, et quand nous résistons à sa voix, elle daigne nous ramener violemment à nos devoirs en nous soumettant à des épreuves dont nous comprenons bientôt le sens et la vertu.

» L'espagnol avait trois filles. L'aînée m'inspirait le plus tendre, le plus profond attachement. Elle tenait de son père cette fierté qui dénote une âme ferme ; elle avait reçu de sa mère la beauté, l'intelligence et la douceur. Je pouvais l'arracher au malheur qui menaçait sa famille, et, en assurant ma félicité, j'assurais aussi son avenir. Je la demandai en mariage. Elle n'éprouvait aucun éloignement pour moi. Sa main me fut accordée ; on fixa le jour de notre union.......... Seigneur ! Seigneur ! il vous a plu d'en ordonner autrement ! »

Le moine prit le bras du jeune homme. Ses genoux fléchissaient ; il était dominé par la plus douloureuse émotion. Le touriste avait les yeux pleins de larmes ; il pressait dans ses mains la main tremblante du trappiste. Seul le vieux compagnon du narrateur restait impassible. Tous trois, ils allèrent s'asseoir sur des tonnes de pastels que des mariniers avaient déposées sur le port.

Le moine fit un nouvel effort : « Je fus appelé tout-à-coup à Tombez par d'importantes affaires. Mon absence dura six semaines. A mon retour, mon fils, à mon retour, ils avaient tous péri......! Une partie de la ville s'était abîmée dans le sein de la terre.... Mon ami, ma fiancée, tout ce que j'avais de plus cher au monde avait disparu dans une horrible catastrophe. »

La tête penchée sur sa poitrine, il avait prononcé ces dernières paroles d'une voix affaiblie. Son regard exprimait l'effroi, et il montrait du doigt le pavé comme si le gouffre se fût fermé là sous ses yeux.

Alors le vieux trappiste, qui avait conservé son calme et son imposante gravité, se tourna vers le jeune homme et lui dit : « Vous avez voulu connaître l'histoire de mon malheureux frère ; vous la savez maintenant. Quant à la mienne, elle est courte ; deux mots vous l'apprendront ; l'ami dont Alexis pleure encore aujourd'hui la mort était mon fils, mon unique enfant !..... Mais, ajouta-t-il, vingt-cinq années de malheurs avaient déjà fortifié mon âme et l'avaient préparée à cette suprême douleur. Grâce au ciel, un désespoir sacrilège n'a point empoisonné la fin de ma vie. Lorsqu'à son retour, Alexis m'annonça l'affreuse nouvelle du désastre de Lima : Vous avez la foi, m'écriai-je ; Dieu nous reste ; près de lui nous trouverons la force et le courage de survivre à tant de coups irrémédiables ; allons chercher loin du monde le secours de cette main qui seule guérit toutes les blessures ; allons puiser à la source des vraies consolations.......... Et depuis lors, étrangers aux desseins et à la politique des hommes, nous avons vécu dans la confiance et dans le repos ; et si, chaque jour, s'élève du fond de nos cœurs le souvenir des êtres que nous chérissions et que nous avons perdus, ce souvenir n'amène plus ces longues défaillances d'autrefois ; il nous fortifie, au contraire, et nous soutient. »

Puis s'adressant à son compagnon : « Alexis, dit-il, l'heure du sommeil est venue. Demain, dans le silence du cloître, vous retrouverez l'énergie qui semble vous avoir un instant abandonné.

» — Oui, répondit Alexis, ce récit a renouvelé toutes mes anciennes souffrances. Jeune homme, poursuivit-il, vous êtes trop loyal pour avoir cherché dans nos paroles l'aliment d'une vaine curiosité. Puisse cette journée vous laisser quelques impressions fécondes ! Adieu ! »

Les deux moines regagnèrent à pas lents le pauvre logis qui leur était préparé dans un des quartiers retirés de la ville. Le touriste les regarda s'éloigner. Quand ils eurent disparu, il reprit le chemin de l'hôtel de France où M. L... l'attendait ; et tout en s'avançant au travers des rues silencieuses, il éprouva comme un pressentiment de son propre avenir.......

L. E. DE CHASTELLUX.

L'INFANT DE CASTILLE [1].

ACTE DEUXIÈME.

(Un jardin fermé par de hautes murailles.)

SCÈNE Ire.

DON PÈDRE, VASCO.

VASCO.

Vous cherchiez pour entrer quelque moyen extrême.
Quel est votre dessein ?

DON PÈDRE.

Je n'en sais rien moi-même.

---

[1] M. Michel Carré destinait à *Metz littéraire* le manuscrit entier de ce drame, qui a été reçu au Théâtre-Français. Pour ménager les droits des collaborateurs, et pour rester dans les conditions du prospectus, nous avons du nous borner, mais à regret, à n'en publier qu'un acte. On lira plus loin, sur les travaux littéraires de M. Michel Carré, l'excellent article biographique de M. Gustave Humbert.

(Note du Directeur.)

VASCO.

N'êtes-vous pas surpris qu'un lieu si bien fermé
Pour moi se soit ouvert ? Seigneur,..... je suis aimé.
Dieu veut qu'en ce château, riez-en à votre aise,
Je rencontre une femme enfin à qui je plaise.
Vous dirai-je comment, par une douce nuit,
S'entr'ouvrit, dans le mur, une porte sans bruit ?
Comment, de cette porte, inconnue et secrète,
On a laissé la clef dans cette main discrète ?
A quoi bon ! C'est assez que cette même main
Ait pu, jusques ici, vous ouvrir le chemin.
Et, puisqu'en ces jardins nous voici l'un et l'autre,
Que mon risible amour ait pu servir le vôtre.
Mais, vous-même, Seigneur, m'alliez conter, je croi,
Comment.....

DON PÈDRE.

Ecoute donc : mes deux frères et moi,
Et le comte Gomez qui souvent m'accompagne,
Nous avions tout le jour chassé dans la montagne.
Je ne me souviens plus s'ils se sont égarés ;
Mais enfin, vers le soir, nous fûmes séparés.
Une moitié du ciel était près de s'éteindre ;
L'autre, de pourpre, au loin, avait semblé se teindre.
Les nuages marchaient dans l'air, et le soleil
Descendait lentement vers le couchant vermeil.
Je ne sais de quel rêve alors s'émut mon âme.
Je crus, les yeux fixés à l'horizon en flamme,
De ces nuages d'or, inondés de rayons,
Voir s'élancer soudain de nombreux bataillons,
Et des flancs lumineux de ces ardentes nues
Sortir mille turbans et mille lames nues.

Cette pesante armée, en marche dans les airs,
Semblait se dérouler au milieu des éclairs,
Et le vent, qui poussait ces épaisses phalanges,
Arrivait jusqu'à moi, plein de clameurs étranges ;
Mon œil épouvanté voyait de toutes parts
Luire leurs javelots, flotter leurs étendards ;
Et j'entendais leurs cris mêlés au bruit des armes !
J'entendais, immobile et le cœur plein d'alarmes,
Le vent du soir souffler dans leurs manteaux rayés,
Et les hennissements des chevaux effrayés !!
De cette vision profondément frappée
Mon âme en demeura longtemps préoccupée,
Et l'ombre était venue et la nuit m'entourait
Que je marchais encore à travers la forêt.
Tout-à-coup, une voix mélodieuse et tendre,
Dans le calme profond du soir se fit entendre,
J'étais au pied des murs du donjon, et ce chant
Descendait d'une tour qui se dresse au couchant.
J'écoutais, sans haleine et l'oreille tendue,
Cette douce chanson dans les airs suspendue ;
Mes lèvres s'entr'ouvraient comme sous un baiser,
Et mon âme semblait se fondre et s'embrâser !.....
Depuis ce jour, Vasco, dans l'ombre et le silence
Je reviens chaque soir..... Tu ris de ma démence ;
Je suis un pauvre fou, n'est-ce pas ? Bien souvent
Quand j'aperçois son voile emporté par le vent
Je me dis : Sous les plis de cette écharpe blanche
Peut-être, pour me voir, c'est elle qui se penche !
Hier, hier, Vasco, cette fleur.....

VASCO.

Une fleur

Tombée à vos pieds, Prince ?

DON PÈDRE.

      Elle est là, sur mon cœur.
Car vois-tu, cette fleur, c'est presque une espérance !

VASCO.

Vous êtes adoré si j'en crois l'apparence.

DON PÈDRE.

A toute heure, en tout lieu, j'entends la même voix.....
Sans la connaître, enfin, je l'aime, tu le vois !

VASCO.

Vous voici, grâce à moi, dans le lieu qu'elle habite.
De l'aventure encor je prévois mal la suite ;
Mais enfin, j'en suis sûr : quoiqu'il puisse arriver,
Votre amour, Monseigneur, est prêt à tout braver.
Je dois vous avertir seulement d'une chose,
Voici ce que je sais et ce que l'on suppose :
Un homme, avec grand soin caché dans un manteau,
Comme un maître est reçu la nuit dans ce château.
Est-ce un frère, un amant, un mari ?..... Je l'ignore.
Ce mystère est pour tous impénétrable encore.
La dame, jusqu'ici, soit amour ou devoir,
S'est montrée empressée à le bien recevoir.

DON PÈDRE.

Ah ! ce rival, que Dieu le jette en mon passage,
Je le forcerai bien à montrer son visage !

VASCO *(à part)*.

Il s'engage lui-même aux filets que je tends.

DON PÈDRE.

Il faut que je la voie. Allons, c'est perdre temps !...

Vasco.

Prenez garde, Seigneur, je crains quelque surprise.

Don Pèdre.

Abandonne moi seul à ma folle entreprise,
Et cesse de servir mes projets hasardeux :
On peut, en me frappant, nous atteindre tous deux.
(Don Pèdre disparaît derrière les arbres.)

Vasco.

Je vous suivrai, Seigneur. *(Il suit l'Infant.)*

SCÈNE II.

DON FÉLIX, FERNAND.

Fernand.

            Vous pouvez tout m'apprendre.
A tout ce que j'entends j'étais loin de m'attendre.
Reposez-vous, mon père, et de grâce achevez ;
Vous ne m'avez pas dit tout ce que vous savez.

Don Félix.

Au siége d'Huesca, pour t'instruire du reste,
Mon fils, le Roi la vit. Sort propice ou funeste !
Près de son père mort, gisant sur les remparts,
Il la trouva pleurant et les cheveux épars.
Epris dès ce moment de la jeune captive,
Il voulut l'emmener suppliante et craintive,
Et dans ce château fort, enfermée en secret,
La confier aux soins d'un serviteur discret.....

Fernand.

Et c'est vous, vous, mon père ?.....

DON FÉLIX.

      Oui. J'ai dû me soumettre
Aux volontés du Roi, mon seigneur et mon maître.

FERNAND.

Il outrage une épouse, elle peut se venger !

DON FÉLIX.

Notre tâche, Fernand, grandit par le danger.

FERNAND.

Alphonse d'Aragon amant d'une infidèle !
D'une captive !.....

DON FÉLIX.

     Il l'aime et n'est pas aimé d'elle.

FERNAND.

Se peut-il que le Roi.....

DON FÉLIX.

      Silence ! La voici,
C'est elle. Chaque soir elle se rend ici,
Respirer et rêver.
      (Béatriz entre en scène.)

FERNAND.

   Quelle grâce charmante !

SCÈNE III.

LES MÊMES, BÉATRIZ.

DON FÉLIX.

Toujours triste !

FERNAND.

  Elle est belle ainsi !

Don Félix *(à Béatriz).*

         Je vous présente
Don Fernand, mon cher fils.

Béatriz.

        Qu'il soit le bienvenu !

Don Félix.

Loin de moi, jusqu'ici, dans les camps retenu,
Il vient veiller sur vous, Madame, et vous défendre.

Béatriz.

C'est un geôlier de plus, oui, je sais vous comprendre.

Fernand.

Croyez.....

Béatriz.

    Oh, je connais votre fidélité !
Vous répondez au Roi de ma captivité :
Je ne vous en veux pas, ce n'est pas un reproche.

Don Félix.

Madame, le jour fuit et déjà l'ombre approche :
Vous laisserai-je seule en ces jardins ?

Béatriz.

         Allez,
Je ne veux pas encor retourner au palais.

     (Don Félix et Fernand sortent.)

SCÈNE IV.

Béatriz *(seule).*

Sous ces arbres je crois être libre, et j'oublie !....
  (Elle va s'asseoir sur un banc de gazon.)

Quel est donc ce jeune homme ?.....
(Passant la main sur son front.)
Encor cette folie !.....

(Moment de silence.)

Tout se tait ; c'est la fin du jour.
L'air est calme et le ciel sans voiles.
O nuit, de tes blanches étoiles,
Descendent l'espérance et les rêves d'amour !
A travers l'ombre et le silence,
C'est lui, je le vois, je l'entends :
Son cœur vole, son bras se tend,
Et moi je sens vers lui mon âme qui s'élance !

SCÈNE V.

BÉATRIZ, DON PÈDRE, VASCO.

Don Pèdre (*à Vasco*).

Laisse moi.....

BÉATRIZ.

Dieu ! c'est lui.....

Don Pèdre (*à Vasco*).

Va-t-en, veille sur nous ;
Je veux m'aller jeter, te dis-je, à ses genoux.
(Vasco se retire.)

Don Pèdre (*s'approchant de Béatriz*).

Pardonnez-moi, Madame, et n'ayez nulle crainte !
Pourquoi sur votre front cette terreur empreinte ?

BÉATRIZ.

Que voulez-vous, Seigneur ?

Don Pèdre.

      Vous voir un seul moment!
Oh! laissez-moi, le cœur plein de ravissement,
Contempler à genoux votre beauté divine.
De rayons tout, en moi, s'éclaire et s'illumine!
Je ne sais quels parfums, quels bruits mélodieux,
Quelles blanches clartés, tombant sur nous des cieux,
Vous entourent, Madame, ange, femme bénie,
De lumière, d'amour, de joie et d'harmonie!
Immobile et tremblant sous vos regards si doux,
Je crains, vous le voyez, de m'approcher de vous,
Cependant que mon âme, en extase ravie,
Sent tressaillir en elle une nouvelle vie,
Que le ciel, que la terre et que tout, à l'entour,
Semble frémir de joie et frissonner d'amour!

Béatriz.

Est-ce un rêve?

Don Pèdre.

    Soyez compâtissante et bonne,
Restez encor!

Béatriz.

 Seigneur.....

Don Pèdre.

     Dites: « Je vous pardonne, »
Dites, en abaissant sur moi vos yeux: « Hélas!
» Parce que vous m'aimez, je ne vous en veux pas.
» Parce que, chaque soir, d'une oreille attentive,
» Vous venez écouter ma voix souvent plaintive,
» Et que, triste et rêveur, au pied de cette tour
» Le soleil vous retrouve encore à son retour;

» Parce qu'en franchissant le seuil de ma demeure,
» Vous avez dit en vous : S'il le faut, que je meure !
» Que je meure !..... pourvu qu'en tombant à ses pieds
» Un seul de ses regards me dise : Vous m'aimiez !
» Parce que vous m'avez voulu voir pour me dire :
» Vous êtes belle ! hélas ! je ne puis vous maudire ! »

BÉATRIZ.

Fuyez !

DON PÈDRE.

J'ai le cœur plein de transports inconnus !
Malgré moi, près de vous, mes pas sont retenus.

BÉATRIZ.

Fuyez ! !

DON PÈDRE.

Quelque danger que mon âme pressente,
Je ne sais quelle ivresse étrange et saisissante
M'enchaîne à vos côtés et m'attache à vos pas.
Je ne puis m'éloigner !
   (Béatriz fait un mouvement comme pour fuir.)
   Oh ! ne me fuyez pas !.....
     (Il tombe à ses genoux.)

BÉATRIZ.

En quel trouble le son de cette voix me plonge !
Je l'écoute énivrée et comme dans un songe !.....
Relevez-vous, Seigneur !

DON PÈDRE.

     Ah ! qu'on me frappe ainsi,
A vos pieds, devant vous, et je dirai : Merci !
Cette heure où je vous vois sera ma dernière heure.
Vous ne pouvez m'aimer, il faut bien que je meure !

Pourquoi vous fatiguer de mes vœux superflus ?
Vivez tranquille. Moi...... je ne reviendrai plus.

BÉATRIZ.

Arrêtez.

DON PÈDRE.

Dieu ! qu'entends-je ?

BÉATRIZ.

Ah ! voyez ma faiblesse,
Je ne sais quel remords ce sombre adieu me laisse.

DON PÈDRE.

Madame !.....

BÉATRIZ.

Oubliez-moi, Seigneur.

DON PÈDRE.

Vous oublier !

BÉATRIZ.

Il le faut. En tremblant, j'ose vous supplier.....

DON PÈDRE.

Un seul de vos regards c'est la mort ou la vie.

BÉATRIZ.

Vivez !

DON PÈDRE (*couvrant de baisers la main que Béatriz lui abandonne*).

Dieu !

BÉATRIZ (*fuyant*).

Qu'ai-je fait ?

DON PÈDRE.

Oh ! mon âme ravie !.....

(*Béatriz fait un mouvement comme pour s'éloigner. Don Pèdre la retient.*)

Achevez..... achevez ! Est-ce une illusion ?
Est-ce encor quelque rêve ou quelque vision ?

Je suis aimé de vous ! Aimé ! le ciel s'entr'ouvre !
Un monde radieux à mes yeux se découvre !
Aimé ! je n'ose croire encore à mon bonheur.
Les regards ont trahi le mystère du cœur.
Ah ! depuis bien longtemps, vous me voyez sans doute,
Quand, chaque soir dans l'ombre, en bas, je vous écoute ;
Et, lorsque tout à l'heure, à vous je suis venu,
Vous m'avez, j'en suis sûr, aussitôt reconnu ?
(*Il la conduit vers le banc et la fait asseoir près de lui.*)
Bel ange, qui savez si bien charmer et plaire,
Dites-moi vos souhaits : je veux les satisfaire.
Quels songes faites-vous chaque nuit ? Bien souvent
On bâtit des palais enchantés en rêvant,
Avec des murs de marbre et d'or..... une merveille !
Puis, n'est-ce pas, on est triste quand on s'éveille,
Parce que tout s'écroule et s'évanouit ? Va,
Plus d'un palais pareil en un jour s'éleva !
Veux-tu qu'en un instant, le tien ainsi s'élève ?
Dis un mot, parle, ordonne, et demain ton beau rêve
Sera réalisé !.....

BÉATRIZ.

Je ne souhaite rien,
Seigneur.

DON PÈDRE.

Vous me trompez ; car moi, je me souvien,
Que vos chants bien des fois, dans la nuit étoilée,
Me semblaient de votre âme une plainte exhalée.
Vous tient-on prisonnière au fond de ce château ?
Et cet homme, qui vient la nuit dans un manteau,
Mystérieusement, et qu'on reçoit en maître,
N'est-il pas un rival ?..... Oh ! je veux le connaître !

BÉATRIZ.

Craignez.....

DON PÈDRE.

Que parles-tu de crainte ! Aucun danger
Ne pourra m'arrêter s'il faut te protéger.
Je ne sortirai pas d'ici que je ne sache
Le nom de ce rival qui dans l'ombre se cache !

BÉATRIZ.

Seigneur !.....

DON PÈDRE.

Tu ne sais pas encore qui je suis,
Ni mon rang, ni mon nom, ni tout ce que je puis !

BÉATRIZ.

Au nom du ciel, Seigneur, évitez sa rencontre !

DON PÈDRE.

Dieu veuille seulement qu'à mes yeux il se montre !

BÉATRIZ.

Taisez-vous ! taisez-vous ! Cet homme est tout puissant,
C'est.....

DON PÈDRE.

Qu'importe son nom ! je ne veux que son sang !

BÉATRIZ.

Mon Dieu !

DON PÈDRE.

Quand il serait, pour l'élever au faîte,
Grand parmi les plus grands et, portant haut la tête,
Noble comme le Cid et sacré comme un Roi,
Je viendrais, devant tous, lui dire en face, moi :
« Lâche, qui sans pitié tortures une femme,

» Tes aïeux étaient grands, mais tu n'es qu'un infâme ;
» Leur nom était sans tache, illustre et glorieux,
» Mais toi, tu le flétris, ce nom de tes aïeux !
» Quel que soit ton passé, l'opprobre seul te reste :
» Cette seule action fait mentir tout le reste ! »

BÉATRIZ.

Dieu ! s'il vous entendait..... vous me glacez d'effroi.
On vient, c'est lui ! Fuyez !...

DON PÈDRE (*mettant la main à son épée*),

Devant lui !

BÉATRIZ.

C'est le Roi !

(*Le Roi paraît suivi de Don Félix et de Fernand, et de valets portant des flambeaux.*)

SCÈNE VI.

LES MÊMES, LE ROI, ETC.

DON PÈDRE.

Mon père !

BÉATRIZ (*épouvantée*).

Vous l'Infant !.....

LE ROI.

Don Pèdre ici !

DON PÈDRE.

Mon père !

DON FÉLIX (*avec étonnement*).

L'Infant !

BÉATRIZ.

Oh ! mon beau rêve est fini !

DON FÉLIX.
                              Quel mystère !

LE ROI.

Quel soupçon !
  (S'approchant de don Pèdre et lui prenant le bras.)
                C'est l'enfer qui t'amène en ce lieu !
    (A Don Félix.)
Eloignez Béatrix.

BÉATRIZ.
            Hélas !

DON PÈDRE.
            Arrêtez !

BÉATRIZ.
                        Dieu !

LE ROI (à Don Félix).

Faites ce que j'ai dit, ou craignez ma colère.

DON PÈDRE.

Sire, vous oubliez que la Reine est ma mère !

LE ROI (à Don Pèdre).

Et vous, que je suis Roi !

DON PÈDRE.
                    Non. Tout votre pouvoir
Tombe et s'évanouit en face du devoir.

  BÉATRIZ (se jetant entre le Roi et l'Infant).
Sire !.....

LE ROI.
            Je punirai ton aveugle insolence !
Si mon regard ne peut t'imposer le silence,
Mon bras.....

BÉATRIZ.

Au nom du ciel !.....

DON PÈDRE.

C'est le respect des lois
Qui fait seul, ici-bas, la majesté des rois ;
Et des nœuds plus sacrés à leurs sujets les lient,
Lorsque sous le devoir eux-mêmes s'humilient.
Tremblez qu'un jour, vos fils prompts à vous imiter,
N'ayant plus rien à craindre et rien à respecter,
Délivrés d'une horreur qu'aisément on surmonte,
Ne soient plus à leur tour, émus d'aucune honte ;
Et, contre vous alors, par vous-même poussés,
N'achèvent dignement ce que vous commencez !
La Reine, en ses enfants avec raison se fie :
Ils ont à protéger son honneur et sa vie,
Et le coup qui l'atteint, au cœur ou bien au front,
Fait pencher leur devoir du côté de l'affront !

LE ROI.

Lorsque, de toutes parts, la trahison m'assiége,
Devant ma passion, pourquoi reculerai-je ?
Elle m'appartiendra puisque je l'ai voulu :
Vos menaces me font un cœur plus résolu.

DON PÈDRE.

Oh ! je l'arracherai de vos mains, je vous jure.
La Reine prendra soin de laver son injure
Comme il lui plaît : mais moi, c'est cette faible enfant
Que je veux emmener d'ici, que je défends ;
D'abord, parce qu'elle est sans force et sans courage,
Qu'elle n'a que ses pleurs, hélas ! contre l'outrage,
Qu'elle souffre dans l'âme un martyre sans fin,
Parce que vous l'aimez..... et que je l'aime enfin !

LE ROI.

Tu l'aimes ! Malheureux, qui hautement l'avoue,
Et pour elle, insensé, tout entier se dévoue !

DON PÈDRE.

Prenez garde ! A mon tour, le danger m'enhardit !

LE ROI (à Don Félix).

Emmenez cette enfant, comme je vous l'ai dit.

DON PÈDRE.

Je saurai, s'il le faut, contre vous la défendre.

LE ROI (à Don Félix et à Béatriz).

Dans la salle de marbre allez tous deux m'attendre.

DON PÈDRE (tirant son épée).

C'est vous qui le voulez ! Vous me poussez à bout !...
(Le Roi se place devant Béatriz. — Don Pèdre lève son épée sur lui.)

DON FÉLIX (lui arrêtant le bras.)

Prince, que faites-vous !.....

BÉATRIZ.

Je suis cause de tout !.....
(Elle s'évanouit. — Don Pèdre laisse tomber son épée et demeure
comme anéanti. — On emporte Béatriz.)

LE ROI.

Retourne, maintenant, vers celle qui t'envoie,
Et d'une telle nuit va lui porter la joie !

SCÈNE VII.

DON PÈDRE (seul), puis VASCO.

DON PÈDRE.

De stupeur et d'étonnement

Mon âme tout-à-coup frappée
Tremble et s'émeut profondément !
Et, tout près de se voir trempée
Dans le sang d'un père et d'un roi
   Ma main avec effroi
Laisse à mes pieds choir son épée !
Je reste comme anéanti
Devant ma colère insensée !
Pâlissant d'horreur, j'ai senti
Ma langue muette et glacée,
Et sous ce coup inattendu
   L'esprit soudain perdu
Je suis sans voix et sans pensée !

VASCO (*à part*).

Il est à nous.
   (*Ramassant l'épée de Don Pèdre et la lui présentant.*)
   Seigneur.....

DON PÈDRE.

      Loin de moi fer maudit !

VASCO.

Vous laissez Béatriz en ses mains ?
   DON PÈDRE (*saisissant son épée*).
           Qu'as-tu dit ?

VASCO.

Il l'aime !.....

DON PÈDRE.

   Ah ! contre lui j'ai son exemple à suivre.
Il faut que je la venge ou que je la délivre ;
Je ne connais plus rien, je n'écoute plus rien,
J'étouffe toute honte et brise tout lien !.....

Vasco (*à part*).

A servir nos projets sa colère l'entraîne.
   (*Haut.*)
Où voulez-vous aller, Monseigneur ?

Don Pèdre.

Chez la Reine.

Michel Carré.

LES LOIS DE LA PROVIDENCE.

A M. D'***.

Vous aimez à rechercher le dessein de la Providence dans les grands faits de l'histoire : cette étude a un puissant attrait pour les âmes élevées, pour les esprits supérieurs, et cela m'explique fort bien la sollicitude assidue avec laquelle vous vous y livrez. Persévérez, Monsieur, dans cette voie où vous avez d'illustres précurseurs. Rien ne vous manque pour la parcourir avec succès : ni le loisir, ce bien si précieux pour ceux qui, comme vous, en savent faire un noble usage ; ni les vastes connaissances acquises qui doivent guider votre marche; ni la religion dont le divin flambeau éclaire les profondeurs de votre intelligence.

Après cet hommage bien sincère rendu aux avantages que vous assurent votre position, vos éminentes facultés intellectuelles et morales, j'oserai cependant vous soumettre un doute et en même temps vous demander une leçon.

Dans les entretiens que j'ai eu l'honneur d'avoir avec vous

sur l'imposant objet qui vous préoccupe, et qui resteront au nombre des plus chers souvenirs de ma vie, il m'a semblé parfois que vous marchiez vers une doctrine dangereuse, en élargissant trop la sphère dans laquelle est circonscrite l'action du libre arbitre de l'homme.

Je m'explique :

Vous reconnaissez la main de Dieu dans les événements qui ont une grande portée immédiate, ou même dans un long avenir; mais vous n'attribuez pas toujours la même cause aux faits qui se produisent sans relations apparentes avec la fondation et la chute des empires, avec les grandes vertus ou les grands crimes qui consolent ou épouvantent l'univers ; vous admettriez enfin, si je ne me trompe, que certains événements isolés et sans résultat peuvent s'accomplir en-dehors du dessein providentiel.

A défaut de l'autorité qui condamne formellement cette doctrine, je crois, Monsieur, que les lumières de la simple raison suffiraient pour la combattre avec succès.

Dans l'ordre matériel tout est soumis à des lois immuables : les courbes immenses et si régulières que les corps célestes décrivent, autour de l'astre qui leur sert de foyer, obéissent aux mêmes lois que la paille légère chassée en tous sens par les variables agitations de l'air[1] : l'impulsion reçue, l'attraction subie, sont, dans l'un et l'autre cas, la cause unique d'effets si divers en apparence.

---

[1] Tous les événements, ceux mêmes qui, par leur petitesse, semblent ne pas tenir aux grandes lois de la nature, en sont une suite aussi nécessaire que les révolutions du soleil..... Une intelligence qui, pour un instant donné, connaîtrait toutes les forces dont la nature est animée et la situation respective des êtres qui la composent, si d'ailleurs elle était assez vaste pour soumettre ces données à l'analyse, embrasserait dans la même formule les mouvements des plus grands corps de l'univers et ceux du plus léger atôme.

LAPLACE, *Essai philosophique sur les probabilités.*

Ce n'est pas tout : les rapports de masse, de volume, de vitesse, de distance qui régissent le monde physique ne sont nullement abandonnés à leur aveugle action. La sagesse suprême qui a dit aux flots de la mer « vous n'irez pas plus loin » veille avec sollicitude aux mouvements du moindre atôme. On ne saurait le contester sans accorder à la matière la puissance de contrarier les vues du Créateur. L'étincelle à peine visible qui allume un vaste incendie, l'insecte microscopique qui irrite un cheval fougueux et fait briser la tête sur laquelle repose l'espoir d'une grande nation, ne sont pas, ne peuvent évidemment pas être des causes fortuites. Si le hasard pouvait produire de semblables effets, à quoi bon la prière et que deviendrait la foi ? C'est à ce dieu inconnu qu'il faudrait adresser nos hommages, élever des autels, et non à celui que nous révèlent les traditions sacrées, le sens intime de l'homme, le consentement des peuples.

Il y a contre tout ceci des objections parfois difficiles à résoudre : elles peuvent confondre les hommes nuls en théologie et médiocres en métaphysique, comme moi ; mais elles ne nous convainquent pas. Après les avoir examinées et même après avoir reconnu notre impuissance d'y répondre, nous répétons le mot de Galilée : *Et pourtant elle tourne !* Les subtilités de l'esprit restent sans effet sur les convictions de l'âme. La vérité est éternelle, les objections qu'on lui oppose n'ont qu'un temps. — Voici une bien remarquable confirmation de cette maxime.

Lorsque Copernic exposa sa nouvelle théorie de l'univers, — en 1523, — l'objection suivante lui fut faite : « Si votre » système était vrai, Vénus aurait des phases comme la lune ; » or Vénus n'a pas de phases ; donc votre système est faux. »

Le grand homme manquait de moyens actuels de réfutation et il se borna à répondre : « Votre objection est fondée, mais

» Dieu permettra qu'un jour on découvre des phases à
» Vénus. »

Et Dieu permit en effet que quatre-vingts ans plus tard Galilée[1] inventât le télescope, au moyen duquel les phases de Vénus devinrent évidentes ; l'objection résolue devint ainsi un complément de démonstration.

Dieu est la suprême bonté, la suprême puissance, la suprême justice, la suprême sagesse, voilà la vérité. Et quand des objections qui nous semblent insolubles nous sont présentées contre ces attributs, elles ne doivent pas ébranler notre foi. La seule conclusion que nous devions en déduire, c'est qu'il nous manque une partie des données des grandes questions que l'homme se pose avec tant de témérité, en oubliant que la terre n'est pour lui qu'un lieu d'expiation et d'épreuve.

Après avoir établi que nulle molécule dans l'univers ne se déplace sans ordre et sans but, il nous paraît à plus forte raison démontré que les faits du monde moral sont subordonnés à des lois formelles et positives. La classification des combinaisons de ces faits en grands et petits événements, pour soustraire ces derniers à l'action des lois générales, serait tout-à-fait arbitraire ; car tel événement, sans signification apparente aujourd'hui, prendra dans les futurs contingents des proportions immenses, produira des conséquences heureuses ou néfastes pour les destinées de l'humanité. L'histoire est remplie d'exemples de ce genre. Voulez-vous bien que nous en examinions quelques-uns ?

Le 13 avril 1638, Olivier Cromwel et son cousin Hampden

---

[1] Jacques Métius avait inventé les lunettes d'approche avant que Galilée songeât à appliquer cet instrument à l'étude du ciel, ce qui ne pût être fait toutefois que moyennant des modifications qui équivalent à une invention nouvelle.

étaient sur la Tamise, à bord d'un vaisseau prêt à mettre à la voile pour la Nouvelle-Angleterre, dans l'Amérique septentrionale ; ils avaient dû s'embarquer quinze jours plus tôt, mais une légère foulure que Hampden s'était faite au pied, au moment où il se rendait au lieu de l'embarquement, les avait forcés à ajourner leur départ.

C'était peu de chose sans doute que le grain de sable qui provoqua le faux-pas de Hampden ; voyons les conséquences.

Le 13 avril 1638, l'ancre était levée, Cromwel et Hampden avaient reçu les derniers adieux de leurs amis, quand la proclamation suivante retentit sur les quais de la Tamise et arrêta le vaisseau prêt à gagner le détroit :

« Au nom du Roi ! il est défendu à tous marchands, maîtres
» et propriétaires de vaisseaux, de mettre en mer un vaisseau
» ou des vaisseaux, avant d'en avoir obtenu licence spéciale
» de quelques-uns des lords du conseil privé de Sa Majesté,
» chargés des plantations d'outre-mer. »

Cromwel et Hampden, au lieu d'aller s'ensevelir dans les solitudes du nouveau monde, demeurèrent ainsi, — PAR L'ORDRE DE CHARLES Ier ! en Angleterre. — Et Hampden fut l'un des membres les plus actifs du parti républicain, et Cromwel fut à la fois le juge et le bourreau du malheureux roi qui avait empêché son expatriation.

C'était aussi un fait médiocre au quinzième siècle, que le droit d'accorder des indulgences fût confié aux Dominicains à l'exclusion des Augustins, et cependant de là naquit l'un des événements le plus tristement mémorables des annales de l'humanité. — « Luther parait ; Calvin le suit. Guerre des
» paysans ; guerre de trente ans ; guerre civile de France ;
» massacres des Pays-Bas ; massacres d'Irlande ; massacres
» des Cévennes ; journée de la Saint-Barthélemy ; meurtre de
» Henri III, de Henri IV, de Marie Stuart, de Charles Ier, et

» de nos jours enfin la révolution française qui part de la
» même source[1]. »

Et, dans cette révolution française elle-même, combien d'incidents sans portée visible poussent les hommes et les choses! Un ressort de voiture casse et d'augustes et saintes victimes sont livrées à l'échafaud. Une heure plus tôt, une heure plus tard, le 21 juin 1791, Drouet ne se trouvait pas sur la porte de sa maison, et Louis XVI et sa famille arrivaient librement au camp de M. de Bouillé. Dans la fameuse séance du 9 thermidor, à la Convention nationale, un mot, un seul mot, prononcé par un député inconnu, repousse Robespierre sous le couteau de la guillotine à laquelle il allait échapper, et le règne de la terreur est fini.

De jeunes Huns égarés à la chasse, dans les Palus-Méotides, à la poursuite d'une biche, découvrent une route facile vers l'Europe, et la puissance de Rome s'écroule, et le vieux monde change de face.

Il serait facile — et un peu puéril, peut-être, — de multiplier ces exemples de grands effets dus à de petites causes; ces sortes de dépendances ont été de tout temps admises par le consentement unanime des hommes qui observent et réfléchissent.

Diviserons-nous donc les petits événements en deux catégories, plaçant dans l'une ceux qui ont de notables conséquences, dans l'autre ceux qui n'ont pas de portée appréciable ?

Mais à quelle époque du développement des faits nous placerons-nous pour opérer cette distinction ? Un jour, une heure, une seconde ne suffiront-ils pas pour troubler, par

---

[1] Le comte de Maistre. *Considérations sur la France*, chap. III.

des données nouvelles, la classification que nous aurons établie à un instant déterminé ?

Non, non, Monsieur, nous ne saurions suspendre l'action de la divine Providence, dans une division, si limitée soit-elle, du temps et de l'espace, *sans la nier entièrement*.

Rien n'est, je le sais, Monsieur, plus éloigné de votre pensée que d'admettre cette fatale et inévitable conséquence, et ma profonde conviction à cet égard m'enhardit à vous soumettre mes objections contre une partie de votre doctrine que j'ai sans doute mal comprise. Rectifiez mes appréciations à cet égard, et comptez que j'accueillerai votre leçon avec la soumission respectueuse que je dois à toutes vos supériorités.

Chenard de Mazières.

Metz, le 5 avril 1854.

LACUÉE, COMTE DE CESSAC [1].

……… Les liens d'affection entre ma famille et M. de Cessac remontent à soixante et quelques années. A cette époque il commandait une compagnie du régiment Dauphin-Infanterie, dont mon père était colonel en second. Lorsque la révolution éclata, ils suivirent des drapeaux différents; mais, en dépit de la divergence d'opinions, l'amitié qui unissait leurs cœurs résista aux épreuves qui en ont séparé tant d'autres. Entre bien des preuves que mes parens en reçurent, en voici une que j'aime particulièrement à me rappeler.

C'était quelque temps après le 18 fructidor. Ma mère venait d'être dénoncée, inscrite sur une liste supplémentaire d'émigrés; elle était cachée à Paris, chez une de ses amies d'enfance; des visites domiciliaires se faisaient tous les jours dans le

---

[1] Gérard-Jean Lacuée, comte de Cessac, de l'ancienne Académie de Metz fondée en 1740 par le maréchal de Belle-Isle; doyen des membres honoraires de l'Académie royale reconstituée à Metz en 1819; ancien ministre de l'administration de la guerre sous Napoléon Ier, lieutenant-général, pair de France, de l'Académie française et de celle des sciences morales et politiques, décédé à Paris, le 14 juin 1841, dans sa quatre-vingt-neuvième année.

(*Note du Directeur.*)

quartier que celle-ci habitait : à la crainte d'être arrêtée, se joignait pour elle l'appréhension, bien plus poignante encore, de compromettre celle qui lui avait donné asile. Dans cette cruelle perplexité, elle va voir M. de Cessac, qui occupait un poste important dans l'administration, et elle le prie de l'aider de ses conseils. « Venez chez moi, lui dit aussitôt celui-ci avec
» effusion de cœur; je ne suis pas suspect, moi; et ce n'est
» pas dans mon hôtel qu'on songera à vous chercher. » Peu de jours après cet entretien, ma mère avait quitté Paris et la France; mais si elle n'accepta pas la proposition généreuse du frère d'armes de son mari, elle en conserva du moins, jusqu'à la fin de sa vie, un souvenir profondément reconnaissant.

Ai-je besoin de m'excuser pour m'être arrêté ainsi sur une circonstance qui m'est personnelle? Et me serais-je trompé en pensant qu'on en écouterait le simple récit avec intérêt? Hélas! l'histoire des temps de révolutions nous offre trop souvent le triste et déplorable spectacle du fanatisme politique endurcissant les cœurs, les fermant aux affections les plus légitimes et les plus douces, à celles de la nature, de l'amitié, de la compassion pour l'infortune! Si, sur cette route aride, nous sommes assez heureux pour rencontrer, de loin en loin, quelque trait où l'homme bon, sensible, généreux, se montre à côté du citoyen austère, hâtons-nous de le recueillir, pour l'honneur comme pour la consolation de l'humanité.

C'est à la fin de 1811 que j'ai vu pour la première fois le comte de Cessac. Il était alors chargé du portefeuille de l'administration de la guerre : de ce département ressortissaient toutes les opérations qui se rattachaient à l'approvisionnement de nos troupes. A une époque où les guerres succédaient sans relâche aux guerres, où les armées françaises se déployaient du Niémen au Guadalquivir, c'était une tâche immense que de présider à une telle administration; pour la remplir, il fallait un homme actif, laborieux, vigilant, intègre ; il fallait qu'il fût sévère, car des abus odieux avaient souillé la réputation d'un trop grand nombre d'agents ou d'employés ; et, si le cours n'en était arrêté, ils pouvaient compromettre l'honneur même du nom français. Entre tant de citoyens éminents par le talent, que possédait alors notre patrie, le comte du Cessac fut jugé le plus capable d'être cet homme ; il ne se dissimula pas le poids du fardeau qui lui était imposé, mais il n'hésita pas à s'y dévouer : c'est qu'il sentait en lui cette volonté ferme, énergique, qui ne recule devant aucun obstacle, et devant laquelle se brisent toutes les résistances. Dès son entrée au ministère, portant un regard pénétrant devant lui, il comprit que, si la sévérité lui était nécessaire, quelque chose l'était peut-être davantage encore, c'était la réputation d'homme sévère : celle-là ne pouvait que réprimer le désordre, celle-ci faisait mieux ; en le prévenant, elle rendait plus rares les occasions où il faudrait exercer le triste devoir de le punir. Cette réputation, M. de Cessac s'attacha à l'acquérir, et il y réussit complètement ; quelquefois même, le dirai-je ? au-delà de ce qu'il aurait désiré. Il est arrivé à maint pauvre solliciteur, de l'aborder en tremblant, la pâleur sur le visage, d'oser à peine balbutier quelques mots, d'une voix timide, en lui présentant une humble requête, et de sortir de son cabinet, enchanté de l'accueil qu'il en avait reçu, et ne tarissant pas en éloges sur l'abord facile, l'urbanité parfaite, les manières douces et engageantes de ce ministre dont il s'était fait un portrait si effrayant : c'est là un genre de désappointement qui est bien rare, et il n'appartient qu'à un homme vraiment supérieur d'en donner de semblables.

Pour moi, qui n'avais rien à démêler avec l'administration de la guerre, et qui n'ai connu M. de Cessac que dans l'intimité de la vie privée, je conserve et conserverai toujours un bien doux souvenir des moments fréquents que j'ai passés près de lui. Cet homme infatigable, qui consacrait régulièrement quinze heures de la journée au travail, ne s'en était réservé pour le délassement que trois, celles qui précédaient immédiatement le repos de la nuit; et alors, soit par l'effet d'un naturel heureux, soit par celui d'une habitude acquise avec effort, il savait déposer le lourd fardeau des combinaisons, des soucis, des contradictions de la matinée, pour se livrer tout entier à la douceur d'une conversation familière. Dans ces heures rapides de la soirée, l'homme public, le chef d'une grande administration, le ministre de l'empereur avait totalement disparu : il ne restait que l'homme du monde, d'un commerce doux et facile, aussi bienveillant pour la jeunesse, que rempli d'égards pour le sexe et pour l'âge. La sérénité se peignait sur ses traits, elle respirait dans son langage, une douce gaîté assaisonnait tous ses propos; quelquefois il s'y joignait une légère teinte de malice; mais celle-ci s'arrêtait toujours en deçà du point où elle eût commencé à blesser l'amour-propre ou la susceptibilité d'autrui. Personne n'était plus que lui éloigné de cette philosophie chagrine et atrabilaire qui prend le genre humain en déplaisir, qui a toujours un œil ouvert pour voir les vices, et l'autre fermé pour ne pas voir les vertus; qui ne sait autre chose que se plaindre et murmurer : sans cesse occupée à grossir les maux réels de la vie, ou à s'en forger d'imaginaires. Si la rectitude de son jugement ne l'eût empêché d'être ce qu'on entend par un *esprit systématique*, il aurait incliné plutôt vers l'extrémité opposée, je veux dire vers l'*optimisme* : c'est que son âme était naturellement indulgente; c'est qu'il savait quel est l'empire des circonstances sur l'homme, et combien il est difficile de ne pas se laisser entraîner par elles. Parlait-on devant lui d'une action mauvaise? il fallait d'abord lui prouver qu'elle avait réellement été commise, car il se refusait à le croire tant que le doute lui était permis. Etait-il impossible de la nier? il cherchait si elle ne pouvait pas s'interpréter en plusieurs sens, et il choisissait toujours le plus favorable. Enfin, s'il était condamné à blâmer, il ne savait que plaindre le coupable, et jamais le haïr.

Tel était M. de Cessac au milieu des agitations de la vie publique ; et tel il resta dans le loisir de la retraite ; car un changement aussi notable dans son existence n'en apporta que bien peu dans la règle de sa vie. Il accorda quelques heures de plus par jour à ses amis ; le reste de son temps demeura consacré au travail : la place que la correspondance administrative laissait vide, fut occupée par la lecture et par la méditation. Dans la gestion de ses propriétés, il mettait le même ordre et aussi le même esprit d'avenir, qu'il avait apportés naguères à la direction des affaires publiques. Je rappellerai en passant, à cette occasion, qu'un jour, après m'avoir dit qu'il venait de planter, dans sa terre de Brantes, près d'Avignon, quatre-vingt mille pieds d'arbres, il me cita, avec un aimable enjouement, ce vers du *bonhomme,* dont il se faisait l'application à lui-même :

« Mes arrières-neveux me devront cet ombrage. »

Malgré un travail aussi excessif, M. de Cessac conserva ses facultés physiques et morales dans toute leur plénitude jusqu'à un âge très-avancé ; il dut cet avantage à trois qualités qui se rencontraient en lui : une parfaite égalité d'humeur ; une régularité constante dans toutes les habitudes de sa vie ; et enfin, une sobriété qu'il poussait jusqu'à ses dernières limites.

Je n'ai pas encore parlé d'une autre qualité, ou plutôt, d'une vertu qui était le caractère éminemment distinctif du comte de Cessac : il était, on peut le dire littéralement, *l'esclave du devoir.* Cet homme, habituellement si indulgent, était, sur ce point, d'une austérité inflexible ; il n'admettait pas, que dis-je? il ne concevait pas même qu'on pût s'accorder le moindre plaisir tant qu'il restait quelque tâche à accomplir ; il n'eut pas souffert la moindre infraction à cette règle de la part d'aucun de ses subordonnés ; et ceux-ci auraient eu bien mauvaise grâce à s'en plaindre, car, ce qu'il leur prescrivait à tous, il avait commencé par se le prescrire à lui-même avec la dernière rigueur. Entre tous les grands hommes, anciens ou modernes, celui qu'il préférait, et auquel il eût aspiré davantage à ressembler, il me l'a dit souvent, était Catinat : et la raison, c'est que c'était le seul chez qui l'histoire n'eût pas trouvé à reprendre une seule action contraire au devoir.

Depuis la fondation de l'*Institut national de France,* le comte de Cessac en avait fait partie, et il avait été attaché à la *seconde classe,* celle qui reprit plus tard son ancien nom d'*Académie française,* sous lequel elle avait été si célèbre : il était depuis bien des années le doyen de cette Compagnie. Ni l'importance et la multiplicité des affaires administratives qui lui furent confiées, ni, plus tard, les infirmités d'une vieillesse avancée, ne le détournèrent de participer aux travaux académiques avec une assiduité exemplaire : c'était à ses yeux un devoir, et ce mot seul aurait suffi ; mais c'était pour lui quelque chose de plus, car il éprouvait un attrait puissant pour le commerce des lettres, auxquelles il s'était livré avec ardeur dans les prémices de sa carrière et il y trouvait une heureuse diversion aux sollicitudes de la vie publique. Dans les réunions secrètes, il prenait fréquemment part aux discussions : l'étendue de ses connaissances et la pureté de son goût donnaient de l'autorité à ses avis : son extrême urbanité et son soin scrupuleux à observer toutes les bienséances lui conciliaient l'affection de ses collègues. Il portait rarement la parole dans les séances publiques ; mais c'était de manière à faire regretter que sa voix ne s'y fît pas entendre plus souvent. Je citerai, entr'autres, le rapport qu'il fit sur les *prix de vertu,* dans la séance du 25 août 1826. Tout l'auditoire recueillit avec une profonde émotion les paroles touchantes qui tombèrent de sa bouche..............

Sur la fin de 1828, M. de Cessac était directeur de l'Académie française : une des attributions de cette charge est de complimenter le roi, quand un ancien usage appelle à certaines époques de l'année, les grands corps de l'état au pied du trône. J'ai entre les mains un discours qu'il avait composé pour l'une de ces circonstances: ce n'est pas, comme il arrive presque toujours en pareil cas, une suite monotone de phrases banales, calquées sur un moule uniforme, et insipides à ce point, qu'on ne sait qui l'on doit plaindre davantage, ou de l'orateur condamné à les débiter, ou du monarque condamné à les entendre. Le langage de ce discours offre un heureux mélange de bienséance sans flatterie, de dignité sans rudesse: le voyage que le roi venait de faire dans nos provinces de l'est, les encouragements qu'il avait donnés aux sciences et aux lettres, à l'agriculture et au commerce, aux arts libéraux ou mécaniques ; les espérances d'un avenir prospère, auxquelles s'ouvraient alors tous les cœurs en France : tel est le cadre dans lequel l'organe officiel de l'Académie a su faire entrer une foule de réflexions judicieuses, exprimées dans un style pur et coulant. Je me bornerai à en citer une phrase qui nous concerne personnellement : « Tous les corps savants re-
» doubleront d'efforts pour mériter l'accueil bienveillant, et
» obtenir une récompense aussi haute, aussi honorable que
» celle qui a été donnée par Votre Majesté à la Société litté-
» raire de Metz. De cette rivalité résultera un accroissement
» de lumières pour la France, et par conséquent une aug-
» mentation de gloire pour Votre Majesté. »

En écrivant ces dernières lignes, M. de Cessac se rappelait avec une satisfaction secrète que depuis environ un demi-siècle, il appartenait au *corps savant*, récemment érigé en *Académie royale*. S'il ne figura que peu d'années au nombre de nos membres *titulaires*, il devait être, et il fut en effet, pendant cette période, l'un des plus assidus et des plus laborieux. Nos archives, mutilées dans des temps désastreux, n'ont conservé que bien peu de traces de ses travaux; mais, du moins, un des plus précieux a échappé à la destruction, c'est un mémoire intitulé: *Plan d'une Histoire militaire française*, dont il fit lecture à la séance publique de 1784..........

Dans la même année 1784, l'Académie de Metz avait à prononcer sur un concours ouvert par elle, deux ans auparavant, et qui avait pour objet la question suivante : « Quelle est » l'origine de l'opinion qui étend sur tous les individus d'une » même famille une partie de la honte attachée aux peines » infamantes que subit un coupable ? Cette opinion est-elle » plus nuisible qu'utile ? Et, dans le cas où l'on se déciderait » pour l'affirmative, quels seraient les moyens de parer aux » inconvénients qui en résultent? » Entre les compositions qu'elle reçut, deux fixèrent particulièrement l'attention de la commission chargée de leur examen, et de laquelle M. de Cessac faisait partie. Il opina pour faire décerner le prix au mémoire dont M. Lacretelle l'aîné était l'auteur, et son avis, soutenu avec la chaleur d'une forte conviction, entraîna l'assentiment de ses collègues : l'autre mémoire, qui fut nommé en second ordre, était de *M. de Robespierre, avocat à Arras.* Le comte de Cessac me racontant un jour ces détails, me dit en souriant : « Voilà une circonstance que Robespierre ne » m'a jamais pardonnée : et il n'a pas tenu à lui que je ne la » payasse cher. Dans les premiers mois de 1794, j'appris, par » une voie sûre, qu'il avait donné l'ordre de me faire arrêter;

» et, avec cet homme, l'arrestation, c'était la mort. Comme
» je ne me sentais nullement d'humeur à lui offrir ma tête, je
» me hâtai de détourner le coup en quittant Paris, et je me
» tins caché dans mon pays, à Agen, jusqu'à ce que le 9 ther-
» midor me rendît à la liberté. »

Depuis sa retraite des affaires publiques, le comte de Cessac est venu une seule fois à Metz : c'était dans l'été de 1821. Pendant le court séjour qu'il y fit, il assista à l'une de vos séances. Quelques jours après, il me disait, avec effusion de cœur : « Je me suis senti plus jeune de quarante ans, en me
» retrouvant dans le sein de votre Académie. Je me suis re-
» porté en pensée au temps où j'étais en garnison à Metz,
» comme capitaine d'infanterie : c'était pour moi l'âge des
» espérances, des illusions ; ç'a été, sans contredit, le plus
» heureux de ma vie. Voyez-vous, mon jeune ami, dans ma
» longue carrière, j'ai occupé bien des postes, et dans le
» nombre il y en a eu d'éminents : hé bien ! de tous les titres
» que j'ai successivement portés, le plus cher à mes yeux,
» celui qui réveille en moi les souvenirs les plus doux, c'est
» celui d'académicien de Metz. »

M. de Cessac avait rencontré ici, parmi ses confrères à l'Académie, plusieurs anciens élèves de l'Ecole Polytechnique, dont il avait été jadis le gouverneur, et qui, sous son administration éclairée, s'était élevée à ce haut degré de renommée dont elle jouit dans l'Europe entière. C'est par leur soin que venaient d'être fondés à Metz les *Cours industriels*, où accourait en foule la jeunesse studieuse de notre cité. M. de Cessac voulut assister à chacun de ces cours ; il applaudit au zèle et au talent des professeurs; il leur prédit un heureux succès. Quelque temps après, il se plaisait à m'entretenir des espérances qu'il fondait sur cette récente institution. Je me souviens qu'en me parlant du cours de géométrie, que professait alors

un de nos anciens collègues, il disait : « Ce cours vaut mieux
» à mon gré, que celui de M. Charles Dupin, au Conservatoire
» des arts et métiers de Paris, parce qu'il est plus à la portée
» des auditeurs auxquels il s'adresse, parce qu'il est plus
» élémentaire. »

Cependant l'élan donné dans le sein de notre Compagnie avait provoqué, sur d'autres points de la France, une généreuse émulation ; dans plusieurs villes, des cours industriels s'ouvrirent à l'imitation de ceux de Metz : ce fut, pour M. de Cessac, un nouveau sujet de satisfaction. Nous avons vu quelle joie il ressentit quand, sept ans après, le titre d'*Académie royale* fut décerné, à titre de récompense, à la société qui avait été la première à se signaler par son zèle pour l'instruction populaire. Et quand, plus tard, il sut que nos cours industriels étaient adoptés par la ville de Metz, et richement dotés, il y applaudit de tout son cœur : il sentait que cette institution utile était désormais à l'abri des vicissitudes auxquelles sont trop souvent exposées celles qui sont placées sous la sauve-garde unique du zèle de quelques citoyens généreux.

Ainsi, dans toutes les ciconstances, M. de Cessac aimait à manifester son attachement à l'Académie de Metz, et à montrer qu'il lui portait l'intérêt le plus sincère. « Que fait votre » Académie ? Quels sont ses travaux de cette année ? » — Telles étaient les questions qu'il ne manquait pas de m'adresser, toutes les fois que je le revoyais ; et, deux mois avant sa mort, elles échappaient encore de ses lèvres.

Dans le cours de sa longue carrière publique, M. de Cessac avait constamment respecté la religion de ses pères : lorsqu'il fut rendu aux loisirs de la vie privée, il sentit que le premier devoir pour lui était de l'étudier sérieusement. Pour un esprit et un cœur droits (et quel homme posséda mieux que lui cette double qualité !) la foi devait suivre de près l'examen, et elle

ne pouvait exister sans la pratique. Ici, je me tais, pour laisser parler une voix éloquente qui s'est fait entendre sur sa tombe :
« Il y avait bien des années que l'âme de M. de Cessac se
» reposait dans les pensées qui conviennent si bien à une
» vieillesse vertueuse. Sans éclat, sans faiblesse, une convic-
» tion sincère l'avait ramené à toutes les pratiques d'une piété
» éclairée, et le dernier des encyclopédistes est mort en chré-
» tien. Jusqu'au dernier moment, il remplit toutes les obli-
» gations que sa foi lui imposait avec la même régularité,
» avec le même scrupule qu'il avait apportés jadis à l'accom-
» plissement de tous ses devoirs. »

Un des plus beaux attributs de la religion, c'est de verser un baume consolateur sur les maux de la vie : M. de Cessac était destiné à en faire l'expérience. Atteint, sur la fin de sa carrière, par une cruelle infirmité, il puisa, dans ses croyances, cette résignation à laquelle seule il est donné d'adoucir les souffrances de l'âme et du corps. Voilà ce dont j'ai été témoin, lorsque, sur la fin d'avril, je serrais, pour la dernière fois, la main de ce bon et respectable vieillard dans les miennes.

Le comte de Cessac est mort à Paris, le 14 juin 1841, dans la quatre-vingt-neuvième année de son âge. Il laisse à ses enfants un nom honorable ; à ses nombreux amis, un souvenir bien cher, et des regrets qui ne s'effaceront jamais.

Feu Comte DU COETLOSQUET.

(Extrait de l'Eloge de M. le Comte de Cessac, prononcé à l'Académie de Metz.)

BULLE D'OR.

CHARTE DE L'EMPEREUR CHARLES IV (1367) CONFIRMANT LES PRIVILÉGES
DE LA CITÉ DE TOUL.

Depuis quelques années, les études numismatiques ont pris un tel développement qu'elles sont devenues un accessoire indispensable à l'histoire des peuples ou à celle des provinces : en effet, à défaut de chartes ou de titres, les monnaies suppléent au silence des annalistes en faisant connaître les principaux événements du règne des princes sous lesquels elles ont été frappées : sous le rapport de l'art elles nous offrent les portraits de ces mêmes princes, les vues des édifices élevés par eux, et sont par conséquent le meilleur guide à suivre pour le classement des monuments que les siècles passés nous ont légués.

Considérées sous le point de vue historique ou comme type des arts à l'époque de leur émission, les monnaies doivent nécessairement se rattacher à l'étude des sceaux qui leur sont contemporains, puisque les symboles gravés sur ces derniers ont une grande analogie avec ceux reproduits sur les monnaies ; cependant, sur les sceaux, généralement en cire et ayant un champ d'une plus grande dimension, l'artiste a pu donner plus d'essor à son génie et plus de relief à son œuvre.

L'étude des sceaux est donc le complément nécessaire de la numismatique. Cette vérité comprise a donné lieu à la publication d'une revue mensuelle, consacrée à la sygillographie exclusivement ; espérons que bientôt les pièces les plus rares conservées dans nos archives nationales seront toutes publiées et que leur description offrira un intérêt non moins grand que celui des autres séries de l'archéologie.

L'emploi des sceaux dans les actes est de la plus haute antiquité ; primitivement on les grava sur toutes sortes de métaux, sur le verre, etc. L'art de graver les pierres précieuses, pour sceller les actes, remonte aux Egyptiens.

Sceaux en cire. — Nos premiers rois empruntèrent des Romains l'usage des sceaux en cire ; les empereurs, avant et après l'ère chrétienne, les patriarches de Constantinople, probablement les premiers pontifes, les évêques, les ecclésiastiques, les établissements civils et religieux adoptèrent aussi la cire, qui, à raison de son peu de valeur réelle, fut toujours la matière préférée, tant par les princes que par les particuliers.

Plomb. — Les sceaux de plomb ont été employés fréquemment ; la preuve de leur ancienneté remonte aux premiers siècles du christianisme : les empereurs Trajan, Marc-Aurèle, Lucius Verus, Antonin ont fait usage de ces sortes de bulles, de même que les papes exclusivement depuis Grégoire-le-Grand (590 à 604). Les princes d'Occident employèrent également les sceaux en plomb ; les rois de France de la troisième race ne s'en servirent jamais. Les évêques, les villes et les seigneurs de cette époque ont quelquefois fait sceller en plomb ; ce mode a été peu suivi dans la France septentrionale.

Argent. — Les sceaux d'argent sont extrêmement rares. On n'en connaît pas des rois de France ni des évêques ; on en cite seulement quelques-uns des empereurs, des papes et de quelques princes particuliers.

Or. — Les premiers sceaux d'or remontent à Charlemagne (768 à 814). Ils témoignent de la générosité ou de la richesse de ceux qui en firent usage. Ce furent les princes d'Orient qui s'en servirent le plus fréquemment : les Bénédictins, dans leur *Diplomatique,* citent quelques souverains qui se distinguèrent par leur épargne et d'autres par leur magnificence.

Les bulles d'or de Louis-le-Débonnaire et de Charles-le-Chauve sont de la grandeur d'une pièce de 1 fr.

Celles d'Othon III (983 à 1002), de celle d'une pièce de 6 fr.

La bulle d'Alphonse-le-Sage, roi de Castille (1252-1284), pesait un marc (244 gram. 75 cent.).

Christian V, roi de Danemarck (1670 à 1699), dans ses traités avec les grandes puissances, scellait avec un sceau d'or du poids de 20 onces (611 grammes 88 cent.).

Les papes scellaient également en or les bulles de confirmation de l'élection du roi des Romains. En général les sceaux d'or peuvent être considérés comme un symbole, non de la puissance, mais de la fortune de celui qui accordait une charte et de la considération qu'il avait pour la personne à qui cette charte était octroyée.

François de Lorraine, duc de Guise, s'étant vu contraint, lors du siége de Metz, en 1552, de faire raser l'église et l'abbaye de Saint-Arnould, où avaient été inhumés plusieurs empereurs et plusieurs rois de France, crut devoir prouver aux religieux la haute considération qu'il avait pour leur monastère en faisant suspendre une bulle d'or à la charte de donation de la nouvelle maison qui leur était concédée dans l'intérieur de la ville.

Le chartier de l'église de Toul, autrefois un des plus importants du royaume, après Saint-Denis, était riche de plusieurs bulles d'or ; Lemoine, dans sa *Diplomatique,* page 72, cite d'abord celle de l'empereur Frédéric II, de l'an 1225, relative aux priviléges du chapitre et de l'église cathédrale ; pour le poids et le type, ce sceau était semblable à celui que la ville de Toul possède encore aujourd'hui et dont nous allons donner la description.

Le diplôme, dit bulle d'or, donné à Prague le 13 des calendes de mars 1367, par l'empereur Charles IV aux bourgeois de Toul, confirmait les priviléges et les franchises de la cité.

Le scel suspendu à la charte par un lac de cuir est en or fin ; il a 27 lignes (0,061 mill.) de diamètre et pèse 12 gros 14 grains (46 grammes 635 mill.).

Au droit, l'empereur est représenté vêtu des habits impériaux, la couronne en tête, assis sur un trône avec marchepied ; de la main droite il tient un sceptre orné de fleurs, et de la gauche, le globe impérial surmonté d'une croix simple ; le trône est accosté de deux écussons, le premier aux armes de l'empire et le second à celles de Bohême.

Dans le grand cercle du type, entre deux grenetis : KAROLVS . QVARTVS . DIVINA . FAVENTE . CLEMENCIA . ROMANORVM . IMPERATOR . SEMPER . AVGVSTVS. Dans le cercle intérieur : ET . BOEMIE . REX.

Le revers représente une porte gothique de la ville de Rome, flanquée de tourelles percées de croisées et surmontées de dômes ornés d'un globe supportant une croix pattée.

Légende, entre deux grenetis : ROMA . CAPVT . MVNDI . REGIT . ORBIS . FRENA . ROTVNDI.

Dans l'intérieur de la porte, on lit : AVREA . ROMA.

On sait que les archives de Toul furent entièrement spoliées en 1794. Un hasard providentiel a fait oublier cette bulle qui, à raison de sa valeur matérielle, devait disparaître une des premières.

Ce précieux monument est unique en France. La ville de Francfort-sur-Mein a conservé un sceau semblable au nôtre : il est suspendu au célèbre diplôme connu également sous le nom de bulle d'or, de l'an 1356, dans lequel Charles IV édicta la loi fondamentale de l'empire.

Cette pièce est montrée, comme une très-grande rareté, aux étrangers qui visitent l'ancienne salle de l'hôtel de ville de Francfort où s'assemblaient les électeurs.

A. Dufresne.

UNE PROMENADE ARCHÉOLOGIQUE DANS METZ.

Lorsqu'on a le désagrément de vieillir, on se prend quelquefois à regretter de n'avoir pas fait un meilleur emploi de son temps. On se dit qu'on aurait pu moins chasser, moins jouer, moins fumer, et que peut-être on ne se porterait pas plus mal. Vains regrets ! Les années sont tombées du ciel ; et, pour se consoler, l'on n'a pas toujours les souvenirs du cœur.

Telles étaient les réflexions que je faisais lors de la session du congrès archéologique. Combien j'ai déploré alors mon ignorance ! Que j'eusse été fier de m'asseoir avec ces Messieurs au banquet que la ville de Metz a eu l'honneur de leur offrir sur les ruines du château de Prény ! Quelle joie j'aurais éprouvée de les accompagner dans leur marche sur Trèves, d'être mêlé à leur cortége triomphal, et de prendre ma part du festin somptueux qu'ils ont daigné accepter dans cette antique cité.

Aujourd'hui le congrès a porté ailleurs le flambeau de la science, mais on ne dira pas que son passage n'a laissé de traces qu'au budget des dépenses municipales : les précieux enseignements qui nous ont été donnés n'auront pas été perdus pour tout le monde : et moi aussi j'ai voulu être archéologue.

Dans mon désir d'apprendre, je suis allé trouver des savants de ma connaissance, et je leur ai demandé comment on s'y prenait pour devenir archéologue. Ces Messieurs m'ont expliqué que c'était la chose du monde la plus simple, que le mot archéologie, qui venait du grec, voulait dire *dissertation sur ce qui est ancien*, et que cette science se bornait à connaître tout ce qui se rattachait d'une manière quelconque à l'antiquité.

Fort de ces renseignements, je me suis mis à la besogne, cherchant partout les empreintes des générations passées. Bientôt j'ai senti les avantages de ma nouvelle manière de vivre. Autrefois, quand je faisais une promenade, j'allais, je venais comme tout le monde; aujourd'hui je fais des promenades archéologiques. Tout m'intéresse : l'origine du nom d'une rue me préoccupe pendant plusieurs jours, et je me livre à des commentaires sur les moindres choses. Si j'aperçois quelque reste de sculpture ou quelque débris de vieux monuments, je suis emporté par mon imagination dans le champ des conjectures : je ne rêve plus que domination romaine, moyen-âge et renaissance. Ce besoin de trouver partout des objets dignes d'observation, me jette parfois dans des méprises assez singulières ; mais ces désappointements ne me découragent pas, et comme vous allez le voir, je ne garde pas rancune à la science.

Le 27 octobre 1846, je faisais ma dix-septième promenade archéologique. Tout en marchant, je réfléchissais à un travail sur lequel je fonde de grandes espérances, et qui est intitulé : *Mémoire sur les têtes servant de clefs de voûte à des portes de maisons dans la ville de Metz*. J'étais arrivé dans la rue

Fleurette, et j'avais avisé une assez belle tête de femme qui est au-dessus de la maison n° 83. J'avais demandé dans le voisinage ce que c'était que cette tête, personne n'avait pu me répondre. J'entrevoyais là un sujet fort intéressant d'études, et je me félicitais de ma découverte, lorsque j'eus la funeste pensée de m'adresser à une dame qui venait d'apparaître devant la maison n° 75. Madame, lui dis-je, en lui ôtant mon chapeau, et en cherchant à rendre ma physionomie agréable, seriez-vous assez honnête pour me dire ce que c'est que cette figure ; je vous serais infiniment reconnaissant. — Monsieur, me répondit-elle, c'est le portrait de ma grand'mère.

Si vous vous occupez d'archéologie, vous comprendrez que cette révélation fut pour moi comme un coup de foudre. Je savais maintenant ce que c'était que cette figure ; je perdais l'occasion de nombreuses recherches et d'explications fort embrouillées sans doute, mais qui certainement eussent été très-savantes. Dans mon chagrin, j'avais besoin de respirer le grand air; je me jetai sur le rempart Belle-Isle, et j'étais de si mauvaise humeur que je ne m'arrêtai pas devant la maison portant le n° 10, pour regarder la construction originale en forme de tour carrée qui est à l'extrémité sud de l'édifice. Ce ne fut qu'en arrivant sur l'Esplanade, que je retrouvai ma tranquillité d'esprit. Je me réunis à quelques officiers en retraite qui se promenaient sous les marronniers. Ces Messieurs racontaient leurs vieux faits d'armes, ils étaient en train de poursuivre Mourad-Bey dans la Haute-Egypte..... J'étais un peu fatigué, et je me dirigeai vers la rue des Clercs pour retourner chez moi.

Au moment où j'entrais dans cette rue, un embarras de voitures m'ayant obligé à m'arrêter, je jetai les yeux en l'air, et j'aperçus une tête couronnée servant de clef de voûte à la porte de la maison n° 28. Cette découverte rentrait dans le cadre de mon mémoire, et je crus un instant que le ciel m'envoyait une consolation ; mais ce qui venait de m'arriver rue Fleurette, m'avait rendu singulièrement défiant à l'égard des têtes servant de clefs de voûte. J'examinais celle-ci avec une certaine inquiétude, lorsque je me sentis toucher légèrement, et une voix bien connue m'appela par mon nom. C'était Mme B... qui me dit : Hé ! mon cher voisin, qu'est-ce que vous faites là ? vous avez l'air tout drôle. — Je répondis : vous êtes bien bonne, Madame, j'étais occupé à contempler cette tête : est-ce l'Empereur ? est-ce un des douze Césars ? — Mme B... se prit à rire et me dit : c'est tout bonnement le portrait d'un Monsieur à qui l'on vient de faire la barbe ; vous voyez bien qu'il a encore la bavette sous le menton. — Je fis observer à Mme B... que ce Monsieur avait une couronne de laurier, et que ce n'était guère le costume des gens à qui l'on fait la barbe. — Ecoutez, me dit Mme B..., venez me trouver ce soir à sept heures et demie, je vous raconterai cette histoire. Dans ce moment je n'ai pas le temps de vous en dire davantage.

Le soir, à sept heures et demie, j'arrivai chez Mme B... En attendant que les parties de whist fussent arrangées, j'allai m'asseoir près de M. Alfred M...... Si j'avais été plus poli, je lui aurais parlé de sa collection d'oiseaux ; mais avec M. M..... on peut causer de beaucoup de choses, et je préférai l'entretenir de son voyage dans le Tyrol. Il me fit la description de vieux châteaux qu'il avait rencontrés sur sa route, il me parla des mœurs des habitants du pays. Ce qu'il me raconta de la manière dont on pratique l'hospitalité dans certains cantons me surprit étrangement. Ces bonnes gens vous offrent tout ce qu'ils ont, et il serait malhonnête de ne pas répondre aux prévenances de la maîtresse du logis. C'est quelquefois gênant, ajouta M. M....., car on n'est pas toujours disposé à être aimable ; mais on ne vous demande pas l'impossible.

A huit heures un quart, je m'aperçus que Mme B... avait placé tout son monde autour des tables de jeu. Je me rapprochai d'elle, et je lui rappelai qu'elle m'avait promis des explications sur la tête à qui l'on vient de faire la barbe. — Asseyez-vous, me dit Mme B..., vous ne direz pas que je vous ai fait attendre. — Non, Madame, lui répondis-je, et si vous n'avez jamais fait attendre plus longtemps ce qu'on vous a demandé........ — Voici mon histoire, reprit Mme B...

La maison n° 28, dans la rue des Clercs, était occupée en 1780 par l'abbé de Longueil, chanoine de la cathédrale : c'était un ecclésiastique d'une piété douce et d'un esprit très-aimable. Ma mère le connaissait beaucoup, et, quand nous allions le voir (j'étais alors bien jeune), il ne manquait pas de m'offrir des bonbons ; il me faisait réciter mes prières, et, grâce à certaines confidences, son petit doigt lui révélait toujours les péchés que j'avais commis, et de là il prenait occasion de me donner d'excellents conseils. L'abbé de Longueil avait une nièce qui habitait, je crois, la ville de Versailles, et qui, tous les ans, venait passer quelques semaines avec son oncle. Mme de Longueil était restée veuve de bonne heure, et s'était consacrée tout entière à l'éducation de ses enfants : c'était une femme accomplie sous tous les rapports ; et son oncle, qui la chérissait, attendait son retour comme on attend le retour du printemps. Mme de Longueil se trouvait à Metz au mois de septembre de l'année 1780 ; elle avait amené l'aînée de ses filles, Mlle Stéphanie, qui joignait à une grande beauté les agréments de l'esprit et les qualités du cœur. Les dames de Longueil ne quittaient guère la maison de leur oncle ; on se promenait dans le jardin, on faisait des lectures, on causait de la famille, et puis, dans cet heureux temps, on mangeait quatre fois par jour, ce qui occupait agréablement une partie de l'existence. La grande distraction que se permettait Mlle Stéphanie, avec l'agrément de sa mère et de son oncle, c'était d'aller de temps en temps dans une petite chambre qui avait vue sur la rue des Clercs ; elle écartait bien timidement et d'une main bien blanche l'épais rideau qui fermait la fenêtre, et, à travers les carreaux, elle s'amusait à regarder les allants et venants.

A cette époque, nous avions en garnison à Metz le régiment d'artillerie de Grenoble. Il y avait dans ce régiment des officiers très-séduisants ; et, parmi eux, le vicomte de Rostaing se faisait remarquer par l'élégance de sa personne et par la distinction de ses manières. Or, il arrivait que presque tous les jours, vers une heure et demie, le vicomte de Rostaing passait dans la rue des Clercs pour se rendre à la caserne ; et, par un hasard singulier, c'était justement l'heure que Mlle Stéphanie avait choisie pour venir regarder à travers les carreaux. Ma mère, de qui je tiens tous ces détails, m'a dit qu'il y avait de fortes raisons de croire que Mlle Stéphanie regardait M. de Rostaing avec infiniment de plaisir. Ce qu'il y a de certain, c'est que, lorsqu'elle rentrait au salon, son teint était plus animé, son cœur battait plus vite, sa respiration était un peu courte, et les lectures de l'oncle étaient en souffrance. Mme de Longueil, qui était pleine de sollicitude pour sa fille, ne pouvait comprendre d'où venait cette agitation qui reparaissait presque tous les jours et à la même heure. Le docteur, qui avait été consulté, ne comprenait rien non plus à ces phénomènes, mais il cherchait à les expliquer de son mieux, et il avait ordonné quelques remèdes. Il faut dire, à la louange du docteur, qu'il n'avait prescrit que des remèdes insignifiants, et seulement pour maintenir les droits de la médecine.

Les choses étaient dans cet état, et l'on ne sait pas combien de temps auraient encore duré les battements de cœur, sans une circonstance qui vint heureusement au secours de tout le monde.

M. de Rostaing, qui était fort soigné dans sa mise, avait l'usage de se faire raser et poudrer tous les jours. Le 11 octobre 1780 (vous saurez plus tard pourquoi j'ai retenu cette date), il devait se trouver à deux heures à la caserne pour assister à une revue. Voyant, à une heure et demie, que son barbier n'arrivait pas, il s'était décidé à partir. Comme il approchait de l'extrémité de la rue des Clercs, il s'entendit appeler, et, retournant la tête, il aperçut le barbier retardataire qui accourait à toutes jambes. M. de Rostaing voulait retourner à son domicile, mais le barbier lui fit observer qu'il avait apporté tout ce qu'il fallait pour sa toilette, et qu'il était beaucoup plus simple d'entrer dans une maison voisine.

On était alors devant la demeure de l'abbé de Longueil ; l'on s'établit sous le porche, une chaise fut bientôt trouvée, et le barbier se mit à l'œuvre. Tout allait être terminé, lorsque Mme de Longueil et sa fille rentrèrent inopinément. Grande fut leur surprise de se trouver en présence d'un officier à qui l'on venait de faire la barbe. M. de Rostaing s'empressa d'arracher la serviette qu'il avait encore sous le menton ; il expliqua sous l'empire de quelle nécessité il avait agi, il se confondit en excuses. Mme de Longueil le rassura et voulut absolument le faire entrer dans une chambre pour qu'il pût achever sa toilette plus commodément. Cependant, dès le premier abord, Mlle Stéphanie avait reconnu le beau jeune homme objet de ses rêves, et toutes les roses du printemps s'étaient épanouies sur son front. De son côté, M. de Rostaing avait été comme ébloui de la beauté de la jeune fille, et il s'était senti blessé au cœur d'un des traits les plus acérés de l'amour ; le reste de la journée il ne fit que penser à Mlle de Longueil, il ne pouvait plus vivre sans la revoir.

Le lendemain, le vicomte de Rostaing, en grande tenue, suivi d'un domestique galonné sur toutes les coutures, descendait de cheval à la porte de l'abbé de Longueil, et faisait demander la permission de lui présenter ses excuses. On l'introduisit. Mme de Longueil avait raconté à son oncle l'aventure de la veille, et celui-ci s'en était beaucoup amusé. Ma mère ne m'a pas appris ce qui se passa dans cette première entrevue, mais il paraît que M. de Rostaing fut extrêmement aimable, et il plut beaucoup au chanoine qui l'engagea à venir le voir souvent.

M. de Rostaing faisait des visites fréquentes, et Mme de Longueil observait avec inquiétude qu'il paraissait fort occupé de sa fille, qui, de son côté, n'était pas indifférente à ce qui se passait. Elle s'aperçut aussi que Mlle Stéphanie allait plus souvent qu'autrefois dans la chambre ayant vue sur la rue des Clercs, et s'étant mise elle-même en observation, elle vit que M. de Rostaing passait très-souvent devant la maison. Mme de Longueil comprit alors l'origine des battements de cœur, et elle admira la discrétion de sa fille. Elle s'effraya de tout cela, et elle se préparait à échapper par la fuite au danger de sa position, lorsqu'elle reçut une lettre couverte d'armoiries superbes. C'était M. de Rostaing le père qui demandait pour son fils la main de Mlle Stéphanie. Cette lettre était conçue dans les termes les plus aimables ; le comte de Rostaing finissait par dire qu'il arriverait à Metz dans quelques jours, pour joindre ses prières à celles de son fils, afin d'obtenir cette réponse tant désirée. — Vous pensez bien que la réponse fut favorable. M. le vicomte de Rostaing était d'une des familles les plus estimées du Bourbonnais, et il jouissait d'une fortune considérable : c'était une alliance magnifique pour Mlle de Longueil qui n'avait qu'une dot très-modeste. Dans ce temps-là on voyait encore quelquefois des mariages d'inclination.

Les noces furent célébrées en grande pompe à l'église Saint-Martin. Toute la ville et toute la garnison étaient là, et on ne se lassait pas de regarder les jeunes époux : les hommes enviaient le bonheur de M. de Rostaing, et les femmes auraient voulu être à la place de la mariée. Le soir il y eut un grand repas chez l'abbé de Longueil ; et des aumônes abondantes furent distribuées aux pauvres.

Et en mémoire de cet heureux mariage, l'excellent abbé de Longueil fit placer au-dessus de la porte de sa maison cette figure à qui l'on vient de faire la barbe, et, sur la bavette, on inscrivit la date mémorable du 11 octobre 1780. Je ne me souviens plus pourquoi l'on a placé sur la tête une couronne de laurier. Il y a quelques jours, j'ai vu avec douleur qu'en réparant la porte, on avait fait disparaître la date [1].

Mme B... ne parlait plus, et chacun continuait à l'écouter.

— Elle ajouta : je puis encore vous dire qu'en 1811, me trouvant à Moulins, dans le département de l'Allier, j'eus occasion de revoir le comte et la comtesse de Rostaing, dont le château est situé à quelque distance de là, dans le village de Sauzay. Leur union avait été heureuse, et le comte de Rostaing paraissait toujours épris de sa femme. Le temps, qui détruit tout, avait un peu blanchi les cheveux de Mlle de Longueil, mais sa personne était encore pleine de charmes;

---

[1] Une autre douleur était réservée à Mme B... Le 16 janvier 1847, la bavette elle-même a disparu.

elle avait conservé la grâce et la pudeur de la jeunesse, c'est le privilége des femmes qui ont été pures.

Etes-vous content, me dit Mme B...? Très-content, lui répondis-je, mais j'aurai toujours un regret, ce sera de n'avoir pas écrit cette histoire sous votre dictée, vous avez des expressions que je ne retrouverai jamais.

Bon DUFOUR.

(Extrait des *Heures de Temps perdu*.)

DE QUELQUES ACCORDS

EMPLOYÉS PAR BEETHOVEN DANS SA NEUVIÈME SYMPHONIE.

La symphonie avec chœurs, sur laquelle nous avons l'honneur de partager l'opinion de Berlioz, Liszt, Richard Wagner[1] et de quelques autres artistes d'élite qui ne font que devancer

---

[1] Nous engageons les lecteurs français qui ne connaîtraient le nom de Richard Wagner que par les *Lettres aux Compositeurs dramatiques*, signées Fétis père, et publiées, en décembre 1853, dans la *Revue et Gazette musicale de Paris*, à lire la brochure de F. Liszt, intitulée : *Lohengrin et Tannhœuser, par Richard Wagner* (Leipzig, F. A. Brockaus, 1851) ; là, du moins, un homme de génie est apprécié par un de ses pairs. — Récemment, au festival de Carlsruhe (3 et 5 octobre 1853), nous avons eu le bonheur d'entendre exécuter, sous l'intelligente et chaleureuse direction de Liszt, plusieurs fragments du *Lohengrin*, et nous déclarons, devant Dieu et devant les hommes, que cette musique nous a paru sublime !

L'ouverture du *Tannhœuser*, que M. Fétis traite de *Pandémonium immusical*, admirablement exécutée, le 3 octobre, par les orchestres réunis de Mannheim, de Carlsruhe et de Darmstadt, a excité les transports d'enthousiasme de tout l'auditoire, et cela au point qu'on l'a redemandée pour le concert du 5, dans lequel elle a produit pour le moins autant d'effet que la première fois.

Pandémonium immusical ! le mot est curieux, et tout aussi juste que celui de *monstrueuse folie* appliqué par quelques critiques à la neuvième symphonie, qui n'a point encore reçu la *consécration parisienne*, sans doute par l'influence de ces intelligents critiques. *Vous pouvez donc vous consoler, ô noble Wagner !*

(Note de l'Auteur.)

le jugement de la postérité, cette symphonie, « LA PLUS MA-
GNIFIQUE EXPRESSION DU GÉNIE DE BEETHOVEN, » contient des agré-
gations de notes « auxquelles, dit Berlioz dans ses *Études sur
» Beethoven,* il est vraiment impossible de donner le nom
» d'accords ; et nous devrons reconnaître, ajoute le spiri-
» tuel critique, que la raison de ces anomalies nous échappe
» complètement.

» Ainsi, à la page 17 de l'admirable morceau dont nous
» venons de parler (le premier de la symphonie), on trouve
» un dessin mélodique de clarinettes et bassons, accompagnés
» de la façon suivante dans le ton d'*ut* mineur. La basse frappe
» d'abord le *fa dièse* portant *septième diminuée,* puis *la
» bémol* portant *tierce, quarte* et *sixte augmentée,* et enfin *sol,*
» au-dessus duquel les flûtes et hautbois frappent les notes *mi
» bémol, sol, ut,* qui donneraient un accord de *sixte* et *quarte,*
» résolution excellente de l'accord précédent, si les seconds
» violons et altos ne venaient ajouter à l'harmonie les deux
» sons *fa naturel* et *la bémol,* qui la dénaturent et produisent
» une confusion fort désagréable et heureusement fort courte.
» Ce passage est peu chargé d'instrumentation et d'un carac-
» tère tout-à-fait exempt de rudesse, je ne puis donc com-
» prendre cette quadruple dissonnance si étrangement amenée
» et que rien ne motive. On pourrait croire à une faute de
» gravure ; mais en examinant bien ces deux mesures et celles
» qui précèdent, le doute se dissipe, et l'on demeure con-
» vaincu que telle a été réellement l'intention de l'auteur. »

Il nous paraît évident que Beethoven a, dans l'endroit cité
par Berlioz, voulu réaliser *l'accord mixte de treizième* qui a
son siége sur la dominante du mode mineur. Cet accord dans
le ton d'*ut* mineur est :

sol—si bécarre—ré—fa—la bémol—ut—mi bémol

Or, Beethoven qui, dans ce passage de sa symphonie, n'avait besoin que de cinq parties réelles, emploie l'accord en question avec ses fonctions de fondamentale, de septième, de neuvième, de onzième et de treizième :

<blockquote>
fond.   sept.   neuv.   onz.   treiz.

sol—.—.—fa—la bémol—ut—mi bémol
</blockquote>

et il forme de cette agrégation deux groupes distincts présentant chacun un accord parfait mineur. Le premier de ces groupes, formé des sons *ut—mi bémol—sol*, est confié aux instruments à vent (flûte, hautbois, clarinettes et bassons); le second, formé des sons *fa—la bémol—ut*, est donné aux instruments à cordes (l'alto et les deux violons); et les basses (violoncelles et contre-basses) prononçant la note *sol*, fondamentale commune aux deux groupes, soutiennent ainsi tout l'édifice harmonique.

Considéré séparément, chaque groupe est admissible sur cette basse *sol*. Celui des instruments à cordes réalise avec la basse un véritable *accord de onzième* qui a son siége sur la dominante en mode mineur, accord déjà employé par beaucoup de compositeurs, et absolument de la même manière.

Le groupe confié aux instruments à vent formerait évidemment, considéré seul au-dessus de la basse, un accord de *sixte et quarte*, résolution excellente de l'accord précédent, comme le remarque judicieusement le grand symphoniste français ; mais *il n'y a pas de faute de gravure, telle a été réellement l'intention de l'auteur;* oh! alors, on ne peut isoler ces groupes, encore moins sacrifier l'un à l'autre ; il faut les accepter tous deux *sur la même fondamentale* sol dont ils émanent suivant notre loi suprême. Nous tenons donc pour certain que Beethoven a voulu réaliser, avec cinq de ses fonctions caractéristiques, *l'accord de treizième qui a son siége sur la dominante en mode mineur*. En partageant l'agrégation en deux groupes présentant chacun un accord parfait mineur, en superposant ces accords, et surtout, en confiant l'un aux instruments à vent et l'autre aux instruments à cordes, il comptait évidemment sur *l'opposition des timbres* pour les faire distinguer par l'organe auditif; malheureusement, le *sol* placé dans le premier hautbois, *au-dessus* du *la bémol* du second violon, détruit toute cette belle économie ; cette note *sol* ne serait pas admissible dans cette position, même avec un simple accord de *neuvième dominante mineure*. Que l'on enlève ce *sol* malencontreux, et presque toute dureté aura disparu. Il serait facile, d'ailleurs, par une autre disposition des parties, de la faire disparaître entièrement ; mais nous n'avons pas la prétention de corriger Beethoven.

Bien mieux, nous croyons qu'en vertu d'une faculté que ce maître possédait au suprême degré, et sans laquelle la création des œuvres musicales serait impossible, sens intime du compositeur, infiniment plus subtil que l'organe auditif sensible ; nous croyons, disons-nous, que Beethoven distinguait au fond de son être, avec autant de clarté qu'on les distingue à la simple *vue* de la partition, les *deux accords parfaits* superposés à la dominante dont il vient d'être question. Privé depuis longtemps de l'usage de l'ouïe, alors qu'il composait son immortel chef-d'œuvre, étranger en quelque sorte au monde extérieur, le grand homme s'élevait dès-lors, porté sur les ailes de son génie, vers les sphères éternelles dont la *Symphonie avec chœurs* nous donne le sublime pressentiment, et il oubliait parfois les conditions imposées à l'audition de l'homme mortel.

Dans le cours de son intéressante étude sur la neuvième symphonie, Berlioz mentionne « plusieurs pédales hautes et » moyennes sur la tonique, passant au travers de l'accord de

» dominante » qu'on remarque dans le *Scherzo vivace*. « Mais, » dit-il, j'ai déjà fait ma profession de foi au sujet de ces » tenues étrangères à l'harmonie *(that is the question)*, et il » n'est pas besoin de ce nouvel exemple pour prouver l'ex-» cellent parti qu'on en peut tirer quand le sens musical les » amène naturellement. »

Nous sommes de l'avis du célèbre artiste ; seulement nous disons, contrairement à l'opinion reçue, que les pédales de tonique, hautes, moyennes et graves, passant au travers de l'accord de dominante, ne sont point étrangères à l'harmonie, mais qu'elles en sont partie intégrante ; qu'elles l'enrichissent en introduisant sur la dominante une *fonction nouvelle*, celle de *onzième*, élevant ainsi l'accord au rang *d'accord de six sons*, lequel, dûment préparé par l'accord précédent, fait sa résolution *à la quinte inférieure*, sur l'accord parfait de la tonique.

L'adagio cantabile qui suit le *scherzo* ne présente au digne appréciateur de Beethoven aucune agrégation inusitée à relever. « La beauté des mélodies, la grâce infinie des ornements dont elles sont couvertes, les sentiments de tendresse mélancolique, d'abattement passionné, de religiosité rêveuse qu'elles expriment, » tout enfin est senti par une âme d'artiste et rendu avec un rare bonheur d'expression. En terminant l'analyse de ce magnifique *adagio*, Berlioz s'écrie : « Si ma » prose pouvait en donner une idée seulement approximative, » la musique aurait trouvé dans la parole écrite une émule que » le plus puissant des poètes lui-même ne parviendra jamais » à lui opposer. » Mais, arrivé à la seconde partie de la symphonie, au moment où les voix vont s'unir à l'orchestre, au début de la furibonde ritournelle qui annonce le récitatif instrumental, notre auteur remarque l'appoggiature *si bémol* frappée en même temps par les flûtes, hautbois et clarinettes,

au-dessus de l'accord de sixte majeure *fa, la, ré.* « Cette
» sixième note du ton de *ré mineur* grince horriblement, dit-il,
» contre la dominante et produit un effet excessivement dur.
» Cela exprime bien la fureur et la rage, mais je ne vois pas
» ce qui peut exciter ici un sentiment pareil, à moins que
» l'auteur, avant de faire dire à son coryphée : *Commençons*
» *des chants plus agréables,* n'ait voulu, par un bizarre caprice,
» calomnier l'harmonie instrumentale. » . . . .
. . . .

Plus loin, le même passage reparaît, à la reprise de la ritournelle *presto* déjà citée, qui annonce cette fois le récitatif vocal. « Le premier accord, continue l'analyste, est encore
» posé sur un *fa* qui est censé porter *tierce* et *sixte*, et qui
» les porte réellement; mais cette fois l'auteur ne se contente
» pas de l'appoggiature *si bémol,* il ajoute celle du *sol,* du
» *mi* et de l'*ut dièze,* de sorte que TOUTES LES NOTES DE LA
» GAMME DIATONIQUE MINEURE se trouvent frappées en même
» temps et produisent l'épouvantable assemblage de sons *fa,*
» *la, ut dièze, mi, sol, si bémol, ré.* » Et plus loin, Berlioz avoue qu'il a beaucoup cherché la raison des deux discordances introduites évidemment avec intention par Beethoven aux deux instants qui précèdent l'apparition successive du récitatif dans les instruments et dans la voix ; mais il déclare que la raison de cette idée lui est inconnue.

On nous a assuré, en Allemagne, que R. Wagner a écrit un commentaire sur la neuvième symphonie : mais nous avons fait d'inutiles recherches pour nous procurer cet ouvrage, dans lequel la musique de Beethoven serait interprétée par le Faust de Gœthe? Dans cette hypothèse, le cri de colère qu'exprime à deux reprises la ritournelle placée avant les récitatifs, se traduirait par les blasphèmes de Méphistophélès, à l'approche des légions d'anges, dans la dernière partie du second Faust.

— Quoi qu'il en soit, l'accord inusité que Beethoven a employé aux endroits cités du *presto*, n'est autre qu'un *accord mixte* formé au moyen de neuf tierces majeures associées à douze tierces mineures. Nous avons donné la réalisation de cet accord à sept parties réelles ; et, certes, si Beethoven avait voulu en adoucir l'effet, il l'aurait pu facilement, comme le prouve notre exemple [1]. Aussi son intention de produire les deux discordances signalées par Berlioz nous paraît-elle ainsi prouvée surabondamment.

Cte Camille Durutte.

---

[1] Page 526 de l'ouvrage intitulé : *Lois générales du Système harmonique*, auquel nous renvoyons le lecteur pour la parfaite intelligence de ce qui précède.

SANCTA MARIA...!

I.

Dans un lieu vénéré, sur le plateau des vignes
Où de plusieurs sentiers aboutissent les lignes,
Elle est là, sous le hêtre aux antiques rameaux
Qui domine un vallon parsemé de hameaux.
Plus belle en sa pâleur, plus gracieuse encore,
Car d'un nouvel attrait le chagrin la décore,
Elle est là, l'œil fixé sur un clocher lointain
Que blanchit dans l'azur le soleil du matin.
C'est l'église où jadis, pieuse adolescente,
Elle adressait à Dieu sa prière innocente ;
C'est là que... mais depuis...! — Non loin d'elle, à l'entour,
Folâtre un jeune enfant, sa fille, ange d'amour,
Vive comme une abeille en sa course légère
Qu'elle interrompt souvent pour appeler sa mère,
Et sa mère lui rit, et de ses yeux en pleurs,
La suit courant partout, et butinant ces fleurs
Qu'elle-même autrefois de ses mains virginales
Assemblait pour la Vierge, aux heures matinales.

De ces matins fleuris, Vierge, te souviens-tu ?
Et comme elle croissait en grâces, en vertu ;
Comme elle était de tous admirée et chérie,
Sous ton regard d'amour, charitable Marie,
Elle, pauvre orpheline ?... O regrets ! ô tourment !...
Elle saisit sa fille avec frémissement,
La ramène au lieu saint où brille sous le hêtre
Avec l'enfant Jésus la madone champêtre ;
Et puis l'agenouillant, croisant ses petits doigts,
Joignant une voix triste à l'enfantine voix,
Elle adresse avec elle, au pied de l'arbre antique,
A la mère de Dieu le salut angélique,
A ce cœur maternel, si prompt à s'émouvoir,
Des malheureux pécheurs le refuge et l'espoir.

II.

Lève-toi, jeune fille un moment sérieuse :
Reprends, reprends tes jeux. Cours, folâtre et rieuse,
Aux papillons brillant de si vives couleurs ;
Cours, tandis que ta mère, en extase pieuse,
Invoque encor la main qui calme nos douleurs :

III.

« Salut, vierge Marie ; exauce la prière
De ce petit enfant qui t'implore à genoux :
Près de ton divin Fils, Vierge modeste et fière,
  Daigne en retour prier pour nous.

Toi qui sais de quels pleurs j'ai pleuré sa naissance,
Marie, au nom du tien que mon fruit soit béni !

Oppose à mes péchés toute son innocence
    Et mon repentir infini.

Des maux que j'ai soufferts daigne aussi tenir compte,
Mon douloureux exil loin du vallon natal,
Et, même à l'étranger, cette éternelle honte
    Qui me suit comme un sceau fatal.

Si je crains du mépris la flétrissure amère,
Est-ce pour moi, coupable? Ah! c'est pour mon enfant,
Cet ange, qui ferait l'orgueil d'une autre mère
    Devant un père triomphant.

Pardonne si malgré sa funeste origine
Je n'ai pas succombé sous le poids du remord,
Je craignais, comme moi, de la rendre orpheline,
    Peut-être en butte au même sort.

Que ma faute, du moins, ô Vierge bien aimée,
— Pour prix de tous mes soins à lui faire un cœur pur, —
Ne vienne pas ternir sa chaste renommée,
    Comme un nuage au ciel d'azur.

Comble-la de tes dons, fais que tout lui prospère,
Qu'on l'aime, et que l'amant, devenu son époux,
Sous tes yeux maternels te consacre, heureux père,
    Les fruits de l'amour le plus doux.

Mais puissé-je, ô Marie, avant cet hyménée
Mourir, et dans les cieux jouir de son bonheur,
Admise à tes côtés, et par toi couronnée
    Des rayons du céleste honheur! »

IV.

Ainsi te priait-elle, ô Vierge immaculée !
Puis d'un dernier regard, parcourant la vallée,
Elle a fui, lui jetant un éternel adieu :
Mais toi, tu veilleras sur la pauvre exilée ;
Son enfant, c'est le tien, Vierge, mère de Dieu !

MARIE.

Grâce, grâce, ô Marie !
Toi qui jusqu'à ce jour
M'as protégée, ô patronne chérie,
Fais que je sois guérie
De ce funeste amour !

Qu'il est beau cependant ! Quelle noble pensée
Brille en ses yeux remplis de grâce et de fierté !
Je brûle, toute à lui, d'une flamme insensée ;
Lui, destiné sans doute à riche fiancée,
Moi, qui n'ai que ma pauvreté !

Mais il me regardait avec un doux sourire
Qui me semblait parfois un sourire amoureux :
Avide il m'écoutait : muet il semblait dire

Que j'avais sur son cœur un amoureux empire ;
　　Comme moi, qu'il était heureux.

Et tous disaient : il l'aime ! — Il l'aime ! disaient-elles,
Quand à lui, dans le bal, enlacée un moment,
Mon être frémissait de voluptés nouvelles.....
Et je voyais après mes compagnes fidèles
　　Me regarder moins tendrement.

Il m'aime !... Non jamais !... jamais ?... moi qui l'adore !...
Fol espoir, laisse-moi !... Toujours, depuis ce bal,
J'ai beau te repousser, tu viens, reviens encore,
Comme un phare trompeur, comme une belle aurore
　　Que bientôt suit un jour fatal.

O vierge ! toujours lui, toujours lui, l'être unique,
Je ne vois plus que lui, jeune, beau, triomphant,
Lui seul, quand je t'implore en la chapelle antique,
Où tu penches sur moi ton front mélancolique,
　　Moi naguère encor ton enfant !

　　Grâce, grâce, ô Marie !
　　Toi qui jusqu'à ce jour
　M'as protégée, ô patronne chérie,
　　Fais que je sois guérie
　　De ce funeste amour.

Guéris-moi, guéris-moi, Vierge compatissante !...
Si tu voulais pourtant, je porterais son nom.....
Heureuse à ses côtés, fière et resplendissante !...
Ne le pourrais-tu point, Vierge toute puissante ?...
　　Mais lui, vouloir de moi ! Non, non !

Ah ! qu'enfin je retrouve, à côté de ma mère,

Mes chastes nuits, mes jours paisibles, mon bonheur !
Reviens, douce amitié, toi qui m'étais si chère ;
Folâtre causerie, innocente et légère !
    Reviens, travail consolateur !

Je verrai le saint prêtre : il saura ma blessure,
Il me soulagera ; comme une tendre main
De la fleur qui brillait au matin, fraîche et pure,
Ote le ver caché dont la lente morsure
    Lui ronge et déchire le sein.

Souvent, trop vain secours, elle en meurt épuisée.
Qu'il n'en soit pas ainsi, bonne Vierge, pour moi !
Que ta vertu secrète, ineffable rosée,
Rende calme et fraîcheur à mon âme embrâsée,
    Cette âme qui n'était qu'à toi.

O Marie ! en ce mois où rit la terre entière,
J'irai, soir et matin, j'irai seule, à l'écart,
T'offrant avec des fleurs mon ardente prière,
Te demander ma part de la paix printanière.....
    La paix !... Mais n'est-il pas trop tard ?

    Grâce, grâce, ô Marie !
    Toi qui jusqu'à ce jour
M'as protégée, ô patronne chérie,
    Fais que je sois guérie
    De ce funeste amour !

J.-A. Estienne,
Professeur au Lycée de Metz.

A MARIETTE.

> ..... Que tout ce qui peut vous rendre aimable soit l'entretien de vos pensées.
>
> Saint Paul *aux Philipp.*, ch. IV, 8.

Pauvre enfant, tu viens de naître, tu n'as pas encore vu ton premier printemps; ton regard incertain flotte sans choix entre ta nourrice et ta mère, et ton ignorance des choses ne sourit encore qu'à la joyeuse clarté du jour. Tu as trois mois à peine, Mariette, et nous, oublieux des sévères leçons de la vie, presque aussi enfants que toi, nous arrangeons déjà *ton bonheur*. Un jour peut-être tu souriras tristement en comparant ton sort à celui que nous rêvions pour toi, attendris et penchés sur ton petit berceau. Mais souviens-toi bien, si tu as une fille à ton tour, et si ton cœur de mère se trouble à la pensée de l'avenir, souviens-toi des vœux de ton vieil oncle, que tu auras à peine connu, et qui sera depuis longtemps dans la tombe lorsque ces feuilles légères arrêteront tes regards distraits.

Je ne t'enseignerai pas l'art d'être heureux, Mariette, ceci n'est point de ce monde; mais je t'enseignerai l'art de rendre heureux les autres; et, si tu veux en faire l'expérience, tu reconnaîtras peut-être que ce qui ressemble le plus au bonheur ici-bas, c'est la douce joie du bonheur qu'on procure à ses semblables. Ton sexe en a le secret, mais il ne daigne pas toujours en faire usage; les femmes ne prennent pas toujours, comme elles le pourraient, la peine d'être aimables, et elles se plaignent de n'être pas heureuses! Il leur semble que ce soit assez de leurs attraits, de leurs grâces, de leur esprit; et le reste, elles le négligent. Or, ce reste, je te le dis bien bas, ce reste..... c'est tout.

Médite bien, quand tu seras, hélas! en âge de méditer, le sens vrai de ce mot, si doux à l'oreille et si gracieux à l'esprit, AMABILITÉ. Tu es aimable aujourd'hui, sans t'en douter, enveloppée comme en un lange, dans ton innocence, dans ta faiblesse, et jusque dans cette tendre moiteur que tu sembles apporter du ciel; mais cette moiteur s'évaporera au radieux soleil de l'adolescence, l'innocence fera place à la pudeur, et la faiblesse à la plénitude de la vie. Alors tu ne seras plus aimable sans le savoir, ni sans le vouloir. Ecoute-moi donc bien.

Si tu es pourvue de quelques attraits, tu t'en exagéreras encore la puissance. Alors malheur à toi! Tu verras voltiger autour de ta jeunesse, non les cœurs, mais les passions; tu seras entourée de gens qui jureront qu'ils ne veulent que ton bonheur, et qui, au fond, ne voudront qu'être heureux à tes dépens. Ton miroir t'éblouira, et, dans ton aveuglement, tu croiras à leurs mensonges. Puis, avant même que ton étoile pâlisse, viendront les soupirs; tu gémiras, et tu ne t'apercevras pas que ton malheur vient de ce que tu as pris *l'ombre pour le corps.*

Si tu as reçu en partage le don plus rare de l'esprit, tu te tendras des piéges à toi-même; l'irrésistible besoin de briller et d'être admirée t'enlacera d'inextricables filets. Séduite par cet autre miroir que te présentera la vanité, et où ton esprit abusé se contemplera avec délices, tu te persuaderas avoir enfin trouvé le bonheur, alors même que tes prétendus triomphes auront secrètement ameuté contre toi l'envie, la méchanceté et la haine. Pauvre Mariette! On peut, vois-tu, avoir de l'esprit et être aimable, et alors on est bien aimable! Mais c'est à la condition de confire l'esprit qu'on a, dans un suave mélange de bonté et de modestie, qui lui ôte son âpreté.

Etre aimable, ce n'est pas être belle, ce n'est pas être spirituelle; c'est être bonne. On peut être aimable sans esprit et sans beauté; *c'est le cœur qui fait tout,* comme dit le plus aimable et le plus aimé de nos poètes. Veux-tu être, à ton tour, aimable et aimée, fais-toi si bonne, si bonne, qu'il n'y ait rien de si bon que toi sur la terre; fais-toi bonne comme le bon Dieu, qui est la bonté même.

Il y a par le monde une amabilité de bon ton, qui prodigue les protestations, les attentions, les caresses; on s'y tromperait. Mais, hélas! mon enfant, quand tu y regarderas de près, tu verras que c'est une autre façon de s'aimer soi-même, et par conséquent un assez pauvre moyen de se faire aimer des autres. Personne n'en est la dupe: notre sensibilité sur ce point est d'une effrayante perspicacité. Il faut être ce qu'on veut paraître.

Il faut, pour être vraiment et réellement aimable, avoir au fond de son cœur, profondément enraciné, cet amour désintéressé, cet amour pur et saint, que le chétien dans sa belle langue appelle *la charité*. Sans la charité (j'espère, ma fille, que tu le sauras bien un jour), l'amabilité la plus vantée n'est qu'un adroit déguisement de l'égoïsme, un art de plaire à son profit, plus ou moins raffiné, plus ou moins fardé, mais entaché toujours du vice de son origine. Le monde se tourne et se retourne vainement pour tâcher d'être aimable, il prodigue les sourires, les mots charmants, les affectueuses politesses, les adroites séductions du savoir-vivre, les plus délicates inventions de la plus exquise urbanité ; il n'égalera jamais, avec toute sa science, la gracieuse ingénuité de la moindre novice de couvent.

Tu ouvres tes grands yeux, Mariette, et tu as peine ici à en croire mes cheveux blancs? mais lorsque, après avoir promené autour de toi un regard attentif, tu te seras demandé quels sont, après tout, ceux avec qui tu aimerais le mieux passer ta vie, tu trouveras au fond de ton cœur que ce sont ces âmes détachées d'elles-mêmes, négligentes de leurs droits, oublieuses de leurs intérêts et de leurs plaisirs, dont l'existence, toute pétrie de dévouement et de sacrifice, est une longue immolation des exigences égoïstes de la nature. Tu trouveras que l'homme aimable par excellence, c'est le parfait chétien. Le monde, pour échapper aux conséquences d'une si incontestable vérité, et pour se ménager la liberté de vivre, avec une apparence de raison, dans sa douloureuse atmosphère de vanités trompeuses et trompées, déclame contre la sévérité du christianisme, et l'accuse de tristesse, de raideur et d'ennui. Ce pauvre monde, qui passe pour être bien gai, ne connaît pas le mot charmant du Grand-Apôtre : *Je me fais tout à tous ;* mot divin dont la mise en pratique suffirait elle seule à douer un homme de la plus ravissante amabilité. Il ne connaît pas davantage, et pour cause, cet autre mot du bon saint François de Sales : *Ne rien demander, ne rien refuser,* lui qui demande toujours, et refuse si souvent ! Il ne sait pas, ce monde insensé, qui accuse, qui s'excuse, qui se plaint sans cesse, tout ce qu'il y a d'aimable à ne jamais se plaindre, à ne jamais accuser, à ne jamais s'excuser. Il ne soupçonne pas, lui qui se traîne lourdement à travers la vie, le regard sans cesse fixé vers la terre, tout ce qu'il y a d'ineffable grâce, de céleste amabilité dans une âme généreuse qui, peu soucieuse du temps, aspire à l'éternelle félicité, et dédaigne en souriant les courtes joies d'ici-bas. Il croit que le chrétien est triste, il juge des autres par lui-même ; s'il pouvait goûter la millième partie des joies que Dieu verse dans une âme qui s'est donnée toute à lui, le monde cesserait d'être le monde, *la figure du monde passerait,* comme dit l'Ecriture, il n'y aurait bientôt plus sur la terre que des chrétiens, que des heureux : la terre serait le paradis.

Oui, la terre serait le paradis, Mariette, et tu te créeras pour toi-même et pour ceux qui vivront avec toi, un petit paradis terrestre, si tu affranchis ton cœur du rude esclavage des convoitises humaines pour lui conquérir la sainte liberté des enfants de Dieu. Alors, tu ne seras pas seulement une femme heureuse parce que tu seras vertueuse, tu seras une femme souverainement aimable. Et, remarque-le bien, il ne suffirait pas d'être vertueuse ; qu'est-ce qu'une vertu qui n'est pas aimable ? Une vertu qui s'impose, une vertu qui gronde, une vertu qui condamne, est-ce bien une vertu ?

Il ne l'entendait pas ainsi Celui qui disait de sa bouche adorable à la femme adultère : *Ils ne vous ont pas condamnée, moi non plus je ne vous condamnerai pas; allez et ne péchez plus.* Ni Celui qui disait d'une autre grande pécheresse pleurant à ses pieds : *Il lui sera beaucoup pardonné parce qu'elle a beaucoup aimé.* Ni Celui qui, étant la vertu et la sainteté même, prit sur lui l'effroyable fardeau de nos crimes, et, sur le point de payer pour tous, disait dans les épanchements suprêmes du plus sublime attachement : *On ne peut pas aimer plus ses amis que de donner sa vie pour eux.* Aussi est-ce à cette divine école qu'il faut aller prendre des leçons d'amabilité.

La fulgurante majesté du Dieu du Sinaï n'avait inspiré aux hommes que la crainte ; voulant leur inspirer l'amour, le Verbe éternel se fit homme comme eux, il se fit petit enfant comme toi, Mariette, faible et souffrant comme toi, et plus pauvre que tu ne seras jamais. Et de ce jour béni, une immense révolution s'accomplit dans le monde : la force résida dans la faiblesse, l'amour triompha de la mort elle-même, un vil instrument de supplice surmonta la couronne des rois. De ce jour aussi commença le règne de l'amabilité : elle régna au ciel et sur la terre. Dieu fut un père, les hommes furent des frères, les triomphateurs furent des martyrs, les pauvres furent les grands amis de Dieu : *La face de la terre était renouvelée.*

Pauvre petite, remercie le bon Dieu, des mains de qui tu es venue un jour dans les nôtres, de ce qu'il t'a fait naître en l'an de grâce 1853, sous l'empire de cette loi sainte dont le premier et le dernier commandement c'est d'AIMER. Dès que tu le pourras, croise tes petits bras sur ton cœur enfantin, bégaie ta première prière, et commence ainsi la pieuse carrière dont le terme est l'éternelle et ineffable félicité. A mesure que tu avanceras dans cette voie sûre et parfaite, ta jeune âme s'embellira de la beauté des anges, tu deviendras aimable autant que peut l'être une créature, et tu le seras d'autant plus que tu croiras l'être moins.

FAIVRE.

IMAGES ET LÉGENDES DORÉES.

SAINTE DOROTHÉE.

La foule des païens, joyeux, vers les bourreaux
    Conduisait Dorothée ;
Elle, dans ses habits de fête les plus beaux,
    S'avançait, garottée.

« Chrétienne, disait-on, pleurez donc maintenant,
    Car la mort vous convie ! »
Mais elle, en souriant, dit : « Je sors du néant,
    Et je marche à la vie. »

« Chrétienne, disait-on, pleurez, pleurez sur vous ;
    Hélas ! la vie est-elle,
Vierge, ce long sommeil, sans amour, sans époux,
    Dans la tombe éternelle ? »

Mais elle répondit : « Mon époux, jeune et beau,
    C'est vers lui qu'on m'envoie ;

Notre amour n'aura point le sommeil du tombeau,
    Mais le ciel et sa joie. »

« O les brillantes fleurs, les fruits dorés et doux,
    La fête parfumée,
En ce lieu de lumière où viendra mon époux
    Me nommer bien-aimée ! »

Mais un jeune homme alors, de ces païens railleurs,
    Lui dit : « Il est des choses
Que nous cherchons en vain, soit ici, soit ailleurs :
    De beaux fruits et des roses.

» Nous sommes en hiver, et puisque vous aurez
    Bientôt tant de merveilles,
Envoyez-nous aussi de ces beaux fruits dorés,
    Et de ces fleurs vermeilles. »

Et tandis qu'il parlait, elle levait les yeux,
    Paraissant alors dire :
« Mon Dieu, pardonnez-leur » ; et regardait les cieux
    Avec un doux sourire.

Les païens la suivaient : le pauvre et le seigneur.
    Mais elle était sereine ;
Elle semblait les voir comme escorte d'honneur,
    Et marchait comme en reine.

Et la mort fut pour elle un baiser ravissant
    De celui qu'elle adore,
Et sa tête tranchée et pâle, dans le sang
    Parut sourire encore.

Quand le peuple païen, célébrant les faux dieux,
    Retourna vers la ville,

Le jeune homme moqueur avait des pleurs aux yeux,
   Et c'était Théophile.

Et comme il s'éloignait, déplorant gravement
   Sa raillerie amère,
Un enfant vint à lui dans un blanc vêtement,
   Tout couvert de lumière.

Il portait dans ses mains des fruits dorés et doux,
   Et des roses brillantes,
Et Théophile alors, tombant à deux genoux,
   Leva ses mains tremblantes,

S'écriant aux païens, empressés d'accourir :
   « O merveilleuses choses !
C'est elle qui m'envoie, elle, qu'on vit mourir,
   De beaux fruits et des roses ! »

L'ENFANT JÉSUS ET SES PETITS OISEAUX.

En la saison nouvelle où fleurit l'aubépine,
Jésus encor petit, plein de beauté divine,
Et dont les cheveux d'or répandaient des rayons,
Etait un jour aux champs avec ses compagnons
Qui l'entouraient heureux et le nommaient leur maître.
L'enfant Jésus avait alors dix ans peut-être.
Comme ils avaient trouvé de l'argile en chemin,

Le beau fils de Marie en formait dans sa main,
Pour jouer, des oiseaux, de jeunes tourterelles,
Qui semblaient, à les voir, tout-à-fait naturelles.
Les enfants les mettaient parmi l'herbe du champ
Et s'en réjouissaient. Or, un vieux juif méchant
Passa, bâton au poing et traînant la sandale ;
Du plus loin qu'il les vit, il s'écria : « Scandale ! »
Puis menaçant Jésus, disant que ces travaux,
Dans le jour du sabbat, offensaient les dévots,
Il vint pour leur briser leurs pauvres tourterelles
De terre ; et son bâton était levé sur elles,
Et déjà les enfants les voyaient en morceaux.
Jésus frappa des mains, et voilà les oiseaux,
Qui partent dans les airs, et prennent leur volée,
Avec des cris joyeux, comme une troupe ailée.

Puis Jésus souriant au juif intimidé :
« Qui de nous eut raison ? vois, Dieu l'a décidé. »

SUR LE TOIT DE SAINT JOSEPH.

Au temps où tout s'égaie et chante en la nature,
Il avint que l'enfant Jésus, par aventure,
Sur le toît de Joseph (n'ayant pointe ou pignon,
Mais plat), jouait un jour avec maint compagnon.
Le ciel était si clair qu'on eut pu voir les anges

Dans leurs vêtements d'or y chanter les louanges.
Petit, il surpassait en savoir les plus grands.
Il prit donc en ses doigts quelque légère plume,
Brillante, au bord du toît, comme un flocon d'écume,
La fit voir aux enfants qui l'écoutaient joyeux,
Et leur dit : « Ainsi l'âme un jour s'envole aux cieux ; »
Il souffla. Cette plume alors s'éleva, blanche,
Dans l'air bleu ; tout-à-coup l'un des enfants se penche
Au bord du toît, disant : « Ainsi le démon noir
» Veut s'en saisir » ; il tend les mains pour la ravoir,
Il tombe. Alors la foule, aussitôt accourue,
Voyant ce garçon mort, fit grand bruit dans la rue ;
Et quand Jésus parut ce furent de hauts cris
Contre lui. Ses amis tout tremblants et surpris
Eux-mêmes l'accusaient ; la mère, défaillante,
Montrant le jeune fils et sa tête sanglante
Gémissait ; les vieillards étaient pleins de courroux,
Et les femmes pleuraient. Les parents, à genoux,
Criaient justice au ciel. « La justice céleste
» Ne vous manquera point, dit Jésus. Seul, je reste
» Sans nul qui me défende et pourtant innocent. »
Lors s'adressant au mort et vers lui se baissant :
« Mon compagnon, dit-il, entends-moi, je te prie.
» Sois mon témoin : dis-leur si le fils de Marie
» Fit le mal ? » Et l'enfant, qu'il saisit par la main,
Se relevant joyeux, loua Jésus ! Amen.

CHARLES FOURNEL.

DES PEINTURES D'HOMÈRE.

(FRAGMENT.)

Quel peintre fut aussi habile qu'Homère à reproduire les formes, les couleurs et la vie de la nature?

Il ne faut pas venir en Grèce pour soupçonner la raison de cette supériorité; mais, pour apprécier tout ce que valent ces inimitables peintures, pour savoir parfaitement d'où vient qu'elles sont si belles, une heureuse fortune nous a donné un avantage immense, à nous qui les avons comparées de nos yeux avec la réalité qu'elles reproduisent.

Jusqu'à ce jour, non-seulement nous avions lu Homère sous un ciel qui n'est pas le ciel dont il a parlé, mais peut-être encore étions-nous trop indifférents à ce spectacle. Recueillis en nous-mêmes ou tout entiers à l'action, les habitudes de relations sociales plus compliquées ne laissent à notre vie aucune analogie apparente, aucun lien saisissable avec la vie des animaux et les phénomènes de la nature. Entre ces deux mondes, c'est beaucoup de saisir des rapports moraux comme les allégories de Lafontaine et les allusions de Buffon, ou des harmonies indécises comme en rêve Bernardin de Saint-Pierre.

Les comparaisons directes se présentent donc à l'esprit plus rarement ; elles semblent moins naturelles ; ce sont des ornements que l'on prodigue encore pour ne laisser à Homère aucun genre de prééminence, ou égayer par quelques images la sécheresse du récit ; mais on y sent l'apprêt et aucun art ne peut rajeunir ces beautés d'emprunt qui, en passant par trop de mains, ont perdu toute leur fraîcheur.

Homère ne décrit guère que lorsqu'il compare ; ne trouvant plus entre l'image et l'action les rapports qui le frappaient, nous avons dû mettre à côté l'un de l'autre, comme deux éléments isolés de l'intérêt, la description et le récit. Mais nos descriptions mêmes sont inexactes. Car, depuis que nous ne nous cherchons plus dans la nature, nous ne la voyons plus aussi bien. Combien de poètes ne l'ont jamais regardée ! S'ils ont besoin par aventure qu'elle leur fournisse, comme aux peintres d'histoire, un fond de scène, il faudra qu'ils prennent à leur tour dans le champ banal, la mer, le ciel et la tempête de tout le monde, ou, s'ils franchissent la terrasse et le seuil du parc, sans aucun modèle à copier, comme ils vont assortir des couleurs disparates, confondre les heures du jour et les saisons de l'année ! Rousseau voulait que son élève pût, d'après la hauteur du soleil, retrouver sa route : cela suffit à l'originalité d'Emile, s'il est appelé à vivre dans l'enceinte fermée d'une de nos villes.

Lorsqu'ils ne voient plus dans la comparaison qu'un contresens et dans la description qu'un hors-d'œuvre, il est juste que les plus fermes esprits ne laissent pas à la nature dans le tableau qu'ils nous font de la vie, plus de place qu'elle n'en a gardé dans la vie elle-même. Dans le drame des anciens, à côté des péripéties les plus pathétiques de Sophocle et jusqu'au milieu des plus cyniques plaisanteries d'Aristophane, elle ne se laissait guère oublier; on l'entrevoyait, derrière les personnages, dans les plaintes des mourants comme dans les chants du chœur. Notre théâtre ne veut que des sentiments et des actions. Un trait emprunté à la nature nous ferait sortir de son domaine. Corneille n'est plus un peintre : c'est un orateur et un moraliste.

Pour oublier ces traditions de la littérature qui nous est la plus familière, ce n'est pas trop de perdre quelque temps de vue l'horizon du pays natal, ces villes closes, ce pâle soleil. Nous apprendrons de l'Orient ce que doivent à la nature les poésies primitives, surtout celle de la Bible et d'Homère. Là, rien n'a pu briser les liens qui l'unissaient à l'homme. L'activité sociale elle-même ne se substituera jamais complétement aux béatitudes de la contemplation. Il est impossible que les regards ne rencontrent pas toujours le monde extérieur. Si grande que soit une ville, il n'arrive guères que d'incommodes barrières lui dérobent l'imposant spectacle de l'orage qui s'amasse sur les montagnes, de la tempête qui gronde ou du ciel serein qui brille sur la mer. Tout le monde reconnaît chaque saison à ses fleurs et à ses fruits : les anémones précèdent les feuilles, l'orge tombe en même temps que les fleurs du laurier, les premières figues avec celles du myrte, et l'asphodèle s'ouvre, comme la grappe mûrit, vers les Lénéennes.

C'est sur le soleil que tous les yeux sont fixés : il mesure les occupations du jour comme les mois de l'année; la lune est attendue comme une bienfaitrice qui donne à la nuit une clarté aussi aimable que les lueurs de l'aube; on sait quelles sont les étoiles les plus belles (Iliade, XXII, 318) et les plus brillantes (V, 5), celles qui se couchent tard (Od., V, 272), s'il en est qui ne se baignent pas dans les flots de l'Océan

(Il., XVIII, 489 ; Od., V, 275), quand les constellations déclinent, et quand la voie lactée blanchit le ciel.

Mais surtout comme les yeux s'accoutument vite à aimer cette lumière limpide, qui est l'auréole de la nature, le charme de la vie, la vie elle-même ! On a besoin de la voir autant que de respirer l'air. Elle est sacrée (Il., VIII, 66 ; XI, 722), c'est la joie ; c'est le salut qui succède aux dangers du combat (XVII, 65) et de la tempête ; c'est le fils qu'on retrouve après avoir pleuré sa perte (Od., XVI, 23 ; XVII, 41).

On commence par admirer la création dans ses splendeurs ; bientôt on s'accoutume à l'observer, à l'aimer aussi dans les moindres choses, et le dédain qu'on avait pour quelques-unes s'efface avec les préjugés qui en étaient la source. On se rappelle les comparaisons d'Homère, les plus simples, les plus basses, celles qu'on trouvait fausses et n'osait traduire. On voit les animaux domestiques user paisiblement des mêmes droits que dans cette complaisante république dont parlait Platon (Républ., VIII) : qu'il est aisé de s'expliquer comment les héros dans l'*Iliade* et même les dieux sur l'Olympe se reprochaient l'impudente audace du chien ! Et vraiment, on peut, sans manquer d'égards ni à la royauté du lion, ni à l'honneur du vaillant Ajax, comparer leur opiniâtreté à celle de l'âne (Il., XI, 558). Tous les traducteurs reculent, ils songent au baudet que Lafontaine envoie au moulin, l'oreille basse ; l'âne d'Ionie a des allures altières ; il est noble comme le cheval ; le ciel a parlé par sa bouche comme par celle du coursier d'Achille ; et Jacob veut aussi donner l'idée d'un héros quand il compare à un âne vigoureux son fils Issachar.

Lorsqu'on vit en face de la nature, préoccupé d'elle seule, on remonte bientôt au-delà des fausses délicatesses du langage ; on découvre quelque chose d'élevé, de saisissant dans les plus humbles phénomènes ; pour nous, comme pour l'épopée antique, il n'y a plus rien qui soit petit, qui soit vulgaire; le mourant sera la fleur qui penche sa tête (VIII, 306) tout aussi bien que le pin que la cognée abat sur la montagne; l'ardeur opiniâtre des combattants fera penser non-seulement aux lions courroucés, aux chiens intrépides, mais aux mouches (XVIII, 570) qu'attire le lait nouveau (II, 469; XVI, 641), aux abeilles qui défendent leur ruche (XII, 167) attaquée par des enfants (XVI, 259). Nommons jusqu'au ver (XIII, 654), jusqu'à l'araignée (Od., VIII, 280); quelle image que celle de ces ombres effrayées, pareilles aux chauves-souris qui volent en tremblant dans les ténèbres d'une grotte et, parce que la frayeur les tient serrées l'une contre l'autre, suivent toutes dans sa chute la première qui tombe (XXIV, 6)!

Dès qu'on s'accoutume à les comparer à la nature de la Grèce, on doit conclure, de l'exactitude des images et des comparaisons qu'il a prodiguées dans ses poèmes, que si Homère a connu Ilion, que s'il a traversé Ithaque, il a surtout et sans cesse vécu au milieu de la nature qu'il nous a peinte. Toutes ses peintures sont des souvenirs. De ses yeux, il a vu plus d'une fois les scènes paisibles de la vie rustique et pastorale, les moutons qui suivent le bélier (Il., XIII, 492), les moissonneurs qui marchent au-devant l'un de l'autre, jonchant de nombreux épis les champs de l'homme riche (XI, 67), et le bûcheron à qui l'heure du soir, lorsqu'il a rassasié ses mains à couper de grands arbres (XI, 86), fait désirer la douce nourriture. Il connaît ces chasses terribles qui ressemblent aux combats des héros, et où les chiens intrépides, sans lâcher pied (XI, 414), poursuivent parmi les broussailles déracinées le sanglier qui aiguise ses dents meurtrières (XIII, 471), et le lion magnanime qui veut mourir ou vaincre (XX, 164). Les hasards de la vie errante lui ont montré tous ces spectacles, presque inconnus aux poètes des villes, la biche qui fuit, haletante et couverte de sueur ; tandis que le lion ôte à ses jeunes faons leur faible vie (XI, 113), la flamme qui dévore la forêt (II, 455 ; XI, 155), le vent qui ébranle les chênes élevés (XII, 132 ; XIV, 398 ; XVI, 765) ; le torrent qui se précipite des flancs de la montagne (IV, 452, XI, 492). La mer surtout lui est familière : azurée (XVI, 34) sous un ciel sans nuages, blanche lorsqu'elle écume (XIII, 799 ; XV, 619), rouge (XVI, 391), violette (Od., V, 56) lorsqu'elle s'agite (Il., XI, 298), noire (VII, 64) comme la nuit, comme le vin (Od., II, 261), comme la poix (Il., IV, 277), lorsque la tempête s'amasse ; il en sait toutes les couleurs ; il en a écouté toutes les voix, le frémissement (I, 34), le murmure (I, 157), les gémissements (Od., XII, 97) et les colères (Il., II, 210 ; IV, 422).

Ces images ont été bien prodiguées, mais au hasard ; ici elles ont gardé leur charme, parce qu'elles se montrent à leur place et parce qu'elles sont vraies. S'il en reste quelques-unes qui nous surprennent encore, c'est qu'il ne suffit pas pour retrouver Homère, de parcourir les pays qu'il a chantés : il faut encore (mais où le pourrait-on plus aisément qu'au milieu des ruines de la Grèce ?) remonter jusqu'au siècle de l'*Iliade*. A cette origine des sociétés et pour représenter la vie, le poète n'a point à pénétrer dans les obscurités de la conscience ; les actions n'ont guère d'autre principe que l'instinct, on songe rarement à les cacher ; cette vie, presque toute extérieure, a des rapports plus naturels avec la vie des animaux. Déjà ils s'effacent peu à peu dans l'*Odyssée*, parce que la conduite d'Ulysse est moins irréfléchie, moins simple et plus purement humaine ; mais les héros de l'*Iliade* sont vraiment des aigles rapides, des sangliers infatigables, des loups sans pitié ; Achille a vraiment le cœur comme il a les mouvements impétueux du lion ; la majesté d'Agamemnon est celle du taureau plein d'orgueil qui marche à la tête du troupeau (II, 480), et

Héré, simple comme un enfant, peut avoir les grands yeux sans expression de la génisse (I, 551).

La Grèce nous apprend combien les peintures de la poésie sont sincères, et c'est assez pour qu'elles nous séduisent ; mais ce souvenir des âges passés nous explique, comme si ce n'était pas assez de plaire, pourquoi elles nous émeuvent.

En face de cette belle nature, nous la contemplons en spectateurs curieux, et l'admiration seule arrache quelquefois notre âme à son indolente sérénité. Les poètes nous avaient ôté d'avance jusqu'au trouble de la surprise. Il n'y a plus là pour nous ni périls, ni mystères qui fassent trembler nos membres et pâlir notre visage (III, 34). Tout au plus avons-nous acheté de quelques-unes de ces nuits sans sommeil où, sur la couche importune, on supplie la divine Aurore de remonter sur son beau trône (Od., VI, 48), le plaisir de dire après avoir beaucoup vu : Je suis allé ici ; j'étais là (Il., XV, 80).

Homère a connu toutes les misères de la vie errante, toutes les exigences de la faim cruelle (Od., XV, 344). Emporté par le vent, à contre-cœur, loin de ses amis, il a, du vaisseau, regardé avec tristesse le feu du berger qui brillait dans la montagne (Il., XIX, 375) ; après le calme, il a vu la mer rougir (XVI, 391), et, les yeux fixés sur les flots muets, il a, comme les matelots, attendu, immobile et plein d'anxiété, que Jupiter choisît parmi les vents sonores celui qui mène au port ou qui en écarte (XIV, 16). Lorsque la vague écumante couvrait le navire tout entier, lorsque le souffle du vent mugissait dans les voiles, il a tressailli en voyant entre la mort et lui si peu de chose (XV, 628).

L'homme de ces temps-là vit en proie à la crainte ; si, en regardant la nature, sa joie va jusqu'au transport, c'est que ses incertitudes vont jusqu'aux plus vives terreurs ; il tremble devant cette puissance mystérieuse, immense, fatale, mère prodigue et marâtre avare, qui donne la vie et la mort. Il faut exposer ses jours pour lui dérober chacun de ses secrets. Tout dépend d'elle. En pleine mer, la tempête brise les navires aux parois solides ; sur le rivage, l'air et la forêt sont peuplés de monstres (Od., V, 473) ; les lions qu'imaginent les sculpteurs du siècle de Périclès, il est aisé de reconnaître qu'Homère les avait sous les yeux lorsqu'il les peignit. Tout le fruit des pénibles travaux de l'homme, le pont jeté sur les rochers, la digue qui défend les plaines verdoyantes, ces beaux ouvrages (Il., V, 92), ces riches moissons, un caprice du torrent les emporte ; et, si la neige malfaisante est envoyée par Jupiter irrité, la mer, la mer inféconde, la repousse, et les plaines fertiles lui sont livrées en proie (XII, 284).

Homère assistait à ce combat. Il a combattu et souffert comme les autres. C'est le souvenir qui anime ces peintures. Lorsqu'Achille tient tête au fleuve et qu'Ulysse résiste à la tempête, le fleuve et la mer sont des êtres vivants comme les héros. Si la victoire est sublime, c'est que, des deux côtés, la lutte est volontaire, acharnée. Et, pour en revenir aux peintures du poëte, c'est leur moindre mérite d'être vraies ; elles pourraient l'être et ne point nous toucher ; d'autres le sont aussi ; mais, dans les peintures d'Homère, le paysage a un rôle dans l'action, et la nature elle-même est pathétique.

Corfou, juin 1853.

E. Gandar.

DE L'ÉCOLE DE METZ.

Union des Arts, Août 1852.

.... Si la réunion dans une ville d'un certain nombre d'artistes distingués suffisait pour constituer une école, Metz aurait à l'honneur d'en posséder une des titres d'autant plus sérieux que c'est dans un court intervalle de vingt-sept années qu'elle a vu paraître, sans parler d'un sculpteur et d'un architecte, dix peintres arrivés à une réputation durable, et, dans ce nombre, deux hommes d'un talent supérieur dont le nom est connu partout, M. Maréchal et M. Aimé de Lemud.

Mais le nombre des artistes et leur mérite même ne suffit pas ; il faut encore, il faut surtout que dans ce qu'ils font, quelles que soient d'ailleurs leurs qualités individuelles, on trouve quelque trait caractéristique qui, en même temps, les distingue des artistes de toute autre école, et leur donne entre eux un certain air de famille ; en d'autres termes, il faut qu'ils se rattachent, de près ou de loin, à une tradition locale, dont on reconnaisse le point de départ soit dans l'initiative d'un maître original, soit dans la physionomie même du pays natal, dont l'histoire, les mœurs, l'horizon, le ciel se reflètent dans le tour d'esprit de ses enfants et dans le style de leurs ouvrages.

Ce cachet qui distingue les artistes de chaque école, peut

tenir à une préférence commune pour certaines idées familières, ou pour un style (ceux-là cherchent la noblesse et ceux-ci la naïveté), ou pour une forme de l'expression (les uns s'attachent aux lignes, les autres à la couleur et à des harmonies de couleurs particulières), ou plus simplement encore pour un procédé. Comme un accent de province et un goût de terroir, ce cachet peut n'être pas toujours un signe de supériorité.

Si maintenant nous jetons un coup-d'œil rapide sur l'exposition[1], nous n'hésiterons pas à reconnaître qu'il y a des procédés, des genres, des styles où Metz s'est essayée sans s'y faire une place à part, et plusieurs artistes, même parmi ceux qui nous font le plus d'honneur, dont le talent s'est dérobé presque entièrement à l'influence prédominante. Ainsi, M. Hussenot, dans le portrait, M. Devilly, dans la peinture épisodique, MM. Mennessier et Malardot, dans le paysage, doivent leur originalité plutôt à leur valeur personnelle qu'à des traditions locales et au caractère de notre pays ; Metz les a si peu faits ce qu'ils sont, que chacun d'eux y paraît plus isolé dans sa manière qu'il ne le serait peut-être à Paris.

Sous le rapport des procédés, le premier fait qui frappe tout le monde, c'est que la peinture à l'huile, bien qu'elle ait produit quelques ouvrages d'un ordre élevé, comme la tête d'étude et les *Moissonneurs* de M. Maréchal, le portrait de M. Migette, par M. Hussenot, le *Prisonnier* de M. de Lemud, la *Bataille de Ras-Salah*, de M. Devilly, quelques paysages de M. Mennessier et de M. Michel, y paraît cependant effacée. On ne saurait dire non plus que l'aquarelle et la gravure à l'eau forte, où M. Pelletier et M. Malardot sont devenus si habiles, aient pris sous leurs mains un caractère entièrement

---

[1] L'Exposition rétrospective ouverte au mois de juin 1852.

nouveau. Mais si les peintres de Metz ont réussi sans éclat dans le genre de peinture qu'on cultive à Paris d'une manière presque exclusive, ils ont su réhabiliter, non-seulement par le mérite de leurs ouvrages, mais par les ressources nouvelles dont ils les ont dotées, deux façons de peindre qu'à tort ou à raison notre époque estimait secondaires, le pastel et la peinture sur verre. C'est à M. Maréchal qu'en revient l'honneur.

C'est lui qui a donné au pastel cette puissance d'expression, voisine de la peinture à l'huile, que les meilleurs ouvrages du dix-huitième siècle faisaient à peine entrevoir. C'est lui qui a prouvé que le pastel, condamné sur parole à une sorte de coquetterie efféminée, pouvait atteindre à la vigueur, à l'éclat, à l'expression des sentiments élevés, à l'interprétation poétique de la nature, toutes choses qui ont été démontrées sans réplique au Louvre par les *Sœurs de misère*, l'*Architecte* et les paysages de M. Rolland. On a même pu trouver que le pastel, auquel il n'est guère plus difficile d'éviter la mollesse qu'à l'huile d'éviter la sécheresse et la dureté, était singulièrement propre à rendre non-seulement la grâce fugitive du sourire, ce que Latour avait su faire, mais la vie des chairs, les riches couleurs des fleurs, la transparence des eaux, et surtout la finesse vaporeuse d'un ciel voilé comme le nôtre. C'est pourquoi l'exemple de M. Maréchal a eu tant d'imitateurs. Mais derrière lui, ce sont des peintres de Metz, M. Rolland, Mlle Mélanie Paigné, Mlle Bernard, Mme Sturel, qui ont gardé, dans la peinture de paysage, de portrait et de fleurs au pastel, le premier rang.

C'est encore grâce à M. Maréchal que, depuis treize ans, Metz doit à la peinture sur verre comme au pastel une suprématie qu'on ne songe plus à contester depuis qu'on a vu à Paris les évêques de Notre-Dame, et à Londres les *Pestiférés de Milan*. En son genre, le *Bourgmestre* est, comme l'*Architecte*, comme le *Village lorrain*, une nouveauté, et jamais on n'avait su au même degré donner à la peinture sur verre les tons rompus et toutes les délicatesses de la peinture de chevalet. Aussi n'a-t-on guère compris que le jury de Londres, tout en proclamant dans leur spécialité la supériorité des verrières sorties des ateliers de MM. Maréchal et Gugnon, pût contester à l'artiste le mérite de l'invention. Il y avait bien là quelque chose de tout-à-fait neuf que M. Maréchal a créé comme il a créé la peinture d'histoire et la peinture de paysage au pastel.

Joignons au pastel et à la peinture sur verre, la peinture en feuilles de M. Hussenot, destinée peut-être à modifier en quelque chose le caractère de la peinture monumentale, la lithographie transformée depuis *Maître Wolframb*, et enfin la gravure, dont M. de Lemud change le rôle en attendant qu'il en change même les moyens d'exécution.

Il est plus délicat de déterminer en quoi consiste, sous le rapport du style, l'originalité de la peinture messine. Nous croyons cependant ne pas nous tromper en lui assignant deux caractères auxquels on reconnaîtra les œuvres qui portent un cachet d'école.

Lorsque l'*Architecte* fut exposé à Paris, lorsque *Wolframb* y fut publié, on se rappelle que l'un et l'autre furent accueillis comme des œuvres originales. On n'avait vu en effet cette nuance de sentiment ni dans les peintures des anciennes écoles, ni dans celles de nos peintres idéalistes, les Ingres, les Ary Scheffer, les Owerbeck. Ce caractère de beauté simple et de poésie sereine se retrouve dans un petit nombre d'œuvres de choix, le *Tueur de corbeaux*, les études faites pour la verrière de *Sainte-Catherine*, le *Prisonnier*, le *Christ sous sa croix* et les *Étoiles qui filent* du Béranger illustré, quelques petites têtes de Mlle Bernard. Ajoutons-y, malgré des différences très-sensibles, parce qu'ils ont la même noblesse, les dessins de M. Raphaël Maréchal, dont la musique a quelquefois aussi ce parfum, et les dernières fleurs de Mme Sturel. Ce style, délicat et poétique, dont la nuance nous appartient, aura trouvé son expression suprême dans deux chefs-d'œuvre dignes des écoles les plus illustres, les *Évêques de Paris* de M. Maréchal et le *Galilée* de M. de Lemud.

D'autre part, il y a des œuvres moins nobles, mais pleines de charme dans leur simplicité, qui sont inspirées, non plus d'une façon particulière de sentir l'idéale beauté, mais d'une façon toute sincère d'étudier les beautés de la nature. Celles-là sont plus messines encore que les autres : leur originalité ne tient pas à la haute inspiration de quelques âmes d'élite; elle tient à l'aspect du pays que nous habitons. C'est notre pays qui les a faites; en aucun autre lieu du monde, elles n'auraient pu l'être ainsi. A nos chroniques, la peinture doit les *Cordeliers* de M. Maréchal et l'œuvre entière de M. Migette. A nos types et à nos mœurs, sans parler de ces Bohémiens que M. Maréchal et M. Desvignes ont poursuivis dans les forêts de Bitche, elle doit les *Moissonneurs* et une vingtaine d'excellents portraits où revivra en partie, pris sur le fait, l'esprit de nos générations. Enfin notre nature elle-même, qui semblait n'avoir jamais été comprise, a trouvé des interprètes sincères de sa poétique naïveté. Les *Moissonneurs* sont comme une date dans cette courte histoire. Ils apprirent à nos peintres à peindre ce qu'ils avaient sous les yeux. Dès ce moment, M. Rolland qui demandait des sujets à sa fantaisie, à la Suisse, aux Pyrénées, ne peignit plus que ses bois et ses prairies, le *Village lorrain*, les *Cochons sur une lisière*, les *Bords de la Nied*, les *Mares de Breuil*, les *Roseaux de Bouligny*, et de ce jour date sa manière la plus vigoureuse et la plus vraie.

On peut espérer que M. Rolland continuera longtemps encore à peindre ainsi, et que M. Maréchal lui-même, résumant dans une ou deux pages plus complètes la poésie de ses ravissantes études, grandira au moins son *Bac de Moulins,* ou ses *Vaches sur le Saint-Quentin.* Mais il appartient à deux jeunes artistes qui semblent vouloir puiser leurs inspirations à la même source, de continuer cette tradition toute messine. La sincérité des premières études de M. Émile Michel et de M. Octave Faivre fait espérer que la voie ouverte par les *Moissonneurs* et le *Village lorrain* ne sera pas désertée. Alors notre Moselle se plaindra moins d'Ausone qui l'a si mal chantée et de l'Italie qui lui a dérobé Claude.

Et maintenant que, sous l'influence d'un artiste digne d'être placé parmi les maîtres les plus originaux de notre époque, Metz s'est transformée en vingt-cinq ans ; qu'elle a renouvelé les destinées de la peinture sur verre, du pastel, de la lithographie et peut-être modifié celles de la gravure ; qu'à côté de quelques œuvres importantes peintes dans un style original et élevé, elle a consacré le talent de ses artistes les plus sérieux à interpréter d'une façon toute naïve et par conséquent nouvelle, son histoire et surtout sa nature, peut-on dire qu'elle a fondé une école ? C'est une question qu'il ne nous sied pas de décider. Mais si, pour un tel honneur, il n'est pas besoin qu'une ville s'érige en rivale de Séville et d'Anvers, si Lanzi a pu compter jusqu'à quatorze écoles en Italie, si la critique n'a pas mis trop de complaisance à parler au seizième siècle des écoles de Troyes et de Toulouse et récemment encore de l'école de Lyon, nos amis auraient plus d'une excuse si par mégarde on les reprenait à parler de l'école de Metz.

E. Gandar.

ÉTUDE SUR LA SENSATION MUSICALE

ET SUR

LES INFLUENCES GÉNÉRALES QUI PEUVENT LA MODIFIER.

FRAGMENT [1].

Notre but n'est point, dans ce chapitre, de rechercher les effets que peut déterminer la musique ; nous ne voulons que constater la sensation immédiate, primitive, qui l'accompagne, et indiquer les circonstances générales qui peuvent faire varier la forme et l'intensité de cette perception.

Etablissons donc, d'une manière large, la nature de l'impression musicale ; et, pour que l'esquisse que nous allons tracer soit vraie et puisse être reconnue de tous, voyons la sensation que produit, en France, une bonne musique chez un individu doué d'une organisation qui le rende sensible aux charmes de l'harmonie.

---

[1] Extrait d'un manuscrit intitulé : *De la Musique dans ses Rapports avec la Médecine*. Cet ouvrage, enfoui depuis plusieurs années dans mes cartons, sera livré à l'impression aussitôt que mes occupations m'auront permis d'y mettre la dernière main. *(Note de l'auteur.)*

Un frémissement, d'abord insensible, mais qui s'accroît jusqu'à déterminer des mouvements appréciables, parcourt tout notre être. Un trouble universel s'empare de nous. Bientôt toute sensation étrangère cesse d'être perceptible et la vie de relation paraît s'anéantir ; nos yeux sont largement ouverts, notre bouche est béante, nos oreilles semblent se dresser ; cependant nos yeux ne voient point, notre bouche ne goûte point, nos oreilles, même, entendent à peine les sons qui viennent les frapper ; mais un charme extrême, indéfinissable, nous enveloppe, pénètre en nous par tous les pores et vient, en quelque sorte, imprégner chacune de nos fibres. La respiration est courte, haletante, mais en même temps comprimée par la crainte de perdre la plus légère vibration sonore ; des larmes roulent dans nos yeux, et, parfois, s'échappent en abondance. Enfin, l'agitation des membres devient convulsive, les mains se rapprochent invinciblement et expriment, par de bruyants éclats, l'émotion qui nous captive. Alors, selon le caractère de la musique, notre âme s'exalte pour la gloire, se serre de pitié, se crispe de douleur ou s'épanouit à la joie. Chez quelques personnes d'une exquise sensibilité, une syncope sert parfois de terme à cette série de commotions.

Telle est la sensation musicale décrite dans sa plus grande extension ; mais combien de circonstances peuvent venir la détruire, la modifier ou la pervertir ! Or, comme les effets qu'on est en droit d'attendre de la musique sont dans une complète dépendance du mode de perception primitive, la connaissance de ces modifications nous semble indispensable avant d'aborder l'étude des effets proprement dits.

C'est un fait d'observation bien démontré que la sensation musicale diffère beaucoup chez l'homme de la nature, dont les sens n'ont point encore été éprouvés par de savantes stimulations, et chez l'homme civilisé dont l'esprit, sans cesse tourné vers les moyens de se créer de nouvelles jouissances, ne saisit que celles qui sont appropriées à la délicatesse de ses organes.

De savants accords plairaient peu à des peuples barbares, parce que leurs oreilles incultes ne sauraient apprécier les rapports et les combinaisons des sons ; des accords simples les flattent, au contraire, beaucoup. C'est qu'avec des sens très-parfaits ils manquent de cette attention qui les emploie, de cette réflexion qui déduit les rapports et détermine les proportions. Nos sens ont donc besoin d'une éducation bien dirigée pour comprendre les charmes de l'harmonie ; mais aussi la perfection apportée à ce grand art lui a fait perdre, chez les peuples modernes, son caractère essentiel, son action morale. Les nations civilisées ne recherchent plus la musique que pour les sensations qu'elle donne et non pour ses effets.

Disons aussi, et nous le prouverons en même temps, que les mœurs particulières d'un peuple, la tournure générale de ses idées, apportent encore de nombreuses modifications dans la perception de la musique. Ainsi, un peuple marchand, dont toutes les idées sont spéculatives, est bien moins impressionnable que celui qui s'adonne, par goût, à la culture des arts. Ces idées dominantes ont encore un autre résultat : un peuple guerrier sera peu touché par une musique molle, énervée; un peuple religieux entendra sans émotion une musique guerrière; ni l'une ni l'autre ne charmeront des hommes à sensations purement voluptueuses.

Ouvrons l'histoire, consultons les différents âges des peuples, et ces propositions ressortiront dans toute leur vérité. Les peuples jeunes, à conception vierge, les sauvages, si l'on veut, reçoivent avec une inconcevable énergie les impressions de la musique. Cet art a opéré des prodiges, mais c'est toujours lorsqu'il a porté son action sur des nations à l'état d'enfance; et, cependant alors, la musique simple et grossière comme les hommes auxquels elle s'adressait, ne devait point à *l'art* son action toute puissante; elle la devait à la nouveauté des impressions qu'elle déterminait chez des *sujets neufs,* dont l'esprit ne concevait rien au-delà du beau qu'ils entendaient, parce que rien ne leur révélait qu'il pût aller au-delà. Mais ce n'est point à l'époque si brillante de la splendeur d'Athènes que la musique opérait ces merveilles qui ont, aujourd'hui, soulevé tant d'incrédulités! Quelle sensation causerait, chez nos nations civilisées la lyre, le tétracorde[1] d'Orphée? Cependant, Orphée soulevait les masses, rassemblait les peuples autour de lui, et il usa de l'influence qu'il devait à sa lyre pour donner des lois à la Thrace.

Malgré l'ardent amour des Grecs pour la musique, cet art n'acquit jamais, chez eux, une grande supériorité; c'est que son développement trouvait un invincible obstacle dans les institutions politiques. Les législateurs avaient habilement calculé les effets qu'ils pouvaient en attendre, et, pour les borner dans de justes limites, ils avaient aussi borné l'emploi des sons; la musique resta stationnaire, placée qu'elle était au nombre des institutions sociales auxquelles il était expressément défendu de toucher. Thimothée fut condamné à l'amende par les Spartiates pour avoir ajouté une corde à la lyre. La publication d'un hymne, ou même d'une chanson, était soumise à la censure des juges.

---

[1] Le chant et la déclamation de toutes les hymnes et poésies d'Orphée furent composés dans les bornes étroites d'un système de quatre cordes, ou si l'on veut de quatre tons, vulgairement appelés *tétracordes.*
(KALKBRENNER, *Histoire de la Musique*, tom. 1, p. 65.)

Les musiciens se trouvaient donc pressés entre deux nécessités contraires : d'une part, celle d'obéir à la volonté législative ; de l'autre, celle d'imprimer à leur art ce mouvement passionnel si nécessaire pour qu'il pût conserver quelqu'empire. Aussi, plusieurs bravèrent-ils la rigueur des lois, et les Grecs, affranchis du tétracorde, introduisirent des sons étrangers et comptèrent bientôt un nombre plus considérable d'instruments à cordes. Mais ces efforts, bornés à quelques hommes, ne purent se généraliser, et la consécration du système d'Orphée resta toujours le seul degré légal auquel pouvait s'élever la musique : « De là vient, dit Kalkbrenner, que les
» Grecs n'ont jamais connu ce que nous appelons une bonne
» musique, et que cet art n'a jamais eu chez eux ni le ca-
» ractère, ni le genre d'exécution, ni la qualité, ni les effets
» de la musique des siècles modernes. »

On ne saurait dire que les peuples de la Grèce eussent eu quelqu'ordre d'idées dominant ; également passionnés pour la gloire militaire et pour les beaux-arts, trouvant dans leur culte multiple des consécrations pour toutes les passions et pour tous les goûts, plongés par cela même dans toutes les jouissances matérielles, la musique, chez eux, a dû se ressentir de la variabilité des impressions ; elle n'a pu prendre ni conserver un caractère original, puisqu'elle devait tour à tour se plier à toutes les exigences de la diversité de leurs passions.

Quoiqu'il en soit, la musique est parvenue à conserver de la puissance chez ces peuples, parce qu'elle a marché, bien qu'à pas lents, dans la même voie que les mœurs publiques ; et alors même que la Grèce avait perdu la fraîcheur d'idées qui caractérise un peuple à son état primitif, alors même qu'elle était arrivée à l'apogée de sa civilisation, la musique déterminait encore des sensations que tout l'art des modernes chercherait en vain à provoquer ; cependant, elle avait, dès-lors, beaucoup perdu de son pouvoir. Gardons-nous de croire, néanmoins, que l'état moral de la Grèce ait fait tout dans l'influence que la musique conserva toujours sur ce pays ; bientôt d'autres circonstances vont encore nous rendre raison de ce fait remarquable.

La première législation romaine arrêta l'essor des sensations musicales ; une loi de Romulus défendait de s'occuper d'autre chose que de guerre ou d'agriculture. Aussi les Romains, en général, s'appliquèrent-ils peu à l'étude de la musique ; ils abandonnaient l'exercice des sciences et des beaux-arts à leurs esclaves et aux étrangers qui venaient se fixer au milieu d'eux, parce qu'ils n'en appréciaient point l'utilité. Nous trouvons donc ici Rome naissante en opposition avec la plupart des peuples au berceau ; nous l'avons déjà dit, c'est dans l'enfance des nations que les impressions de la musique offrent le plus d'énergie, et, chez toutes, elle est l'indispensable compagne des professions les plus honorées ; à Rome, elle n'est digne que des esclaves. D'après cela, peut-on croire que les Romains fussent tant soit peu sensibles à un art auquel ils portaient une si mince considération ? Cette étrange anomalie ne peut être imputée qu'à leur organisation sociale et à leurs instincts purement guerriers.

Le goût pour les sciences, les beaux-arts et principalement pour la musique ne se manifesta chez les Romains qu'après qu'ils eurent porté leurs conquêtes au-delà des mers, et que la Grèce eût été réduite en province romaine. Aussi, pendant les cinq premiers siècles ne remarque-t-on chez eux qu'un faible développement de l'élément intellectuel, et n'y trouve-t-on point encore un digne emploi de la musique dans toutes les circonstances où on la voit figurer. Plus tard même, le feu sacré n'embrasa point les conquérants ; serviles imitateurs de la musique des Grecs, ils la prirent avec ses vices, ne purent y apporter aucune perfection, et leur génie ne sut lui donner aucune tournure nationale.

Cependant, une troisième période naît un jour pour la musique des Romains : le monde entier leur appartient ; gorgés de richesses, amollis par le luxe, ils redoutent les fatigues de la guerre, recherchent avec avidité les spectacles, et s'adonnent à la culture des arts qui peuvent en augmenter les charmes. Rome a quitté le casque, Rome s'est faite histrion. Alors la musique prend un grand empire ; des corporations de musiciens sont entretenues par le sénat ; la flûte se trouve inévitablement à toutes les fêtes, aux théâtres et dans les temples ; le goût se développe, et le peuple montre, enfin, qu'il a compris l'influence de l'harmonie. La musique est, dès-lors, regardée comme la base principale d'une bonne éducation. En l'an de Rome 586 l'armée de Paul-Emile rentre à Rome enivrée du luxe de l'Asie, et la musique trouve un nouvel emploi ; les chants et les danses sont appelés dans les festins pour s'ajouter aux délices de la table ; de ce jour disparaissent la sobriété et la frugalité romaines.

Cependant, un usage nouveau vint affaiblir d'une manière marquée, chez les Romains, le sentiment musical ; je veux parler des combats de gladiateurs. Il fallait alors, pour émouvoir le peuple, du sang, des cris, du désespoir, et puis encore du sang ! Quelle place pouvait rester aux douces impressions qui naissent de la musique ? Elle conserva son rang dans les cérémonies religieuses, mais cet honneur elle le dut plutôt à l'opinion qu'au véritable développement des idées artistiques. Telles furent les principales modifications survenues dans le sentiment musical, par le fait des mœurs et des institutions de ce peuple.

Le monde entier nous fournirait la matière de semblables recherches ; mais ce serait faire un vain luxe d'une facile érudition. Le tableau rapide des phases diverses par lesquelles sont passés les deux peuples modèles de l'antiquité a dû suffire pour la démonstration du principe que nous avons émis ; cherchons-en, toutefois, la confirmation chez quelques nations modernes.

Parmi les peuples civilisés de l'Europe, les Anglais sont, sans contredit, les moins sensibles aux charmes de la musique, et nous en trouvons une des causes dans les mœurs de ce peuple. Le commerce et les conquêtes lointaines, l'or et la gloire du pays, absorbent toutes leurs idées, et les beaux-arts ne peuvent y trouver qu'une place étroite. Si les sensations musicales sont encore énergiques chez quelques hommes de cette nation, ce n'est que chez ceux auxquels des goûts spéciaux, joints à une fortune indépendante, ont permis de s'écarter de la voie dans laquelle marchent leurs compatriotes ; mais on peut affirmer que le goût du peuple, du corps de la nation, est éminemment peu musical. Qu'on ne nous objecte point l'effet que produit sur les Anglais leur air national *God save the king*, car ce n'est guère à la puissance des sons qu'il doit sa force morale ; il faut chercher celle-ci dans des considérations d'un autre ordre, que nous ne saurions aborder.

Portons nos yeux sur l'Italie. Des mœurs tendres, molles, langoureuses, disposent singulièrement ses habitants à toutes les impressions qui touchent leur imagination tant excitable ; aussi, voyons-nous la musique des Italiens refléter l'image de leurs mœurs ; rien de grave, de majestueux dans leurs accents ; tout, au contraire, y est doux, suave, languissant ; ils semblent exhaler leur âme toute entière dans les tons de leur musique.

Les Français, placés entre les Italiens et les Anglais, non moins par leurs mœurs que par leur situation géographique, tiennent également le milieu pour la vivacité des sensations, et pour l'impression musicale en particulier. On les voit également s'attendrir aux accents d'un air tendre ou s'exalter aux fanfares d'une musique guerrière. On peut dire que, si le tableau que nous avons tracé plus haut des effets primordiaux de la musique est vrai pour les Français bien organisés, les Anglais n'ont point l'idée d'une telle sensibilité, tandis que chez les Italiens il n'est que l'expression d'un enthousiasme vulgaire.

La musique allemande traduit la mâle rudesse des fils de la vieille Germanie : des accents vigoureux sont seuls capables d'exercer sur eux une sensation profonde.

Le grave Ecossais est violemment remué par les chants naïfs et accentués qui rappellent les bardes d'Ossian. Le serf Russe n'est agité que par une mélodie à la fois chantante et triste. La musique des Polonais, ces Français du nord, brille par la verve et la gaîté. Le chant des Suisses reflète la douceur de leurs mœurs et leur rappelle, sous un ciel étranger, les montagnes et les vallées du pays natal.

La musique des Nègres est sans harmonie, et quoiqu'ils y soient très-sensibles, et qu'elle détermine chez eux de remarquables effets passionnés, elle se borne à quelques intonations bruyantes, sans former une série de modulations expressives. Notre musique savante est donc parfaitement inintelligible pour ces hommes chez lesquels elle ne saurait déterminer aucune autre sensation que celle d'un bruit diffus. Nous avons vu plusieurs fois des arabes de l'Algérie, race plus élevée que le nègre dans l'échelle intellectuelle, assister à des concerts : ils n'y saisissaient aucun accord, leurs sensations étaient désagréables et ils n'hésitaient point à comparer les sons qui frappaient leurs oreilles au cri discordant d'un animal célèbre par l'accent peu musical de sa voix.

Le climat paraît n'exercer directement qu'une influence

légère sur la sensation musicale. En effet, on peut avancer, comme proposition générale, que l'homme, sous toutes les latitudes, est sensible aux accords des sons. Le glapissement musical du Caffre et du Hottentot ne cause pas moins de ravissement à ces êtres grossiers, que le chant monotone des Lapons et des Siamois n'en fait éprouver à ces hôtes des contrées glaciales. Le chant mélodieux d'un peuple civilisé est mélodieux pour tous les peuples aussi élevés que lui dans la civilisation, quelle que soit la latitude sous laquelle ils vivent. Le monde policé, sans distinction de climat, applaudissait avec enthousiasme aux incomparables accents de Marie Garcia et de l'infortuné Nourrit ! D'un autre côté, l'anglais et l'allemand sont compris sous une même latitude, et, cependant, quelle immense distance les sépare sous le rapport des sensations musicales ! L'allemand et l'italien vivent sous des climats bien différents, et cependant ils sont, l'un et l'autre, les premiers du monde sous ce rapport. Nous croyons que l'auteur de l'*Esprit des Lois,* en écrivant la phrase suivante, a exprimé un fait réel, mais s'est mépris sur sa cause : « J'ai vu les opéras » d'Angleterre et d'Italie ; ce sont les mêmes pièces et les » mêmes acteurs ; mais la même musique produit des effets » si différents sur les deux nations, l'une est si calme et » l'autre si transportée, que cela paraît inconcevable. » *(Esprit des Lois,* liv. XIV.) Nous avons vu que cette différence dans la manière de sentir tient aux différences morales qui existent entre les deux nations.

Cependant, nous ne saurions refuser au climat toute espèce d'influence sur l'appréciation de la musique ; en effet, nous pouvons admettre comme un fait démontré qu'il existe un rapport constant entre les mœurs, les aptitudes et les tendances passionnelles d'un peuple et le ciel sous lequel il vit. Cette relation a paru si bien établie et d'une telle importance à l'illustre Montesquieu qu'il a formellement prononcé qu'une législation n'est bonne qu'à la condition d'avoir pour base la connaissance et l'application de ce principe. *(Ibid.)*

Mais nous connaissons déjà les relations qui existent entre l'état moral et politique d'une nation, et la puissance ou la nature de ses impressions musicales ; il en résulte que le climat exerce en réalité une influence notable sur ces impressions ; mais cette influence employant comme agent un ordre de faits dont nous avons déjà apprécié la valeur, nous n'avons plus à nous en occuper. Toutefois, ajoutons ici que ces modifications agissent moins sur la puissance que sur la nature de l'appréciation ; c'est-à-dire qu'un peuple sentira vivement tous les sons qui seront appropriés à la disposition de ses organes, tandis que d'autres sons, véritablement harmonieux pour les oreilles de certains hommes, ne feront naître aucune impression chez lui.

Le climat agit aussi sur les phénomènes que nous étudions, en modifiant l'organisation physique de l'homme ; mais c'est encore là une action indirecte, qui ne peut être examinée ici.

Nous voyons donc, en résumé, que l'action des climats, dégagée des modifications qu'elle imprime à l'homme physique et moral, paraît être peu sensible ; c'est-à-dire que des hommes vivant dans des contrées diverses, et se trouvant, d'ailleurs, dans des conditions identiques, pourraient jouir d'une égale faculté d'appréciation des sons. Mais cette part de chacune des influences est difficile à établir, et l'on peut conclure que sous tous les climats, lorsque nous voulons déterminer un effet musical, nous devons, avant tout, puiser nos moyens d'action dans l'étude morale et physiologique des individus.

Toutes les langues sont loin d'être également favorables à l'expression du sentiment musical, et l'oreille la moins exercée remarque, sous ce rapport, une grande différence, par exemple, entre les langues du nord et celles du midi. Le chant d'un même morceau de musique excite des sensations bien différentes, selon qu'il est exprimé dans un idiôme appartenant à l'une ou à l'autre de ces régions.

1° Les langues mesurées, c'est-à-dire dont toutes les syllabes sont longues ou brèves, s'accommodent généralement bien avec le sentiment musical, puisque cette mesure est, elle-même, une des conditions du chant ; cependant, il est certain que le compositeur trouve, dans cette disposition linguistique, un grand obstacle pour l'union des paroles avec le chant, puisqu'il est dans la nécessité de rencontrer une mesure musicale qui ne contrarie pas la mesure de la langue ; mais cette difficulté vaincue, tout l'avantage de l'expression reste à la langue rhythmée. D'ailleurs, comme ces langues sont, en général, transpositives, elles permettent de ranger les mots suivant l'ordre le plus convenable à la mesure musicale.

2° L'*accent* propre à chaque langue n'influe pas moins sur son pouvoir musical. Nous définissons l'accent, envisagé sous ce point de vue, l'élévation plus ou moins forte de la voix sur certaines syllabes et la manière de les prononcer plus ou moins longues ou brèves. Cette définition, qui appartient au dictionnaire de l'Académie, nous semble plus claire, plus précise, que celle qu'adopte J.-J. Rousseau ; nous ajouterons, cependant, avec l'illustre philosophe, que l'accent de langue est ce qui engendre la mélodie particulière à une nation. Suivons-le un instant dans ses développements sur cette question : « Denis
» d'Halicarnasse regarde avec raison l'accent, en général,
» comme la semence de toute musique. Aussi, devons-nous
» admettre pour une maxime incontestable que le plus ou
» moins d'accent est la vraie cause qui rend les langues plus
» ou moins musicales ; car, quel serait le rapport de la mu-

» sique au discours si les tons de la voix chantante n'imitaient
» les accents de la parole ? D'où il suit que moins une langue
» a de pareils accents, plus la mélodie doit y être monotone,
» languissante et fade, à moins qu'elle ne cherche dans le
» bruit et la force des sons, le charme qu'elle ne peut trouver
» dans leur variété........ »

« La seule différence du plus ou moins d'imagination et de
» sensibilité qu'on remarque d'un peuple à l'autre, en doit
» introduire une infinie dans l'idiôme accentué, si j'ose m'ex-
» primer ainsi. L'allemand, par exemple, hausse également
» et fortement la voix dans la colère ; il crie toujours sur le
» même ton ; l'italien, que mille mouvements divers agitent
» rapidement et successivement dans le même cas, modifie sa
» voix de mille manières. Le même fonds de passion règne dans
» son âme, mais quelle variété d'expressions dans ses *accents*
» et dans son langage ! Or, c'est à cette seule variété, quand
» le musicien sait l'imiter, qu'il doit l'énergie et la grâce de
» son chant. » (*Dict. de Musique*, art. Accent.)

Les opinions que nous venons de reproduire ont été vivement combattues par un des collaborateurs de l'*Encyclopédie*: il pense que l'accent tel que l'établit Jean-Jacques, loin d'être utile aux langues sous le rapport musical, met plutôt des entraves à l'expression des sons, et croit que ce philosophe n'a écrit ces lignes que pour déprimer la langue française. Les idées de Rousseau ne peuvent, suivant lui, s'appliquer qu'à la langue grecque, parce que sa prononciation seule était une espèce de chant.

Jean-Jacques établit un rapport entre l'imagination et la sensibilité d'un peuple et les accents de sa langue; les accents d'intonation sont le caractère distinctif des langues orientales ; ces accents s'altèrent et s'effacent, par degrés, à mesure que les langues primitives se corrompent et se mêlent à des idiômes étrangers. Le peuple chinois est l'un de ceux qui ont le moins de sensibilité et d'imagination, et cependant sa langue est peut-être la plus accentuée. (Suard, *Dictionn. de Musique ; Encyclopédie.*)

Nous reconnaissons cependant, malgré ces critiques, la justesse des observations de Jean-Jacques ; puisque l'accent d'une langue est un premier pas vers le chant, c'est un pas qui reste de moins à franchir ; c'est une difficulté vaincue pour le musicien, et l'oreille est agréablement flattée par ce mariage du chant avec la parole. Il suffit aussi que la remarque de Rousseau puisse s'appliquer au plus grand nombre des peuples pour qu'elle soit admise comme judicieuse ; or, la sensibilité et l'imagination suivent, du nord au midi, une progression à-peu-près constante, et les langues sont également accentuées, dans la même proportion, d'un climat vers l'autre. L'objection tirée des Chinois, en l'admettant dans toute sa force, n'aurait que la valeur d'un fait exceptionnel ; mais le défaut de sensibilité de cette nation est-il bien prouvé, et même peut-on admettre identité de caractère dans une nation qui occupe, du nord au midi, une immense étendue de terrain et comprend tant de peuples différents ?

C'est l'*accent musical* qui fait qu'une musique expressive pour un allemand ne l'est point au même degré pour un français. Le compositeur Hasse eut peine à reconnaître ses airs exécutés à Paris par des français.

3° La richesse d'une langue n'est pas, non plus, sans influence sur la force des impressions que détermine la musique, et l'on peut appliquer au chant ce que Ch. Nodier (*Notions de Linguistique,* ch. V), a dit de la poésie, qu'une langue pauvre lui est plus favorable qu'une riche, parce qu'une langue riche trouvant en elle l'expression des moindres nuances d'idées, n'a pas besoin d'images, de figures, pour les représenter, tandis qu'une langue pauvre est obligée d'emprunter à la poésie ou à la musique un grand nombre d'expressions.

Les langues jeunes sont plus favorables au sentiment de la musique que celles qui ont vieilli et acquis un grand luxe d'expressions ; c'est que les mots qui les composent sont imitatifs des objets qu'ils désignent, et le chant n'étant lui-même que la peinture de certaines idées, cette harmonie imitative est, en quelque sorte, un moyen terme qui unit le chant à la voix parlée. « Il y a dans les langues américaines, dit en-
» core Ch. Nodier, des consonnes stridentes qui sont évi-
» demment formées d'après le sifflement de certains serpents
» inconnus dans nos régions tempérées, et les clappements
» des Hottentots rappellent à s'y méprendre une espèce de
» cri particulier aux tigres qui *ranquent*, onomatopée toute
» latine que j'emprunte à Buffon (Ouv. cité):

« Tigrides indomiti *rancant*, rugiunt que leones. »
(Philomèle d'*Alb. Ovidius Inventinus.*)

4º Enfin, le mode d'union des voyelles et des consonnes, la présence, dans un idiôme, de lettres ou de liaisons qui n'existent pas dans d'autres, contribuent essentiellement à rendre les langues plus ou moins musicales. En général, les langues du nord rassemblent un grand nombre de consonnes sans les unir entr'elles par des voyelles : elles sont, par-là même, d'une prononciation difficile, exigent des aspirations pénibles, manquent de sonorité, sont, en un mot, peu musicales. Les langues méridionales, au contraire, évitent soigneusement ces collisions de consonnes, et la répartition favorable des voyelles les rend harmonieuses, sonores, musicales.

Appliquons ces principes. La langue grecque fut, sans contredit, de toutes, la plus musicale ; ses syllabes étaient assujetties à une mesure rigoureuse, et la faculté de transposer les mots d'une phrase n'avait de règles que celles de l'harmonie; bien que cette langue ait acquis une grande richesse, qu'on se rappelle, cependant, que la musique grecque n'eut jamais autant de puissance que lorsque la langue était encore dans son enfance, lorsqu'elle n'embrassait encore qu'un ordre d'idées restreint. L'accent de la langue grecque était si prononcé que le simple débit du discours était presqu'un chant ; le son de la flûte accompagnait souvent la déclamation des orateurs. Enfin, elle possédait sur toutes le privilège des langues du midi, cette harmonieuse distribution des consonnes et des voyelles; elle était le plus sonore des langages, et se pliait aux modulations les plus délicates, aux divisions du temps les plus variées.

La langue latine possède encore plusieurs des avantages musicaux du grec; le rhythme en est aussi parfait, et la transposition non moins facile ; mais elle est moins sonore, moins accentuée, et sa déclamation s'éloigne beaucoup plus de la voix chantée.

De toutes les modernes, la langue italienne est la plus musicale, avantage qu'elle doit surtout à l'accent qu'elle donne à ses sons et à la distribution de ses voyelles, car ses syllabes n'ont point un rhythme absolument déterminé et elle n'est pas transpositive. Métastase disait que la langue italienne était la musique même. Comparons-la au français, et nous comprendrons qu'elle s'accommode mieux au chant que notre langue. Il ne faut pas beaucoup d'oreille pour sentir que les voyelles nasales sont plus sourdes que les autres: *an, en, in, on* et la sifflante *u* sont moins favorables à la voix que *ann, enn, inn, onn* et *ou*. *Oune* est bien plus avantageux au chant que *un*. *Le, me, te, se,* ne résonnent pas comme *lè, mè, tè, sè*. La langue italienne a donc un grand avantage sur la nôtre à l'égard de ces divers sons considérés musicalement.

Nous pouvons rapprocher de l'italien la langue espagnole, harmonieuse, sonore, noble, exaltée, et qui convient parfaitement au chant lorsqu'elle exprime de grandes actions ou des exploits chevaleresques.

La langue française est exempte, à la vérité, des aspirations et des mouvements gutturaux qui fatiguent tant dans la langue allemande, et semble plus musicale que celle-ci. Mais l'allemand rachète cet inconvénient par de grands avantages; cette langue est la seule de l'Europe moderne qui jouisse à la fois du rhythme et de la faculté de transposer : elle est la plus musicale après l'italien.

La langue anglaise est, sans doute, la moins musicale des langues de l'Europe ; elle ne possède ni rhythme ni transposition ; les mots se composent d'un assemblage de consonnes qui s'entre-choquent de la manière la plus disgracieuse pour l'oreille. Les fortes aspirations y sont rares, à la vérité, mais elles sont remplacées par des sifflements qui tombent sur presque tous les mots. Aussi les Anglais seuls peuvent-ils être flattés par les chants anglais.

Ici nous devrions aborder l'examen des conditions individuelles qui peuvent modifier la sensation musicale ; mais l'espace qui nous est réservé dans cette publication ne permet point de donner à ce fragment une plus grande étendue.

Eugène Grellois.

SAINT ÉLOI.

HISTOIRE DU SEPTIÈME SIÈCLE.

Saint Eloi ou Eligius, suivant la langue latine, naquit vers l'année 588, au bourg de Cadaillac, à deux lieues au nord de la ville de Limoges. Il avait pour père Euchérius et pour mère Terrigia, tous deux de famille gallo-romaine et depuis longtemps chrétienne.

A cette époque, les provinces du centre et du midi de la Gaule conservaient encore, d'une manière remarquable, les arts délicats du luxe qui avaient survécu à l'empire romain. La ville de Limoges, en particulier, était toujours très-renommée pour ses beaux ouvrages d'émail et d'orfévrerie. Les artistes de cette cité exerçaient leurs talents dans tous les genres d'ornements précieux qui parent la grandeur et l'opulence, mais ils les faisaient servir, surtout, à embellir magnifiquement les églises.

Euchérius ayant remarqué dans son fils, encore enfant, non-seulement une intelligence précoce mais aussi une adresse fort grande dans les ouvrages de main, le plaça chez un ouvrier en or nommé Abbon, réputé un des meilleurs de la ville, et qui, pour cette raison, dirigeait les ateliers monétaires du roi. Il ne fallut pas au maître beaucoup de temps ni de peine pour enseigner à l'élève toutes les finesses les plus exquises de son art. A la perfection des œuvres qui sortaient de sa main, le jeune Eloi unissait la pratique des vertus chrétiennes que ses parents lui avaient enseignées de bonne heure, et il les relevait encore par une douceur de caractère et une politesse de langage qui charmaient son maître aussi bien que ses compagnons de travail.

Cependant Eloi, ayant quitté ensuite sa terre natale, vint exercer son industrie dans la terre des Francs, c'est-à-dire, au nord de la Gaule : il s'établit à Paris qui était, dans ce temps, la principale résidence du monarque. Clotaire II, fils de Chilpéric et de Fredegonde, régnait alors sur toute l'étendue de la Gaule. Après la chute fatale de Brunehaut, en 613, il avait réuni à son royaume de Paris ou de Neustrie, ceux d'Austrasie et de Bourgogne. Cher à toutes les classes de la nation à cause de la générosité de son caractère, il entourait sa cour des hommes qui joignaient la vertu à l'habileté, et qui se montraient capables, en particulier, de porter dans la justice les lumières de l'esprit avec le tempérament de l'équité et de la douceur. En prenant les trois couronnes, Clotaire avait également réuni, dans sa possession, les différents trésors des rois qui s'étaient, avant lui, partagé la Gaule, de sorte que jamais aucun prince de sa race n'avait encore disposé de richesses aussi grandes que les siennes.

Un seigneur nommé Bobbon remplissait les fonctions de trésorier de la cour. Le titre de *trésorier,* suivant le sens qu'il avait à cette époque, était donné à l'homme spécialement chargé de garder et d'entretenir les objets de matière précieuse, qui formaient, par leur ensemble, ce que l'on appelait le trésor. C'étaient, par exemple, la vaisselle, les armures richement ornées, les colliers, les bracelets, les couronnes, les pierres précieuses et toutes décorations royales. Le trésorier présidait aussi à la fabrication de tous les objets nouveaux dont le roi voulait augmenter son trésor ou faire quelque présent : il était donc, à la fois, un officier noble et un véritable orfèvre qui avait sous sa direction des ouvriers en or, en argent et en pierreries. Bobbon, en sa qualité de trésorier, ne tarda pas à entendre parler d'Eloi, et il le fit venir pour l'attacher au service du monarque.

Entre les goûts qui distinguaient particulièrement Clotaire II, on remarquait celui de la grandeur et de la magnificence. Ainsi, pour recevoir les grands du royaume et les ambassadeurs des nations voisines, il voulut avoir un trône d'or et de pierres précieuses, tel que n'en avait eu encore aucun de ses prédécesseurs. Il donnait à ce trône, dans son imagination, une beauté si merveilleuse, qu'il ne se trouva point d'abord d'ouvrier qui osât s'en charger. Cependant Bobbon crut pouvoir ensuite tirer le monarque d'embarras. Ecoutons ici les paroles mêmes d'un récit contemporain[1] : « Le trésorier qui connaissait déjà Eloi, se mit à bien l'examiner encore, pour savoir s'il serait capable d'exécuter convenablement l'ouvrage que demandait le roi. Lorsqu'il eut reconnu que ce serait pour Eloi une chose facile, il entra dans l'appartement du prince et lui annonça qu'il venait de trouver un ouvrier habile qui pourrait entreprendre l'ouvrage proposé. Le roi, très-satisfait, donna une quantité d'or considérable à Bobbon, et Bobbon, à son tour, la fit remettre à Eloi. Ce dernier se mit promptement à l'œuvre ; il eut fini en fort peu de temps ; et, chose tout-à-fait incroyable, de ce qu'il avait reçu d'or pour un seul trône il en fit deux entièrement semblables l'un

---

[1] *Ex vitâ S. Eligii. Noviom. episc. auctore B. Audoëno.*

à l'autre. L'ouvrage n'est pas plutôt achevé qu'il le porte au palais et présente au roi le siége commandé, sans laisser voir celui qu'il avait fait par surcroît. Le roi commença donc à regarder ce chef-d'œuvre avec admiration et à louer sa beauté merveilleuse : il ordonna sur-le-champ de donner à l'ouvrier une récompense digne de son travail. Eloi lui présentant alors l'autre siége qu'il tenait caché : « Ne voulant pas perdre ce qui » me restait d'or, dit-il, je l'ai employé à faire cet autre » ouvrage. » Clotaire, plein de surprise et transporté d'une admiration nouvelle, ne pouvait d'abord le croire. Elevant alors très-haut, dans son estime, le talent et la probité d'Eloi, il lui dit : « Dès ce moment j'aurai confiance en toi pour les » plus grandes choses. »

Comme Eloi était aussi un homme de très-bon conseil, Clotaire accomplit sa promesse en le plaçant au nombre des personnages choisis, dont l'avis servait toujours de règle dans les affaires. Le monarque inaugura, en même temps, l'élévation de l'artiste par la plus insigne comme par la plus glorieuse marque de confiance : il n'exigea point de lui le serment solennel que devait prêter tout homme qui entrait au service du roi.

Malgré la modestie de son caractère, l'orfèvre Eloi dut prendre, suivant la remarque de son historien, le riche vêtement que Clotaire II exigeait de tous ses serviteurs. Il porta la ceinture d'or et la tunique de soie, ainsi que la chaussure ornée elle-même de plaques d'or d'un grand prix; mais il trouva, dans ce rang distingué, d'autres avantages plus précieux à ses yeux : placé au nombre des conseillers du roi, il connut saint Arnould, évêque de Metz, et Pépin de Landen, maire d'Austrasie. L'évêque de Metz imprimait alors à la science de l'administration publique et de la justice une perfection nouvelle : il était l'âme et la lumière de l'état, pendant que Pépin en était, par son courage, le bras et l'appui. Eloi venait ajouter à ces gloires du nouveau règne l'éclat merveilleux de l'art, et ces trois hommes formèrent ainsi, autour du trône, un admirable cortège de vertus et de génie.

En l'année 628 Dagobert succéda à son père Clotaire II, qu'il devait surpasser encore par sa réputation de justice et de magnificence. L'évêque Arnould, qui avait élevé sa jeunesse, venait de quitter la cour pour embrasser la retraite dans une solitude des Vosges. Dagobert qui n'avait pu le retenir près de lui, prit soin, en devenant roi, de s'entourer lui-même des hommes les plus éminents par leur mérite. Il créa l'orfèvre Eloi trésorier et grand monétaire du royaume : il remit le sceau de l'état entre les mains d'un jeune homme de haute distinction nommé Audoën, le même qui fut connu plus tard et honoré sous le nom de saint Ouën. Dans les fonctions de grand-référendaire de la couronne, Audoën devint l'ami intime d'Eloi, et habita près de lui dans la demeure royale.

Ce fut alors, surtout, que le trésorier commença à remplir le palais de ses chefs-d'œuvre. Mais il travailla le plus souvent pour la décoration des églises et pour les châsses des martyrs et des autres saints qui y étaient honorés. Dans toute l'étendue de la monarchie de Dagobert il n'y eut presque pas de province qui ne s'enrichît de quelque ouvrage fabriqué par les mains d'Eloi. Il se surpassa lui-même lorsqu'il fit le tombeau de saint Denis dont le roi venait de rebâtir l'ancienne basilique. Au-dessus de ce tombeau, où il avait déployé, avec une richesse extraordinaire, toute l'élégance et toute la recherche que son imagination avait pu lui inspirer, il construisit une espèce de ciel ou de dais de marbre soutenu par des colonnes et auquel il attacha des lames enchâssées de diamants. Il environna ensuite le tombeau et l'autel d'une enceinte à jour, dont les colonnes revêtues d'or étaient surmontées de pommes également d'or, parsemées de pierres précieuses. Le pupître destiné à la lecture des évangiles fut garni d'argent, ainsi que les portes qui s'ouvraient dans l'enceinte de la chapelle. Enfin, par un effort de magnificence qui dépassait tout le reste, le trésorier couvrit d'argent la voûte de la chapelle où reposaient les restes du premier évêque de Paris et de ses deux compagnons de martyre, Rustique et Eleuthère.

L'auteur des *Gestes de Dagobert* parle aussi d'une croix d'or pur et de diamants, faite par Eloi pour être placée derrière le grand autel, et que l'on regardait encore de son temps comme un chef-d'œuvre inimitable.

Comme le trésorier possédait, avec le génie de son art, une éloquence douce et persuasive, il n'y avait personne de plus puissant que lui à la cour. Les ambassadeurs qui venaient d'Espagne, d'Italie, de Constantinople, ne s'adressaient point, en premier lieu, au roi : ils demandaient le trésorier Eloi et le priaient de les aider, de son crédit, près du prince et de leur enseigner ce qu'ils devaient faire. Plus d'une fois aussi, quand ils avaient dépensé tout leur argent pendant le voyage, ils recouraient à la générosité du ministre qui remplissait de nouveau leur bourse pour le retour. Eloi était en même temps le principal intermédiaire de la royauté avec tout ce qui pouvait se rencontrer de souffrant et de malheureux. Dagobert lui donnait tout à sa volonté et ce que le trésorier recevait de lui il l'employait, avec ses propres ressources, à faire des aumônes, à soulager les malades et à délivrer des captifs. Le rachat des esclaves l'occupait particulièrement. On trouvait parmi ces malheureux des hommes de tout pays arrachés de leur sol natal par la piraterie ou par la guerre : le plus grand nombre se composait d'anglais et de saxons.

Lorsqu'Eloi apprenait l'arrivée de quelque bateau chargé de ces infortunés, il envoyait aussitôt un de ses serviteurs avec de l'argent pour les racheter. Souvent il y allait lui-même, et si le nombre des esclaves dépassait la valeur de ce qu'il pouvait présentement donner, il détachait sa ceinture ou ses souliers garnis d'or, pour compléter la somme exigée par le vendeur.

Eloi conduisait ensuite ces pauvres inconnus devant le roi et jetait en sa présence un denier, comme signe de leur affranchissement. Alors il prenait soin de les instruire de la religion chrétienne, s'ils étaient encore idolâtres; puis il leur offrait la liberté ou de retourner dans leur patrie ou de demeurer dans le royaume des Francs. A ceux qui prenaient le dernier parti, Eloi faisait enseigner quelque profession conforme à leur goût, et assez souvent celle de l'orfévrerie qu'ils exerçaient ensuite dans les ateliers du roi. D'autres embrassaient la vie religieuse et le ministre leur ouvrait l'asile de quelque monastère. Entre ces esclaves rachetés par ses soins on remarqua le saxon Thill ou Théau, qui travailla sous sa direction aux grands ouvrages d'orfévrerie commandés par le roi, et qui entra ensuite dans les ordres sacrés.

Une multitude de pauvres affluait chaque jour autour d'Eloi, comme les abeilles autour de la ruche. Si un étranger s'informait de sa demeure, on lui répondait : « Allez de ce » côté, et là où vous verrez une assemblée de pauvres, là » certainement vous trouverez Eloi. » Quand l'heure du soir était venue, il faisait chercher, au-dehors, des pauvres et des voyageurs pour être amenés à sa table. Alors, avec une agilité mêlée d'une gaieté douce, il leur ôtait leur charge de dessus les épaules, secouait avec des serviettes la poussière de leurs habits, leur versait l'eau sur les mains et leur mettait le premier vin dans la coupe. Assis près d'eux, sur un petit banc de bois, il attendait la fin de leur repas, mangeant ensuite quelque léger morceau.

Souvent, lorsque le trésorier avait vendu ses ornements les plus précieux, pour secourir les indigents ou racheter des esclaves, le roi le voyant avec un habit ordinaire serré d'un cordon grossier, lui faisait donner un habit de son vestiaire avec une nouvelle ceinture; mais Eloi ne tardait pas à trouver l'occasion de s'en dépouiller comme des premiers.

Un autre soin dont le ministre de Dagobert s'occupait avec zèle était de bâtir, en différents lieux, des retraites monastiques. Il fonda entr'autres celle de Solignac dans le territoire de Limoges, et celle de Saint-Martial de Paris. Ce fut à l'occasion de la dernière qu'il laissa voir jusqu'où allait la scrupuleuse délicatesse de sa conscience. Il avait demandé au roi une portion de terrain nécessaire au plan général de la maison, et en la mesurant avec la règle il la trouva plus grande d'un pied qu'il n'avait cru. Il alla aussitôt se jeter aux genoux de Dagobert, le suppliant avec larmes de lui pardonner son erreur. Le roi, vivement surpris qu'il pût éprouver une peine si grande pour une cause si légère, dit en se retournant vers ceux qui étaient près de lui : « O quelle est admirable » cette foi en Jésus-Christ! On ne se fait pas scrupule de me » prendre de spacieux domaines, et voilà que le serviteur de » Dieu, à cause de la foi qu'il a dans le Seigneur, n'a pas » voulu me tromper, même d'une palme de terre. » Il consola Eloi et lui donna encore une fois autant de terre qu'il en avait d'abord accordé.

L'église de Saint-Martial, bâtie à côté du palais, dans l'île de la Cité, était encore désignée, au dernier siècle, sous le nom de *Ceinture de saint Eloi*.

Malheureusement, comme l'on sait, Dagobert livra, pour un temps, son cœur à de tristes égarements. Pour Eloi il ne cessa pas un instant de donner l'exemple des vertus, et de travailler à ramener le monarque dans la voie dont il s'était écarté. Malgré les efforts des courtisans il sut conserver son crédit et rendit toujours d'importants service à l'état. Ce fut ainsi, par exemple, que les Bretons de l'Armorique ayant attaqué, en 634, les frontières de la Neustrie, Eloi alla en ambassade près de leur roi Judicaël, et le réconcilia heureusement avec son maître. Il eut encore une autre consolation : ce fut de voir le monarque revenir vers la fin de sa vie à des sentiments meilleurs.

Après la mort de Dagobert, arrivée en 638, Clovis II lui succéda dans les deux royaumes de Neustrie et de Bourgogne. Ce fut alors qu'Eloi et Audoën résolurent d'abandonner les charges du siècle pour entrer dans le saint ministère. En 640, le 14 mai, qui était un dimanche, les deux amis furent consacrés évêques dans la ville de Rouen. Audoën eut à gouverner l'église de cette ville et l'ancien trésorier fut élevé sur le siége de Noyon. L'église de Noyon comprenait encore Saint-Quentin, Tournai, Courtrai, Gand et Anvers.

Dans cette région, déjà reculée vers le nord, on rencontrait des pays sauvages, couverts de marais et de bois et habités par des hommes grossiers, à peine instruits de la religion chrétienne, ou quelquefois même tout-à-fait idolâtres. Là, un évêque devait être en même temps un missionnaire, souvent exposé à la fureur des populations qu'il venait évangéliser. L'historien de saint Eloi nous apprend que dans le cours de ses prédications apostoliques, qu'il étendait jusqu'à la Zélande, il courut souvent le péril de la vie. L'évêque de Noyon s'était nourri, depuis longtemps, de l'Ecriture-Sainte et des Pères de l'Eglise : il s'était approprié particulièrement saint Augustin, dont l'élévation et la douceur respiraient dans ses discours. Grâce aux soins de l'évêque de Rouen, qui fut son biographe après avoir été son ami, nous avons encore quelques-unes des homélies qu'il prononçait alors devant les foules idolâtres ou livrées aux superstitions : elles nous révèlent une distinction et une beauté de style supérieures, remarquables pour le siècle auquel elles appartiennent. Écoutons-en quelques passages seulement, où l'on semble entendre toujours l'éloquente et douce voix de l'évêque :

« Avant toutes choses, dit-il, je vous conjure de n'observer aucune des coutumes sacriléges des païens ; de ne consulter ni les carages [1], ni les devins, ni les sortiléges, ni les enchanteurs ; de ne les interroger pour aucune maladie, ni pour aucune espèce de cause, parce que celui qui fait ce mal perd la grâce du baptême.

» Que personne ne fasse entendre de cris lorsque la lune vient à s'obscurcir, parce que c'est Dieu qui veut qu'elle s'obscurcisse, à certaines époques de l'année. Que personne ne craigne d'entreprendre un ouvrage à la nouvelle lune, parce que Dieu a fait la lune pour marquer les temps, pour éclairer les ténèbres de la nuit, et non pour empêcher le travail de l'homme ou lui ôter la raison, comme le croient les insensés. Que personne n'appelle Seigneurs le soleil ou la lune, ou ne jure par eux, parce qu'ils sont les créatures de Dieu et qu'il leur a commandé de servir aux nécessités des hommes.....

» N'adorez ni le ciel, ni les astres, ni la terre, ni aucune créature, mais Dieu seul qui a fait toutes ces choses et les a disposées dans sa sagesse. Le ciel est haut sans doute, la terre est grande, la mer immense ; les astres sont éclatants de beauté, mais il est nécessairement plus immense et plus beau, celui qui les a faits. Si nous ne comprenons pas toutes ces

---

[1] Espèce de devins qui prédisaient l'avenir au moyen de caractères de forme bizarre et mystérieuse.

choses que nous voyons, telles que les différentes productions de la terre, la beauté des fleurs, la variété des fruits, les diverses espèces d'animaux vivant les uns sur la terre, les autres dans les eaux, les autres au milieu de l'air, et encore l'industrie de l'abeille, le souffle des vents, la rosée des cieux, les roulements du tonnerre, le partage des saisons, le retour successif de la nuit et du jour ; si telles sont les choses de la terre que nous voyons et que nous ne pouvons comprendre, à quelle mesure estimerons-nous les choses du ciel que nous ne voyons pas encore? Et quel est-il l'ouvrier qui a fait ces merveilles par sa volonté, et qui les gouverne par sa sagesse? Craignez-le donc sur toutes choses, mes frères ; adorez-le, à l'exclusion de toutes choses ; aimez-le, au-dessus de toutes choses ; tenez-vous sous l'ombre de sa miséricorde, ne désespérez jamais de sa clémence. »

Ce fut au milieu de ces travaux apostoliques qu'en l'année 659 Eloi termina son illustre carrière. A cette nouvelle, la reine Bathilde accourut à Noyon avec ses enfants et les grands de la cour. Après avoir arrosé de ses larmes les restes du saint évêque, elle lui rendit, avec tout le peuple, les derniers devoirs. Cette princesse, achetée elle-même autrefois comme esclave, devait abolir pour toujours, dans le royaume de France, l'odieux commerce qu'Eloi avait si généreusement condamné par ses exemples.

L'évêque de Noyon devint aussitôt après sa mort l'objet d'un culte public. La profession de l'orfévrerie se plaça, comme cela était naturel, sous la protection de celui qui l'avait tant honorée par sa sainteté et son génie. Ce fut ainsi que, dès le septième siècle, le nom d'Eloi fut glorieusement consacré par la religion, en même temps qu'il devenait inséparable de l'histoire de la politique et des arts.

A. Huguenin.

ARTISTES ET LITTÉRATEURS MESSINS A PARIS.

M. MICHEL CARRÉ.

Nul n'oserait répéter aujourd'hui cet odieux surnom de marâtre des arts que certains amours-propres ulcérés avaient infligé jadis à la ville de Metz. Le magnifique développement qu'ont pris nos écoles de musique et de peinture, l'éclat qu'elles ont répandu sur notre vieille cité, ont frappé les yeux de tous, et Metz a conquis noblement sa place parmi les lieux privilégiés que doit célébrer un jour l'histoire des beaux-arts.

Mais les *gens qui ont le goût difficile* ne se tiennent point encore pour satisfaits : ils demandent compte à Metz de ses progrès dans les lettres ; ils la somment de produire la liste des écrivains qu'elle a nourris, des littérateurs dont la France lui est redevable, et, sans plus attendre, ils se hâtent de prononcer contre leur patrie un arrêt durement motivé.

Si l'on en croit ces juges au moins sévères, « le sol messin, ingrat pour la littérature, ne produira jamais que des mathématiciens ou des gens de guerre; les enfants de la Moselle sont dépourvus de cette faculté brillante qui seule donne à la pensée la vie et la couleur, à la poésie son prestige; en un mot, l'imagination leur manque. Nés sous un ciel sombre et nuageux, à l'ombre des remparts de leurs forteresses, élevés au milieu du bruit des armes, ils sont destinés à vouer leur froide intelligence à l'étude des sciences abstraites et des sciences d'observation. On peut bien leur accorder quelque goût pour la musique et les arts du dessin, mais cela tient aux rapports intimes qui les unissent à l'art de la guerre; au fond ils n'ont d'amour que *pour les jeux de la force et du hasard.*

» Annoncez aux Messins une école de nuit au polygone, et vous pourrez compter les spectateurs *(rari nantes)* qu'attireront, à un plaisir moins bruyant, les beaux vers de *l'Honneur et l'Argent!* »

Le jugement est rigoureux, et qui pis est, les juges nous interdisent de les récuser, en invoquant contre nous leur titre de compatriotes. Il est vrai : nourris dans l'enceinte de nos remparts, ils *en connaissent* les moindres *détours,* et ce sont eux qu'on voit les premiers courir, au bruit du canon ou aux sons d'une musique militaire, vers le spectacle qui fait leur joie. Mais ce grand empressement et cet enthousiasme infatigable pour les fusées ou la parade pourraient bien nous expliquer la rigueur de leur arrêt : nos arbitres ont jugé d'après eux-mêmes. Permis aux messins moins exclusifs d'en appeler de cette proscription en masse, et de faire entendre au public, juge suprême de tous, quelques humbles remontrances.

Sans parler du passé, sur lequel on daignera peut-être nous faire des concessions, ils feront observer que Metz est une des rares cités qui, loin de la capitale des lettres, ont pu, durant de longues années, soutenir un recueil littéraire. L'*Austrasie*, l'*Union des Arts*, la *Revue de Metz*, ont prouvé, malgré leurs vicissitudes, qu'il existait chez nous un public et des écrivains. Notre ville a vu naître et se développer dans son sein des talents variés et incontestables : qui ne connaît les noms et les écrits de MM. Barthélemy, Faivre, Gandar, Huguenin, Prost, de Puymaigre, Rolland, etc.? J'en passe, et des meilleurs! Ce fait suffirait peut-être à notre absolution; mais l'empressement du public à souscrire à *Metz littéraire*, a manifesté de nouveau, à côté des sentiments de bienfaisance toujours vivaces chez les Messins, l'existence parmi eux d'un centre littéraire, d'un foyer toujours animé, où les amis des lettres ne laisseront pas s'éteindre le feu sacré. On refusait à notre ville la faculté de progresser dans la carrière littéraire; elle a fait mieux que de se défendre, elle a marché.

Ses détracteurs n'oubliaient-ils pas, d'ailleurs, qu'une nombreuse élite de ses enfants n'habite pas l'enceinte de Metz, sans cesser de lui appartenir, soit par l'éducation, soit par l'origine, et toujours par leurs souvenirs et leurs affections?

Elle a le droit de revendiquer avec orgueil les noms de MM^{mes} E. Voïart et A. Tastu, de MM. Ambroise Thomas, Gouvy, de Saulcy, Louis Huart, Michel Carré, Michelant, de la Fizelière, etc., et il appartenait à *Metz littéraire* de rappeler ici les titres de ces artistes ou écrivains que le succès a consacrés. Mais cette tâche serait difficilement remplie par un seul; nous souhaitons vivement que d'autres aient le courage de l'entreprendre: ils auront ainsi l'honneur de venger leur patrie, de critiques aussi superficielles qu'injustes. Pour nous, les liens d'amitié qui nous unissent à l'un des écrivains cités plus haut, nous permettaient d'apporter au moins quelqu'exactitude dans la notice que nous demandait l'honorable directeur de ce recueil; ces liens ne peuvent être un obstacle à ce que nous rendions justice à des ouvrages que le public a bien accueillis.

M. Michel-Florentin Carré, l'un de nos auteurs dramatiques les plus féconds, est né à Besançon le 21 octobre 1822; mais il n'a pas habité réellement cette ville, que ses parents quittèrent quelque temps après, pour se fixer à Metz, où il fit toutes ses études. En 1838, il était au collége en rhétorique, sous la direction d'un excellent professeur. M. Gelle, dans les premiers essais du jeune lycéen, avait su deviner son avenir; et, nous l'avons souvent entendu dire, quand notre condisciple, au lieu d'une amplification en prose, lui présentait un discours en vers français fort bien tournés : « Vous, M. Carré, vous ne serez jamais qu'un poëte! » Cette prédiction se réalisa. En vain se fit-il inscrire à l'Ecole de droit de Paris, pour obéir au vœu de sa famille : les lettres et la peinture l'attiraient invinciblement. Il travailla plusieurs années à l'atelier de M. Delaroche, avec MM. Picou, Gérôme, Hamon, Boulangé, et ses premiers essais, admis au Salon, l'auraient peut-être conduit, comme ses amis, à conquérir une réputation dans cet art, si d'autres succès ne l'avaient ramené vers la littérature. Il fit insérer, en 1841, plusieurs pièces de vers dans un recueil périodique qui appelait le concours des débutants, mais qui, malheureusement, dura peu, *Les Ecrivains de la Mansarde*. Elles furent remarquées pour l'abondance et la couleur du style, le tour aisé et facile des vers, et la richesse de la rime. On était alors au plus fort du succès des *Contes d'Espagne et d'Italie;* Alfred de Musset se partageait avec Victor Hugo l'admiration de la jeunesse. Ce fut sous cette double influence que M. Carré composa, en 1842, son premier ouvrage important, un recueil de petits poëmes dramatiques et de morceaux détachés, intitulé : *Folles rimes*. M. Ed. Bonino [1], auquel il était dédié conjointement avec l'auteur de cette notice, osa se charger, avec le courage de l'amitié, de présenter lui-même le nouveau volume à Georges Sand, Altaroche, Hippolyte Lucas et Victor Hugo. Ce dernier, toujours plein de bienveillance pour les débutants, ouvrit à M. Carré l'entrée de sa maison ; mais quelque précieuse que fût cette faveur, surtout à une époque où le salon de la place Royale était le centre d'une école nombreuse et riante, le jeune auteur fut assez timide pour ne pas profiter de cette permission. Quoi qu'il en soit, les *Folles rimes* avaient été chaudement accueillies par les romantiques ; et, plus tard, dans un ouvrage intitulé *Prosodie de la nouvelle école,* par M. Challamel, elles eurent l'honneur de fournir de nombreuses citations.

En revanche, les classiques se fâchèrent tout rouge ; et M. Altaroche lui-même signala, dans le *Charivari,* quelques excentricités de forme et de fond, que la fougue de la jeunesse expliquait suffisamment ; mais il rendit pleine justice à l'habileté de la versification, aussi bien qu'à la verve et à l'imagination de l'auteur.

C'était déjà un succès inespéré que de ne point passer inaperçu parmi ces milliers de volumes en vers que chaque année voyait paraître tour à tour, pour aller dormir sur les

---

[1] Les lecteurs du *Courrier de la Moselle* se rappelleront peut-être le nom du jeune auteur qui enrichit ce journal d'une série de feuilletons et d'articles de critique théâtrale. Ed. Bonino, né à Metz en 1820, docteur en médecine, lauréat du Val-de-Grâce, membre de l'Académie et du Conseil municipal d'Orléans, a succombé, en 1851, à la suite d'une longue et douloureuse maladie. Il avait fait insérer un certain nombre d'articles dans les journaux de médecine de Paris, et avait pris à Orléans, après 1848, la plus grande part à la rédaction d'un journal politique, *l'Indépendant du Loiret.* Qu'il nous soit permis de consacrer ces quelques lignes au souvenir de ce noble cœur et de cette belle intelligence, que la mort a ravi si tôt à ses amis, à la science, qu'il devait servir avec éclat, et à sa patrie qu'il promettait d'honorer un jour. *(Note de l'auteur.)*

quais dans un oubli commun. Mais M. Carré sentit bientôt que le théâtre était alors, comme aujourd'hui, la voie la plus sûre pour arriver à la réputation : il se tourna de ce côté avec ardeur. Que d'obstacles ne rencontra-t-il pas avant de voir représenter un de ses nombreux essais? Enfin, grâce à l'appui de M. Bouchet, artiste aussi honorable qu'éclairé, qui tenait alors l'emploi de premier rôle au second Théâtre-Français, il fit jouer, le 15 mai 1843, son premier ouvrage dramatique, *la Jeunesse de Luther,* drame en un acte et en vers. Le succès de la pièce ne fut pas un seul instant douteux : il ouvrit à l'auteur cette carrière où, depuis, par une destinée toute particulière, il n'a presque jamais éprouvé d'échec.

M. Lireux dirigeait alors l'Odéon avec cette activité et cette audace qui rendirent tant de services aux lettres. L'habile directeur, qui avait révélé M. Ponsard, savait reconnaître et encourager tous les jeunes talents. M. Carré, qu'il avait en grande estime, contribua à lui faire accueillir l'ouvrage d'un de ses amis encore inconnu : cette pièce était *la Ciguë,* et cet ami, Emile Augier. Cet acte si honorable de confraternité littéraire ne demeura pas sans récompense. La réussite d'*Antigone* excitait alors aux tentatives les plus hardies. M. Lireux reçut avec enthousiasme la traduction en cinq actes et en vers, que lui offrit M. Carré, de *l'Eunuque de Térence.* Cette comédie, jouée le 19 avril 1845, eut quarante représentations, et retarda la chute du directeur qui luttait alors, *sans subvention,* contre la mauvaise fortune de l'Odéon. La versification avait subi l'influence de la réaction classique ; dans ces vers qui portaient l'empreinte de la grande école du dix-septième siècle, on aurait difficilement reconnu l'auteur des *Folles rimes.* Aussi furent-ils très-remarqués, et les gens qui opposent sans cesse à un auteur ses premiers ouvrages, prétendent encore que cette traduction fut le chef-d'œuvre de M. Carré. Mais la jeunesse romantique, réduite à un petit nombre d'adeptes, sous le nom barbare de *fantaisistes,* cria à la désertion, et data de cette époque le déclin du jeune écrivain.

Nous pensons que les uns et les autres se trompaient, et tel a été l'avis du public. En effet, bientôt accueilli au Théâtre-Français, M. Carré y fit jouer, le 28 mai 1847, *Scaramouche et Pascariel,* agréable pastiche de Molière, en un acte et en vers, où la manière du grand maître est imitée avec goût; le style n'a rien perdu de sa correction, la période a gagné du nombre, enfin, l'étude assidue des modèles de la comédie se fait sentir dans le développement des scènes et la coupe heureuse du dialogue.

A partir de ce moment, presque tous les théâtres de Paris furent ouverts à M. Carré. En 1848, *Van Dyck,* drame en trois actes et en prose, fait en collaboration avec M. C. Narrey, parut à l'Odéon; puis vinrent, en 1849, *Un Drame de famille,* en cinq actes, à l'Ambigu; *Henriette Deschamps,* également en cinq actes, à la Porte-Saint-Martin; *Faust et Marguerite,* drame en trois actes, au Gymnase, suivis d'un grand nombre de vaudevilles qui réussirent presque tous, et dont plusieurs sont restés au répertoire. Nous citerons entr'autres : *les Deux font la paire* et *Jobin et Nanette,* aux Variétés; *le Duel chez Ninon, Laurence, Graziella,* et *l'Amour mouillé,* au Gymnase; *la Plus belle nuit de la vie,* au Palais-Royal; *le Voyage autour d'une jolie femme,* au Vaudeville; etc.

Après cette excursion fructueuse sur les scènes secondaires, M. Carré revint, en 1850, aux Français, avec son collaborateur ordinaire, M. Jules Barbier, auteur du *Poète,* drame en vers qui avait obtenu un grand succès sur ce même théâtre. Une comédie en un acte et en vers, *les Amoureux sans le savoir,* imitée de Shakspeare, fut parfaitement accueillie du public; nous en dirons autant d'une bluette en un acte et en prose, *les Derniers adieux,* représentée en 1851. Enfin, la même année, les deux jeunes auteurs attirèrent la foule à l'Odéon avec le drame fantastique des *Contes d'Hoffmann.* Une seconde tentative du même genre, où la prose et les vers étaient mêlés, *les Marionnettes du docteur,* réussit sur la même scène, mais avec moins d'éclat.

Ce fut alors que le succès de leurs vaudevilles à couplets, les engagea à se tourner vers l'opéra comique; le triomphe de *Galathée* fut pour eux un nouvel encouragement à poursuivre cette voie, qu'ils n'ont plus guère abandonnée. *Les Noces de Jeannette, le Colin-Maillard, Choisy-le-Roi,* et *les Papillottes de M. Benoist,* consacrèrent au théâtre Favart et au second Théâtre-Lyrique le renom des nouveaux librettistes. Aujourd'hui, MM. Reber et Ambroise Thomas ont entre les mains des poèmes dûs aux mêmes collaborateurs et dont la musique est presque terminée; enfin, les échos du théâtre annoncent que M. Meyerbeer, lui-même, leur a fait l'honneur de leur demander un libretto d'opéra-comique. L'habileté des deux jeunes auteurs à tourner des couplets, leur aptitude à saisir les rhythmes et les situations qui conviennent le mieux au musicien, enfin, la gaieté et le naturel qui règnent dans leurs pièces, dont le sujet est toujours d'une extrême simplicité, expliquent leurs succès dans cette carrière.

Cependant, nous formons des vœux sincères dans l'intérêt de leur réputation, pour que la séduction de ces résultats lucratifs ne fasse pas oublier à nos deux poètes les palmes plus glorieuses que l'on conquiert sur les scènes élevées où ils ont tenté leurs premiers pas. Que notre compatriote, M. Carré, termine enfin la grande comédie en cinq actes et en vers qu'il tient depuis longtemps sur le métier! C'est en suivant les traces de Regnard, plutôt que celles de M. Scribe, qu'il est appelé à conquérir un jour, au prix d'*efforts persévérants et de nobles aspirations*, une place honorable parmi les écrivains qui font de la littérature *difficile,* mais, par cela même, durable.

Pour compléter cette notice, il conviendrait de présenter ici quelques citations à l'appui de nos jugements, peut-être un peu suspects de partialité; mais nos lecteurs seront amplement dédommagés de cette lacune, car M. Carré s'est empressé d'offrir à l'honorable éditeur de *Metz littéraire,* en témoignage de son bon souvenir pour la ville où il a été élevé, un drame inédit en vers, *l'Infant de Castille,* qui fut reçu au Théâtre-Français en 1843, mais qui n'a point encore été représenté[1].

G.-A. HUMBERT.

Paris, le 29 mars 1854.

---

[1] Voir à la page 88 un fragment du drame de M. Michel Carré.

LE DERNIER DES ROMANTIQUES.

Quand il vit que malgré l'éloquence des romantiques, on songeait à embellir Paris, Carolus Fumichon tomba dans une mélancolie profonde :

« Par la corne de Satanas! s'écria-t-il, la ligne droite l'emporte, le zig-zag devient impossible, les maçons ont tué la poésie, Paris n'est plus habitable. Il est temps de s'expatrier : mais où retrouver la ligne torse et le zig-zag? Emporte-t-on le moyen-âge à la semelle de ses souliers ?

» Le neuf nous déborde; partout des gens, montés sur des échafaudages, qui savonnent les maisons et qui leur font la barbe; pas de façade qui ne se présente le menton frais et rasé; le vénérable accessoire de mousse dont les ans les avaient ornées tombe sous le racloir des badigeonneurs. On veut à toute force que Paris date d'hier!

» Je sens que je ne survivrai pas à une telle métamorphose. Hier on m'a volé ma rue Pierre-Lescot, demain on me prendra ma rue Thibault-aux-Dés que les ignorants appellent *Thibautodé*. Dans six mois on ne trouvera pas la moindre gargouille, la plus légère quiquengrogne dans tout Paris; les maisons se suivront et se ressembleront : la ville de Notre-Dame de Paris ne sera plus habitable que pour des Américains ! Réfugions-nous dans un pays où il y ait encore des gargouilles, des quiquengrognes, des wouivres, des salamandres, et quelques tarasques. »

Et Carolus se mit à chanter : « Connais-tu la contrée où sous l'auvent de pierre, la gargouille s'allonge en gouttière, où le poète peut encore dormir sous un toît à pignon? Ce pays, c'est *Deutchland*, c'est l'Allemagne! O mes amis, c'est là qu'il faut vivre, c'est là qu'il faut se réfugier! »

Celui qui chantait ainsi, Carolus Fumichon, fils de Polycarpe Fumichon, bonnetier rue Saint-Denis, était sorti du collége en 1830, au moment où le romantisme couvrait la France de rosaces, d'arabesques et d'ogives. Il s'était jeté à corps perdu dans le moyen-âge et dans l'enjambement : la seule vue d'une césure suffisait à le mettre en fureur, il rugissait au seul mot de tragédie.

Carolus Fumichon ne parlait que la langue des chroniques, celle que les élèves de l'école des Chartres ne peuvent déchiffrer ; il portait des souliers pointus, une barbe pointue, un chapeau pointu, un nez également en pointe. Son bonheur était de se faire rouer de coups par les marchands de vin du quartier latin, qu'il appelait : Taverniers du diable! « A moi les escholiers de Cluny, » s'écriait-il, lorsque l'hôtelier de Satan le saisissait d'un bras vigoureux pour le mettre à la porte; et il menaçait sa maîtresse de maison, toutes les fois qu'elle lui demandait de l'argent, de porter plainte à « messire le Recteur pour avoir icelle hôtellerie violé, en la personne de l'estudiant Carolus Fumichon, les priviléges de l'Université. »

Notre ami (car c'était notre ami) poussa un jour le romantisme jusqu'à se croire loup-garou. Il prétendit qu'il était lycanthrope, et qu'il errait la nuit dans les bois cherchant à étrangler des moutons et des hommes.

Carolus Fumichon était persuadé qu'on pouvait évoquer le démon, qu'il était facile de fabriquer des diamants et de l'or, et que ce métal, à l'état potable, faisait vivre éternellement.

Il est inutile de dire que Carolus faisait le désespoir de son père en refusant de continuer la profession de bonnetier, dans laquelle les Fumichon se succédaient, de père en fils, depuis plus de cent cinquante ans. Carolus voulait devenir un lettré de premier ordre, et quand on lui disait : « Mais ton père finira par supprimer ta pension », il répondait qu'il vivrait à la manière des Capulet et des Montaigu, et que la misère ne l'effrayait pas, attendu qu'il fallait toujours souffrir avant d'arriver à la renommée.

Le papa Fumichon mourut avant son fils, qui eut pour sa part d'héritage quelque chose comme quinze cents francs de rentes. C'était plus qu'il n'en fallait à Carolus Fumichon, qui, pour rester fidèle encore plus aux traditions du moyen-âge, ne mangeait que dans les cabarets et ne prenait domicile que chez les logeurs à la nuit. A peine maître de sa fortune, il éprouva le besoin de voyager et de visiter les principales cathédrales de l'Europe. Il chercha longtemps une troupe de Bohémiens à laquelle il fût s'adjoindre; mais les *zingari* ou *gitanos* étant fort rares, Carolus fut obligé de se contenter de compléter le personnel d'une diligence des messageries royales.

Carolus vint me faire ses adieux avant son départ : « Mon intention, me dit-il, est de me rendre directement à Weimar pour adorer un moment le grand Goëthe; de là je partirai pour le Hartz, où j'arriverai juste au moment d'assister au grand sabbat qui a lieu tous les ans, pendant la nuit de la saint Waldpurgis. Il se peut que je rencontre là Méphistophélès, et que je consente à faire un pacte avec lui. Je vous laisse mes manuscrits, ne les remettez à personne qu'à moi seul : je viendrai les chercher à mon retour. Méfiez-vous de mon valet, Méphistophélès, s'il se présentait en mon nom pour prendre mes papiers. »

Trois ou quatre ans s'écoulèrent sans que je reçusse de nouvelles de mon ami Carolus, et je commençais à croire que le diable l'avait emporté, lorsqu'un jour du mois d'octobre 1839, un commissionnaire m'apporta la lettre suivante :

« Mon cher ami,

» A peine arrivé à Paris, j'ai été appréhendé par les archers de la Prévôté et conduit dans les prisons du Petit-Châtelet.

» Mon crime est d'avoir voulu défendre les grilles de la place Royale qu'on voulait enlever et remplacer par des grilles nouvelles, sous prétexte que, dans l'état de vétusté où elles se trouvaient, elles pouvaient tomber et blesser dangereusement les passants, ou les enfants qui viennent jouer avec leurs bonnes sur la place Royale.

» J'ai cru devoir m'opposer à l'arrachement de ces vénérables ferrailles. Les archers m'ont empoigné, et me voilà sur la paille humide des cachots : je te prie de me réclamer.

» Carolus Fumichon. »

Le lendemain, Carolus Fumichon fut rendu à la liberté, et il vint me faire une visite pour me remercier et, en même temps, pour reprendre ses manuscrits. « Hélas ! me dit-il, il y a bien moins de fantastique et de moyen-âge en Allemagne qu'on ne le croit généralement ! Goëthe, le grand Goëthe m'a reçu comme un chat dans un jeu de quilles; il était pressé, me dit-il, de se rendre au conseil du Grand-Duc, dont il est ministre, et c'est à peine si nous avons pu toucher ensemble quelques mots d'esthétique. J'ai passé une nuit sur le Brocken, qui est le sommet le plus élevé de la chaîne du Hartz, et l'endroit sur lequel se réunissent toutes les sorcières de l'Allemagne pour fêter la saint Waldpurgis; je n'ai pas aperçu le moindre diable, quoique je me sois livré à une foule d'évocations!

» Voilà pour la sorcellerie; quant au fantastique, figure-toi, mon cher, que le grand Hoffmann est à peu près inconnu en Allemagne. Il n'y a que les gens profondément versés dans la littérature nationale qui sachent ce que c'est que l'auteur du *Chat Murr;* le public en masse est convaincu qu'un français, nommé Loëve-Weymar, a pris le pseudonyme d'Hoffmann pour publier des contes qu'il n'aurait pas pu mettre au jour sans cela, à cause de ses fonctions diplomatiques. J'ai été sur le point de me battre en duel, pour avoir soutenu à une table d'hôte que le biographe du musicien Kreissler était bien réellement allemand : c'est une gloire dont personne ne se soucie dans le pays du docteur Faust. En revanche, tout le monde m'a demandé si *Herr* Paul *von* Kock n'était pas allemand, ainsi que son nom semblait l'indiquer? Pour celui-là, les Allemands auraient été fiers de le posséder. »

C'est en 1839 que Carolus Fumichon revit sa patrie. A cette époque, on était déjà dans cette ère d'embellissement et de rénovation qui brille aujourd'hui dans toute sa splendeur. Notre ami avait élu domicile dans cette rue Glatigny, dont on trouve l'exacte et désagréable description dans un des chapitres de *Notre-Dame de Paris.* « Au moins, disait Carolus, dans cette rue assez étroite pour que je puisse de ma fenêtre donner la main à mon voisin, je respire l'atmosphère du moyen-âge, mes poumons se dilatent en plein gothique! je n'entends pas le marteau des démolisseurs! je puis travailler en paix à mon grand ouvrage sur la danse macabre!

» D'ailleurs, ajoutait-il, je suis ici au centre même de la

poésie et de la civilisation, au milieu de la Cité, entre Notre-Dame et l'Hôtel-Dieu, à quelques pas de la Morgue! »

Les amis de Carolus Fumichon n'étaient guère tentés, on le pense bien, d'aller le chercher rue Glatigny; aussi, restions-nous quelquefois des années entières sans le voir. Quelques mois avant la révolution de février, par une journée d'automne assez brumeuse, je m'étais arrêté sur le quai du Louvre, et je regardais machinalement les exercices d'un acrobate déjà vieux, pendant que sa fille, vêtue de paillettes et de haillons, promenait autour du cercle une sébile en fer-blanc. La collecte terminée, le vieil acrobate roula son tapis; la fille vida ses sous dans un panier; un monsieur, vêtu d'un paletot, mit sur sa tête la chaise qui servait aux exercices, et tous les trois prirent ensemble le chemin du Pont-Neuf.

— Par ma foi, m'écriai-je en arrêtant le monsieur à la chaise, c'est Carolus!

— Lui-même, me répondit-il.

— Et que fais-tu donc dans cet équipage?

— Tu le vois bien, me dit-il, j'aide ces braves gens à porter les ustensiles chez eux. Esméralda est trop fatiguée pour se charger de cette chaise, ajouta-t-il en ajustant sur les épaules de la jeune saltimbanque un vieux manteau fané.

— Ah! tu l'appelles Esméralda?

— Je sais bien qu'il lui manque une chèvre, mais je compte lui en acheter une et l'élever moi-même, de façon à pouvoir jouer convenablement son rôle en public comme la célèbre Djaly. »

Comme nous en étions là de notre intéressant entretien, une voix enrouée se fit entendre :

— Avancez-donc, fainéant! Nous ne mangerons jamais la soupe, si vous vous arrêtez à jacasser tout le long du chemin.

— Esméralda m'appelle, il faut que je te quitte. La pauvre enfant doit être si fatiguée de ses exercices! »

Et Carolus Fumichon, hâtant sa marche, eut bientôt disparu, avec les deux saltimbanques, à l'une des extrémités du Pont-Neuf.

Je n'ai plus revu Carolus Fumichon jusqu'au jour de l'inauguration de la rue de Rivoli. Ce jour-là il est entré dans ma chambre, maigre, chancelant, pâle, exténué; j'ai eu beaucoup de peine à le reconnaître.

—C'est toi, Carolus?

—Moi-même, répondit-il d'une voix caverneuse; je viens te faire mes adieux.

—Où vas-tu donc?

—Là haut.

Carolus me montra majestueusement le ciel.

—« Que veux-tu que je fasse sur cette terre où tout est neuf, où les hommes n'aiment que ce qui date d'aujourd'hui? Je monte sur les tours de Notre-Dame, reprit-il, afin de contempler comme autrefois Paris à vol d'oiseau, et je ne reconnais même plus Paris. On m'a pris toutes mes rues, tous mes monuments. J'erre comme un inconnu, comme un étranger dans cette ville où j'ai pris naissance.

» Que de malheurs m'ont éprouvé depuis 1830! Après l'apogée de l'art, j'ai assisté à sa décadence; j'ai vu commencer la réaction contre l'art pour l'art; j'ai vu poindre l'école du bon sens. Rends-moi justice : j'ai assisté sans pâlir à la représentation de la première tragédie qui ait osé se montrer depuis la grande bataille d'*Hernani*.

» Auparavant, j'avais visité l'Allemagne : autre désillusion, nouveau désenchantement que j'ai supporté sans faiblir. A mon retour l'amour s'était présenté à moi avec toutes ses consolations décevantes, et je lui avais dit : « Sois le bien-venu. » Esméralda m'a trompé pour un sapeur; comme son homonyme de *Notre-Dame de Paris,* elle avait un penchant prononcé pour messieurs les militaires.

» Eh bien! j'ai résisté au désespoir de l'amour.

» Mais ce matin, en me levant, lorsque je me suis trouvé à l'entrée de cette rue de Rivoli, dont le commencement est aux Champs-Élysées et la fin partout, lorsque j'ai songé à toutes les ruines qu'il a fallu amonceler pour dénouer ce long ruban de queue, une immense tristesse s'est emparée de moi; je me suis senti étranger dans ma propre patrie; je me suis cru à New-Yorck, à la Nouvelle-Orléans, à Londres ou à San-Francisco.

» Tous les garnis un peu pittoresques de Paris sont détruits; je ne sais plus où me loger, à moins que je ne prenne un gîte dans une cité ouvrière ou dans un de ces phalanstères américains que l'on est en train de construire sous le nom d'hôtels dans une foule de quartiers. Qu'est devenue la rue de Glatigny? Elle n'est plus, et pas un journal n'a prononcé son oraison funèbre!

» A nouvelles maisons, nouveaux habitants.. On parle maintenant une langue que je n'entends plus; on ne s'occupe que de bourse et de chemins de fer. Il y a des années que le Théâtre-Français ni l'Odéon ne se sont permis de jouer le moindre drame. On n'oserait pas avouer aujourd'hui qu'on est lycanthrope et qu'on va au sabbat. Aussi, ai-je résolu d'en finir avec la vie.

» Je voudrais bien me percer avec une bonne lame de Tolède, mais je n'en ai pas. Je me suis contenté, donc, d'écrire à l'apothicaire de Vérone :

« Monsieur l'apothicaire,

» Ayez l'obligeance de m'envoyer, courrier par courrier,
» une forte dose du poison que vous vendîtes à Roméo Mon-
» taigu, et dont l'effet laissa si peu de chose à désirer. Vous
» comprenez, Monsieur, qu'un homme comme moi ne peut
» mourir que d'une façon tout-à-fait shakespearienne.

» Agréez, Monsieur l'apothicaire de Vérone, l'assurance de ma considération la plus funèbre et la plus distinguée. »

» Suit ma signature.

» Dès que j'aurai reçu mon poison shakespearien, ajouta Carolus, je mettrai l'éternité entre la rue de Rivoli et moi; en attendant, je te lègue mes manuscrits, et, notamment, mon grand travail sur le mythe de la danse macabre..., à une condition, cependant! »

— Laquelle?

— Jure-moi que tu me feras enterrer dans le charnier des Innocents. »

J'étendis la main, pensant bien qu'en attendant que le poison arrivât de Vérone, il me resterait assez de temps pour réconcilier le dernier des romantiques avec l'existence et la rue de Rivoli.

Louis Huart.

PRÉVOYANCE. — PROGRÈS.

Contempler les efforts que font les hommes, dans nos sociétés modernes, pour se garantir mutuellement contre les malheurs qui résultent de l'état même de société, se mettre à l'abri des coups de la fortune, améliorer les conditions de l'existence, ou adoucir au moins les malheurs que notre nature comporte, c'est fixer les regards sur un des tableaux les plus dignes d'occuper notre esprit.

Prévoir, c'est en effet, s'approcher par l'intelligence, aussi près qu'il nous est permis de le faire, de cette suprême intelligence que, dans leur admiration reconnaissante, les hommes ont nommée Providence.

La Providence a tout prévu, a pourvu à tout, suivant ses desseins éternels.

La prévoyance, dans la limite des forces de l'esprit humain, pourvoit aux besoins des hommes. Et, lorsqu'empruntant un rayon de l'intelligence divine, elle se dégage pour agir avec plus de dignité, des intérêts matériels, alors elle s'élève en moralité, elle agrandit et ennoblit ses travaux ; elle se transforme en cette charité qui devrait tous nous guider dans les actes de notre vie.

La prévoyance est donc non-seulement une pensée utile, mais c'est une pensée morale; associée à la charité, c'est une pensée chrétienne, c'est une pensée éminemment religieuse, c'est la plus haute expression de l'intelligence, comme l'expression la plus morale de nos sentiments d'amour envers nos semblables.

Vous donc qui vous êtes associés sous l'inspiration de la prévoyance, vous avez fait l'acte le plus généreux que le cœur de l'homme puisse engendrer. Il vous est permis de vous énorgueillir de votre œuvre.

Mais si vous avez la conscience qu'elle est bonne, il est de votre devoir de la poursuivre, de l'étendre, d'y faire participer le plus grand nombre de vos frères.

La haute pensée qui a dirigé les fondateurs de votre institution, inscrite en tête de vos statuts, est ainsi exprimée :

« La Société se propose de rapprocher et d'unir les diffé-
» rentes classes de citoyens, par des sentiments de bienveil-
» lance réciproque... Elle tend à entretenir parmi les associés
» des sentiments de fraternité. »

Cette pensée, qui a pris naissance dans une connaissance profonde de notre état social, doit être sans cesse présente à votre esprit.

Votre association est la première institution de bienfaisance qui se soit spontanément formée dans notre ville ; elle a donné l'impulsion à ce mouvement remarquable qui s'est, depuis, si considérablement développé.

C'est donc pour elle un devoir de rester comme un modèle

qui doit être imité, au moins dans la persévérance de ses efforts pour atteindre le but ; son devoir est d'améliorer sans cesse tout ce qui est susceptible d'amélioration.

Beaucoup se sont pressés sur vos pas ; mais la carrière de la bienfaisance est assez vaste pour que tous les hommes y trouvent place et s'y réunissent pacifiquement, pour qu'ils y travaillent, sous des bannières diverses, aux améliorations que l'état de notre société réclame.

La bienfaisance se montre à Metz, sous les formes les plus multipliées et les plus touchantes.

Nous n'entendons parler que de la bienfaisance publique, car nous fût-il possible de révéler les actes de la charité privée, le caractère timide qui lui est propre, nous obligerait de respecter le mystère dont elle enveloppe ses œuvres.

La ville de Metz compte plus de vingt-cinq institutions publiques de bienfaisance. Chacune renferme dans son sein, comme administrateurs ou associés, à titres divers, un grand nombre de citoyens.

En tête, il faut placer les *Ecoles*. Ces institutions, en effet, sont des plus importantes. Elles contiennent les germes précieux de la société : son avenir dépend de la préparation qu'y reçoivent les enfants. C'est une vérité bien sentie parmi nous; aussi voyons-nous, dans notre cité, une heureuse émulation pour les soins à donner à l'enfance ; aussi les plus louables efforts s'y font-ils, de toutes parts, pour préparer les enfants à leur rôle d'hommes, rôle d'autant plus difficile et d'autant plus honorable que les institutions accordent plus de liberté.

. . . .
. . . .

Maintenant, si, d'un coup-d'œil, embrassant l'ensemble des actes de bienfaisance qui se produisent parmi nous, on en veut connaître la somme, on verra qu'elle s'élève à plus de 500 000 francs par année.

En vous présentant ce tableau à peine ébauché de la bienfaisance publique, ne croyez pas que nous voulions nous en autoriser pour vous dire : « Voyez combien est considérable ce qui se dépense en charités! Comment croire, après ce qui se fait, que toutes les douleurs ne soient pas apaisées? Comment des plaintes et des gémissements peuvent-ils encore se faire entendre ? Payons un tribut d'applaudissements à cette charité active, déployée par ceux que la fortune favorise, et demeurons en repos ! » Non : telle n'est pas notre pensée. Rendons justice à ceux qui le méritent, mais disons : « On » fait beaucoup, il y a beaucoup à faire encore. Oui, il y » a beaucoup à faire, mais nous sommes sur la bonne voie, » marchons. Que l'éloignement du but ne nous décourage » point. »

Si au commencement de sa journée, un ouvrier, au bout d'une minute de travail, voulait mesurer l'ouvrage qu'il a fait : le voyant si peu avancé, et combien il lui reste à faire, un découragement profond s'emparerait de lui, ses outils lui échapperaient des mains, l'amertume remplirait son cœur, et ses bras se croiseraient dans l'inaction. Si, au contraire, travaillant avec foi et courage, il attend jusqu'à l'heure où le soleil marque le milieu du jour, pour considérer son travail, il en reconnaît avec joie le progrès, et son ardeur en augmente, et il conçoit l'espoir de terminer son ouvrage avant que la nuit couvre la terre de ses voiles.

Qu'il en soit de même pour nous; n'essayons de compter le progrès ni par minute, ni même par année; nous en trouverions la marche trop lente: mais comparons notre génération à celles qui nous ont précédés et nous serons soutenus dans notre foi, et nous concevrons l'espoir que nos efforts ne seront point perdus, et nous acquerrons même la certitude que la loi du progrès est constante.

Nous venons d'en suivre les effets dans cette propagande louable pour tout ce qui touche aux besoins de l'intelligence, comme à ceux du corps; pour tout ce qui tend à développer ces institutions d'assurance mutuelle destinées à nous donner de la sécurité dans le cours de la vie. Portons plus loin nos regards et cherchons, dans un horison agrandi, si ce que nous voyons dans l'enceinte de nos murs, ne se reproduit pas, sur un plan plus élevé dans la vaste enceinte occupée par la nation française.

Nous reconnaîtrons que tout marche alors, à des témoignages irrécusables, et peut-être rendrons-nous justice aussi à notre époque dont, par une aberration funeste, on dit trop de mal.

« *Tu aimeras ton prochain comme toi-même.* » Tel est la loi que le divin maître présente, comme la première de toutes, à ses disciples; si cette loi présidait à toutes les relations, aux relations du commerce, comme à celles de la politique, combien de maux épargnés, de malheurs éloignés de nous, de fraudes disparues! Plus de haines entre les hommes, plus de guerres entre les nations: partout la probité, la charité, remplaceraient les tromperies, les discordes et les crimes.

N'est-ce pas dans ce sens qu'est le progrès? N'est-ce pas à faire triompher ces vérités éternelles qu'il faut s'attacher? Ces vérités ne sont-elles pas de nature à toucher tous les esprits, à être acceptées par toutes les communions?

Nul doute que le progrès ne soit dans la réalisation de la loi évangélique dont la supériorité ressort de sa simplicité même, saisissante pour toutes les intelligences.

Est-ce bien cette voie que notre nation a suivie?

Gouvernée par le principe chrétien, s'est-elle élevée depuis soixante ans en moralité et en bien-être? Qu'a fait de la société moderne, notre grande révolution de 1789, qui avait surtout pour objet de continuer l'émancipation chrétienne de l'homme en lui imposant de plus en plus la responsabilité de ses actes?

Répondons : Quel que soit le terme de comparaison que l'on choisisse, il établit la supériorité de notre société sur l'ancienne.

Les luttes révolutionnaires elles-mêmes en sont un témoignage.

Cruelles et longues dans notre première révolution, en 1830 et en 1848, elles durent à peine quelques jours, et les vainqueurs, rendant hommage au sentiment public, se hâtent d'abolir la peine de mort en matière politique.

Dans la première époque, bouleversement complet et violent de la fortune de l'État et des fortunes particulières; de nos jours, consolidation de la fortune publique, de la propriété; respect scrupuleux pour les situations privées. Un changement considérable dans l'État lui impose des charges extraordinaires; est-ce aux dépens des vaincus qu'il se crée des ressources? Est-ce par des moyens violents et irréguliers? Non : il frappe sans distinction toutes les propriétés d'un impôt proportionnel et sauve ainsi la France d'une désastreuse banqueroute.

Les caisses d'épargnes qui reçoivent les dépôts les plus sacrés, fruits de l'économie, qu'à force de privations l'ouvrier fait sur son salaire, les caisses d'épargnes étaient créancières de l'État, pour des sommes considérables : garantir ces dépôts de toute atteinte, fut la pensée qui préoccupa le plus le gouvernement. Le remboursement se fit en rentes sur l'État, au cours; et l'Assemblée Constituante poussa même le scrupule jusqu'à tenir compte d'une baisse survenue depuis le décret de remboursement. Le résultat de cette double opération fut que, bientôt, les déposants virent leur capital augmenté de plus d'un quart, et leurs épargnes leur donner 3 p. % d'intérêt de plus qu'elles ne produisaient auparavant.

Personne n'eût osé, au sein même des plus grandes difficultés financières, proposer à la France de manquer à ses engagements : le sentiment national en eût été révolté.

Mais il est une autre considération qui témoigne d'une manière plus éclatante encore, du progrès dans la morale publique : c'est la conservation de la paix avec l'Europe, au milieu de circonstances qui semblaient convier la France à la guerre.

Ces grands faits attestent l'amélioration de nos mœurs. Elles adoucissent, en effet, les malheurs qui naissent des discordes politiques, elles font prévaloir la bonne foi dans les transactions financières, les sentiments d'humanité au milieu même des guerres civiles ; elles font observer des traités douloureux, peut-être, à subir, mais qu'il importe de respecter pour donner au monde un magnanime exemple de modération.

Ainsi la France s'est montrée assez forte, assez grande, assez sûre d'elle-même, pour réprimer en vue de l'union des peuples, cette ardeur nationale, cette exaltation qui lui est propre, cette généreuse impulsion d'une vie puissante, ce besoin de se répandre au dehors pour tout animer de sa chaleur communicative ; car tel est le caractère des Français, caractère qui les place à la tête du progrès, caractère qui fait leur grandeur, leur gloire, mais qui a quelquefois causé leurs désastres.

Le principe chrétien en s'associant à la politique l'a donc améliorée, comme il améliorera toute chose à mesure qu'il s'infiltrera davantage dans tous les actes de la société.

Si le progrès moral s'est à ce point développé, constatons que, dans ses intérêts matériels, la société n'a pas marché moins heureusement.

Une des mesures les plus exactes que l'on puisse employer pour apprécier les améliorations matérielles, est donnée par cet ensemble de circonstances qui procurent aux masses un certain bien-être, les soustraient aux privations trop dures et les placent dans des conditions d'existence favorables. Eh bien ! pour chercher si dans ce sens, les efforts, les sacrifices immenses faits par la nation depuis soixante ans n'ont pas été stériles, si elle ne s'est pas trompée, si tant de malheurs supportés, tant de ruines consommées, tant d'hommes morts pour la patrie ont réellement fécondé cette patrie si chère à tous ; pour reconnaître si on ne s'est pas laissé entraîner à de vaines illusions, et si, enfin, on recueille le prix de tant de travaux, voyons ce qu'était la population de la France avant la célèbre époque de 1789.

En nombre, elle était de 24 millions d'hommes ; si l'on en fait aujourd'hui le dénombrement, on trouve qu'il se porte à 36 millions. Ainsi la population française, dans les anciennes limites de la France, s'est augmentée de moitié ; le territoire est habité par 12 millions d'hommes de plus qu'avant la révolution.

D'où vient cela ? — Sans contredit, de ce que le nombre des naissances excède annuellement le nombre des décès.

Mais on peut objecter que ce n'est pas une preuve d'amélioration, parce qu'il serait possible que l'accroissement annuel de la population eût été le même autrefois qu'aujourd'hui.

Voici la réponse :

Autrefois, c'est-à-dire dans les deux siècles qui ont précédé 1789, la population de la France était de 20 à 24 millions d'habitants. Et, ce qui est constaté, cette population était stationnaire ou ne s'accroissait qu'imperceptiblement.

On a pu, en effet, se rendre compte qu'il naissait annuellement, dans ce laps de deux siècles, 800 à 900 mille enfants, mais que les naissances étaient balancées par une mortalité égale. De nos jours, le nombre des naissances est à peu près le même qu'autrefois; c'est-à-dire qu'une population de 36 millions d'habitants ne met pas au monde plus d'enfants que la population d'alors qui n'était que de 24 millions d'hommes. Mais comme on perd beaucoup moins d'enfants; comme on peut mieux se loger, se vêtir, se nourrir, se soigner; comme, par conséquent, la longévité est devenue plus grande, il en résulte qu'il ne meurt annuellement que 830 000 individus, sur 980 000 qui naissent, et que la population s'accroît chaque année d'environ 150 000 âmes.

D'où il est facile de déduire qu'autrefois, sur 25 habitants il naissait un enfant, tandis qu'aujourd'hui, il en naît un seulement sur 37 habitants;

Qu'autrefois, sur 25 habitants, il en mourait un par an; tandis qu'aujourd'hui, il n'en meurt qu'un sur 45;

Que, par conséquent, la vie moyenne des Français est presque doublée.

Que conclure donc de cet alongement si remarquable de la vie humaine, si ce n'est que les conditions de l'existence se sont améliorées, que les institutions nouvelles ont exercé sur les populations une influence heureuse, qu'elles sont réellement sur la voie du progrès, que les réformes profondes qui ont modifié notre régime social sont véritablement un bienfait?

Une autre preuve, qui doit paraître concluante, se déduit des résultats des caisses d'épargnes.

C'est en 1818 seulement que cette institution se naturalise en France : voyez quel rapide développement. En 1848, lors de la liquidation générale des caisses d'épargnes, par l'Etat, le trésor se trouve débiteur envers elles d'une somme de près de 400 millions! C'est vingt millions de rentes que se partagent les petits capitalistes, qui avant l'institution de ces caisses ne possédaient pas un centime. Voilà donc une masse de prolétaires, sans influence autrefois, qui comptent aujourd'hui comme une puissance réelle et qui méritent d'être ainsi considérés, puisqu'ils contribuent à la fortune publique, puisqu'en augmentant le capital social, ils fécondent une foule d'industries, puisqu'en grossissant le fonds de l'épargne nationale, ils pourvoient aux nécessités des temps calamiteux, puisqu'en se liant par leurs apports journaliers à la fortune de l'Etat, ils s'incorporent, en quelque sorte, avec l'Etat même et en deviennent les plus fermes appuis.

La liaison intime qui existe entre les sociétés de bienfaisance et la richesse nationale, leur influence sur la santé générale et la longévité, leur influence, surtout, sur la morale publique et le progrès des mœurs sont ainsi démontrées. Ces sociétés relient entre eux tous les citoyens, en favorisant cette action réciproque des uns sur les autres, en rendant nécessaire le riche au pauvre, comme le pauvre est nécessaire au riche, car si l'un possède le capital, l'autre donne le travail sans lequel le capital reste improductif; ces sociétés favorisent cet échange de services mutuels qui honore les hommes, leur donne l'indépendance, la liberté vraie, qui fait naître et entretient dans leurs cœurs, la générosité, sentiment que sanctifie la charité chrétienne. Elles atteignent ainsi le but qu'elles se proposent, *en rapprochant les hommes, en les unissant par des sentiments de bienveillance réciproque et de fraternité, et en atténuant, autant que cela est possible, l'inégalité des conditions.*

Que leur œuvre se continue, que la civilisation poursuive ses glorieux progrès, que chacun y travaille avec les forces qui lui sont départies, que chacun y mette toutes ses facultés, toutes les forces de son corps et de son intelligence, toute son âme enfin; que chacun fasse son devoir et marche avec un cœur droit, un esprit religieux, et la société, ainsi secondée par tous ses enfants, sortira triomphante de ses épreuves, poursuivra ses destinées d'un pas ferme, dans une paix profonde, et Dieu protégera la France!

EMILE BOUCHOTTE.

SYSTÈME GÉOGÉNIQUE DE BUFFON.

> Les causes dont l'effet est rare, violent et subit ne doivent pas nous toucher, elles ne se trouvent pas dans la marche ordinaire de la nature ; mais des efforts qui arrivent tous les jours, des mouvements qui se succèdent et se renouvellent sans interruption, des opérations constantes et toujours réitérées, ce sont-là nos causes et nos raisons.
>
> BUFFON, *Théorie de la Terre*.

L'histoire du règne animal est la partie la plus connue des œuvres de Buffon [1], et celle qui, sous le rapport littéraire, mérite le plus de l'être. Ce n'est pas toutefois le seul titre de ce grand naturaliste à l'admiration de la postérité : à l'exemple d'Aristote et de Pline, ses illustres devanciers, de Linnée, son contemporain et son émule, Buffon a embrassé la nature entière. Il a notamment tracé une histoire générale du globe terrestre qu'il a placée en tête de son *Traité d'histoire naturelle*, la considérant avec raison comme la partie la plus importante de cette science. Ses idées sur l'origine et la formation de notre planète ont été exposées, pour la première fois, en 1744,

---

[1] Georges-Louis Leclerc, comte de Buffon, né à Montbard le 7 septembre 1707.

dans le discours sur la *Théorie de la Terre* et dans les *Preuves* qui l'accompagnent. Il les a ensuite développées, étendues et modifiées dans le chapitre de son ouvrage qui traite des *Epoques de la Nature*. Les observations du philosophe de Montbard sur la composition de la terre, les conséquences qu'il en a déduites pour sa formation, les conceptions pleines de hardiesse au moyen desquelles il a expliqué son origine, constituent tout un système de géogénie extrêmement remarquable.

Il serait difficile de faire, en quelques pages, une étude complète de ce système. Aussi n'est-ce point le but que nous nous sommes proposé. Nous avons voulu seulement, par un exposé rapide, mettre en lumière les vues aussi simples que profondes du naturaliste français sur l'histoire de notre globe, et rechercher, dans une appréciation sommaire, par quels côtés elles se rapprochent des idées qui sont aujourd'hui généralement admises.

Pour montrer comment Buffon a conçu le plan de cette histoire, nous ne saurions mieux faire que d'analyser son discours sur la *Théorie de la Terre;* cela permettra d'apprécier en même temps sa méthode toujours parfaite et qui nous conduit au but sans effort. L'auteur se propose, dans ce discours, de remonter l'ordre des temps, et de s'élever à la connaissance de l'état ancien de notre planète par celle des faits de l'époque actuelle, et voici comment il procède. Il commence par en explorer la surface; les plaines, les montagnes, les fleuves, les volcans, la mer et ses profondeurs deviennent tour à tour l'objet de ses investigations. Il passe ensuite en revue les grands phénomènes météorologiques qui agissent sur la partie superficielle des continents, causes d'accroissement pour les uns, de destruction pour les autres, tels que les vents, les marées, les eaux courantes. Ces observations lui fournissent un premier contingent de notions fort précieuses qu'il utilisera dans la suite. Alors il pénètre plus avant; il veut connaître la partie de l'écorce du globe accessible aux travaux des hommes; il étudie l'emplacement des carrières, la position relative des couches ou lits de pierres, les coquilles qu'on y rencontre, en un mot, la structure intérieure du globe. Ces objets sont pour lui l'occasion d'une foule de remarques qui décèlent un observateur consciencieux. Enfin, il complète les connaissances qu'il a acquises, en recueillant ce qui a été écrit sur l'objet de ses études, soit par les savants qui l'ont précédé, soit par les voyageurs; mais il se garde bien de tout admettre, et, dans ce travail, il fait preuve de la plus vaste érudition comme de la plus saine critique.

Désormais, tous les matériaux qui doivent concourir à former l'édifice sont préparés. Buffon va nous entraîner vers le but avec sa logique pressante. Il voit — pour nous servir d'une expression qu'il emploie souvent — que le globe terrestre a été originairement fluide, qu'il l'a même été aussitôt qu'il a commencé à tourner sur son axe; c'est la conséquence nécessaire de sa forme aplatie sous les pôles, renflée à l'équateur. Mais quel a été l'agent de cette fluidité? Est-ce l'eau ou le feu? Les matières qui composent la partie solide du globe ont-elles été en dissolution dans l'eau des mers ou bien ont-elles été liquéfiées par le feu souterrain? La première hypothèse a pour elle l'autorité d'Aristote; elle a été enseignée dans les écoles pendant vingt-et-un siècles au nom du maître; mais le fier esprit de Buffon ne sait pas se plier au joug. Il lui répugne d'admettre que la masse énorme de la partie solide du globe ait été en dissolution dans la faible quantité d'eau que renferme l'Océan; il se prononce donc, et d'une manière absolue, pour l'origine ignée. La terre n'a-t-elle pas conservé, en effet, des traces de son premier état? Ne possède-t-elle pas une chaleur intérieure qui lui est propre, indépendante de celle que les rayons du soleil peuvent lui communiquer, et qui, seule, est capable de maintenir la vie à sa surface? D'un autre côté, n'est-il pas vrai que toutes les substances qui en forment le fond, le roc vif [1], le quartz, les sables, les grès et granites, les ardoises et les schistes, les argiles et les métaux et minéraux métalliques sont vitrescibles et non point solubles dans l'eau. Quant aux matières qui ne sont pas directement fusibles, tels que les sables et graviers calcaires, les craies et les marbres, elles ont été originairement fondues comme les autres; ainsi le veut la théorie plutonnienne. La seule différence qui existe entre ces matières et les premières, en ce qui concerne leur origine, c'est que, pour employer le langage pittoresque de Buffon, elles ont passé par des filières qui les ont dénaturées, et ces filières sont les estomacs des madrépores et des mollusques qui savent pétrifier l'eau de la mer. La masse entière des calcaires, des craies et des marbres n'est, pour lui, autre chose qu'un amas de coquilles ou de débris de coquilles.

Ainsi se trouve déterminée, d'une manière générale, la part que le feu et l'eau ont eue dans la formation de la terre. Mais cela n'est encore que la base du système, car l'ordre est partout dans la nature, et les grandes masses qui composent le globe, sont disposées d'après un plan admirable que le naturaliste doit savoir interpréter. Voyons comment Buffon, après avoir interrogé ces monuments des anciens âges, en a tracé l'histoire.

Il débute, dans l'exposition de son système, par une hypothèse à laquelle il ne tient pas plus qu'il ne convient, mais qu'il appuie cependant de considérations très-propres à en

---

[1] Les termes dont nous nous sommes servi dans cette énumération, paraîtront peut-être un peu surannés; ce sont ceux que Buffon emploie : nous n'avons pas jugé à propos de les changer.

augmenter la probabilité. Il suppose qu'une comète s'est approchée assez près du soleil pour en sillonner le disque et projeter dans l'espace, sous forme d'un torrent de matière embrasée, la six cent cinquantième partie de la masse de cet astre. Ce torrent, composé de substances inégalement denses, n'a pas tardé à se diviser, et les parties similaires, se réunissant entre elles, ont donné lieu à autant de globes que nous en offre le système planétaire. Voilà donc la substance de la terre formée. Buffon nous la représente, dans ce temps qui a précédé les temps, comme un globe de verre homogène, incandescent et lumineux, entouré d'une atmosphère immense de matières volatiles, aqueuses et aériennes, un soleil qui gravite autour d'un autre soleil et qui tourne avec rapidité sur lui-même. Dans ce premier âge, la terre prend sa forme ; ses parties encore fluides, obéissant aux lois combinées de la pesanteur et de la force centrifuge, refluent des pôles vers l'équateur, où elles produisent un renflement d'environ six lieues[1]. Après quelques milliers d'années, nous retrouvons la substance du globe consolidée ; mais cela n'a pas eu lieu sans qu'il se forme à sa surface, comme dans toute masse vitreuse fondue qui est soumise au refroidissement, des aspérités nombreuses, des cavités et des boursoufflures. Le retrait a même occasionné des fentes profondes, qui ont ensuite été remplies par des matières métalliques sublimées de l'intérieur. La vitesse du mouvement des particules encore fluides, dans le voisinage de l'équateur, y a augmenté l'intensité de ces accidents ; cette partie de la surface est relativement plus

---

[1] La différence entre le rayon de l'équateur et le demi-axe ou l'aplatissement du globe terrestre est exactement de 20 908 mètres. A l'époque où Buffon a écrit sa *Théorie de la Terre*, on supposait que la différence était un peu plus considérable.

tourmentée que l'autre. Qui ne reconnaît déjà, à la fin de cette période, les traits principaux de la structure définitive du globe? Ces aspérités deviendront les noyaux des grandes chaînes de montagnes; ces fentes comblées nous représentent les filons dont l'homme scrutera un jour, avec avidité, les profondeurs, pour en tirer les métaux précieux; cette masse solide, enfin, encore brûlante, toute crevassée par le feu, ce n'est pas encore la terre, mais c'est déjà sa charpente ou son squelette.

Cependant, elle perd sa chaleur d'une manière insensible, et quand elle est assez refroidie pour recevoir les eaux, sans les rejeter en vapeur, celles-ci se précipitent de tous les points de l'atmosphère; elles remplissent les cavités, couvrent les plaines, et ne laissent à découvert que quelques crêtes isolées. Buffon suppose qu'elles se sont élevées primitivement jusqu'à la plus grande hauteur à laquelle on a rencontré des productions marines, c'est-à-dire à environ deux mille toises au-dessus du niveau de l'Océan actuel. Il ne nous est pas facile d'imaginer les mouvements qui ont eu lieu dans une pareille masse d'eau, avant qu'elle ait pris son équilibre : nos tempêtes les plus effroyables, ne sont rien en comparaison des convulsions qui ont dû agiter ces mers primitives dans leurs profondeurs. Les effets répondent, du reste, aux causes qui les ont produits; les faibles digues qui contiennent les eaux sont battues, minées, en parties détruites; de leurs débris accumulés, puis, roulés et pulvérisés par les flots, résulte cette masse de matériaux incohérents que l'on rencontre à la surface de la terre, et dont le sable et l'argile constituent les types. Mais partout et toujours, la nature ne détruit que pour édifier. La mer s'empare de ces nouveaux éléments, et, sous l'action déjà réglée du flux et du reflux, elle les étend; elle en forme des lits parallèles, et, en répétant incessamment cette opération, elle compose des masses puissantes, qui sont horizontales dans les plaines, inclinées quand elles s'appuient sur les pentes des montagnes. Ces dépôts vont servir à combler en partie les inégalités de la surface primitive de la terre.

Dans le temps où ces grands phénomènes se produisent, Buffon place l'apparition de la nature vivante sur le globe. Soudain tout change, tout est fécondé! Quel tableau la terre va nous offrir à la suite de cette transformation? Du sein de la mer, qui étend encore son empire sur la surface presque entière de notre planète, s'élèvent des îles nombreuses; leurs flancs, aux formes arrondies et gracieuses, sont couverts de cette végétation luxuriante qu'étale aujourd'hui la zône brûlée et humide des tropiques. Dans ces forêts primitives, les générations succèdent avec rapidité aux générations : non-seulement, les arbres s'y pressent avec une confusion inexprimable; mais le sol est encore jonché des débris de ceux qui sont tombés de vétusté. Les eaux courantes transportent ces débris à la mer, et celle-ci, à son tour, les entraîne et les dépose en une infinité d'endroits où ils formeront le charbon de terre, trésor que la nature prévoyante met en réserve, pour en faire un des éléments de la puissance des nations.

Comme la terre, l'Océan a aussi sa population composée d'animaux gigantesques ou bizarres, dont les types sont, pour la plupart, perdus. Ce sont des poissons, des mollusques, des madrépores qui, vivant dans un milieu encore tiède, se multiplient avec une fécondité prodigieuse. En mourant, ils abandonnent à la mer leurs dépouilles, ouvrages fragiles dont ils lui ont emprunté la substance, et qui, entassés par le flux, concourront à former les grands dépôts calcaires par un procédé de sédimentation analogue à celui qui a été employé pour le sable et l'argile. Ainsi s'élèvent peu à peu les terrains stratifiés, ainsi se comblent insensiblement les cavités de la surface originaire de notre planète. Puis, quand, par une accumulation incessante de débris de toute espèce, l'Océan a fini d'élever cet édifice immense pour la construction duquel les siècles ne sont que des années, il détruit une partie de son ouvrage. Des courants commencent à se former dans la mer; ils tracent de profonds sillons dans la matière encore molle que celle-ci vient de pétrir; ils y dessinent le cours des fleuves, et donnent aux continents les traits principaux de leur relief. Le long enfantement de la terre touche presque à sa fin. Les voûtes des cavernes souterraines qui se sont produites lors de la consolidation du globe, s'affaissant successivement sous la pression des dépôts qu'elles supportent, déterminent autant de gouffres, vers lesquels les eaux se précipitent de toutes parts. A mesure que ces abîmes s'ouvrent, les continents se dégagent du sein des eaux; ils apparaissent, enfin, avec tous leurs accidents, leurs montagnes et leurs précipices, leurs collines et leurs vallées, leurs plateaux, leurs plaines immenses. L'homme peut maintenant paraître et prendre possession de son domaine.

Tel est, en résumé, le système géogénique de Buffon. Pour l'apprécier à sa juste valeur, il conviendrait de se reporter au milieu du siècle dernier, et de rechercher quel était, à cette époque, l'état des connaissances humaines dans les différentes branches des sciences qui se rattachent à l'étude de la nature inorganique. En chimie, en minéralogie, en géologie [1], nous

---

[1] Pour donner une idée de l'état d'avancement de cette science vers le milieu du dix-huitième siècle, nous ne saurions mieux faire que de rappeler ce qu'écrivait Voltaire en 1746. Il disait, dans une lettre citée par Buffon, que les poissons pétrifiés n'étaient que des poissons rares rejetés de la table des Romains, parce qu'ils n'étaient pas frais, et qu'à l'égard des coquilles, c'étaient les pèlerins qui avaient rapporté, dans le temps des croisades, celles des mers du Levant qui se trouvent actuellement pétrifiées en France, en Italie et dans les autres états de la chrétienté.

trouverions peu d'observations exactes, beaucoup d'idées confuses, une foule de systèmes basés sur l'empirisme, et tout empreints encore de l'autorité despotique d'Aristote. Seule, la physique générale, récemment transformée par les grandes découvertes de Newton, nous paraîtrait avoir quelque éclat. En revanche, nous devrions constater la rareté des voyages et des grandes expéditions qui ont rendu, depuis lors, tant de services à l'histoire naturelle. Ayant ainsi fixé d'une manière précise le point de départ, nous pourrions embrasser d'un seul coup d'œil la route que Buffon a parcourue. Si nous venions alors à comparer l'exiguité des ressources à la grandeur des conceptions, peut-être serions-nous tenté, à l'exemple des contemporains du naturaliste français, de ne voir dans ces dernières qu'un jeu brillant de son imagination [1].

Rien ne serait cependant moins fondé qu'un pareil jugement, car les idées qu'il a émises en 1750, et qui ont pu paraître un peu hasardées à cette époque, ont été, pour la plupart, confirmées par les données de la science moderne. Il est impossible, en effet, de ne pas être frappé de la netteté des vues du philosophe de Montbard sur le rôle que le feu et l'eau ont joué dans la formation de notre planète. C'est à ces deux agents, qui se disputent encore l'empire de la terre, qu'il rapporte tous les phénomènes produits dans les anciens âges. Chose bien digne d'être remarquée, sa théorie repose, en général, sur des appréciations fort exactes du mode d'action de chacune de ces forces. Seulement, il a commis une erreur, en

---

[1] Les idées du naturaliste de Montbard sur l'origine et la formation du globe, sont loin d'avoir été appréciées par ses contemporains; on ne les a même considérées pendant longtemps que comme d'ingénieux romans. L'impression qu'elles firent d'abord sur les esprits, nous a été fidèlement transmise par Condorcet dans son éloge de Buffon, et dans le discours que Vicq-d'Azir, son successeur à l'Académie française, prononça le 11 décembre 1788, jour de sa réception.

supposant que les terrains qui s'appuient sur le revers des montagnes avaient pu être formés dans la position inclinée où on les trouve. Cela une fois admis, il n'avait plus aucun motif pour ne pas rattacher l'existence des noyaux des grandes chaînes aux premiers phénomènes qui ont façonné la surface de la terre, alors que sa substance était encore fluide. D'un autre côté, pour expliquer la présence des productions marines sur le sommet de quelques-unes de ces chaînes, il devait infailliblement être conduit à élever le niveau de la mer qui a envahi le globe, après son refroidissement, à une hauteur qu'elle n'a certainement jamais atteinte. Un principe faux a donc produit, dans le système de Buffon, deux inconséquences. Mais, pour une tache, combien d'observations exactes, de remarques ingénieuses; quelle vigueur de raisonnement dans les déductions; quelle hardiesse de vues dans les conjectures qui lui servent à expliquer l'origine de notre planète! Le fond du système est vrai; les idées sur lesquelles il s'appuie sont généralement très-saines et très-clairement exposées. Au résumé, il faut reconnaître que la *Théorie de la Terre* est une œuvre qui, après un siècle entier, marqué par des progrès inouïs dans toutes les sciences, a à peine vieilli, et qu'elle fera époque comme tous les monuments qui portent la glorieuse empreinte du génie.

E. Jacquot.

L'ALLIANCE.

PAUL A SARA.

I.

« Ce matin, comme on voit la timide sarcelle
Nager près des roseaux, dans ma frêle nacelle,
Cueillant les nénuphars et les jaunes iris,
J'ai rasé bien longtemps le bord des prés fleuris.
Et vers vous, ô Sara, mon cœur et mes pensées,
Devançant les efforts de mes rames pressées,
Sont partis, me laissant heureux pour tout le jour.
Chaque objet, en chemin, me devisait d'amour,
Et quand un peu plus tard j'ai touché le rivage
Qui ceint comme un bandeau votre site sauvage,
J'ai bien vite levé mes yeux vers la maison
Qu'habitent vos parents, mon plus cher horizon !
Et distinguant de loin, parmi les feuilles vertes
Qui cachent votre mur, vos fenêtres ouvertes,
J'ai désiré vous voir et vous dire, ô Sara,
Que jamais mon amour pour vous ne s'éteindra. »

II.

« L'herbe est en fleurs, les eaux se cachent sous les feuilles nouvelles. Les bords se garnissent de mille touffes de wergiss-mein-nicht. Les prêles et les graminées commencent aussi à fleurir les rives, ainsi que les pâquerettes dans le pré, l'aubépine dans les haies, et l'anémone solitaire sous les coudriers du bois. Aucun vent ne vous a-t-il encore porté leurs parfums? Vous qui aimez les fleurs et les champs, ne vous réjouissez-vous pas, comme autrefois, de leur apparition? Comme autrefois encore ne viendrez-vous pas les visiter? Sommes-nous déjà si loin de ces jours délicieux que nous avons passés ensemble, de ces promenades matinales que nous avons faites si souvent autour de votre village, au lever de la brise et de l'aube? Vous les rappelez-vous si peu que vous ne désiriez en voir revenir de semblables?

» Quand j'entre dans ma barque, il me semble qu'il me manque quelque chose. Je n'ose presque regarder ce banc que vous occupiez l'an passé, ce banc que j'avais fait placer exprès pour vous, et qui maintenant est toujours vacant. Je n'ose pas plus regarder la rive : pas une fleur des roseaux, pas une feuille des saules, pas un brin d'herbe des prés, pas un caillou des grèves, que vous n'ayez admirés et cueillis, que vous n'ayez foulés, qui n'aient conservé de vous quelque souvenir et quelque parfum!

» Oh! laissez-moi vous conduire revoir encore une fois tout cela. Vous en serez heureuse vous-même. Berque[1] m'a

---

[1] MM. Berque, constructeurs et loueurs de nacelles, sont, de père en fils, à Metz, la providence des canotiers de la Moselle.
(Note du Directeur.)

demandé hier de vos nouvelles et si l'on ne vous reverrait pas bientôt? Il vous aime aussi, lui; qui ne vous aimerait? Je lui ai dit que vous viendriez demain. Ai-je eu tort?

» Je vous envoie cette branche d'iris. Si vous consentez comme autrefois à vous trouver demain à l'aube sur la rive, je la verrai ce soir à votre fenêtre.

» Souvenez-vous, ô Sara, que pour reconquérir mon calme et ma douce sérénité, j'ai besoin de vous, j'ai besoin d'un de vos regards, d'une de vos paroles, comme l'oiseau pour chanter ses chansons a besoin d'un rayon de soleil. »

III.

Aussitôt que vint la brune, le pauvre jeune homme sortit par la porte accoutumée et côtoya la rivière. Son esprit était préoccupé de mille pensées, son cœur n'était pas plus tranquille.

Comme il approchait, il crut entendre un chant à travers les sifflements du vent qui commençait à secouer les ormes de la route. Il s'arrêta pour mieux écouter, s'imaginant avoir distingué la voix de Sara. Persuadé qu'il avait été le jouet de son imagination, il se remit en marche, mais lorsqu'il fut à quelque distance de sa chère maison blanche, le chant reprit, et Paul vit qu'il ne s'était pas trompé. C'était bien effectivement Sara qui chantait, et il reconnut les vers qu'il lui avait faits l'année précédente :

> Sur les vitraux de ma fenêtre
> Le soleil bientôt dardera ;
> L'aube déjà vient de renaître... :
> Que faites-vous, ô ma Sara ?

A la brise de la prairie
Chaque fleur bientôt s'ouvrira ;
Dormez-vous encor, ma chérie ?
Eveillez-vous, ô ma Sara !

Dans les églantiers de la plaine
Bientôt le bouvreuil chantera ;
Du vent déjà je sens l'haleine.
Que faites-vous, ô ma Sara ?

Moi, je songe à vous, mon bel ange ;
Et quand votre œil s'entr'ouvrira,
Je veux vous offrir, doux mélange,
Des fleurs et ces vers, ô Sara !

Paul resta quelques instants, sous le charme de cette musique, musique toute simple et toute allemande que Sara avait composée elle-même, et qu'il entendait pour la seconde fois, mais surtout sous le charme de cette voix de jeune fille si pure et si fraîche, que jamais Meyerbeer n'en voudrait d'autre pour chanter ses divines harmonies. Tous ses souvenirs, ses doux souvenirs, avaient fait soudaine irruption. Combien il regrettait sa joyeuse enfance, son amour naïf et ingénu, qui ne savait pas encore douter et s'ignorait lui-même, son amour, ses jeux, et les tendres baisers qu'il aimait à déposer sur les joues rosées de Sara, enfant comme lui et qu'il nommait sa sœur. Maintenant la jeune enfant a grandi ; elle s'est développée plus vite que lui ; elle est femme à quinze ans, tandis que lui, à dix-sept, n'est pas encore homme !

Oh ! l'on n'est vraiment heureux qu'au temps de l'enfance !

Il leva les yeux vers les volets verts, et s'assura que la branche d'iris y était suspendue ; mais au même moment il entendit résonner des pas sous la tonnelle du verger, et il s'enfuit en jetant un dernier regard à la chère fenêtre, qui venait de lui promettre tant de joie pour le lendemain, et une pensée d'amour à la reine de son cœur, à sa bien-aimée !

IV.

Et quand le soir l'heureux Paul rentra sous son toit, il débuta par ôter ses bottes, qu'il plaça soigneusement sur sa table, puis il jeta son chapeau sous son lit.

Ce qui fut cause que le lendemain, ayant passé une demi-heure à la recherche des susdits objets, il se trouva en retard d'autant.

V.

De loin il aperçut la jeune fille assise sous les saules, mais non pas seule ; Marie était avec elle. Cela lui fit mal.

— Elle ne m'aime plus ! se dit-il ; autrefois elle ne se serait pas fait accompagner ainsi pour me venir trouver.

Quand il arriva près d'elle : — Qu'est-ce à dire, Monsieur, lui dit-elle, d'un ton moitié gai moitié boudeur ? Est-ce donc moi qui devais vous attendre ?

— Sara, quand vous m'aurez entendu, vous me pardonnerez.

Et il se mit à lui raconter la cause de son retard.

La folle enfant rit aux larmes de cette distraction, et s'élança dans la nacelle à côté de Marie, qui s'y était déjà placée. Paul saisit l'aviron, rama vigoureusement et, remontant la nacelle le long des prés, en peu d'instants ils furent arrivés à ces jolies petites îles qui se trouvent au voisinage d'Ancy.

Le temps était charmant. Pas un nuage au ciel, pas un souffle sur l'eau. Ils respiraient avec délices l'air chargé des parfums précoces de la pâquerette, du sainfoin et des trèfles en fleurs. De temps en temps un martin-pêcheur jetait son cri accoutumé dans les branches des saules. Les sauvages rossignols se répondaient de distance en distance, et leurs chants, qui se succédaient rapides l'un à l'autre et se poursuivaient comme les notes d'une roulade ou les fugues d'un motif, avaient ce matin-là quelque chose de si langoureux et de si mélancolique qu'il était difficile de n'en pas être ému.

Aussi, bientôt nos trois jeunes gens tombèrent dans une douce préoccupation, et le silence s'établit peu à peu.

Et Paul ayant abandonné l'aviron, la barque commença à dériver au cours de l'eau, et leurs rêveries, plus libres et moins cahotées par le mouvement des rames, s'assoupirent plus mollement dans l'espace.

VI.

Comme ils rasaient de près le rivage, en cet endroit fort escarpé, Sara se pencha pour saisir une branche de ces petites fleurs bleues qui fleurissent sur les bords. Elle perdit l'équilibre et tomba dans le fleuve, entraînant dans sa chute la pauvre Marie, qui cherchait vainement à la retenir. Paul jeta un cri d'angoisse, et s'élança derrière elles. Au bout de quelques instants de lutte avec le courant, il les eut facilement rejointes et déposées sur le pré, avant qu'elles eussent seulement eu le temps de perdre connaissance.

— Oh! mon Dieu! mon Dieu! Paul! quelle frayeur j'ai eue, dit Sara en lui tendant sa main si mignonne et si blanche.

— Et quels remerciements ne vous devons-nous pas, ajouta

Marie, pour le danger que nous avons couru et dont vous nous avez délivrées ?

Paul se baissa et ramassa la malencontreuse branche de beccabunga que Sara venait de laisser tomber à ses pieds :

— Voici, dit-il, qui me paiera bien mieux que ne le pourraient faire tous les remerciements du monde entier! Jamais ce bouquet ne me quittera désormais.

Et comme il le cachait sur son cœur, Sara, d'un mouvement brusque et inattendu, le lui arracha, et le lança dans les flots.

Paul fit un mouvement pour s'y replonger. Elle l'arrêta et lui tendit, en rougissant, une bague qu'elle retirait de sa main :

— Tenez, Paul! gardez-la en souvenir de ce que vous avez fait si généreusement aujourd'hui pour ma chère Marie et moi.

Chemin faisant, comme elles s'en retournaient, laissant Paul ivre de joie et d'espérance, Marie dit à Sara : — Peut-être as-tu eu tort de donner ta bague à ce jeune homme?

VII.

Et voilà pourquoi, depuis, l'on voit toujours une alliance au doigt de Paul, quoiqu'il ne soit
— ni marié,
— ni fiancé même.

Feu J. Kœnig.

METZ.

Des murs de bronze; une couronne
De pieux; double et triple fossé
Qu'un pont-levis, toujours dressé,
    Couronne !

Partout des machines d'enfer,
Dardant leurs grenades stridentes
Au milieu des bombes ardentes
    De fer !

Des échos lointains de cymbales
Et de fifres; des roulements
De tambours, et des sifflements
    De balles !

Une rivière aux flots ambrés
Déroulant, calme et vagabonde,
Sa lame, et couvrant de son onde
    Les prés !

C'est Metz, la vieille et bonne ville
En qui sont toutes mes amours !
Metz qui fut de mes premiers jours
    L'asile !

Oh! c'est qu'il faut la voir, par un matin d'été,
  Lorsque du haut de la colline,
Pâle, un premier rayon de soleil illumine
Ses toîts rouges et bleus, ou gris de vétusté!
Et lorsque s'échappant de son linceul de brume,
Elle s'éveille aux bruits du jour, et se parfume,
  Fraîche et matinale beauté,
Des parfums que lui glane en son vol le zéphire ;
  Et que, le long de ses canaux,
  Pensive et coquette, elle mire
  Et baigne ses pieds dans ses eaux !

  Oh ! c'est qu'alors elle est bien belle,
Et bien splendide à voir, Metz, la cité pucelle,
Dont le pavé brûlant n'étincela jamais
Sous les pieds triomphants du Russe ou de l'Anglais
Ou du Cosaque immonde! Oh! c'est qu'elle est bien belle
Et bien splendide à voir, avec ses vieilles tours,
  Et ses forts d'airain et de pierres,
Ses remparts crevassés d'étroites meurtrières
  Où la foudre couve toujours !
Ses arsenaux gonflés d'armes, sa cathédrale
A la flèche élancée, aux longs arceaux brumeux
Où toujours l'ouragan déchaîné siffle et râle ;
Ses digues et ses ponts, et son fleuve écumeux
  Qui coule entre des promenades,
  Des jardins et des esplanades ;
Ses palais en ruine, et leurs toîts crénelés ;
Ses gothiques maisons, ses cloîtres écroulés,
  Où chaque dalle est une tombe,
Où l'écho, sous vos pas éveillé, ne retombe
  Qu'en murmurant d'étranges mots,

Des plaintes, des cris, des sanglots !
Oh ! c'est qu'alors elle est bien belle
Et bien splendide à voir, Metz, la cité pucelle !

Et puis lorsque plus tard enfin le soleil luit
Radieux ; devant vous quand l'ombre danse et fuit,
Il faut entendre encor ces lointaines fanfares
Des cors et des clairons, ces bruits sourds et bizarres
Qui, dans l'air fatigué, volent, bruyant essaim,
Et, comme un long concert, s'échappent de son sein !

Aussi combien de fois j'ai gravi sa montagne,
D'où l'œil, errant et libre, au loin, par la campagne,
    Embrasse un si large horizon !
Aussi combien de fois, dans la belle saison,
    Au pied de la colline
    J'ai cueilli l'églantine
    Dont la suave exhalaison
Parfumait le sentier...! Aux buissons de la plaine,
Que de fois j'ai ravi la rose, fruit de mai,
    Le chèvrefeuille, et la verveine !
Depuis ce temps, ô Metz ! le buisson parfumé,
    La blanche églantine et la rose,
    Où le joyeux rossignol pose
    Et berce son nid bien aimé,
Ont senti bien souvent s'effeuiller leurs corolles,
Et, sous un givre épais, grelotter leurs rameaux !...
Depuis ce temps, ô Metz ! tes rapides gondoles
Ont fendu bien souvent le cristal de tes eaux !
Te revoir ! te revoir ! ô Metz ! ma belle amante !
Rien qu'à ce penser seul, mon front brûle et fermente !
    Oh ! quand j'approcherai de toi,

Je crains bien que mon cœur ne rompe ma poitrine
En bondissant d'amour!... Lorsque ton lourd beffroi,
Se mariant aux sons d'une cloche argentine
Me viendra chevrottant, comme un lointain appel
    De cor, sur les tours d'un châtel,
Oh! ton nom dès longtemps il sera sur ma bouche,
    Ton nom chéri, ton nom sacré,
Dès longtemps sur ma lèvre, et je l'y baiserai
Plus amoureusement qu'une vierge en ma couche!!...

                      Feu J. KOENIG.

LE HACHYCH.

Προεξευρινήσαντος.
Hipp., *Traité du Pronostic.*

Puisque je n'ai rien de mieux à faire et que la mer est calme, j'en veux profiter pour conserver les souvenirs de ma nuit dernière, pendant qu'ils sont encore profondément gravés dans ma mémoire.

Il y a pour moi bien des consolations, bien des vérités dans cette brillante et poétique fantasmagorie qui vient de passer sous mes yeux avec tant de netteté, tant de précision.....! J'y reviendrai bien souvent tout éveillé. Mais, d'abord, établissons les faits et suivons-en la glorieuse filiation. Voyons..... commençons par le commencement.

A dîner chez le docteur Cauvière...: repas délicat, comme de coutume, plutôt que splendide; convives plus choisis que nombreux...; discussions chaudes, franches, mais pas trop bruyantes.

. . . .

De tristes idées, souvent chassées par la gaîté naturelle des convives, se reproduisirent pourtant avec une sorte d'obstination et finirent par amener un grand conflit d'opinions, sur l'état des autres nations de l'Europe, qui, presque toutes, avaient à table un ou deux représentants distingués.

Après bien des toasts, notre amphitryon fit apporter ce qu'il appelle son bréviaire, c'est-à-dire son Béranger, que chacun, du reste, savait à-peu-près par cœur, même les étrangers. Les pensées grandes et profondes, généreuses et prophétiques, qui se pressent dans cette poésie animée, dans ces odes sublimes, firent déborder de toutes les poitrines de vastes espérances et de chaudes sympathies. On but à la sainte cause de la démocratie, à la confraternité de tous les peuples, et on se leva pour prendre le café.

Le docteur Lebon demanda qu'il lui fût permis de prendre, au lieu de moka, une infusion de hachych.

— « Une infusion de hachych! s'écria-t-on de toute part. Qu'est-ce que le hachych? Est-ce une espèce nouvelle de thé? Est-ce du thé venu par caravane? Est-ce une variété de cacao?

— Ce n'est rien de tout cela, reprit le docteur Lebon. Au reste, vous allez en juger, car j'en ai apporté, suivant mon habitude, une ample provision. » Et il tira de sa poche un grand cornet de papier rempli d'une espèce de foin, à feuilles palmées et dentelées sur les bords, mêlées de graines et de tiges brisées.

— Mais c'est tout simplement du chanvre, dit un botaniste; c'est exactement la même forme, le même aspect, la même odeur; ces graines, ces feuilles, ces petits fragments de tige, quoique brisés, ressemblent singulièrement à notre chanvre.

— C'est très-vrai, répondit le docteur Lebon; il est même probable que le hachych n'est autre chose que notre chanvre dont les propriétés se sont affaiblies dans le Nord : c'est du moins l'opinion des savants de l'expédition d'Egypte, et ce qui semble encore la confirmer, c'est la supériorité du hachych de Syrie et d'Abyssinie sur celui du Delta. On sait combien le sol, la température, l'humidité, la culture, etc., modifient l'aspect des végétaux et surtout leurs propriétés. Tout le monde connaît d'ailleurs celles du chanvre ordinaire : il est donc probable que le hachych est un *cannabis* très-voisin du nôtre, ou, pour mieux dire, le premier type du nôtre.

— Quel plaisir pouvez-vous trouver dans une pareille drogue?

— Quel plaisir? Sans le hachych, je serais mort cent fois de nostalgie!

—Vraiment! Comment cela?

— Compromis dans des affaires politiques, je parvins à m'échapper, et je gagnai l'Egypte sous un faux nom. Quelques indiscrétions *à la française* arrivèrent aux oreilles de notre consul. Il m'en prévint paternellement, et me donna une espèce de mission pour l'Abyssinie... Pourquoi sa conduite n'a-t-elle pas toujours été suivie? c'est encore la meilleure politique qu'un pouvoir éclairé puisse employer, si j'en juge d'après ma reconnaissance... Je passai trois ans dans la haute Egypte, dans la Nubie, le Sennar, le Darfour, le Kordofan et l'Abyssinie. J'en rapporte des collections nombreuses, variées, des renseignements de toute espèce que j'ai recueillis dans l'espoir d'être utile aux sciences et surtout à mon cher pays, si des hommes de cœur et d'intelligence veulent enfin s'occuper de son commerce et de sa prospérité. Il y a là beaucoup de bien à faire avec très-peu d'efforts, pourvu qu'on le veuille énergiquement et avec suite.

» Toujours préoccupé de la patrie absente, poursuivi par les souvenirs du foyer paternel, froissé dans ce que j'ai de plus cher, je tombais souvent dans un découragement qui m'aurait conduit au suicide ou bien au marasme si je n'avais été ranimé par les visions délicieuses que me procurait le hachych... Les Abyssiniens m'en avaient appris l'usage, et la direction constante de mes idées me donnait des rêves bien différents des leurs; je le prenais d'ailleurs toujours pur. Au lieu de visions érotiques, ou de fureurs guerrières, j'avais des extases politiques.

» La propriété la plus constante et la plus remarquable du hachych est d'exalter les idées dominantes de celui qui en a pris; de lui faire voir, d'une manière claire, ses plans les plus compliqués se débrouiller sans difficulté, ses projets les plus chers se réaliser sans obstacle; de lui procurer l'intuition précise de ce qu'il cherche, enfin de lui faire savourer, par la pensée, la possession anticipée et sans mélange de tout ce qui est suivant ses goûts, ses vœux, ses passions habituelles, ou plutôt suivant ses désirs et la direction de ses pensées, au moment où le hachych agit sur lui. C'est ce qui explique les effets différents qu'on en raconte; car ils varient beaucoup, suivant les individus et même suivant les dispositions du moment.

. . . .

» Quant à moi, je ne prends jamais le hachych qu'en infusion pour en obtenir des effets sans mélange.

» On peut cependant le fumer, soit pur, soit mêlé avec du tabac doux; ses effets sont exactement les mêmes; seulement ils sont un peu plus faibles et se font plus longtemps attendre. Il suffit même, quand on est très-impressionnable et qu'on n'en a pas l'habitude, de rester au milieu de fumeurs de hachych un peu nombreux pour que la vapeur opère, probablement par l'absorption pulmonaire. Au reste, l'usage du hachych est général et très-ancien dans l'Orient, comme on peut en juger d'après Chardin, d'après Prosper Alpin, etc., malgré les mesures rigoureuses déployées dans tous les temps par les autorités locales contre ce commerce. Celles du pacha d'Égypte ne sont pas plus efficaces; il en est de même en Algérie, et sur toute la côte d'Afrique.

— Mais pourquoi le défend-on?

— Parce qu'il produit une exaltation terrible chez ceux qui nourrissent des projets de vengeance; parce qu'il finit, quand on en abuse, par agir sur la santé; et tous ceux qui ont besoin de consolation y reviennent toujours avec une passion croissante. C'est bientôt pour eux un besoin irrésistible. Nos soldats de l'expédition d'Egypte, privés de toute communication avec la France, commençaient à s'y adonner, malgré les ordres du jour du général en chef. Que voulez-vous? c'est le remède à la nostalgie, au découragement, aux déceptions de toute espèce. J'ai pensé qu'en France j'en aurais encore besoin, pendant bien longtemps : c'est pourquoi j'en ai rapporté une ample provision, et je vous en offre. Essayez-en, quand ce ne serait que par curiosité : que risquez-vous? Une petite dose, une seule tasse de cette précieuse infusion, ne peut vous donner que de la gaîté, des consolations; vos prévisions les plus agréables se transformeront, pour un moment, en réalités : vous posséderez le don de seconde vue; vous serez élevé au rang des prophètes! »

Quelques-uns cédèrent aux instances du docteur Lebon, et même prirent avec lui plusieurs tasses de l'infusion qu'il venait de préparer, soit qu'ils fussent entraînés par son exemple ou par la curiosité, soit qu'ils éprouvassent les mêmes soucis, les mêmes préoccupations politiques. D'autres se contentèrent de fumer le hachych pur, ou mêlé avec du tabac très-doux. Je crus prudent de faire comme ces derniers, malgré le chagrin que me causait la démoralisation du pays : je me défiais de ma susceptibilité nerveuse, et je voulais pouvoir observer ce qui se passerait chez les autres.

LE HACHYCH.   261

. . . . Je respirais à peine au milieu d'une épaisse fumée de hachych, lorsqu'un des convives nous annonça tout-à-coup qu'il avait découvert un nouveau moteur applicable à toutes les machines. C'était mon silencieux voisin Vanderbrook, qui s'était montré jusqu'alors étranger à la conversation :

— « Arrière ! s'écria-t-il avec chaleur et conviction, arrière la vapeur ! elle exige trop de combustible ; le charbon tient trop de place et coûte trop cher. J'ai trouvé dans l'électricité un moteur bien plus puissant et plus commode. Une fois la machine mise en jeu, elle agit ensuite par sa propre action avec une force et une vitesse dont vous pouvez avoir une idée par les effets de la foudre : il ne s'agissait que de les régulariser..... La source en est inépuisable, puisqu'elle se répare sans cesse dans le réservoir commun de notre planète. Voici comment je m'en suis rendu maître.... » Il nous décrivit ensuite son appareil avec un soin minutieux.

Ce qui nous surprit le plus dans cette brusque sortie, ce fut l'assurance et la clarté de l'habile mécanicien qui venait de se lever au moment où l'on y pensait le moins ; ce fut aussi la chaleur et la facilité avec lesquelles il s'exprimait. Né à Leyde, élève de Van Marum, il avait vécu au milieu des appareils galvaniques, électriques, etc. ; il ne rêvait qu'à leur application comme force motrice : absorbé par ses méditations, et silencieux par nature, il n'avait pas encore parlé.

— « Ne vous y trompez pas, me dit le docteur Lebon en me poussant le coude, c'est l'effet du hachych : il en a pris trois tasses coup sur coup. Ecoutez ! quel flux de paroles ! quelle netteté d'idées ! Il voit tous les détails de sa machine : il a trouvé ce qu'il cherchait depuis si longtemps ! »

Dans ce moment, un professeur de zoologie se mit à nous décrire l'organisation intérieure des animaux antédiluviens,

dont l'homme n'a jamais vu que les squelettes fossiles. . . . .
. . . .

Je suivais ses explications avec un vif intérêt, car elles étaient claires, séduisantes et répondaient d'avance aux objections, lorsque mon attention fut détournée, et bientôt tout-à-fait absorbée, par le jeune Démos, qui retournait en Grèce après un séjour de quatre ans à Paris, où il avait été envoyé par le ministre de l'instruction publique. Monté sur un fauteuil, le jeune Démos s'était levé, comme un quaker dans l'inspiration, pour épancher les pensées humanitaires qui débordaient dans son sein :

— « Ecoutez, dit-il, écoutez, vous qui cherchez le bonheur dans ce monde, vous qui lui demandez des consolations contre vos chagrins, contre vos misères! Ecoutez, vous qui désirez une règle sûre de conduite, un guide invariable pour les questions les plus complexes de morale et de politique !

» Si vous n'envisagez l'homme que d'une manière abstraite, isolée, vous n'aurez qu'une idée fort imparfaite de ses besoins physiques, intellectuels et moraux les plus impérieux. L'homme n'est pas seulement nécessiteux et intelligent, il est surtout éminemment social, par instinct, par organisation : il a besoin de ses semblables encore plus pour les aimer et leur être utile, que pour en recevoir des secours de toute espèce. On ne l'a jamais trouvé seul que malgré lui : ce qu'on appelle *état de nature* n'est qu'une civilisation très-peu avancée, une association restreinte à la famille. Les récits des voyageurs, comme l'étude de l'histoire, prouvent que l'homme est d'autant plus heureux qu'il fait partie d'une association plus large et plus compacte.

» Voyez ce qui se passe chez les sauvages d'Amérique, d'Afrique, et des diverses parties de l'Océanie? partout où l'association est restée bornée à la famille, partout où l'isolement n'a pas dépassé cette étroite limite, chaque petit groupe est en guerre incessante avec tous ceux qui l'entourent : ne pouvant garder ni utiliser leurs prisonniers, ils les mangent. Les combats et la misère éclaircissent incessamment une population errante et clair-semée. Il y a déjà plus de sécurité quand plusieurs familles sont réunies en peuplades assez puissantes pour se faire respecter. Cependant, elles sont encore dans un état d'hostilité permanente, et ces combats journaliers, terribles, exterminent beaucoup plus d'hommes que les guerres les plus désastreuses des grandes nations, et ce qui le prouve bien clairement, c'est le chiffre comparatif des populations sauvages ou civilisées qui couvrent une égale surface de terrain.

» L'histoire nous offre exactement le même spectacle à l'origine de tous les peuples : les temps primitifs de la Grèce, de l'Italie, de l'Ibérie, de la Gaule, de la Bretagne, sont pleins des mêmes haines, des mêmes misères, des mêmes massacres, des mêmes dévastations. Sans aller si loin, voyez ce qu'était la France féodale au moyen-âge, quand chaque fief était indépendant, quand chaque seigneur était en guerre avec son voisin? Rappelez-vous ce qu'était l'Italie un peu plus tard sous tous ses petits souverains ; enfin ce qu'étaient nos diverses provinces au moment de la révolution, lorsqu'elles avaient chacune leur système de douanes, leurs lois distinctes, leurs poids et leurs mesures? Il n'y a donc aucun doute possible sur l'intérêt de chacun à faire partie d'une agglomération aussi puissante que possible. Il est utile à tous que le fractionnement diminue, que les limites des populations s'effacent, que leurs intérêts s'unissent de plus en plus. Il faut que les peuples comprennent enfin clairement le besoin qu'ils ont les uns des autres, comme les individus ; il faut qu'ils sachent bien qu'aucune nation ne peut impunément s'isoler des autres, qu'elle ne peut trouver dans cet isolement aucun avantage, qui ne soit acheté par des maux plus grands; pas plus qu'un gouvernement, quel qu'il soit, ne peut se bien trouver de séparer ses intérêts personnels de ceux du pays.

» S'il est utile aux peuples d'agrandir sans cesse leurs relations, il ne l'est pas moins aux individus d'étendre aussi leurs affections.

» Les liens de famille sont bien doux, bien puissants; ils font le charme de la vie et le fondement le plus solide de toute société; mais ils sont périssables; il n'est personne de nous qui ne l'ait amèrement éprouvé ou qui ne soit exposé tôt ou tard aux pertes les plus cruelles. Il faut donc se ménager des consolations dans une sphère plus étendue, et par conséquent moins accessibles aux coups du sort: il faut étendre ce besoin d'aimer, qui est en nous, à ce qui ne saurait périr ni même s'altérer. L'amour du sol natal est bien vif, bien profond, bien durable, mais on ne l'éprouve dans toute son énergie que loin des lieux que l'on regrette; et c'est alors un plaisir mêlé de peines. Le sentiment de la patrie repose sur une base plus vaste et par conséquent plus stable; il est d'autant plus exalté qu'on doit plus aux institutions nationales et qu'on prend plus de part aux affaires publiques. Il a produit les plus grands dévouements, il peut consoler des plus amers chagrins. Mais son exaltation même peut faire ressortir les plus violentes angoisses. Le pays peut être envahi ou menacé d'invasion; il peut être humilié, démoralisé, gouverné par des lâches, par des intrigants; il peut être trahi dans son honneur, dans ses intérêts les plus chers; il peut enfin tomber en dissolution.... où donc alors trouver quelque refuge contre tant d'amertumes et de déceptions?... Vous avez tous éprouvé ces épouvantables tortures, car il n'en est pas un de vous dont le pays n'ait, à son tour, essuyé toutes ces calamités.... Sur quoi donc reposer alors ses regards pour ne pas succomber de désespoir? Il faut s'élever encore plus haut. Il faut envisager l'avenir en embrassant l'espèce humaine tout entière, parce qu'elle seule est impérissable, parce qu'elle seule est toujours progressive dans son ensemble, parce qu'elle est enfin tous les jours plus éclairée et plus reconnaissante.

» L'homme le plus heureux n'est pas le plus riche, le plus affairé, le plus haut placé : c'est celui qui fait le plus de bien; car le bien porte en lui-même sa récompense immédiate. L'homme le plus utile au plus grand nombre est aussi celui dont la mémoire est plus durable. Les individus peuvent être ingrats, envieux, injustes; les nations se trompent quelquefois sur la valeur des hommes, de leurs opinions, de leurs actions; mais l'espèce humaine ne se trompe pas sur les services qu'on lui rend, et ne les oublie jamais. Ayons donc toujours l'humanité tout entière présente à la pensée, comme base de nos opinions, comme mobile de nos actions. Comptons toujours sur elle : plus notre dévouement sera grand, plus nous serons certains qu'il ne sera pas oublié. Que ce soit la religion de tous les peuples ! elle compte déjà bien assez de martyrs !

— Une voix : Et les affections de la famille, et le sentiment de la patrie ?

— Ne craignez pas que l'amour de l'humanité les affaiblisse; il ne s'agit pas ici d'une chose matérielle qui s'épuise à mesure qu'on la dissémine ; il s'agit d'une faculté qui se développe, au contraire, comme toutes les autres, par l'exercice. Ceci n'est pas une hypothèse, une théorie : consultez les faits, et vous verrez que les époux, les fils, les frères les plus aimants, ont toujours été les patriotes les plus dévoués, et les philanthropes les plus pratiques.

— Une autre voix : Mais ce dévouement à l'humanité ne

peut être compris que par les hommes supérieurs; il ne peut être récompensé que chez ceux qui sont en évidence !

— C'est une autre erreur ; l'homme le plus affectueux, quelle que soit sa position, est aussi le plus aimé de ses parents, de ses voisins, de tous ceux qui le connaissent. Il trouve en eux des amis sûrs : il en est aidé, secouru avec plus d'empressement, de dévouement que l'égoïste : celui-ci, on le laisse se tirer d'embarras tout seul. L'homme le plus franc est celui qu'on croit avec le plus de confiance ; le plus loyal est celui avec lequel on a le plus volontiers des relations d'intérêts. Ainsi dans les rangs les plus obscurs de la société, ce qui est bon, juste, honnête, porte également avec soi sa récompense immédiate. Or tout cela n'est autre chose qu'un sacrifice momentané de l'individu, à ce qui est utile à tous, c'est-à-dire conforme aux lois de l'humanité. Avec le temps, cette règle de conduite est toujours la meilleure.

. . . .

» En un mot, l'homme ne peut s'isoler de ceux qui l'entourent. Ses intérêts sont toujours liés à ceux des autres ; il y a toujours solidarité plus ou moins intime entre tous ceux qui composent une société.

» Il en est de même entre les diverses nations.

» Voilà ce qu'il faut que les plus indifférents comprennent bien, pour que tous flétrissent une conduite aussi nuisible à tous, pour que le pays intervienne, s'il le faut, quand il s'agit de l'honneur et de la prospérité du pays.

» Ce que je viens de dire peut s'appliquer à toute relation d'homme à homme, de peuple à peuple; ce qu'il y a de meilleur est toujours ce qui est le plus juste, c'est-à-dire le plus conforme à l'humanité, ou si vous aimez mieux, dans l'intérêt réciproque de chacun.

» Pour ne pas nous perdre dans les abstractions, voyons les faits.

» Le premier sauvage qui, dans une tribu, se sentit de la pitié pour un prisonnier et demanda qu'on le laissât vivre, cet homme sensible a dû passer, parmi des cannibales, pour un lâche, ou pour un fou. Cependant ils ont fini par comprendre qu'ils pouvaient tirer meilleur parti d'un prisonnier en l'employant à leur usage qu'en le mangeant, et l'esclavage a remplacé presque partout l'anthropophagie. C'était un premier progrès de l'humanité, et il n'a pas été moins avantageux au vainqueur qu'au vaincu.

« Ceux qui se sont élevés jadis contre l'esclavage ont aussi passé pour des rêveurs, et pour des rêveurs fort dangereux. En effet, ils attaquaient des droits acquis, une propriété légitime ; ils ébranlaient l'ordre social établi, le seul qui parût alors possible. Cependant, le servage a remplacé l'esclavage et le travail de l'homme libre celui du serf, sans qu'aucun état soit tombé en dissolution. Au contraire, les peuples qui ont donné l'exemple de l'émancipation sont devenus plus heureux, plus moraux, plus prospères que leurs voisins. Mais ce n'est pas seulement l'esclave ou le serf qui se sont améliorés en devenant libres, ce n'est pas seulement la société qui a transformé des ennemis turbulents et dangereux en défenseurs dévoués de son indépendance; le maître lui-même n'a pas moins gagné sous tous les rapports ; sa moralité s'est développée, car le pouvoir absolu corrompt les meilleures natures. D'ailleurs, le maître n'eut plus à redouter les révoltes et les vengeances de ceux qu'on torturait en son nom ; il n'eut plus à s'occuper de leurs besoins, de leurs châtiments, etc. Enfin, il fut mieux obéi, avec moins de dépense et d'embarras; car le travail et les services de l'homme libre sont de beaucoup supérieurs à ceux de l'esclave ; ils sont même, en tenant compte de tout, bien moins onéreux.

» Ce nouveau progrès de l'humanité a donc été favorable à

tous, même à ceux qui redoutaient le plus d'être dépouillés d'un droit monstrueux, d'une propriété jusqu'alors incontestée ! Plaindrez-vous maintenant les possesseurs d'esclaves, s'ils deviennent victimes de leur obstination à fermer les yeux devant de pareils exemples, à reproduire aujourd'hui des arguments réfutés depuis deux mille ans par la raison, par le sentiment et par les faits ?

. . . .

» Les états les plus libres, les plus prospères, les plus puissants de l'antiquité ont dû se défendre autant contre leurs esclaves que contre les ennemis du dehors. Leurs législateurs, leurs hommes d'état, leurs philosophes ont laissé tant de lois, tant de règlements ou de conseils à cet égard, qu'il est facile de juger combien le danger était grand et continuel ; car l'histoire ne nous a transmis que les événements qu'elle ne pouvait taire ; le reste a été soigneusement étouffé dans le silence pour ne pas laisser transpirer de terribles mystères. Bien plus, chose remarquable ! les dangers ont été partout en proportion exacte avec la cruauté des maîtres. Sparte fut continuellement menacée : elle courut souvent de grands hasards, et l'on sait avec quelle barbarie elle traitait ses ilotes. Rome ne fut guère plus humaine : aussi l'Italie ne fut-elle pas plus tranquille : elle n'eut pas trop de ses plus grands capitaines et de ses plus braves légions pour soumettre Spartacus; et ses historiens nous ont caché la plus grande partie de ses alarmes dans d'autres luttes de même nature. Athènes, au contraire, n'eut jamais rien à redouter de semblable, parce qu'elle traita toujours ses esclaves avec douceur ; et, ce qu'il est bon de noter, les institutions bienveillantes de ses législateurs, les conseils paternels de Platon, d'Aristote, etc., ne s'adressaient qu'aux maîtres et n'avaient en vue que leur avantage : tant il vrai que les principes d'humanité sont toujours utiles à ceux qui les pratiquent. Au lieu de les présenter aux heureux du jour comme des *devoirs,* commes des *sacrifices,* il serait donc facile de leur démontrer qu'on ne leur demande pas autre chose que de bien comprendre leurs véritables intérêts. Le passé devrait pourtant leur ouvrir les yeux sur l'avenir.

» Dans aucun état de l'antiquité les esclaves ne faisaient partie de l'armée. Il y aurait eu trop de dangers à mettre des armes entre les mains d'hommes mécontents et qui avaient tant de motifs de l'être. On savait d'ailleurs comment se battent ceux qui n'ont rien à gagner au succès de la bataille, rien à perdre à la défaite. On avait bien assez de les contenir à l'intérieur quand les armées étaient appelées au-dehors. Voyez, au contraire, ce qui s'est passé pendant la grande révolution française ! ce sont les prolétaires qui ont sauvé la bourgeoisie, le pays et la liberté. Le peuple a fait des prodiges, parce qu'il était associé aux intérêts de tous. Partout il s'est comporté de même dans des circonstances analogues. Lisez les histoires de Florence, de Gênes, de Venise, d'Angleterre, des Pays-Bas ; rappelez-vous la guerre de l'indépendance espagnole, etc. ; vous verrez partout combien il importe au riche d'intéresser le pauvre à la défense du pays ; combien le pouvoir est fort quand il s'appuie sur l'intérêt général.

. . . .

» Ce que j'ai dit des relations d'homme à homme, de classe à classe, on peut le dire des relations de province à province, de peuple à peuple. Si l'Irlande n'est pas encore assimilée à l'Angleterre depuis tant de siècles, c'est que l'Irlande est traitée non pas en égale, mais en vaincue ; c'est qu'il n'y a jamais eu entre elle et l'Angleterre réciprocité complète d'avantages, de droits et de procédés. Les peuples conquis, traités en vaincus, ont toujours été disposés à faire les efforts les plus désespérés pour recouvrer leur indépendance ; ils se sont toujours comportés comme les esclaves envers les maîtres, parce qu'ils n'étaient pas moins malheureux. Il n'y a jamais fusion entre deux peuples que par des avantages réciproques : la justice et l'humanité ont plus fait à cet égard que la force brutale.

» Cependant, puisqu'il est utile aux peuples de former des agglomérations de plus en plus larges, elles se formeront dès qu'elles seront possibles, et que le besoin s'en fera sentir. Les télégraphes, les chemins de fer, les bateaux à vapeur, diminuent de plus en plus les distances, rendent tous les jours plus faciles et plus durables les extensions des sociétés les plus prospères, par l'adjonction spontanée de populations voisines.

» L'état actuel de l'Europe annonce qu'elle est arrivée à l'un de ces moments suprêmes où son assiette doit s'établir sur des bases plus étendues, plus rationnelles, et par conséquent plus stables. Tous les hommes éclairés en ont le vague pressentiment ; chaque nation sent que tout est provisoire et précaire chez elle et chez ses voisins. Toutes doivent donc se disposer à ces changements en cherchant suivant quelle loi ils doivent s'opérer, afin de s'y préparer d'avance et d'y concourir avec l'intelligence des événements, à mesure qu'ils se développent ; car les nations les plus heureuses, les plus prospères, seront celles qui auront le mieux compris les besoins de l'humanité, mieux prévu l'avenir. Malheur, au contraire, à celles qui voudront s'opposer à des résultats inévitables !

» Mais cette loi, elle est connue ; c'est toujours celle des besoins, des intérêts réciproques.

— Et les rapports des langues, s'écria le consul de Prusse, les comptez-vous pour rien !

— Non, sans doute, mais les affinités du langage sont

comprises dans ce que je viens d'appeler besoins et intérêts réciproques des populations. Il faut de même y faire rentrer les rapports géographiques dont l'influence est bien plus grande que celle des langues ; car on pourrait la comparer à celle de l'organisation dans les êtres vivants ; de telle sorte qu'il est souvent facile d'en prédire, bien des siècles d'avance, les résultats forcés.

— La même voix : En pourriez-vous citer une preuve irrécusable ?

— Cela n'est pas difficile. Strabon, par exemple, a porté le jugement le plus exact sur l'avenir de la Gaule, en se fondant uniquement sur des considérations géographiques. Il avait parfaitement vu qu'il serait aisé de joindre l'Océan à la Méditerranée par la Garonne et ses affluents ; d'unir tous ses grands cours d'eau par des canaux, qu'il indique avec précision et qui sont maintenant exécutés : il en avait conclu que la Gaule serait à la fois industrielle, commerçante et agricole. La surface peu accidentée de son territoire, si bien circonscrit, avait surtout fait prédire à Strabon que toutes ses parties seraient très-intimement unies, sous un gouvernement homogène, avec une administration uniforme et compacte. Je vous le demande, Monsieur le consul de Prusse, était-il possible de prédire l'avenir d'un pays avec une précision plus admirable d'après sa constitution géographique ? Avais-je si grand tort de la comparer à l'organisation des êtres vivants ? »

Ici, la discussion devint bruyante, confuse, et bientôt inextricable. Le docteur Lebon me dit alors d'un air triomphant : « Il y a sans doute beaucoup d'irrégularité dans l'enchaînement de toutes ces idées ; mais il en est de même dans toute véritable improvisation, et c'est le fond qu'il faut juger. Eh bien, Monsieur, sans le hachych, cela ne serait certainement jamais sorti de la poitrine de ce jeune grec, du moins avec cette conviction profonde qui le rend heureux. Pendant tout le dîner, il était resté taciturne, et le Champagne lui-même n'en avait rien tiré.... N'essaierez-vous pas une petite tasse de cette bienheureuse infusion ?

— Merci, merci, je suis très-nerveux; et depuis une heure que j'aspire cette épaisse fumée, j'ai déjà la tête brûlante; je me sens agité; j'ai besoin de respirer un air frais et de prendre du repos.

— C'est l'effet du tabac mêlé au hachych : ceci vous remettra.... avalez vite et prenez votre chapeau.... j'irai vous reconduire. »

Je me laissai faire et nous nous esquivâmes. Le docteur Lebon me ramena jusqu'à l'hôtel Beauveau, en continuant à me développer ses plans de réforme, ses idées politiques, ses espérances pour un avenir prochain. Ensuite je le reconduisis jusqu'à l'hôtel des États-Unis; puis il revint encore jusques chez moi. Enfin, après je ne sais combien d'allées et de venues, il monta jusqu'à ma chambre, me serra la main avec effusion, et me dit en se retirant : « Il est des choses auxquelles on peut croire comme si on les voyait, parce qu'elles sont inévitables..... En attendant, ayez des songes qui vous consolent du présent! »

Dr LALLEMAND, de l'Institut.
(Le Hachych, 1843.)

FÉLICE.

I.

Veuillez vous reporter par le souvenir à vingt-trois années en arrière. Le cœur saigne encore lorsqu'on y pense : notre pauvre pays Messin était décimé par le choléra.

La ville et les champs terrifiés s'affaissaient également sous le poids du fléau ; mais si les vides ouverts par la mort étaient moins visibles ou semblaient moins effrayants au sein d'une population nombreuse, ils étaient horribles à voir dans quelques hameaux que l'épidémie avait rendus déserts.

Le village de Fleury, entr'autres, fut frappé cruellement. Vous le connaissez bien : on le trouve à deux lieues de Metz, assis gaiement à la lisière des bois, sur la rive droite de la Seille.

Trois cents personnes y périrent en moins de quinze jours. C'était une désolation ! Tous ceux que la mort n'avait pas encore frappés étaient en fuite ou en proie aux tortures du mal.

Quatre ou cinq personnes seulement, et parmi elles le curé et deux infirmiers envoyés par le conseil des hospices, restaient debout et rivalisaient de zèle et de dévouement pour porter secours aux malades, ensevelir les corps et accomplir enfin l'impérieuse besogne commandée par la mort.

C'était, dit-on, un spectacle navrant que cette misère, exemple inouï, dans ces contrées, de la colère divine !

C'était, en même temps, un tableau sublime que cette sainte abnégation des survivants, miracle de la miséricorde humaine !

On vit alors un enfant confondre ses efforts avec ceux des âmes charitables que le courage et la résignation soutenaient seuls dans une lutte, qui dut avoir pour témoins, du haut du ciel, les anges dont la poésie se plaît à peupler son paradis.

C'était une jeune fille de douze ans. Elle étonna et pénétra d'admiration ceux-là mêmes à qui leur inépuisable charité avait inspiré des prodiges au-dessus des forces ordinaires de l'homme.

Elle se nommait Félice, doux nom légué par sa mère, morte en lui donnant le jour, et dans lequel se reflétaient, comme une espérance radieuse, les rêves de bonheur que la sainte femme n'avait cessé de faire, jusqu'au dernier moment, pour l'enfant qu'elle ne devait pas connaître.

Le père de Félice fut frappé un des premiers.

Durant deux jours l'enfant parut inconsolable et pria Dieu de la vouloir bien aussi rappeler à lui. Hélas, son vœu ne devait pas encore être exaucé : il y a des âmes prédestinées aux grandes douleurs ; on assure que celles-là sont les élues du ciel.

Félice pensa que si Dieu lui laissait la vie, c'était pour l'employer plus utilement qu'à verser des larmes stériles ; elle s'imposa la tâche de remplir l'office d'une sœur de charité morte depuis la veille.

Félice était belle à ravir et, ce qui vaut mieux encore, elle était bonne toujours, et bienfaisante autant qu'elle le pouvait. Les malades semblaient se raffermir en écoutant les paroles qui coulaient de ses lèvres comme un baume réparateur. Plus d'un qui contemplèrent son visage incliné vers leur chevet pensèrent voir un ange du bon Dieu descendu pour leur ouvrir les portes de l'éternité, et ils moururent heureux et pleins de foi. D'autres revinrent à la vie, et ils crurent que le ciel avait fait un miracle, en leur faveur, par l'intercession de cette adorable fille.

De tous ceux qu'elle soigna d'une égale ardeur, aucun ne lui inspira néanmoins autant d'intérêt qu'un jeune garçon, de deux ans à peine plus âgé qu'elle.

Jean-Pierre — ainsi se nommait-il — avait toujours été le compagnon préféré de ses jeux et l'objet de sa secrète mais très-innocente prédilection. Félice sentait instinctivement qu'il y avait entre eux un lien sacré, la fraternité de l'abandon.

Jean-Pierre était orphelin comme elle.

On ne saurait se faire une idée des soins qu'elle prit pour guérir son ami. On aurait dit qu'une intuition merveilleuse lui faisait discerner entre tous les remèdes, prescrits sommairement par les médecins de la salubrité publique et affichés à la porte de la mairie, ceux qui convenaient plus particulièrement à l'état de Jean-Pierre.

Elle avait le cœur et l'esprit remplis de la volonté de le sauver et elle le sauva.

Huit jours plus tard, Jean-Pierre était debout et le choléra avait cessé à Fleury..... cessé faute de victimes nouvelles : le village était complètement inhabité.

II.

Les jeunes années de Félice offrirent le tableau d'une enfance heureuse. L'existence est simple au village. Les besoins y sont modestes, et le père Germain gagnait facilement de quoi subvenir à tous ceux de son petit ménage. Il possédait, en outre, quelques bonnes pièces de terre dont le produit s'augmentait, tous les ans, du revenu de ses portions communales. Or, Félice et lui vivaient seuls, sans parentage; aussi les comptait-on parmi les plus aisés de l'endroit.

Une fois, Jean-Pierre perdit d'un seul coup père et mère et resta sans ressources. Il avait bien, quelque part, un oncle du côté paternel qui était parti de Fleury, depuis six ou sept ans, pour aller faire au loin le métier de marchand colporteur; mais on avait cessé d'entendre parler de lui dès la première année de son absence.

Jean-Pierre était âgé de neuf ans; Félice en comptait sept à peine; mais elle était déjà douée de cette bonté qui la fit toujours aimer, dans la suite, de ceux qui l'ont connue. L'isolement de son petit compagnon lui fit peine, et elle pria son père de donner un asile à l'orphelin. Germain n'eut garde de refuser. Il faisait en cela une excellente affaire; car il accomplissait ce qu'il savait aussi regarder comme un devoir de charité et il donnait, en même temps, un frère à sa fille.

Jean-Pierre devint en effet un frère pour Félice. Il ne la quitta plus. Quoique plus âgé qu'elle, il se fit une loi de suivre toutes les impulsions qu'il plaisait à l'aimable enfant de lui imposer. Il avait senti en elle une force supérieure et invincible, magnétisme infaillible des âmes d'élite.

On les voyait ensemble, tout le long du jour, dans le pré où paissait la vache brune. Enfouis tous deux dans l'herbe fleurie, Félice, qui savait déjà lire, enseignait la lecture à Jean-Pierre et, plus tard, déchiffrait avec lui quelque merveilleux conte de fées acheté chez le bouquiniste de la place d'Armes.

Le soir, on les retrouvait à la porte de la maisonnette, jouant à la *bille*, à la *richetoque*, à la *pelotte au trou*, et à vingt autres jeux du pays, qu'on variait suivant les saisons.

Souvent ils sarclaient le jardin du père Germain, relevaient les fleurs courbées par le vent et les rattachaient avec un jonc. C'était une vie délicieuse, d'autant plus belle que nul autre, dans le village, n'en avait une aussi douce, et que les pauvres enfants ne soupçonnaient guère qu'il y eût au monde des êtres privilégiés à qui ces plaisirs naïfs eussent sans doute paru bien pâles.

Ces joies faciles eurent pourtant un terme. Même aux champs, il y a des exigences sociales qu'on ne saurait affronter.

Félice aurait volontiers passé sa vie à rester ainsi la sœur de Jean-Pierre. Elle trouvait très-naturel que son père, possédant un peu de bien, en fît part à l'un des déshérités du hasard. Mais le monde campagnard n'en jugea pas ainsi; et Jean-Pierre lui-même comprit qu'il se devait, qu'il devait à sa sœur et à son père adoptifs, de gagner son pain et de se faire *un sort*.

Aussitôt qu'il eut quatorze ans, il entra chez un laboureur de Fleury en qualité de patureau [1].

Il faisait ce métier depuis un an, ne voyant plus Félice que les jours de dimanche et fête, lorsque le choléra vint tomber, avec la rapidité et les ravages de la foudre, sur le pauvre village.

III.

Jean-Pierre devait la vie à Félice; il le savait, et sa reconnaissance, d'accord en cela avec les sentiments jusqu'alors indécis de son cœur, lui inspira la résolution de consacrer son existence à celle qui la lui avait conservée.

---

[1] L'Académie dit patureur, mais il ne nous déplait pas de conserver un idiotisme que les lecteurs messins voudront bien permettre. *(Note de l'auteur.)*

Dans l'extrême jeunesse, les inspirations généreuses sont toujours accompagnées de l'enthousiasme qui donne la force, la confiance et la foi. Jean-Pierre pressentait qu'un devoir immense, — dont les conditions lui apparaissaient très-confusément encore, mais qu'il acceptait néanmoins les yeux fermés, — dominait son avenir, et il se fit à lui-même le serment de l'accomplir.

Cela lui semblait d'ailleurs doux à entreprendre et facile à exécuter. Dès cet instant il fut tout entier, corps et âme, à Félice.

Félice reçut ce don tacite comme la chose du monde la plus naturelle. Sans se demander à quel titre Jean-Pierre pourrait lui appartenir, elle comprit qu'il fallait qu'il lui appartînt: ce n'était entre eux qu'un simple échange de cœur.

IV.

Les deux enfants vivaient ainsi dans la paix et l'innocence, heureux de s'aimer et ignorants de l'amour.

Habitués dès l'enfance à l'amitié qui les unissait, ils ne pressentaient, ni l'un ni l'autre, qu'elle pût un jour changer de nom et de caractère. Jean-Pierre était toujours un frère pour Félice et Félice une sœur pour Jean-Pierre. D'ailleurs, les mauvaises pensées sont plus éloignées du cœur des paysans de chez nous que de celui des gens de la ville. Personne ne fit donc de méchantes suppositions sur cette aimable liaison, et chacun, au contraire, la sanctionna d'un sourire approbateur.

Un moment vint, cependant, où nos deux amoureux sans le savoir virent enfin clair dans leur cœur.

Voici comment cette lumière se fit : On a conservé dans

quelques villages des environs de Metz une ancienne coutume, image naïve de la simplicité des mœurs d'autrefois. C'est la cérémonie des *vozenottes*. Elle consiste à proclamer, au bruit des pétards et des boîtes, les noms des jeunes garçons et des jeunes filles qu'on suppose devoir être en accommodement de mariage.

Dix-huit mois environ après l'époque où commence ce récit, la veille de la Chandeleur, vers la tombée de la nuit, Félice cousait auprès du feu et Jean-Pierre rattachait, à grands coups de marteau, un pied à la selle à traire, lorsqu'un bruit inusité éclata tout-à-coup devant la porte de la chaumière. C'était quelque chose comme une sérénade ou un charivari. Le *violoneux* jouait son plus bel air qu'accompagnaient de leur chant les garçons du village. Jean-Pierre et Félice accoururent à la fenêtre; de là, et à l'abri des rideaux, ils cherchèrent à découvrir ce qui se passait dans la rue.

Le silence se fit, et le maître des cérémonies de la troupe prononça les paroles sacramentelles :

— J'y donne ! J'y donne !

— A qui ? à qui ? répliqua le chœur.

— Ce sont les vozenottes, s'écria Jean-Pierre.

— Que viennent-ils faire par ici ? ajouta Félice un peu émue.

L'orateur reprit :

— J'y donne! J'y donne! La Félice Germain au Jean-Pierre Bernard !

Des vivats nombreux, des décharges de pistolets et la musique du violoneux accueillirent cette annonce, témoignages éclatants de la sympathie publique.

Félice, toute confuse, cacha sa jolie tête dans le rideau, comme si le village entier eût pu voir sa rougeur.

Quant à Jean-Pierre, le visage épanoui, le front radieux,

il tira d'un de ses doigts le bel anneau d'argent qu'il avait acheté de ses économies à la dernière fête de Fleury, et le présentant à Félice, il dit d'une voix tremblante :

— Voici mon *rachat*, Félice, ne veux-tu pas l'accepter ?

Félice, rose comme la fraise des bois, demeurait interdite et les yeux baissés.

— C'est pourtant l'usage, hasarda Jean-Pierre en baissant la voix.

— C'est aussi l'usage qu'on ait pour se racheter jusqu'au dimanche de l'autre semaine, répondit la jeune fille non moins tremblante que son amoureux. Il ne faut rien faire de force ; ce n'est pas trop de réfléchir pendant dix jours lorsqu'il s'agit de s'engager pour la vie.

— Dix jours de réflexion pour savoir si je t'aime ! reprit impétueusement le jeune homme : oh ! Félice ! comme tu penses mal de moi. Je t'ai toujours aimée, sais-tu ? seulement, il n'y a guère que deux minutes que je le sais moi-même.

Ici la porte s'ouvrit et la troupe joyeuse envahit la chambre. Elle venait réclamer la mesure de vin qu'on ne refuse jamais en pareille circonstance.

— Eh bien ! Jean-Pierre, fit le meneur, avons-nous deviné juste ?

— Oui, certes, et je vous remercie ; voilà ma prétendue..! si cela lui convient s'entend, ajouta-t-il vivement en la regardant.

— Si j'y consens ? s'écria Félice en relevant sur Jean-Pierre ses deux beaux yeux baissés et remplis de larmes : si j'y consens ? ne vois-tu donc pas que je pleure ?

Voilà de quelle façon les deux orphelins furent promis l'un à l'autre, en présence du village assemblé et tout orgueilleux de leur tenir lieu des parents qu'ils avaient perdus.

V.

Un jour, le sort qui se plaît à renverser l'échafaudage péniblement élevé de nos projets, — comme pour prouver la vanité des espérances humaines, — le sort vint détruire le bonheur des deux pauvres enfants. En 1838, la conscription atteignit Jean-Pierre. Un matin le maire le fit appeler et lui remit un ordre de départ ; il était soldat.

Jean-Pierre pensa mourir de chagrin. Cet ordre le frappa comme un coup inattendu ; car jusqu'au dernier moment il avait entretenu le fol espoir qu'un événement impossible changerait sa destinée.

Il y a bien des condamnés à mort qui, jusqu'au pied de l'échafaud, croient voir planer au-dessus de leur tête l'ange de la fatalité prêt à faire un miracle pour les sauver.

Jean-Pierre courut cacher ses pleurs dans le sein de Félice.

— Pourquoi pleurer? dit-elle en lui tendant ses deux mains : n'a-t-on pas le droit de se faire remplacer ?

— Sans doute ; mais il faut le pouvoir, fit Jean-Pierre avec un long soupir.

— Il faut vendre le champ du haut de Saint-Thiébault, reprit tranquillement Félice : il vaut au moins deux mille francs.

C'était plus de la moitié de l'héritage de la jeune fille.

Les hommes sont naturellement égoïstes ; mais leur égoïsme devient féroce quand ils souffrent : Jean-Pierre aurait volontiers accepté ce sacrifice. La loi ne le permit pas. Félice n'avait que dix-neuf ans ; elle ne pouvait disposer de son bien, et M. l'Adjoint, qu'on lui avait donné pour tuteur, s'opposa formellement à cette *folie*.

— Vous êtes jeunes tous deux, dit-il : vous pouvez attendre pour vous marier que Jean-Pierre ait fait son temps. Je conviens qu'il est laborieux et bon sujet; mais il ne gagne que cinquante écus par an, et six années de travail à cinquante écus ne valent pas deux mille francs.

Il fallut se résigner.

Félice eut du courage, comme toujours; elle embrassa une dernière fois son ami :

— Courage, mon Jean-Pierre, lui dit-elle, courage et patience : dans deux ans je serai majeure et maîtresse de ma volonté.

L'espoir rentra dans le cœur du conscrit et les deux fiancés se séparèrent en jurant de s'aimer toujours.

Il est inutile de dire tout ce qui se passa dans le cœur de Félice, après le départ de son fiancé. On le sait de reste. D'ailleurs, elle fut patiente et résignée.

Tous les mois une lettre de Jean-Pierre lui apportait des consolations et des serments de fidélité ; tous les mois une lettre d'elle emportait pour Jean-Pierre la meilleure partie de son cœur.

Cela dura deux ans.

Au bout de deux ans Félice étant devenue majeure, courut chez le notaire de Coin-lès-Cuvry et vendit pour mille cinq cents francs de terre. Quinze jours après, Jean-Pierre avait un remplaçant et s'en revenait gaiement de Strasbourg où il tenait garnison.

En passant à Metz, il entra à l'hôtel de ville pour faire viser sa feuille de route et remplir certaines formalités.

— Vous vous nommez Jean-Pierre Bernard, dit le maire, et vous êtes de Fleury : attendez donc, je crois avoir reçu, depuis peu, une lettre qui vous concerne. En effet, c'est bien cela, ajouta-t-il après avoir parcouru quelques papiers. Eh bien, mon ami, vous voilà riche. Un nommé Pierre Bernard, votre oncle et votre parrain, est mort à Francfort il y a un mois, en vous déclarant son héritier pour une somme de dix mille francs qu'il avait amassée dans son commerce. Partez donc bien vite et revenez heureux.

Le soir même Jean-Pierre était dans les bras de Félice. On peut se figurer leur joie à l'instant de la réunion en se rappelant leur douleur au moment du départ. Celle de Jean-Pierre était doublée par le plaisir de rapporter à sa bien-aimée un héritage qui, pour eux, était vraiment la richesse.

Une heure après, tout le village savait cette bonne fortune, et, pour la première fois, Félice eut des envieux. Quant à elle, cette nouvelle lui serra le cœur comme aurait pu le faire l'annonce d'un malheur.

VI.

Le lendemain de son arrivée, Jean-Pierre alla voir M. l'Adjoint, ancien tuteur de Félice, pour lui apprendre, — par une condescendance très-naturelle, — son projet d'épouser Félice aussitôt après son retour de Francfort. Cet adjoint était d'ailleurs le plus riche laboureur du village et Jean-Pierre n'était pas fâché d'étaler ses dix mille francs devant les yeux du bonhomme.

Leur conversation dura longtemps.

Lorsque Jean-Pierre sortit il avait le front soucieux et paraissait être en proie à une vive agitation. Félice, inquiète, lui demanda ce qu'il ressentait. Il s'excusa d'un air embarrassé et attribua son trouble à l'obligation dans laquelle il était de la quitter encore pour faire un long voyage.

Félice sourit de son sourire d'ange et dit en pressant les mains du jeune homme dans les siennes :

— Qu'est-ce que quinze jours d'attente, après les deux ans

qui viennent de s'écouler et lorsque nous avons toute la vie pour nous aimer?

Jean-Pierre passa la main sur son front, détourna la tête; puis, après un effort bien visible, comme celui que ferait un homme épuisé par une lutte violente, il sortit, et, dans son trouble, il oublia de déposer ses lèvres sur le front de sa fiancée.

VII.

Quinze jours s'écoulèrent, durant lesquels Félice, plus joyeuse et plus alerte que l'alouette occupée à disposer son nid pour la couvée prochaine, s'ingénia à faire tous les préparatifs de son mariage. C'était une bénédiction du ciel de voir cette belle fiancée qui s'enveloppait dans sa joie dont elle semblait faire le voile de ses chastes aspirations d'amour.

Le matin du seizième jour, elle aperçut Jean-Pierre qui traversait la place. Félice poussa un cri de joie et attendit; mais Jean-Pierre ne vint pas.

Que pensa-t-elle? qu'imagina-t-elle pour expliquer cette circonstance prodigieuse? je l'ignore; mais à coup sûr ce fut un espoir qui traversa son cœur et fit épanouir sur ses lèvres un charmant sourire à la fois boudeur et mutin.

Elle attendit deux heures..... son beau visage était toujours calme et souriant. Enfin la porte s'ouvrit et... ce fut l'adjoint, le tuteur qui entra.

Il avait un air composé et solennel. Pour la première fois Félice se sentit avoir peur.

L'adjoint tira de sa poche un portefeuille usé et crasseux, et, majestueusement, il en tira trois billets de cinq cents francs.

— Voici, dit-il, les quinze cents francs que vous avez avancés à Jean-Pierre Bernard.

Félice frappa ses deux mains l'une contre l'autre en riant;

puis, elle essuya deux larmes d'attendrissement qui perlaient à ses yeux.

— Le glorieux ! dit-elle : parce qu'il est riche il ne veut rien me devoir.

— Plus, les intérêts, ajouta l'adjoint, et il aligna quinze pièces de cinq francs sur la table : c'est l'usage de payer l'année entière quand le remboursement est volontaire et anticipé.

Félice devint horriblement pâle et s'appuya au dossier d'une chaise.

L'adjoint continua :

— Jean-Pierre ne vous remercie pas : il n'y a pas de paroles qui valent ce que vous avez fait pour lui. D'ailleurs, étant devenu riche, quelques jours plus tard votre bonne volonté devenait inutile ; mais il ne vous oubliera jamais et si vous avez besoin de lui vous le trouverez toujours

Une oppression indicible tenait Félice à la gorge et semblait étrangler les mots prêts à sortir de sa bouche. Enfin elle put bégayer :

— Jean-Pierre !... Jean-Pierre !... Il est donc mort ?

Et elle tendit sa main tremblante et crispée vers l'adjoint, comme pour arracher une réponse de ses entrailles.

— Jean-Pierre ? répondit froidement le paysan, est allé porter ses papiers à la mairie pour faire afficher son mariage avec ma fille.

Là-dessus il sortit tranquillement et majestueusement ainsi qu'il était entré.

VIII.

Quelqu'un vint chez Félice vers le soir. On la trouva accroupie dans un des angles de la chambre. Elle était glacée, grelottante; elle avait les yeux immobiles et sans regards; elle faisait peur à voir.

On la plaça sur son lit et on fit appeler un médecin.

Celui-ci l'examina longtemps et prescrivit quelques remèdes qu'on s'empressa de faire prendre à la malade. Lorsqu'il sortit, il secoua tristement la tête :

— Elle est frappée au cœur, dit-il ; si elle eût été faible, elle serait devenue folle ; mais elle est forte, elle mourra.

Les jours suivants, Félice parut recouvrer quelque force : elle reconnaissait ceux qui l'entouraient et leur parlait amicalement. Un jour même, elle demanda quand se ferait le mariage de Jean-Pierre.

On parut hésiter à lui répondre.

— Oh ! parlez, dit-elle avec un sourire navrant, je puis tout entendre.

Le jour fixé pour la cérémonie, elle se leva dès le matin et fit une toilette élégante. Hélas ! elle mit la belle robe de taffetas noir[1] qu'elle s'était faite elle-même pour ses propres noces.

Elle était soutenue par une énergie fébrile. Elle se fit conduire sur la place de l'église, s'assit sur un banc et attendit.

Quand le cortége nuptial sortit, après la bénédiction, Félice poussa un long soupir et on l'entendit murmurer :

— C'est pourtant vrai !

La foule s'écoula lentement, à la suite des heureux mariés, et la place devint déserte. Alors deux bonnes femmes qui avaient accompagné Félice lui dirent qu'il était temps de se retirer et se penchèrent vers elle pour l'aider à se relever.

Son corps était rigide et froid.

Félice était morte.

ALBERT DE LA FIZELIÈRE.

[1] Les paysannes du Pays-Messin se marient en noir.

LA NATURE SUR UNE FENÊTRE.

Enfin le froid et triste hiver est passé. Un beau soleil de printemps vient à ma fenêtre se montrer comme la riante figure d'un ami qui me donne le bonjour du matin. Ses rayons dorés semblent se jouer dans les ramures des délicats arbustes qui, pendant les frimats, ont trouvé, derrière mes vitres, un tutélaire abri. Leur feuillage si longtemps souffreteux, paraît se ranimer et prendre une verdure plus vive. Déjà il m'est permis, en leur donnant un peu d'eau, de mettre un terme à cette tempérance forcée que leur a imposée une longue réclusion. Aussi voyez leurs feuilles redresser, épandre leurs élégantes découpures, présenter sous divers aspects leur surface tantôt enduite d'un frais vernis, tantôt couverte d'un mol velouté, passant, par vingt nuances, du jaune tendre au vert gai; du purpurin au vert sombre. De cette variété naissent les contrastes, jamais les dissonances. Partout où la lumière se glisse, je vois mille effets charmants, mille fantaisies de formes et de tons dont la grâce semble avoir toujours le secret. — Allons, espoir et courage, mes petits hôtes frileux; osez maintenant croître et vous épanouir sous ces chauds rayons! Bientôt vous aurez à profusion tout ce qui est pour vous le bien-être et la vie : un air pur, un bon soleil et de tièdes rosées. — Depuis peu, j'ai garni d'une terre nouvelle vos berceaux nourriciers; je les ai couverts d'une couche de mousse pour qu'un vent aride ne vînt pas trop tôt les dessécher; une fraîche peinture a rajeuni le petit balcon à treillis qui, tout près de moi, vous soutient dans l'espace. Plantes chéries, allez, mes belles, fleurissez, brillez au-dehors; mais, au-dedans, comme de fidèles compagnes, continuez à égayer les regards de votre vieil ami ! Encadrez ainsi gracieusement tout ce que j'ai d'horizon dans ma studieuse retraite, et, s'il se peut, dans un de ces doux rêves, qui, au milieu même du travail sérieux, viennent surprendre et charmer la pensée, faites-moi croire que par delà, dans le monde et dans la vie, il n'y a qu'un beau ciel et des fleurs!

Je ne sais si plusieurs partagent une impression dont je ne puis me défendre. Quand je travaille, j'étouffe derrière des rideaux. Je hais les contrevents, les persiennes, les jalousies, toutes choses faites pour m'enlever ma part du plus beau présent de Dieu, sa belle et bienfaisante lumière, et pour transformer les appartements les plus gais en autant de grottes ténébreuses où s'étiolent et s'énervent de pâles et élégantes Calypsos éprises du demi-jour, ou de trop soigneuses ménagères, jalouses de la fraîcheur de leurs meubles et de leurs tentures. Eh! bon Dieu, dans nos climats, avec nos hivers de huit mois, nos courts étés, si souvent pluvieux et maussades, avons-nous donc peur d'avoir trop de lumière et de soleil, et que ferions-nous de plus sous les feux des tropiques?

Oh! que j'aime bien mieux, sur ce point, les simples goûts des bonnes petites gens dont la vie est vouée à des occupations sédentaires. Il connaissent, eux, le prix de la lumière, leur meilleure auxiliaire dans les travaux qui assurent leur subsistance de chaque jour. Aussi la fenêtre de l'artisan est-elle presque toujours la place où se réfugie le peu de poésie qui embellit sa demeure. Là souvent, derrière un double rang de pots de fleurs, est abritée la cage du petit oiseau chanteur dont l'ardeur musicale semble s'accroître de l'aspect de la verdure et des bruits de la rue. Le parterre aérien se compose d'ordinaire d'un petit nombre de plantes dont nos amateurs d'horticulture dédaigneraient sans doute la vulgarité. Mais pour être commune, une fleur cesse-t-elle jamais d'être belle? Le prix capricieux qu'on prête à la nouveauté peut-il rien ôter de sa grâce originale à la capucine dont les feuilles en parasol, laissent, de distance en distance, entrevoir une belle corolle orangée que termine un long éperon d'or? Fera-t-il perdre quelque chose de son éblouissant éclat, au géranium écarlate, dont les feuilles arrondies offrent, sur un fond de nuances diverses, des zônes concentriques, régulièrement lithographiées? Quelle plante nouvelle vaudra pour sa longue floraison et pour la riche variété de ses couleurs et de ses panachures, la balsamine, qui acquiert en se doublant l'aspect du camellia, offrant comme lui des pétales superposés en écailles de poisson, et ce fin et frais tissu imitant celui d'une chaire délicate et satinée? N'aura-t-elle pas toujours son parfum si suave et si distingué, la giroflée, à la fleur d'or ou de ce brun doré qui rappelle l'*Andalouse au teint bruni*? Où trouvera-t-on un parfum plus abondant, une floraison plus prodigue et plus gaie, que chez le joyeux cocardeau, qui semble à lui seul personnifier tout une fête villageoise?

L'étroit jardin admet encore parfois le jasmin blanc, au parfum oriental si subtil, au feuillage si léger, qu'on dirait qu'il a volé jusqu'à nous de la Perse, sa patrie. Le pompeux hortensia lui-même, banni du haut perron des châteaux, s'est réfugié sur la fenêtre de l'ouvrier, où ses énormes têtes de fleurs étalent, comme à regret, le luxe d'une grandeur déchue. C'est encore en ce lieu que la campanule dresse la hardie charpente de sa pyramide, dont les cent bras tiennent suspendues des milliers de clochettes blanches ou bleues, mais heureusement muettes. Parfois, deux pieds de cette plante, égaux en hauteur, garnissent les côtés de la fenêtre, et courbés en cintre vers leur sommet, forment un gracieux encadrement de verdure et de fleurs.

Nulle place ne reste vide dans ce précieux terrain : les petits intervalles sont occupés par de petits pots de marguerite-paquerette, gaies prémices de nos prairies, ou de réséda, humble plante, qui n'est apparente ni par ses fleurs, ni par son feuillage, mais dont la présence est trahie par son parfum si doux, qu'il semble avoir quelque chose de l'honnête retenue du mérite modeste, tremblant d'être reconnu.

Vous ai-je toutes énumérées, vous, les belles du temps jadis, à qui j'adresse ce présent hommage? — Non, je n'ai point parlé de l'œillet dont, suivant un vieux noël,

> La bigarrure
> Fait la parure ;

l'œillet, la fleur chérie des vieilles filles, qui savaient, avec un soin si compassé, redresser ses tiges fragiles sur un léger treillis en éventail ; l'œillet *goffard* surtout, dont elles rassemblaient délicatement les pétales débraillés sur une légère cocarde de carton, à la structure de laquelle on sacrifiait souvent le valet de trèfle ou la dame de cœur. Nos vieilles filles d'aujourd'hui, si ardentes au *whist*, auraient-elles le même héroïsme?

J'oubliais aussi la gesse odorante ou le pois-fleur, légère et jolie plante. C'est bien là la fleur des enfants. Je me souviens qu'à cet âge, lorsque je voyais ses gracieuses corolles agitées par le vent, je me sentais prêt à tendre la main pour saisir ces petits papillons musqués, à ailes roses et blanches ou biparties de violet et de lilas.

Mais il était une plante qui fut longtemps, dans notre ville, comme l'expression d'une industrie et d'un commerce qui ont, de nos jours, complètement changé d'aspect. Nous ne nous imaginons plus guère aujourd'hui, en voyant les vastes et riches bazars qu'on nomme des magasins d'épicerie, et ces élégantes exhibitions de souliers vernis, de bottes rouges, de pantoufles brodées, de semelles émaillées de pointes de cuivre et d'acier, ce que c'était autrefois que la boutique d'un cordonnier ou l'étal d'un épicier.

Cette honnête industrie et cet utile négoce s'exerçaient alors dans des réduits s'ouvrant sur la rue, par une sorte de grande bouche de four, à cintre surbaissé, et par une porte dont le battant était divisé en deux compartiments ; l'un supérieur, le volet, qui ne se fermait guère que la nuit ou par les temps les plus mauvais, et l'autre inférieur, la *drage,* qui était habituellement fermée. C'était, les coudes appuyés sur le bourrelet qui couronnait cette dernière, que le marchand causait avec son voisin ou provoquait à l'achat le passant en qui il espérait trouver une pratique. Au lieu d'étaler au-dehors sa marchandise, c'était le marchand lui-même qui sortait à mi-corps pour vanter à tout venant le mérite latent des objets de son fond. En hiver, la devanture était close par un vitrail à petits carreaux, qui, dès l'été, s'enlevait par panneaux et laissait la boutique ouverte à tous les vents. La base du châssis-dormant auquel s'adaptait le vitrail, divisait l'appui de pierre en deux parties : l'une intérieure, et revêtue d'une tablette de chêne, était ordinairement garnie d'objets de vente ou de travail disposés sans beaucoup d'ordre ni de symétrie. Quant à la partie extérieure, qui formait le rebord saillant de la boutique, le cordonnier y plaçait invariablement, sur la pierre nue, trois pots de basilic, et rien de plus. L'épicier, après avoir dressé, vers les deux angles, deux pains de sucre en bois peint, et au milieu, une pile de briques de savon également en bois (solide marchandise, redoutant peu les avaries!) mettait constamment dans les intervalles deux pots de basilic.

Le basilic, voyez-vous, c'était l'accompagnement nécessaire des épices et du vieux cuir. L'arôme fort et pénétrant qui s'échappe de toutes les parties de cette plante, est aux parfums ce que l'eau-de-vie ou le rhum est aux autres boissons. Il semblait que pour neutraliser l'effet de marchandises de haut goût, il fallût une senteur élevée à une haute puissance. Aussi toutes les fois que, parcourant les rues de Metz, et rasant du regard le profil des maisons, vous veniez à apercevoir, dans un pot de faïence ou de terre vernissée, un petit arbuste en boule, vous pouviez vous dire, avec une égale certitude : voilà un basilic et voilà un cordonnier, si ce n'est pas un épicier !

Le basilic doit donc nous intéresser comme un de ces vieux fragments de numismatique ou d'archéologie, qui nous retrace un côté curieux de la simplicité et du génie de nos pères.

Dans le peuple, ce goût naïf des plantes n'est frivole qu'en apparence. Il est l'indice presque certain des habitudes intérieures. Toutes les fois que vous verrez quelque pauvre fenêtre coquettement garnie de fleurs, soyez sûrs que, dans ce logis, règnent l'ordre, le travail, des mœurs douces et déjà je ne sais quelle délicatesse de sentiments trop rare dans les conditions pauvres.

Pour moi, je les aimerai toujours ces bonnes vieilles fleurs qui ont fait l'admiration et les innocentes délices de mon enfance. Leur souvenir se lie dans ma pensée à celui de toutes ces joies premières dont les vives et pures impressions ne se reproduisent plus vivantes, dans un âge plus avancé. Il se mêle aux images si chères de ceux, hélas! qui ne sont plus, à ces douces et respectables figures d'autrefois, qui étaient si bonnes! qui m'accueillirent, moi tout petit, avec ce premier sourire d'affection qui nous rend sensibles et bons pour toute la vie. O ma sainte et vénérable aïeule! combien la simple fleur offerte par votre petit enfant avait de charme et de prix pour votre cœur! combien elle me valait de tendresse et de sages avis! Que de fois servit-elle d'exemple pour m'apprendre la grandeur, la puissance et la bonté de Dieu!

Ah! quand déjà pour moi les fleurs de la vie se sont une à une effeuillées, quand le vent d'hiver s'apprête à flétrir leurs boutons les plus tardifs, qu'il m'en reste au moins une dernière, l'immortelle, la fleur de souvenir et d'espérance ; je veux la déposer pieusement sur un tombeau.

Lasaulce.

MARGUERITE.

(FANTAISIE.)

Où va-t-elle, la jeune Marguerite, à travers la prairie? Un frais sourire illumine sa figure de seize ans; sa blonde chevelure, en boucles gracieuses, flotte sur ses épaules à demi-nues; son pied léger tantôt se pose mollement sur l'herbe fleurie, tantôt s'élance en bonds capricieux : voyez-la, folle et rieuse, cueillir chaque fleur, en respirer le parfum, puis l'embellir d'un baiser. Cueille des fleurs, jeune Marguerite, ta gerbe sera bientôt faite; heureux celui auquel tu la destines! Mais voyez-la, elle s'arrête, sa figure se couvre d'un plus vif incarnat, ses grands yeux bleus se voilent timidement, son sein, éclos à peine, se gonfle et s'agite, sa bouche se pose sur la corolle d'une fleur, la blanche marguerite sa fidèle image, ses doigts délicats détachent une à une les pétales de la fleur; elle murmure bien bas des paroles de l'âme. Lorsque la dernière feuille tombe à ses pieds, un long soupir de bonheur s'échappe au travers d'un sourire radieux : recueillant alors les débris de la pauvre fleur, elle les cache dans son sein, puis d'une voix pure et suave elle chante :

> Petite
> Marguerite,
> Doux oracle des champs,
> Que ta corolle blanche
> Epanche
> Le secret que j'attends.
>
> A peine
> Sur la plaine
> Brilles-tu, que ma main,
> Sans pitié, feuille à feuille,
> Effeuille
> Les perles de ton sein.
>
> Expire ;
> Ton martyre
> A fait battre mon cœur.
> Sans regrets, sacrifie
> Ta vie,
> En donnant le bonheur.

Elle est bien heureuse la jeune Marguerite : l'oracle des champs vient de lui répéter ce qu'une bouche aimée lui a dit tant de fois. Voyez-la reprendre sa course folâtre, tenant sa gerbe de fleurs entre ses bras. Aux premiers grands arbres de la prairie elle s'arrête encore ; son regard curieux parcourt l'avenue des peupliers ; mais l'avenue est solitaire ; alors elle répète sa chanson favorite, la chanson de la marguerite : l'écho seul répond à sa voix. Pour la première fois un soupir douloureux s'échappe de ses lèvres; des larmes tombent de ses yeux; elle s'assied pensive sur l'herbe qui borde le chemin, et pour chasser les pensées qui l'agitent, elle choisit parmi ses fleurs. Ses doigts agiles en forment une couronne de marguerites. Ce sera ma couronne de fiancée, soupire-t-elle. Mais les heures s'écoulent; la couronne est tressée depuis longtemps, le chant du pâtre annonce la fin du jour.

La jeune Marguerite attend encore.

II.

Dans une chaumière que la mousse recouvre et que tapisse l'odorant chèvrefeuille, voici la jeune Marguerite. Seule et pensive, elle contemple une couronne dont les fleurs déjà commencent à se flétrir; de ses lèvres, qu'entrouvrent de fréquents soupirs, s'échappent ces mots: « Fleurs trompeuses, vous qu'on appelle oracles des champs, deviez-vous sitôt mentir! » A cette pensée, des larmes amères inondent son visage; des sanglots tumultueux soulèvent sa poitrine. Cédant à l'émotion qui l'agite, elle tombe à genoux, puis tendant les bras vers l'image qui seule décore sa chaumière, elle s'écrie : Sainte patronne! vous qui lisez dans mon cœur, vous savez si je l'aime; qu'ai-je donc fait pour lui déplaire? quelle plainte, ou quelle parole imprudente ma bouche a-t-elle prononcée? ne suis-je pas toute à lui; pour lui je donnerais ma vie; n'a-t-il pas déjà mon âme? O sainte patronne, prenez pitié de moi! Hier encore combien j'étais heureuse, lorsque, volant à sa rencontre, je lui portais les fleurs qu'il aime tant. Et lui me regardait avec les yeux de l'âme. La tête reposée sur son sein, j'écoutais les battements de son cœur, et les tendres paroles qu'il murmurait à mon oreille : « Ma douce fiancée, me disait-il, toi dont la tendresse surpasse la beauté, ange de mes rêves, je t'aime! je t'aime! ton cœur ne connaît ni la ruse, ni le mensonge, ton âme est pure comme la fleur qui porte ton nom. Hélas! pourquoi comme elle n'es-tu qu'une simple fleur des champs! »

Suspendue à ses lèvres, je m'énivrais de ses paroles, je ne songeais qu'à le voir, qu'à l'entendre; mais aujourd'hui, loin de sa présence, un trouble inconnu s'empare de mon cœur: O mon Dieu, pourquoi ne suis-je qu'une simple fleur des champs! Ces paroles, que je ne comprends pas, me glacent d'effroi; que dois-je craindre? Quel danger me menace? j'ai peur... O mon Dieu, prenez pitié de moi! Non, ma raison s'égare. Ne suis-je pas la fiancée de son cœur? O sainte patronne, veillez sur moi, je remets mon âme entre vos bras....

Dors en paix, jeune Marguerite; ta sainte patronne veille, c'est elle qui t'envoie le songe qui berce ton sommeil. Vois cet essaim de jeunes filles aux blanches ailes, à l'auréole resplendissante; chacune d'elles tient à la main une couronne de marguerites, elles voltigent autour de ta couche. Vois-les s'approcher doucement; puis une à une déposer un baiser divin sur tes lèvres entr'ouvertes; elles te tendent les bras en te montrant le ciel; une harmonie suave, des parfums inconnus énivrent tes sens et ton âme. Dors en paix, jeune Marguerite, ta sainte patronne veille sur toi.

III.

Où va-t-elle, la jeune Marguerite, à travers la prairie; vient-elle encore y cueillir des fleurs? De bien longs jours se sont passés depuis le temps où, folle et rieuse, elle courait en chantant la marguerite; aujourd'hui, sur l'herbe encore fleurie, elle promène languissamment ses pas, ses grands yeux bleus voilés par une ombre grisâtre, errent sans but;

ses joues, dont naguère un vif incarnat animait la fraîcheur, sont flétries par les larmes ; comme autrefois, elle cueille la fleur des champs ; un sourire paraît encore sur ses lèvres décolorées ; mais ce n'est plus le sourire radieux, c'est le sourire de la douleur ; ses doigts amaigris n'effeuillent plus de blanches marguerites, mais sa bouche leur murmure encore des paroles de l'âme : Pauvres fleurs, dit-elle, priez pour moi ! La voici près des grands arbres qui bordent la prairie. Pour la première fois, elle franchit l'avenue des peupliers ; là, près d'une croix de pierre, elle repose ses pas chancelants. L'air est pur, les oiseaux gazouillent dans les guérets, les fils de la vierge flottent dans le ciel. La tête languissamment penchée, la jeune Marguerite songeait aux rêves du passé. Tout-à-coup des chants harmonieux troublent le silence du vallon ; des voix émues par l'allégresse répètent les paroles de l'hyménée :

>De fleurs couronnez votre tête,
>Du long voile blanc parez-vous,
>Faites vibrer vos chants de fête ;
>Jeunes filles, voici l'époux.
>Il vient réclamer sa promise :
>Des liens sacrés vont les unir,
>Conduisez la vierge à l'église,
>Le prêtre attend pour les bénir.

>De fleurs couronnez votre tête,
>Du long voile blanc parez-vous,
>Faites vibrer vos chants de fête ;
>Jeunes filles, voici l'époux.

Les chants deviennent plus sonores : bientôt s'approche un cortége nuptial. Des jeunes filles aux blanches robes entourent les époux qui marchent les bras entrelacés. La pauvre Marguerite, que le souvenir dévore, ne peut retenir ses larmes : O vous que le ciel vient d'unir, soyez heureux, dit-elle ! Le cortége s'approchait : essuyant les larmes qui voilent sa paupière, la jeune Marguerite lève les yeux sur les heureux époux. Tout-à-coup un cri déchirant s'échappe de son sein, un nuage lugubre obscurcit ses regards, un froid cruel glace son cœur ; anéantie, elle tombe sur la pierre en murmurant : C'est lui.......

IV.

Un jour, lui, que le remords accompagne, vint se reposer près de la croix de pierre ; c'est là que pour la dernière fois il la vit presqu'expirante ; c'est là qu'il entendit ce cri déchirant qui le poursuit sans cesse. Ses jours n'ont plus de paix, ses nuits plus de repos : la tête penchée vers la terre, il songeait...... l'air était encore pur, les oiseaux gazouillaient toujours dans les guérets, et les fils de la vierge tapissaient les buissons. Tout-à-coup, des chants troublèrent le silence de la vallée : ce ne sont plus des chants de fête, mais les chants graves de la prière ; bientôt un cortége s'approcha, un cortége que précède la croix : des jeunes filles aux blanches robes entourent un cercueil qu'un voile blanc recouvre, et sur lequel repose une couronne de marguerites desséchées. Le cortége passa, et lui, s'agenouillant sur la terre, couvrit son visage, et l'on entendit des sanglots déchirants..... Les chants s'éteignirent, les heures s'écoulèrent ; depuis longtemps le pâtre avait annoncé la fin du jour.

Au pied de la croix, lui priait encore.

ADRIEN LINDEN.

CE N'EST PAS ENCORE LE BONHEUR.

A MADAME CLÉMENCE DE BOUTEILLER.

Qui ne le sait : la vie est plus ou moins amère,
    Tout calice a son fiel ;
Le bonheur que partout on poursuit sur la terre
    Ne se trouve qu'au ciel !

Fatigué de plaisirs, dans ses palais splendides,
    Le riche est-il heureux ?
Pour lui comme pour nous, il est des jours arides,
    Mornes et douloureux.

Non, le bonheur n'est pas dans ces faux biens du monde
    Qu'on cherche avidement :
On n'y trouve qu'ennuis, amertume profonde
    Et désenchantement.

Pour moi, pauvre et sans guide au milieu de la vie,
  Seul avec mes douleurs,
Je pleurais..... quand du ciel vint une voix amie
  Qui fit sécher mes pleurs.

Cette voix, c'est la tienne, ô sainte poésie!
  Dans mon cœur désolé
J'entendis les accords de ta douce harmonie
  Et je fus consolé !

Adrien Linden.

DE LA LITTÉRATURE ALLEMANDE

A LA FIN DU DIX-HUITIÈME SIÈCLE.

Le succès avec lequel les Allemands cultivent, depuis le milieu du dernier siècle, les lettres, les sciences et les arts, est un phénomène dans l'histoire de l'esprit humain. La Déesse des beaux-arts semble avoir fixé sa résidence dans Athènes, comme le climat le plus doux, le plus favorable aux progrès de l'esprit et du génie. Auguste a donné son nom à son siècle. L'Italie avait ses Médicis. En France, le nom de Louis XIV sera cher à jamais aux lettres et aux artistes. La littérature allemande ne compte point d'époque où elle ait été encouragée par les souverains; bien plus, l'humiliation fut souvent, en Allemagne, la récompense du génie et des talents. Frédéric, pour confondre Gellert, lui demanda « pourquoi l'Allemagne n'a point de fabuliste? » — « C'est qu'elle n'a point d'Auguste, » répondit Gellert, sans se déconcerter. Un des chefs-d'œuvre de Schiller a coûté à son auteur sa famille et sa patrie. Les lettres, en Allemagne, n'ont, en général, trouvé aucun appui dans l'état, et, cependant, les Allemands ont marché à pas de géants dans la carrière des lettres.

« On a vu, dit Schiller, la muse allemande repoussée par
» le plus grand des fils de la Germanie, par l'immortel Fré-
» déric. Elle s'éloigna d'un trône qui ne la protégeait pas;
» mais elle osa se dire allemande, mais elle était jalouse de
» se créer sa propre gloire. Bientôt, les chants des bardes
» retentirent de montagne en montagne, se précipitèrent en
» torrents dans les vallées; le poète indépendant ne reconnut
» plus d'autre souverain que son génie, d'autre loi que le
» feu de son âme. »

Les Allemands soutiennent, en effet, que leur littérature ne doit ses progrès, son originalité et son énergie qu'à cette espèce d'indépendance à laquelle elle s'est vue condamnée. On sait que Lessing, discutant avec un Français qui assurait que Racine est le prince des poètes, lui répondit : « Du moins » est-il le poètes des princes. » J'aurais répliqué que, s'il est vrai que Racine et les poètes contemporains ont mêlé la galanterie du siècle de Louis XIV aux sujets antiques, du moins serait-il bien dommage de changer quelque chose à ces galanteries.

Puisque j'en suis là, je me permettrai de consigner ici un fait qui m'est personnel. La première fois que je me suis trouvé à Francfort-sur-le-Mein, dans un petit cercle de littérateurs allemands, je soutenais avec chaleur la supériorité de la littérature française, me croyant compétent en matière de littérature allemande, après avoir passé quelques mois à traduire, le dictionnaire à la main, des anecdotes et des dialogues familiers, c'est-à-dire la prose la plus vulgaire. L'Allemand ne se pique pas de galanterie; « il se battrait plutôt pour sa littérature que pour conquérir dix provinces, » dit notre savant concitoyen, M. Charles de Villers. En effet, on me régala de cette bourrade de Voltaire : « Celui, dit-il, qui ne sait que la langue de son pays, est comme ces gentilshommes qui n'ont jamais quitté la cour de France et qui disent orgueilleusement : quoique nous n'ayons jamais été ailleurs qu'à Versailles, nous ne connaissons pourtant pas de plus beau séjour. » Sans redouter l'opinion de mes adversaires, j'ai imaginé un raisonnement plus ingénieux peut-être que solide. Cicéron ayant à prouver que les Romains étaient le peuple le plus belliqueux de la terre, tire adroitement cet aveu de la bouche de leurs rivaux : « Gaulois, à qui le cédez-vous en » courage, si vous le cédez à quelqu'un ? — Aux Romains. » —Parthes, après vous quels sont les hommes les plus cou» rageux ? — Les Romains. — Africains qui redouteriez-vous, » si vous aviez à redouter quelqu'un ? — Les Romains. » A son exemple, dis-je, j'interroge tous les peuples modernes : Allemands, quelle littérature serait la meilleure, si ce n'était la vôtre ? — La littérature française. — Italiens, à laquelle donneriez-vous la préférence, si la vôtre n'existait pas ? — A la française. — Et vous, Anglais, quelle est la bonne littérature après celle de votre pays ? — La littérature française. « Or, continue » Cicéron, celui à qui l'on accorde la seconde place à l'una» nimité, n'est exclu de la première que par l'égoïsme, et » mérite incontestablement la première place. »

Quelle que soit la gloire des lettres dans notre belle patrie, nous ne sommes, cependant, pas en droit de prononcer un orgueilleux anathème contre la littérature étrangère, et, encore moins, contre celle de nos voisins de Germanie. Qu'on ne dise pas que nous sommes leurs aînés, qu'ils ont puisé chez nous leurs richesses littéraires, que nous sommes dispensés de fouiller dans leur trésor, rien ne paraît plus erroné; la littérature allemande, quoique de beaucoup plus récente que la nôtre, n'en a rien emprunté. Les Allemands se sont frayé une route par eux-mêmes; ils n'ont aucun penchant à l'imitation; leur littérature, encore dans le chaos, il y a un siècle à peine, s'est montrée tout d'un coup, comme Minerve, tout armée, sortant du cerveau de Jupiter.

Il n'est donc pas étonnant que Marmontel, Le Batteux et Domairon n'aient pas même soupçonné l'existence d'une littérature allemande; mais il est inconcevable qu'en 1794, le Nestor de la littérature française, le judicieux La Harpe, se soit expliqué à l'École normale, au sujet de la littérature allemande, dans les termes suivants : « Pour ce qui regarde
» les Allemands, une disposition d'esprit particulière, qui les
» attache exclusivement aux sciences, a dû les détourner long-
» temps des lettres et des arts de l'imagination; et, depuis
» qu'ils s'y sont essayés, on convient généralement que leurs
» progrès y ont été médiocres. »

Voilà tout ce que le grand La Harpe avance concernant la littérature allemande, dans ces fameuses leçons pour lesquelles on avait proposé ce qu'il y avait de plus distingué dans chaque branche! Et à quelle époque a-t-il énoncé ce jugement? Précisément au moment où l'Allemagne était illustrée par des poètes et des littérateurs du premier mérite. Voici un court aperçu de la littérature allemande à la fin du siècle dernier :

Hagedorn, Lessing, Gellert et Pfeffel se distinguaient dans l'apologue. Gessner, Bronner, Kleist, Schmidt, Blum et Voss, dans le genre pastoral. Zernick, Hagedorn, Sucro, Giseke, Kœstner, Lichtwer et Dusch, dans la poésie didactique. Haller, Kleist, Zacharie, Hellebeck, dans la poésie descriptive. Uz, Gleim, Nicolaï, Gœthe, font régner une douce gaieté et une grâce inexprimable dans leurs épîtres en vers. Joachim, Rachel, Canitz, Michaëlis et Rabner peuvent être pris pour modèles par les auteurs satyriques de nos jours; Rabner, surtout, ne connaît ni fiel ni exagération : il réunit toujours l'enjouement et l'élégance. Klopstock, Gemmingen, Weiss, Gotter et Hœlti excellent dans l'expression de la sensibilité de la plaintive élégie. Wieland, Schlegel, Klopstock et Ramler sont remarquables par la variété et la rapidité du rhythme de leurs chants lyriques. La *Messiade* de Klopstock, la *Noachide* de Bodmer, la *Mort d'Abel* de Gessner, le *Cyrus* de Wieland, et même la *Cortésiade* de Zacharie, sont du haut genre de l'épopée; la *Messiade,* surtout, est le plus beau fleuron de la couronne dont se pare la Calliope germanique. *Idris,* le *Nouvel Amadis, Amour pour amour, Oberon,* et l'*Amour accusé* de Wieland, *Doolin de Mayence,* par Alexinger, et le *Déluge,* par Bodmer, prouvent la grande facilité des Allemands dans les poèmes narratifs. Quoiqu'ils aient moins réussi dans le genre badin et léger, ils peuvent cependant citer avec distinction le *Virgile travesti,* par Blumauer; le *Renomiste,* ou le *Faux Brave,* la *Loyosiade* et l'*Herzynie,* de Wieland; le *Triomphe de Vénus,* par Uz, et le *Mouchoir de poche,* par Zacharie. Lessing, Iffland, Goëthe, Kotzebue et Schiller se sont illustrés dans l'art de Thalie et de Melpomène. Il est vrai qu'ils n'ont pas, plus que les Anglais, observé les trois unités; mais ces auteurs renferment, sous le rapport du style et des pensées, des beautés d'un ordre supérieur. Pfeffel, sa nièce, Mme Caroline Pichler, Schiller, Wieland, Kotzebue, Goëthe, Lamothe-Fouqué et Auguste La Fontaine sont des romanciers d'une prodigieuse fécondité, et leurs productions étaient attendues avec plus d'impatience en France, où l'on s'empressait de les traduire, que dans leur propre patrie; c'est que, sans employer les ressources usées de l'intrigue espagnole ou de la galanterie dégénérée en licence, le romancier allemand intéresse par la teinte sentimentale, par la peinture fidèle des passions et des mœurs, et par l'expression naïve du cœur. Enfin, Gellert, Rabner, Gleim, Mendelssohn, Abt,

Winkelmann, Jean Muller, Lessing et Wieland, tous déjà si célèbres par leurs différents genres de compositions, peuvent être cités aussi comme les plus purs modèles du style épistolaire.

Je n'ai donné qu'un faible aperçu de l'état de la littérature en Allemagne à l'époque où La Harpe prononçait une sentence d'interdiction contre cette même littérature.

Un messin a le premier élevé la voix en faveur de la muse germanique; ce fut M. de Salse qui, plein d'admiration pour les beautés littéraires des auteurs allemands, osa plaider leur cause devant le public français. Mais M. de La Harpe, tout en rendant justice aux talents de notre concitoyen, n'a pas renoncé à sa prévention. Voici ce qu'il dit à ce sujet dans son *Cours de littérature,* en parlant de la traduction de *Werther,* par M. de Salse :

« Cet ouvrage est précédé d'une lettre sur la littérature
» allemande qui peut être regardée comme une sorte de dis-
» cours préliminaire. L'auteur de cette dissertation, qui n'est
» désigné que par des lettres initiales (M. le C. D. S.), écrit
» en homme instruit, mais il montre un peu de partialité
» pour les Allemands. Il se plaint de ce que leur littérature
» n'est pas assez estimée en France, parce qu'elle n'y est pas
» assez connue. Il est vrai que leur langue n'y est pas, à
» beaucoup près, aussi familière aux gens de lettres que l'an-
» glais et l'italien; ce qui suffirait seul pour prouver qu'ils
» n'ont pas un aussi bon nombre de bons ouvrages faits pour
» exciter la curiosité, et dédommager du travail toujours
» pénible et désagréable qu'exige l'étude des éléments d'une
» langue, etc. »

On sent fort bien que M. de Salse, qui ne s'était encore créé aucune réputation littéraire, quoiqu'il y eût quelques titres, a dû garder le silence devant une autorité aussi imposante que celle de La Harpe; il a même poussé la timidité jusqu'à supprimer la lettre sur la littérature allemande dans les éditions subséquentes de son *Werther*.

Il appartenait à un autre de nos concitoyens de révéler aux Français les trésors de l'Allemagne intellectuelle, et de consacrer une vie laborieuse à la destruction du préjugé qu'on nourrissait en France contre la littérature allemande. Qui ne reconnaît là Charles de Villers, professeur à l'université de Gœttingue et membre des principales sociétés savantes de l'Europe? Cet observateur impartial, qui est parvenu à s'élever assez haut pour pouvoir prononcer avec connaissance de cause sur le mérite littéraire des deux nations, place les Français et les Allemands aux deux extrémités de la ligne intellectuelle qu'il est donné aux hommes de parcourir. Il a indiqué et décrit leur divergence, en 1799, dans le *Spectateur du Nord;* en 1801, dans sa *Philosophie de Kant;* en 1804, dans son *Essai sur l'influence de la réformation,* ouvrage couronné par l'Institut de France; en 1807, dans un morceau *Sur la manière de traiter l'amour chez les poètes des deux nations;* en 1808, dans le *Coup-d'œil sur les universités allemandes;* et, en 1809, dans son *Compte rendu à l'Institut sur l'état des sciences historiques et philologiques en Allemagne.*

Depuis ce temps, une police trop susceptible lui avait fermé la bouche; mais il a traité verbalement le même sujet dans ses cours de littérature française à l'université de Gœttingue. Cependant, M. de Villers ne s'était adressé qu'à l'école, et, comme il l'observe lui-même, il existe en France une étonnante différence entre l'école et le monde. « La littérature » allemande, dit-il, forme un tout homogène, où l'esprit du » monde et celui de l'école s'amalgament et se pénètrent » dans une intimité assez parfaite. Aussi, en Allemagne, se » trouve-t-il que le monde est plus instruit et l'école plus

» spirituelle, plus élégante dans ses méthodes et ses doctrines
» que partout ailleurs; tandis qu'en France l'école est restée
» plus pédante et le monde plus superficiel, précisément par
» l'effet de leur opiniâtre séparation. Là, l'école et le monde
» s'entendent dans leurs vues, et l'une conduit à l'autre,
» conduit à la réalité de la vie sociale : ici, au contraire,
» l'école est l'antipode du monde; quand on entre dans ce-
» lui-ci, on se voit presque soumis à l'obligation d'oublier la
» première, et de se refaire à neuf. » M. de Villers n'est
donc nullement étonné de n'avoir pu gagner ni éclairer le
monde, lorsqu'il ne s'adressait qu'à l'école. « Il fallait, ajoute-
» t-il, toute la puissance du talent de Mme de Staël, il fallait
» toute l'illustration attachée à son nom pour se faire seule-
» ment écouter du public qu'elle avait en vue. Il est permis
» d'attendre de son *Tableau de l'Allemagne* d'heureuses
» impressions, des retours salutaires, des réflexions fécondes
» en résultats. »

Mme de Staël a atteint le but qu'elle s'était proposé; nous commençons à connaître nos voisins, leurs richesses nous étonnent; nous admirons la fécondité de leur génie, la profondeur de leurs recherches, la justesse de leurs observations, et, comme le dit encore notre savant concitoyen : « On ne
» verra plus la grammaticale impertinence d'un père Bouhours
» mettre en problème, si un allemand peut être un bel-es-
» prit, et prêter à la littérature française le ridicule d'une
» telle question. »

L'histoire a aussi pris, chez les Allemands, une nouvelle face. Longtemps, elle ne fut chez eux qu'un ramas indigeste de noms, de dates et de faits; leurs historiens étaient de tristes érudits, dont on admirait le savoir, mais dont on se gardait bien d'imiter les laborieuses élucubrations. Schiller, Muller, Becker, Woltmann, Eichhorn, Heeren, Niebuhr, s'élancent dans la carrière; ils fixent leurs regards sur les grands modèles de l'antiquité, et l'Allemagne a ses Thucydide, ses Tite-Live, ses Salluste. L'élégance, la fidélité et l'énergique simplicité qui règnent dans leurs récits, leur donnent un rang distingué parmi les meilleurs historiens.

Mais il n'est point de branche qui, de l'aveu même de M. de La Harpe, ait été porté plus loin, partout ailleurs qu'en Allemagne, que cette partie de la philologie qui traite de l'antiquité en général et des langues anciennes en particulier. Les philologues de ce pays pénètrent d'un œil profond le génie des temps les plus reculés, et répandent le plus grand jour sur les ténèbres de l'antiquité.

Une langue qui a produit de tels monuments littéraires, mérite l'attention du savant et de l'homme de lettres, à quelque nation qu'ils appartiennent. Le docteur Young a dit avec raison « que les hommes sont naturellement copistes;
» que les écrivains qui paraissent dans un pays, après l'époque
» où la littérature y a joui du plus haut degré de splendeur, ne
» font plus que se répéter les uns les autres et se traîner sur
» les mêmes errements. On tourne dans un même cercle; les
» genres se ressemblent; on croirait que tout a été dit, qu'il
» n'est plus possible d'inventer. C'est alors que la littérature
» étrangère est d'un secours puissant pour rafraîchir le fonds
» des idées, et l'on doit accueillir avec empressement ces
» trésors cachés. »

Je terminerai par une réflexion de Mme de Staël-Holstein :
« Les nations, dit-elle, doivent se servir de guide les unes
» aux autres, et toutes auraient tort de se priver des lumières
» qu'elles peuvent mutuellement se prêter. Il y a quelque
» chose de très-singulier dans la différence d'un peuple à un
» autre : le climat, l'aspect de la nature, la langue, le gou-
» vernement, enfin, surtout, les événements de l'histoire,

» puissances plus extraordinaires encore que toutes les autres,
» contribuent à ces diversités; et nul homme, quelque supé-
» rieur qu'il soit, ne peut deviner ce qui se développe natu-
» rellement dans l'esprit de celui qui vit sur un autre sol et
» respire un autre air : on se trouvera donc bien, en tous
» pays, d'accueillir les pensées étrangères; car ce genre
» d'hospitalité fait la fortune de celui qui reçoit. » (*De l'Allemagne*, ch. 31.)

Gerson Levy.

FABLES.

LES DEUX OMBRES ET PLUTON.

Du temps que les ombres parlaient,
Et que dans les enfers se prolongeait la vie,
Deux ombres disputaient
Sur la cosmogonie.
C'étaient, sans doute, deux docteurs
Célèbres parmi les penseurs
De la Grèce ou de l'Italie.
Sur son coude appuyé, Pluton les écoutait.
L'une souvent à l'autre répétait :
« Qui ne se connaît pas soi-même,
» Ne peut approfondir un semblable système. »
Alors le dieu l'interrompit :
— J'admire, dit-il, ton esprit.
Tu sais donc ce que signifie
Le grand mot de philosophie ?
— Si je le sais,
Répondit-elle ;
Je l'enseignais
A la race mortelle.

— En ce cas, dit Pluton,
Tu vas nous en donner une explication,
Car c'est pour moi chose nouvelle.
— Hé bien! répondit l'ombre après réflexion,
Du monde définir l'essence et l'origine,
Dire d'où le tira la puissance divine,
Expliquer où l'on est, d'où l'on vient, où l'on va,
Tout le savoir se borne-là.
— Diable! reprit le roi du sombre empire,
Et tu sais tout cela!
Tu vas donc nous le dire?
— Moi, répond le docteur près d'éclater de rire,
Chacun sur ce chapitre en a tant dit du sien,
Que, par ma foi, je n'y comprends plus rien.
— Tu l'enseignais pourtant. — Oui, sire;
Excepté moi, chacun me comprenait;
A mon étonnement, du moins on le disait;
Ce qu'on ne conçoit pas, très-souvent on l'admire;
On risque trop à contredire.
Puis, sur un semblable sujet,
Savez-vous comment on s'en tire?
Sophisme sur sophisme, et voilà le secret.
— Tu trompais donc comme un impie?
— Hé! non, je débitais de la philosophie!
— Alors, reprit Pluton, en jasant sur ce mot,
Qu'as-tu donc enseigné d'utile pour la vie?
Tu fis voir seulement, ainsi que plus d'un sot,
Que prétendre embrasser la sagesse infinie,
C'est vouloir faire entrer le tout dans la partie.

LES DEUX ARAIGNÉES.

Dans la sombre encoignure
D'un sale cabinet
Une araignée avait étalé son filet.
Une autre la voyant faire grande capture,
S'en vint tout à côté
Etablir ses pénates.
Chez les humains même rivalité.
L'insecte aux longues pattes
Eut bientôt fait et suspendu
Le plus ingénieux tissu.
Puis allant visiter sa nouvelle voisine,
Qui ne faisait pas belle mine :
— Je viens, dit-elle, sans façon,
Vous inviter à voir ma petite maison.
J'espère que mon voisinage
Ne vous causera nul ombrage,
Et qu'en bons voisins nous vivrons ?
— Comment ! répondit l'hypocrite,
C'est bien le plus cher de mes vœux.
Mais au revoir ; souffrez que je vous quitte ;
Il faut que je soigne mes œufs.
Va, se dit-elle, en regagnant son gîte ;
Je n'aurai pas deux fois l'ennui de ta visite !
Et sans perdre le temps,
Le même soir, coupant les filaments
Qui tenaient suspendue

La nouvelle venue,
Elle eut l'affreux plaisir de voir tomber à plat,
Sous la griffe d'un chat,
Sa pauvre rivale étendue.

Je vous conseille donc, gens du même métier,
De ne vous point loger sur le même palier.

LE RENARD ET LE BOUC.

Un bouc sur sur ses deux pieds dressé contre une treille,
En dévorait avidement
Le pampre savoureux, dont il est si gourmand.
Plus haut force raisins d'une teinte vermeille
Offraient l'aspect le plus appétissant.
Un renard les voit en passant ;
Soudain son appétit s'éveille ;
Mais pour sauter jusqu'à ce mets,
Il eut fallu d'autres jarrets.
Le bouc l'apercevant, incline ses deux cornes.
— Hé ! lui dit le renard, c'est toi, mon cher ami.
Quoi, donc ? à si peu tu te bornes !
Ronger quelques bourgeons, c'est jouir à demi.
Si tu veux redresser tant soit peu ton échine,
Tu vas dans un moment
Te régaler bien autrement.
Le long de ton épine

Je grimpe, et puis d'un saut,
De la treille j'atteins le haut ;
Je cueille, et le fruit nous abonde.
Vois donc comme il est mûr, comme sa graine est ronde !
— Ah ! parbleu, dit le bouc, l'expédient est bon.
— Hé bien ! vite à l'ouvrage,
Lui dit le vieux larron ;
Et le bouc appuyant ses cornes au treillage,
Maître renard grimpe aussitôt,
Se gorge de raisins, sans songer au nigaud,
Qui le regardait faire
En croquant le marmot.
Le renard bien repu, redescendant à terre,
En lui riant au nez, salua le confrère.

Ainsi vous traitera, si vous êtes trop bon,
L'ambitieux à qui vous servez d'échelon.

SUR LE DIX-NEUVIEME SIÈCLE.

SATIRE.

Il faut en convenir, le siècle où nous vivons,
Est un siècle étonnant par ses inventions :
Du train que va chez nous le progrès des lumières,

La nature bientôt n'aura plus de barrières
Capables d'arrêter l'imagination.
Oui, tout marche à grands pas vers la perfection,
Excepté la raison, qui rampe la dernière,
Et, bien loin du génie, est restée en arrière !
Il semble que le cœur perde en proportion.
En effet, pouvons-nous, sans hésitation,
Nous dire plus humains que du temps des Tibères ?
Mais, à ce prix, grand Dieu, qu'eussent été nos pères,
Si, dans la tourbe immonde où nous nous admirons,
A nos yeux aujourd'hui nous sommes des Catons?
Ce n'était, direz-vous, que crimes, que vengeances;
Le pillage et le meurtre étaient leurs jouissances.
Hélas! pauvres humains, que valons-nous de plus?
Nous avons érigé les vices en vertus.
Par eux dégénérés, nous dédaignons la force ;
Mais de nos cœurs impurs en polissant l'écorce,
Nous cachons au-dedans de plus cruels poisons
Que ceux de Frédégonde et de ses rejetons.
Non, depuis le larcin de la fatale pomme,
Le temps n'a pas changé la nature de l'homme.
Vous avez beau limer, polir, dorer le dard,
Sous ce brillant éclat c'est toujours un poignard ;
La pointe moins grossière en devient plus aiguë ;
On ne renverse pas, mais sourdement l'on tue ;
Et c'est ce grand secret, cet art mystérieux
Qui pousse la plupart de nos ambitieux.
Ce n'est plus en champ clos, de visière à visière,
Qu'un rival acharné combat son adversaire ;
Le baron ne va plus, le regard menaçant,
Au page commander de ramasser le gant ;
Un avide seigneur, nourri de brigandages,

Ne va plus dévastant les bourgs et les villages ;
Le sauvage envieux des fruits de son voisin,
Ne vient plus l'attaquer la massue à la main ;
Les peuples sont blasés ; on ne les voit plus guère,
De sang et de carnage inonder notre terre.
De l'homme contre l'homme aujourd'hui les combats
Sont des luttes sans bruit, qui ne l'exposent pas,
Mais dont la cruauté n'est pas moins sanguinaire :
Les grands soufflent tout bas l'émeute populaire,
Et du faible dupé recueillant la sueur,
Font retomber sur lui tout le poids du malheur.
On n'égorge plus l'homme ; on lui permet de vivre ;
Mais quand au désespoir la misère le livre,
On le craint, on l'écarte, on le met sous l'écrou ;
Il faut mourir esclave, ou se faire filou.
O siècle de progrès, où triomphe l'envie,
Où l'on voit encenser la sottise enrichie,
Et le gueux qui tantôt n'avait pas un jeton,
Engraissé tout-à-coup, rouler en phaéton !
Le riche Oronte est né d'un père sans fortune ;
C'est le plus pauvre esprit de toute sa commune ;
D'où vient donc ce trésor acquis si promptement ?
Il n'avait, je l'ai dit, pas le moindre talent
Que puisse, sans rougir, avouer l'industrie.
Non, mais il a l'audace, avec sa bonhomie,
D'extorquer, en prêtant, cinquante à cent pour cent.
Nos aïeux ignoraient ce noble expédient.
A travers les barreaux voyez-vous ce faussaire
Dans le cloaque obscur où la loi le resserre ?
Sans se souiller les mains du fer ou du poison,
Que de maux n'a point fait éprouver ce fripon ?
Vous le verrez pourtant secouant la poussière,

Recommencer un jour son infâme carrière ;
Et si par sa rapine il devient opulent,
Il vous écrasera d'un mépris insolent.
Ces rusés, parmi nous, on les compte par mille ;
Et du gros financier au petit mercantile
Que de subtilités, que de tours de Scapin,
Pour nous escamoter un peu plus de butin !
Au temple, chaque jour, dès que la cloche sonne,
Voyez-vous à genoux au pied d'une colonne,
Cet homme au front modeste, au regard de candeur,
Plus humble que Jacob, priant avec ferveur ?
Hé bien ! me direz-vous, ce doit être un saint homme.
Oui, dans tous les salons c'est ainsi qu'on le nomme ;
Personne mieux que lui ne sait son chapelet ;
Mais soulevez le coin du voile qu'il revêt,
Et vous reculerez d'horreur et de colère,
En voyant à ses pieds, plongés dans la misère,
Cent pères de famille, à la mendicité
Réduits par son usure et sa cupidité.
Avide, défiant, cruel à l'échéance,
Il ne pardonne pas un jour de négligence ;
Et pour vous arracher le montant d'un billet,
Il irait de sa main vous traîner au gibet.
Mais si de quelque somme il vous est redevable,
Gardez-vous envers lui d'être plus charitable ;
Il ne rougirait pas d'attendre le moment
De pouvoir vous nier sa dette impunément.
C'est ainsi qu'aujourd'hui le débiteur s'acquitte,
Si la dette n'est pas exactement inscrite.
Que de procès, grand Dieu, pour un mot raturé,
Pour le doit ou l'avoir faussement contesté !
Nos ancêtres aussi convoitaient les richesses,

Et Colbert et Sully connurent leurs bassesses ;
A leur rapacité pour avoir mis un frein,
Ces hommes vertueux n'ont pas eu belle fin ;
Mais ces déprédateurs, malgré leur hardiesse,
Des nôtres n'avaient pas encore la souplesse,
Ni le puissant secret de fasciner les yeux.
Oh ! que pour s'enrichir on est ingénieux !
Depuis que l'or est tout dans le siècle où nous sommes,
Qu'on fait si peu de cas du mérite des hommes,
C'est à qui, de l'argent habile escamoteur,
Au risque de passer même pour un voleur,
Arrivera plus tôt à combler la mesure
Qui donne le pouvoir, ou quelque sinécure.
Sur le bien mal acquis on n'est plus scrupuleux ;
Tous les moyens sont bons ; il suffit d'être heureux.
Voulez-vous de Plutus prendre la bonne route ?
Gardez-vous de voler, mais faites banqueroute :
Cela s'appelle, en terme admis dans le secret,
Lancer sur les nigauds le grand coup de filet !
Jetez la poudre aux yeux aux grands capitalistes ;
Faites parler de vous par tous les journalistes ;
Etalez un grand luxe, aux dépens d'un prêteur
Peu connu de la ville où vous faites fureur ;
Flattez l'opinion, soulagez l'indigence ;
A tous les hommes noirs faites la révérence,
Et vous verrez chez vous pleuvoir les capitaux,
Prêteurs petits et grands encombrer vos bureaux.
Laissez tranquillement couler quelques années,
Payant au jour échu les rentes réclamées ;
Quel homme, dira-t-on ! oh ! quelle probité !
Peut-on offrir plus d'ordre et de sécurité ?
Puis un beau jour, voyant à comble votre caisse,

Vous en laissez le quart, et sans que rien paraisse,
Pour un pays lointain partant secrètement,
Vous voilà libéré ; car plus le rapt est grand,
Plus la chose est facile en ce monde bizarre !
Des grands spoliateurs le châtiment est rare.
Que de dupes pourtant ! combien de malheureux
A l'aumône réduits pour enrichir un gueux !
Et c'est ainsi, chez nous, que règne la justice !
Que diraient nos aïeux témoins d'un pareil vice,
Et surtout s'ils voyaient ce même scélérat
Reparaître au grand jour avec bien plus d'éclat,
Marcher la tête haute, et payant d'insolence,
Braver avec orgueil le mépris, la vengeance ?
Le brigand qui m'attaque un poignard à la main,
Est-il plus redoutable ? est-il plus inhumain ?
Et si je ne craignais de remuer la fange,
Où se traîne aujourd'hui ce monstrueux mélange
D'égoïsme, d'orgueil et de présomption
Qui fait dans tous nos rangs surgir l'ambition,
Dieu, quelle sale intrigue, et quelle turpitude ?
A quêter les honneurs quelle sollicitude !
Après avoir juré le plus beau dévouement,
Pour un fleuron de plus, l'un viole son serment ;
L'autre ne rougit point de vendre son suffrage,
Et de livrer ses droits conquis par le courage.
On dirait, en voyant tous ces vampires-là,
Que nous vivons encor sous les Caligula.
Oui, ce que nous étions, nous le sommes encore :
Si d'un vernis plus fin le vice se colore,
S'il sait avec plus d'art déguiser son dessein,
Pour être moins grossier, est-il moins assassin ?
Ce n'est plus, il est vrai, de front qu'il nous assiége ;

Mais peut-on faire un pas sans rencontrer un piége?
Là c'est l'agioteur, qui calcule son gain
Sur la hausse ou la baisse, aux dépens de la faim ;
Ici c'est un tartufe à langue de vipère,
Qui détourne le bien d'une famille entière.
Le vice, de nos jours, est si contagieux,
Qu'à force de le voir on devient vicieux ;
Et partout où son dard fait la moindre piqûre,
Il semble y distiller sa méchante nature.
Tel est l'horrible effet de sa contagion,
Que sa subtilité nous fait illusion.
La probité n'est plus qu'une ombre ridicule :
Tel devant l'infamie hésite ou bien recule,
Qui passe pour un sot, un cancre, un insensé ;
Et si dans l'indigence, honnête il est resté,
« C'est bien fait, lui diront ses habiles confrères :
» L'imbécile n'a pas su faire ses affaires! »

Depuis le fils ingrat du malheureux Adam,
C'est ainsi que le mal s'en va toujours croissant.
Dans ce chaos affreux, aux gueux si profitable,
On ne se connaît plus ; je déficrais le diable
De dire où nous conduit le chemin tortueux
Qu'ici-bas nous suivons derrière nos aïeux !

Mars, 1847.

MACHEREZ.

NOTES D'UNE EXCURSION DANS LE TYROL.

Presque toutes les personnes qui voyagent pour leur agrément ont visité une partie de la Suisse, les bords du Rhin et la Belgique ; mais il n'y en a guères plus de cinq sur mille qui aient parcouru le Tyrol, cette antique Rhétie, si pittoresque, si merveilleusement située entre la Bavière, l'archiduché d'Autriche, l'Helvétie et la Lombardie. Il semblerait néanmoins qu'une telle situation dût convier les amateurs de la belle nature, et qu'après avoir franchi le Saint-Gothard ou le Simplon pour se rendre à Milan et à Venise, on dût venir à Inspruck par le col du Stelvio, dont la route, aussi hardie que magnifique, offre en hiver comme en été, grâce aux nombreux paravalanches dont on l'a garnie, un passage sûr, à travers des défilés élevés de 2 814 mètres au-dessus du niveau des mers, et excédant de 386 mètres le grand Saint-Bernard.

Vers 1760, on disait en Allemagne : « Adieu monde ! je vais à Inspruck ! » lorsqu'il s'agissait de se rendre dans cette capitale du Tyrol ; aujourd'hui le voyage est aussi facile et plus sûr que celui de Rome à Naples, car on ne risque jamais d'être dévalisé par les *ladroni* et on respire un air infiniment plus pur que celui des marais Pontins.

Un séjour à Inspruck me permit de visiter cette cité pittoresque, et, dans ses environs les salines de Hall dont l'exploitation date du douzième siècle [1]. Inspruck s'énorgueillit de son église des Franciscains, qui renferme le magnifique tombeau de Maximilien I et celui d'Andréas Hofer, de son arc de triomphe de Marie-Thérèse, et de sa maison au toît d'or appelée *Hofkammergebaude*.

N'allez pas croire que cet édifice soit, comme la maison dorée du boulevard des Italiens, à Paris, le rendez-vous des élégants et des gourmets, le lieu des soupers fins, car l'ancienne chambre des finances, ainsi que l'indique son nom tudesque, était dans l'origine la résidence de Frédéric IV et sert aujourd'hui d'hôtel de ville.

Je dois avouer, pour être vrai, contrairement à l'adage, *à beau mentir, etc.*, que ce toît d'or, aujourd'hui fort dédoré, ne revêt qu'un balcon jeté en avant, sur la rue. Voici la tradition à ce sujet : Pendant une sédition, l'archiduc Frédéric IV avait été obligé de se cacher ; mais ne voulant pas quitter le pays, il s'était engagé au service d'un meunier du voisinage. Après les troubles, le prince reparut ; ses ennemis, apprenant l'état qu'il avait embrassé momentanément, et

---

[1] Je me suis laissé conter qu'un chevalier autrichien, appelé Sourbach, ayant trouvé quelques pierres salées aux environs d'Oberberg, les apporta à la cour du prince qui fit faire les premières fouilles dans les flancs du mont Salsberg, au pied duquel Hall est bâtie, à deux lieues d'Inspruck. Depuis, dix galeries, dont quelques-unes ont un développement de près de 3 000 mètres, ont été creusées jusqu'au centre de cette montagne dont le sel gemme est exploité par le lavage ; 150 chambres sont établies dans le roc salé et contiennent plus de 300 000 mètres cubes d'eau. Quand ce liquide est suffisamment saturé de sel, on le fait descendre de la montagne, élevée de 1716 mètres, dans le village d'Hall, au moyen de conduits en bois, et dix chaudières, qui le reçoivent, produisent annuellement par l'évaporation 300 000 quintaux de sel.

croyant que la misère l'y avait contraint, lui donnèrent le nom de Frédéric à la bourse vide. — *Bourse vide!* s'écria le prince ; *les manants! je saurai bien leur prouver que je l'ai pleine,* et il fit revêtir d'écailles d'or l'avant toît de sa résidence ; folie qui lui coûta, dit-on, 200 000 ducats.

Je ne sais, vraiment, si ce toît a jamais été d'or, mais ce que je puis affirmer, c'est que, aujourd'hui, il n'est que doré, et que les lames métalliques sont simplement couvertes d'une couche d'or fort mince et fort terne. Aussi ai-je engagé sérieusement le fonctionnaire qui me montrait l'édifice à faire redorer son toît par le procédé de MM. de Ruolz et Elckington; il parut suffoqué de mon conseil. « Redorer ! répondit-il, mais, Monsieur, le toît est d'or. — Vous en a-t-on jamais volé une seule tuile, lui demandai-je? — Oh! non, répliqua-t-il. » Hé bien! me dis-je tout bas, si ce toît était d'or et que chacune de ses petites écailles eût valu 3 000 florins, comme l'affirment vingt voyageurs qui se copient, à l'heure qu'il est, il n'en resterait pas une sur place. Il y a trop d'italiens à Inspruck pour qu'il n'en soit pas ainsi.

Non loin du toît d'or et près du palais de la résidence, je visitai, avec intérêt, les modestes collections de l'Université fondée par Léopold, en 1777, et qui, dans la suite, sous le nom de *Cæsarea Leopoldina,* acquit une sorte de célébrité. Je me rendis ensuite à l'arsenal qui renferme un grand nombre d'armes curieuses et qui me rappela un touchant et noble épisode de la guerre de 1805, illustré par le pinceau d'Horace Vernet.

C'était au début de la glorieuse campagne d'Austerlitz, tandis que la grande armée marchait sur Vienne ; Ney avait été détaché sur le Tyrol avec le 6e corps, dont faisait déjà partie le brave colonel Jacqueminot, alors adolescent et aujourd'hui commandant la place de Metz. Ses soldats, par un coup de main audacieux, s'étaient emparés de l'imprenable fort (ou plutôt du fort dit imprenable) de Schanitz, la porte du pays.

Les Autrichiens avaient voulu se retirer sur Inspruck, mais un officier français, le capitaine Genevay, avait désarmé et fait prisonnier leur chef; 1 500 soldats avaient mis bas les armes, et ce jour là (17 novembre 1805), Inspruck était tombé au pouvoir des troupes françaises. Le 76e régiment faisait partie de cette division victorieuse, et dans une précédente campagne, il avait perdu deux aigles dans les Grisons. Par un hasard heureux, un des officiers de ce régiment entre dans l'une des salles de l'arsenal ; tout-à-coup il se précipite vers l'un des trophées attachés à la muraille, en poussant un cri de joie; à ce cri, les soldats accourent, et bientôt un groupe immense entoure en silence l'officier et le trophée. Ces braves se taisaient, mais de grosses larmes coulaient de leurs yeux, où cependant brillait la joie la plus vive : ils venaient de reconnaître leurs drapeaux!

Les aigles furent détachés et tous s'empressaient autour d'elles, tous voulaient les toucher, les baiser, les presser sur leur cœur, Ney les remit solennellement au 76e, et ces vieux soldats, en les recevant de ses mains, jurèrent cette fois de ne les quitter qu'à la mort.

En vous éloignant d'Inspruck, je vous conseille de descendre le Tyrol jusqu'à Salzbourg, après avoir visité sur votre droite Ziller-Thall, vallée arrosée par la Ziller, où j'eus le bonheur d'assister à une procession un jour que S. Em. le cardinal de Schwartzemberg était venu y donner la confirmation. Cette pieuse cérémonie, dans un lieu si pittoresque, laissera dans mon âme un souvenir impérissable.

Salzbourg, *Juvavium* du temps des Romains, est une jolie ville fortifiée, située dans une délicieuse contrée et bâtie sur les deux rives de la petite rivière de Salzach que l'on traverse sur un beau pont en pierres, de 125 mètres de long. L'une de ses huit portes, ainsi que les loges du manége d'été et la chapelle de Maximilien sont taillées dans le roc vif, avec cette inscription sur leur auteur, l'archevêque Sigismond van Schrattenbach : *De te saxa loquuntur.*

Cette ville devrait être un lieu de pèlerinage pour tout amateur de musique, car elle est la patrie de l'immortel Mozart, et l'église Saint-Pierre possède le tombeau de Haydn; ajoutez qu'un peintre ne saurait trouver, pour ses pinceaux, des sites plus pittoresques que dans ses environs.

Je ne citerai que pour mémoire l'admirable cathédrale avec ses deux tours, bâtie au dix-septième siècle par Solari de Côme, dans le goût du Vatican; l'église des Franciscains avec sa voûte superbe; celle élevée sur le Hannenberg avec ses neuf tableaux sur verre, de 1450; le Neubau ou palais de la résidence, avec son carillon; le château-fort de Hohensalzbourg avec une vue très-étendue, et le jardin de Mirabelle où se promènent les jolies salzbourgeoises.

La ville de Salzbourg est un lieu où tout voyageur doit planter sa tante pour quelques jours, afin de faire, dans différentes directions, des excursions fort agréables, l'une aux bains d'Ischl et au lac de Gmunden, l'autre dans la magnifique vallée et aux bains de Gastein en passant par Hallein.

Je vous ai déjà dit qu'en qualité de musicien ou de peintre vous ne pouviez vous dispenser de visiter Salzbourg. Etes-vous archéologue, vous y trouverez dans le jardin de Rosenegger une intéressante collection d'antiquités romaines, notamment une collection très-remarquable, et unique dans son genre, d'anciennes urnes en verre; des voies romaines et une foule d'anciens monuments attireront votre attention? Etesvous géologue ou minéralogiste, vous serez curieux d'étudier le terrain en partie calcaire, en partie argileux et granitique de la vallée de Gastein ; les roches granitiques du sud de cette localité, où la nature et la forme du terrain se croisent en mille variétés particulières? Ici une terre argileuse d'un vert foncé, à côté une terre quartzeuse, et plus loin des masses calcaires; d'un côté des couches de serpentine, plus haut du talc et de la chlorite schisteuse, les béryls ou aigues marines, les topazes, les grenats, l'asbeste ou amiante, les porphyres, le spath changeant, etc., se trouvent ici pêle-mêle avec divers métaux, et l'on y rencontre également le cuivre, l'étain, l'or et l'argent.

Etes-vous botaniste, la magnifique vallée de Gastein, que ses premiers habitants (les Celtes) nommaient *Jastun* et que les Romains appelaient *Gastuna*, dont on a fait Gastein, vous offrira une végétation semblable à celle de la Scandinavie et de quelques parties de l'Helvétie? Les différentes espèces de terre, mélangées de granit et de schiste, expliquent la quantité et la variété de mousses et de lichens dans cette vallée digne des études de M. Schimper. Gastein se distingue aussi des autres contrées voisines par les différentes espèces de plantes marécageuses qu'il renferme. Le zoologiste y pourra chasser le chamois, l'ours, le loup, le lammergeyer ou gypaëte, et le gastronome, goûter d'excellentes truites.

Ajoutez à tout cela, les costumes pittoresques, et ce qui ne gâte jamais rien, les figures pleines de charme des femmes de cette contrée, leur sourire doux et aimable joints à leurs tailles élégantes et souples, à leurs formes gracieuses et à leur esprit naturel, et convenez franchement que j'ai quelque peu raison lorsque je vous assure que ce pays doit intéresser tout le monde. Je ne vous ai pas vanté l'efficacité des eaux minérales de Gastein, parce que je connais peu leurs effets. Quoique quatre cents personnes y viennent chaque année chercher la santé, je ne les conseillerai jamais à nos dames et à nos élégants, car ils s'y ennuieraient passablement, en l'absence de bals, de concerts, de spectacles, de jeux et de ces divertissements de toute espèce qui sont le corollaire nécessaire à l'efficacité des eaux.

L'aspect de la vallée de Gastein, ses riantes prairies, ses maisons ondoyantes que l'on découvre même sur les côtes les plus rapides, ses tapis de verdure étalés sur les cîmes les plus élevées; au fond de ce tableau, les masses gigantesques qui élèvent jusqu'aux nues leurs têtes neigeuses, éveillent en revanche dans l'âme des sensations qu'aucune expression ne peut rendre, et surpassent de beaucoup les émotions factices que l'on achète parfois fort cher, et qu'ici la nature prodigue pour rien à ses admirateurs.

Mais si vous craignez de consacrer trop de temps à ces diverses excursions, il en est deux très-remarquables que vous ne pouvez vous dispenser d'effectuer, l'une aux mines de sel de Hallein, à trois ou quatre lieues de Salzbourg, sur la route de Gastein, l'autre à Berchtesgaden et à ses environs. Je me hâte d'ajouter que la première est à-peu-près impossible pour les dames, par suite du mode de voyage adopté dans l'intérieur de la montagne.

En effet, étant parti de Salzbourg en voiture, avec un de mes amis, nous arrivâmes dans la matinée à Hallein, et, après avoir fait demander à la direction des salines le permis nécessaire pour visiter les mines, l'aubergiste de la poste nous fournit un léger véhicule qui nous conduisit, par une rampe tournante, au sommet du Thürnberg, dans les flancs duquel se trouve la mine inépuisable de sel exploitée depuis plus de cinq cents ans. Là on nous fit revêtir le costume de mineur, se composant d'une sorte de blouse, d'un large tablier en cuir qui se place derrière au lieu d'être en avant, comme à l'ordinaire, et d'un gant semblable aux gants destinés à faire des armes, mais qui est rembourré du côté interne, au lieu de l'être du côté externe. Nous ne comprenions pas d'abord le but de ces deux dernières pièces anormales, mais bientôt nous pûmes nous convaincre qu'elles avaient leur utilité incontestable. Néanmoins, mon compagnon et moi, nous ne pouvions, comme les augures, nous regarder sans rire de notre étrange accoutrement.

Après nous avoir annoncé que nous retrouverions, au sortir de la mine, les vêtements que nous avions quittés, notre guide nous munit chacun d'une lampe de sûreté et nous fit pénétrer dans la galerie d'ouverture, qui se prolonge dans la montagne par une pente assez douce. Nous descendîmes quelques marches, et un spectacle aussi imposant que pittoresque s'offrit à nos yeux. Nous nous représentons les gouffres du Ténare; nous cherchons déjà Ixion, les Danaïdes, et nous apercevons devant nous la barque à Caron, et le sinistre nautonnier lui-même.

Figurez-vous un lac souterrain d'environ trois cents mètres de long sur cent de large et trois de profondeur, surmonté d'une voûte sombre, élevée de deux mètres, et qui menace de vous engloutir; tout autour de ce lac, un millier de petites lampes, servant à éclairer le travail des mineurs, reflètent parfois leur sombre lueur sur l'onde, et font briller des milliers de cristaux de sel. Entendez-vous ces coups sourds et prolongés qui semblent les gémissements des victimes? Le nautonnier s'avance, vous entrez dans sa barque, et, à l'aide d'un *va-et-vient*, vous traversez silencieusement le lac, comme saisi d'une sorte d'effroi; et, pour que rien ne manque à l'illusion, vous payez le denier des morts au lugubre Caron. Après avoir mis pied à terre sur l'autre rive, nous faisons quelques pas autour du lac; puis, revenant au point du débarquement, notre guide nous conduit à une sorte de faille ou d'ouverture presque perpendiculaire taillée dans le roc; nous apercevons deux poutres de sapin, arrondies et lisses, peu espacées l'une de l'autre, et, sur le flanc de l'ouverture, une corde tendue à quelques centimètres de la roche. Nous devons nous asseoir entre les deux poutres, sur chacune desquelles nous plaçons une jambe, et tenir la main droite sur la corde qui est destinée à modérer, de temps en temps, le mouvement; nous nous laissons glisser sur cette espèce de montagne russe, en penchant le corps en arrière, et nous concevons parfaitement, après cette rapide descente, au bas de laquelle nous arrivons dans un sac, de quelle utilité se trouvent le tablier de cuir sur lequel nous sommes assis, ainsi que le gant rembourré intérieurement. Arrivé à cette galerie inférieure, notre guide nous conduit dans une nouvelle salle, où nous apercevons un nouveau lac, et nous quittons cet étage par un escalier aussi commode que celui que j'ai décrit à l'instant. Je dois vous prévenir que la mine de sel a 900 mètres de profondeur, sur 3400 mètres de long et 2267 de large; qu'il existe dans ses flancs trente lacs semblables à ceux où je vous ai conduits; nous avons donc dû visiter une série de ces lacs, et descendre fréquemment en glissant à la renverse. Dans l'un des étages du centre, l'on nous conduisit dans une salle où S. M. l'empereur d'Autriche avait daigné se délasser, et l'on nous y offrit le vin de l'hospitalité. Nous y admirâmes une collection minéralogique qui ne laisse pas d'avoir quelque intérêt, et, après une demi-heure de repos, nous continuâmes notre descente pittoresque. Nous arrivâmes, enfin, au niveau de la vallée, c'est-à-dire à 900 mètres de profondeur; alors, ce fut un autre système de locomotion pour sortir de la montagne : une galerie horizontale d'un mètre de large, taillée dans la mine, est pourvue de deux rails en fer, sur lesquels roule un banc allongé. Les voyageurs se placent, l'un derrière l'autre, sur cette espèce de cheval de bois, en se tenant par la taille, et en serrant les genoux contre chaque côté du banc, pour ne pas se heurter contre les parois du rocher, tandis qu'un vigoureux mineur entraîne ce véhicule, aussi rapidement qu'il le peut, jusqu'à la sortie de la montagne, où vous ne laissez pas que de revoir la lumière du jour avec quelque plaisir, et passablement harassé des fatigues de votre voyage infernal.

La seconde excursion, celle qui convient à tous, est une délicieuse promenade à Berchtesgaden, au Kœnigssée et à la chapelle de glace.

Par une belle journée du mois de juillet, nous quittâmes, le matin, Salzbourg, dans une calèche, et nous nous dirigeâmes vers Berchtesgaden. A un mille, et au sud de Salzbourg, la route suit une vallée étroite, resserrée entre l'Untersberg et le Gœhl, et arrosée par l'Albe, qui s'y précipite en bouillonnant.

Non loin du grand village nommé Grœdig, on aperçoit Saint-Léonard-le-Solitaire, le château de Gartenau, et, peu après, les défilés du Rocher-Pendant et de la Tour, où commence le territoire bavarois. C'est à l'entrée du premier de ces défilés que se trouve une croix sur laquelle vous lisez cette inscription : *Pax intrantibus et inhabitantibus!*

Pour nous, qui n'avons intention de troubler la paix de qui que ce soit, nous continuons notre chemin, et passons à Schellenberg, que divise la rivière d'Albe, et dont tous les habitants vivent, comme ceux d'Hallein, du produit des salines. On nous raconta qu'en 1830 une partie de la montagne de Glock se sépara et glissa environ cinquante mètres vers Schellenberg, et si, comme il est à craindre, tôt ou tard un pareil éboulement se renouvelle, ce bourg sera englouti par les eaux ; la rivière se trouvant enfermée. Cela n'empêche pas ses habitants de dormir aussi paisiblement que ceux qui ont reconstruit des maisons dans la vallée de Goldau, à vingt mètres au-dessus de la flèche de l'ancienne église, quoique une partie du Ruffiberg menace encore de s'écrouler sur eux.

Berchtesgaden, à six grandes lieues de Salzbourg, est plus élevé de cent soixante-sept mètres, et compte environ quinze cents habitants; ce bourg est situé sur une hauteur pittoresque, dont la base est baignée par l'Albe, et on aperçoit, sur les côtés, de vertes collines, sur lesquelles sont bâtis les châteaux de Lustheim, d'Adel et de Furstenstein; le Watzmann, avec ses deux pics élevés, forme le fond du tableau. Étant descendus à l'auberge du Leuthaus, on nous invita à visiter les salines, notamment celle de la montagne Liebfrauenberg qui a le principal canal; mais nous refusâmes, parce que nous étions déjà suffisamment saturés de sel. Nous consacrâmes le reste de la journée à examiner le grand magasin appelé Walnersoke, d'où les voyageurs ne sortent guère sans se laisser aller à y faire quelques emplettes. En effet, cette localité est renommée pour ses ouvrages en bois sculpté, en os et en ivoire, qui s'expédient jusqu'en Amérique et dans les Indes. On y fabrique des jouets d'enfants, des instruments divers et des ustensiles de ménage.

Le lendemain matin, nous quittâmes, en voiture, Berchtesgaden, pour nous rendre, en une heure et demie, au lac de Kœnigssée ou Bartholomeussée, qui a deux lieues de long sur une et demie de large, et vingt-huit à cent soixante brasses de profondeur variable. Au nord du lac, nous admirâmes la chute du Kœnigsbach, qui se précipite dans le lac d'une hauteur de quatre cents brasses, près du Walnerich, défilé auquel le bourgeois Walner, de Berchtesgaden, a donné l'air d'un jardin anglais, et qui forme un singulier contraste dans un lieu si sauvage.

Jamais navigation ne fut plus agréable que celle que j'ai faite sur ce lac, bordé de côteaux escarpés et couverts d'une belle végétation, au milieu de laquelle nous distinguons quelques chamois. Aussi, n'essaierai-je pas de la décrire; aucune parole ne pouvant exprimer le charme que j'ai éprouvé.

Notre barque s'arrête non loin de la maison de chasse de Saint-Barthélemy, où nous sommes invités à nous rafraîchir par un superbe montagnard, portant un chapeau vert, orné d'une queue fourchue de coq de bruyère, une ceinture rouge, ornée de plaques de métal, une veste en velours brun, une culotte bleue avec des bretelles vertes, des bas blancs et des bottines noires. Nous étions assis depuis peu d'instants, lorsque notre guide vient précipitamment nous avertir qu'on distingue au loin une bande de chamois descendant le glacier, dont la base est à trois ou quatre kilomètres de nous. Il nous invite à faire diligence pour jouir de près de ce coup-d'œil assez rare, et nous fait remonter les bords de l'Eisbach, torrent qui sort de la célèbre chapelle de glace située sous le glacier. Après trois quarts d'heure de marche, nous arrivons à l'entrée de la voûte, qui a deux cents pieds de long et qui est jetée sur l'Eisbach qui y roule ses ondes pures avec fracas. J'invite ceux qui craignent d'être quelque peu mouillés, de se munir d'un parapluie pour se mettre à l'abri des nombreuses et larges gouttes d'eau qui tombent de la voûte. Grâce à notre costume, nous dédaignons une semblable précaution, et notre guide, qui a l'oreille au guet, nous annonce quelques instants après que la bande de chamois a déjà dépassé la chapelle de glace, d'où l'on aperçoit le ciel par une petite ouverture latérale ; il nous donne l'exemple, et nous escaladons, en nous aidant mutuellement, le plan très-incliné qui doit nous conduire sur le glacier, où nous nous cachons derrière un bloc énorme, jusqu'à ce que les chamois aient atteint la base. Alors notre guide se levant, poussa un grand cri en frappant des mains; vous exprimer la confusion qui se mit dans cette bande de sauvages quadrupèdes, la rapidité de leur course en défilant devant nous, serait chose difficile. Les chèvres avaient bondi sur des blocs élevés, et là elles appelaient et surveillaient leurs petits, qui hésitaient et qui n'avaient pu suivre le troupeau dans sa fuite précipitée. Nous aurions pu, si nous avions eu des armes, faire un carnage affreux; mais nous nous contentâmes d'admirer le dévouement de ces bonnes mères que l'amour maternel retenait exposées à nos coups, et ce spectacle, aussi intéressant qu'animé, que nous avait procuré le hasard, joint à une adroite surprise.

Nous descendons ensuite le glacier, et regagnons notre barque, qui nous promène une demi-lieue plus loin, jusqu'à l'Alpe-Sallet; ce qui nous permet de jouir du coup-d'œil de la chute du Schreibach qui tombe avec fracas du haut d'énormes rochers, et forme, aux environs, une pluie très-fine que l'on ressent à une assez grande distance. En revenant vers le Kœnigsbach, et, vers le milieu du lac, nos rameurs nous font entendre, par leurs cris, un écho remarquable qui se répète dans les rochers situés sur la gauche; puis, ils chantent quelques airs tyroliens qui ont le mérite de l'originalité, sans cesser d'être harmonieux.

Nous retournons à Berchtesgaden et à Salzbourg, rêvant aux beautés de la création, aux sites enchanteurs et pittoresques qui nous avaient saisis d'admiration, et nous promettant bien d'inviter nos amis à faire un semblable voyage, rendu aujourd'hui plus rapide par l'ouverture du chemin de fer de Munich à Paris. C'est pour vous guider dans vos excursions, cher lecteur, que j'ai rédigé ces simples notes; je vous prie donc de les accueillir avec l'indulgence à laquelle peut me donner quelque droit le but utile que je me suis proposé, et de me conserver un bienveillant souvenir, lorsque vous visiterez la chapelle de glace ou la maison au toît d'or.

Alfred Malherbe.

LE CHATEAU D'OFFÉMONT.

> Le drame criminel de la Brinvilliers a été vulgarisé par la tradition, par la complainte, par la chronique, par la correspondance littéraire, par le roman et par le théâtre; mais, vraiment! on ne saurait trop en dire sur des crimes dont la seule pensée faisait trembler les bourgeois de Paris et tressaillir un roi de France au milieu de sa cour épouvantée.
> *(Les Prisons de Paris.)*

Le château d'Offémont est aux environs de Compiègne, au milieu de cette riante contrée où la nature a répandu avec grâce l'eau et la verdure, et qui semble dessinée pour être ornée de ces résidences princières que les grands seigneurs d'autrefois se bâtissaient en province.

Il occupe une situation pittoresque derrière la rivière d'Aisne et sur la lisière de la forêt de Laigue. Aujourd'hui que la main des hommes a éclairci l'ombre des bois, frayé des routes, jeté des ponts et répandu partout l'animation de la vie moderne, Offémont est resté isolé des hommes et du mouvement. Au fond de sa solitude, il évite le regard curieux de l'histoire et cache le souvenir des sombres événements qui ont agité son existence.

Un simple rendez-vous de chasse, où se reposa le roi

Charles IX, dominait le plateau que couronnent de nos jours les murailles du château; leur construction massive, exécutée en belle pierre de Picardie, a reçu des outrages du temps une teinte sévère. Elles s'élevèrent pendant les dernières années du seizième siècle.

A cette époque la féodalité courbait la tête, et déjà l'invention de la poudre avait rendu inutiles et impuissants les châteaux-forts dont ce régime avait couvert la France. On ne bâtissait plus que de somptueuses demeures; mais par habitude, et aussi pour garder le prestige qui s'attache à tout ce qui porte l'appareil de la force, les architectes d'alors unirent le style militaire de l'architecture féodale au style monumental de l'architecture civile.

Offémont porte haut sa date; d'un côté, il se dresse majestueusement appuyé sur six grosses tours à meurtrières, surmontées de toîts coniques; de l'autre, sa façade rectiligne se déploie entre deux pavillons avancés. On a transporté dans la forteresse l'architecture élégante du château de plaisance, et le château de plaisance a emprunté les vastes proportions de la forteresse. Cette variété architecturale, ce bizarre accouplement de deux styles, cette absence d'unité dans la disposition de l'édifice n'ôte rien au grandiose de son aspect; en approchant de l'enceinte d'Offémont on est saisi de sa noble physionomie, de son caractère de force et de grandeur.

Tel se voit encore de nos jours cet ancien château de la marquise de Brinvilliers.

L'hôtel qu'elle avait habité à Paris, rue Neuve-Saint-Paul, vient de disparaître emporté par le courant des démolitions. La main qui le détruisit découvrit sous les décombres des ossements humains, restes d'une mystérieuse sépulture. Actuellement celui qui étudiera ce drame lamentable des poisons, épisode sinistre mêlé au récit des gloires du grand siècle, ne trouvera qu'au château d'Offémont des souvenirs encore écrits sur la pierre. Ces empoisonnements, qui épouvantèrent Paris et attristèrent l'âme d'un roi de France, appartiennent au domaine de l'histoire. Offémont est un château historique.

Le nom qu'il a gardé, il le portait déjà au temps de la Brinvilliers; son aspect n'a pas changé davantage. On retrouve encore jusqu'aux défenses, dont ses anciens maîtres l'avaient fortifié. D'épaisses murailles assises sur le roc protègent le château en regard de la plaine, des fossés défendent ses abords. ses ponts-levis sont baissés, mais ils pourraient se redresser. Seule la cour d'honneur a été *modernisée:* elle est convertie en une large pelouse semée çà et là de bouquets d'arbres verts. L'esplanade de l'enceinte fortifiée est devenue une terrasse.

Point culminant, Offémont commande le pays d'alentour, il domine son parc de neuf cents arpents de bois qui étalent au loin leur opulente végétation; à travers des échappées, l'œil plonge et va chercher l'horizon à des distances infinies; par un temps clair on distingue à dix lieues la côte de Verberie; au-delà de Saint-Crépin-aux-Bois, le regard s'étend sur la forêt de Laigue, le bosquet de la forêt de Compiègne; la rivière d'Aisne les sépare. Du haut de la terrasse du château, les maisons, les villages, les villes semblent noyés dans un océan de verdure.

Vous n'avez fait pour ainsi dire que poser le pied à Offémont, et déjà vous devez être frappé de ces airs de grandeur qui ne sont plus de notre temps; l'architecture monumentale de ce château, ses défenses, ses vastes domaines, tout cela appartient à l'époque de la grande propriété et de la noblesse. Aujourd'hui, est-ce le faux luxe, l'agiotage et la bourgeoisie qui laisseront de pareils monuments? A peine sommes-nous assez puissants pour conserver cet héritage du temps passé. Combien en avons-nous vu de ces châteaux qui n'avaient échappé aux guerres, aux révolutions, aux atteintes du temps, que pour servir d'aliment à la spéculation, ou pour disparaître au milieu de cette division, de cet amoindrissement des fortunes, résultat des principes égalitaires de nos lois! La destinée d'Offémont a été plus heureuse; la révolution l'a respecté ou plutôt l'a oublié dans son isolement; les alliés ont passé et repassé devant ses portes, sans en franchir le seuil. Dans sa longévité pacifique, il n'a pas, de nos jours, ressenti les coups de la fortune. Il est aux mains d'un noble seigneur, qui met son plaisir et son honneur à terminer une restauration aussi intelligente que splendide.

L'œil prévoyant du maître s'est porté d'abord sur les caveaux qui règnent sous l'édifice. Ces vastes substructions forment un labyrinthe de pierre, où se croisent et s'enlacent deux voûtes qui sont les deux artères principales de cette demeure souterraine; des soupiraux étroits y laissent pénétrer une demi-clarté semblable au crépuscule. Il fallut consacrer des sommes considérables à des travaux de consolidation; l'existence d'Offémont en dépendait. Relevées de leur état de dégradation, ces caves sont un modèle de maçonnerie, et le château, redressé sur des fondations inébranlables, peut défier les siècles.

Mais au lieu d'escompter l'avenir de cet édifice fragile, après tout, comme l'humanité dont il est l'ouvrage, faisons un retour sur son passé. Nous sommes sur la porte du château, encore un pas, et nous serons chez la Brinvilliers. Qu'une rapide esquisse des personnages et des événements dont ce lieu garde la mémoire, vienne animer notre visite. Nous ne perdrons rien en regardant tout à travers le prisme des souvenirs historiques. Et quels souvenirs que ceux-là! Il n'y a pas encore deux siècles, au moment où la civilisation se développait sous les rayons du soleil de Louis XIV, tandis que la chaire de vérité retentissait des paroles des plus illustres orateurs sacrés, tous les crimes se donnaient rendez-vous ici, en compagnie d'une femme séduisante et d'un galant chevalier; un père, deux frères, une belle-sœur, un enfant, des étrangers étaient les victimes : un mari débonnaire, le témoin impassible de ces horribles aventures. Nos historiens ont tous parlé de cette fièvre de l'empoisonnement qui s'est déclarée au milieu de la société brillante et éclairée du dix-septième siècle. Quant à Offémont, son nom est dans les mémoires de l'époque; il est dans les lettres de Mme de Sévigné, dans le compte-rendu du procès, partout où l'on parle de la Brinvilliers.

En 1660, cette châtellenie appartenait au marquis Gobelin de Brinvilliers, fils d'un président à la chambre des comptes, et mestre de camp du régiment de Normandie. Ce jeune gentilhomme était héritier de trente mille livres de revenu, fortune qui valait le double à cette époque. Noble et riche, il pouvait prétendre à de hauts partis. Cependant, il contracta une alliance modeste. Une passion violente le rapprocha de Marie-Marguerite Dreux-d'Aubrai, fille du lieutenant-civil de ce nom. Cette passion trouve son explication, en présence du portrait flatteur qui nous est resté de la future marquise de Brinvilliers.

On la représente de taille petite, mais élégante; ses traits exprimaient la douceur; sa physionomie respirait l'innocence. Sans qu'elle fût absolument belle, du moins, elle était jolie dans tout ce que l'expression a de gracieux et d'aimable. En la voyant, on croyait admirer la réunion de toutes les harmonies enchanteresses de la femme; et, cependant, sous ces dehors charmants, la nature avait enveloppé une âme basse, un caractère implacable, une corruption native, et déguisé les instincts pervers, les vices qui, plus tard, firent explosion sous l'aiguillon de la vengeance.

Il en fut de l'amour du marquis de Brinvilliers comme de

tous les sentiments violents et emportés; ce sont des feux qui s'éteignent et ne laissent rien après eux. Quelques mois seulement avaient passé sur cette union, et l'intimité en disparaissait. Le marquis ne conservait avec sa jeune épouse que les relations les plus froides. Sans l'abandonner, entièrement, il la délaissait, oubliant son intérieur pour chercher ailleurs de nouveaux plaisirs.

Rien que d'ordinaire dans l'existence des seigneurs d'Offémont jusqu'au jour où apparaît le chevalier de Sainte-Croix. Cet homme fut le génie malfaisant qui apporta dans la maison de Brinvilliers la mort et l'infamie! il était du nombre de ces aventuriers comme il en existait tant à cette époque, et dont quelques-uns se firent un nom et une fortune. Doué de certains avantages physiques et d'une profonde habileté, Sainte-Croix, qui se prétendait issu de grande famille, avait suivi la carrière des armes et servait en qualité d'officier dans le régiment de Tracy. Sa liaison avec le marquis de Brinvilliers datait de l'armée, elle devint une étroite amitié. Soit excès de confiance, soit cette indifférence que les hommes frivoles affectent vis-à-vis des femmes, et qui n'est que fatuité, Brinvilliers installa Sainte-Croix dans son château aux côtés de cette beauté sensible et séduisante, à laquelle il refusait ses attentions. Comme le dit très-naturellement Voltaire: ce qui devait arriver arriva. L'ami se hâta de prendre la place que le mari abandonnait. De la part d'un homme tel que Sainte-Croix, ce fut moins le fait d'un sentiment, que le résultat d'un calcul. En effet, ses relations s'établissaient à peine avec la marquise de Brinvilliers, que celle-ci demanda et obtint la séparation de biens: elle en profita largement, et après la mort tragique de Sainte-Croix, on découvrit dans ses papiers une obligation de 30 000 fr. qu'elle lui avait souscrite. Ce n'était qu'une misérable spéculation entée sur un lâche adultère. La femme fut de bonne foi, prenant cette passion au sérieux et s'y abandonnant sans réserve, elle afficha publiquement son amant. Le marquis de Brinvilliers ne voyait rien ou ne voulait rien voir, mais le lieutenant civil d'Aubrai, indigné des désordres de sa fille, usa d'une lettre de cachet, fit arrêter Sainte-Croix dans le carrosse même de la marquise et l'enferma à la Bastille.

Là se trouvait l'italien Exili, un alchimiste malheureux qui avait autrefois perdu son temps et dépensé sa fortune à la recherche de la pierre philosophale. Poursuivi par le besoin, réduit à mettre sa science au service des passions et des haines, Exili avait vendu secrètement des poisons. Soupçonné mais non convaincu d'empoisonnement, on le maintenait sous les verrous plutôt par mesure de précaution que par châtiment.

C'est dans sa chambre que fut déposé Sainte-Croix. Une fatalité déplorable rapprocha ainsi deux hommes animés des mêmes rancunes contre la société. Alors on vit, scandale qui malheureusement s'est reproduit de nos jours, la prison devenir l'école du crime. Exili apprit à son compagnon de captivité, l'art de composer les poisons les plus subtils; avec ses leçons il lui forgea des armes terribles.

Délivré au bout d'un an, Sainte-Croix s'établit chez la marquise de Brinvilliers. Il avait trouvé l'instrument de sa vengeance. Sa complice se prépare au crime dans l'isolement et la retraite, elle cache ses desseins sous le masque d'une austère piété. Un jour elle se rapproche de son père, elle l'appelle à Offémont, mais c'est pour essayer sur lui le premier de ses poisons. Le parricide ouvre cette série d'empoisonnements dont le souvenir nous fait encore frémir. Mais le doigt de Dieu se montre. Sainte-Croix se suicide involontairement en manipulant ses dangereuses préparations; sa mort soulève en partie le voile qui couvre tant d'horreurs : son domestique Lachaussée révèle tout dans les tortures de la question, la Brinvilliers s'enfuit à l'étranger, un agent adroit la livre à la justice et le 17 juillet 1676, le drame d'Offémont se dénoue en place de Grève.

Quant au marquis de Brinvilliers, il survécut. Empoisonné par sa femme, qui voulait s'unir à Sainte-Croix, désempoisonné par Sainte-Croix qui redoutait une semblable alliance, il était invulnérable comme le roi de Pont dont parle l'histoire. Ce personnage reparaît dans les prisons de la Force, assistant, consolant, pardonnant celle qui l'avait deux fois déshonoré, et demandant pour elle grâce au Parlement. Ce fut en vain; il dut laisser passer la justice du roi.

. . . .

Maintenant entrons à Offémont.

Le vestibule est voûté en pierre de taille aussi blanche que l'albâtre. Il reçoit le jour de deux portes vitrées qui se font face aux extrémités de la galerie; l'une de ces portes s'ouvre sur la cour d'honneur, l'autre donne sur la terrasse.

Les parois latérales de cette salle sont ornées de belles sculptures. Le ciseau d'un artiste habile a fouillé la pierre; il en a fait sortir des têtes de cerf, encadrées dans des médaillons de feuillage et couronnées de bois gigantesques, dont la couleur brune se détache vivement sur la blancheur éblouissante de la muraille.

A main droite se trouve la salle à manger, vaste pièce qui occupe presque entièrement une aile du château. Elle est revêtue de larges panneaux de bois de chêne verni, tels qu'on en voit encore au Louvre et à Fontainebleau. Le plafond, rayé de solives saillantes, est de même bois. Avec son lambris sévère, cette salle offrirait un aspect sombre et monotone, si une admirable fresque, due au pinceau de Jadin, ne venait promener sur l'ensemble sa guirlande de couleurs. Cette peinture se trouve véritablement encadrée dans la menuiserie de la salle à manger; et quoique l'on puisse la considérer comme la signature d'une restauration, du moins, elle a été conçue avec le sentiment si bien entendu de la couleur locale, qu'elle s'harmonise complètement avec la décoration primitive et lui conserve la date qu'Offémont porte sur sa façade.

Cette fresque représente toute une épopée chasseresse. D'un côté, c'est la chasse au faucon et la chasse au sanglier; de l'autre, c'est le repas, le départ et l'hallali. La scène est placée dans les bois d'Offémont, et le château reparaît sous toutes ses faces. Pour compléter cette peinture assortie, l'artiste a choisi les types de ses personnages dans la famille d'Offémont, parmi les amis du châtelain et les seigneurs des environs. Le pinceau négligent, mais vigoureux, de Jadin, a répandu, en se jouant, l'animation et le coloris sur cette composition originale. Ce n'est pas léché, diraient les artistes; ce n'est pas fini, dirait le vulgaire; mais c'est largement jeté et peint à grands coups de brosse. Jadin n'est plus, et cette belle page survivra à un talent enlevé prématurément aux arts et à la France!

Dans toutes les constructions qui datent de la renaissance, les cheminées, dont l'effet est si désagréable d'ordinaire, sont utilisées pour la décoration. Celle de la salle à manger d'Offémont est un monument. Un chevalier devait entrer tout armé sous le foyer, tant il est élevé; l'âtre est une petite cour : il y tiendrait un chariot de bois. Les chenets sont deux colonnes; la plaque, en fer forgé, reproduit les armes d'Offémont : *d'azur, à trois merlettes d'or, placées deux et un*. Le tortil de la couronne baroniale surmonte cet écu.

Au-dessus de la cheminée, une sculpture en bois, d'un travail fini, représente saint Hubert en extase devant le signe éclatant de la rédemption qui lui apparaît sur la tête d'un cerf.

L'ameublement répond à cet ensemble harmonieux; les chaises, la table sont en chêne tourné. Aucun détail n'est négligé; depuis les riches tentures jusqu'aux accessoires les plus vulgaires, tout ce qui n'adhère pas à la salle se marie à son style.

Ah! si ces murs pouvaient parler, quelles révélations ils feraient!

Déjà nous savons que le chevalier du guet mourut à la suite d'un des *jolis* repas de la marquise; le lieutenant-civil d'Aubrai a trouvé la mort à Offémont, en acceptant sans défiance une tasse de bouillon des mains de sa fille; son fils aîné, qui avait échappé au trépas en refusant un verre de vin empoisonné, fut, dans ce château, victime du poison renfermé dans une tourte de pâtisserie.

C'est que la Brinvilliers expérimenta la *poudre de succession* avec des raffinements inouïs. Elle ne l'offrit jamais sous une enveloppe grossière; elle la déguisait sous la forme appétissante de mets délicats, inventait des biscuits préparés, servait des tourtes de pigeonneaux, *dont plusieurs mouraient qu'elle n'avait pas dessein de faire périr.* — Quand un homme déplaît, il faut lui donner un coup de pistolet dans un bouillon, telle était sa maxime, et elle la suivait en frappant ses victimes à l'heure de l'épanchement, de l'oubli et du plaisir : à table.

Sans continuer une visite qui nous mènerait jusqu'aux combles de l'édifice, au milieu des différentes pièces traversées par les mêmes événements, arrivons à une partie du château à laquelle se rattachent des faits d'une irréfragable authenticité, et où se retrouve, dans un petit coin, toute l'histoire du passé : arrivons à l'officine aux poisons.

On y parvient par un escalier tournant situé dans l'intérieur de la seconde tour, à droite de la façade principale. Cet escalier, cette *vis,* pour employer le terme architectural, s'élève en spirale jusqu'au deuxième étage et s'arrête devant une porte basse qui donne entrée dans un réduit étroit : ce lieu de sinistre mémoire glace par son air désolé. C'est une salle ronde, voûtée, pavée et murée en pierre de taille. Noircis par le temps, délavés par l'humidité, ses murs sont nus, la chambre est vide de meubles, on voit seulement une sorte d'armoire ou de cachette creusée dans l'épaisseur des murailles. Sur des rayons sont rangées quelques fioles, les unes étiquetées, les autres portant encore des traces de poison.

Le hasard a fait découvrir la destination de cette retraite.

En 1814, M. le baron d'Offémont, père du propriétaire actuel du château, craignant l'invasion de sa demeure par les alliés, avait enfoui dans cet endroit ses objets les plus précieux. Lorsque l'ennemi se fut éloigné, on sonda avec soin les murailles. L'une des parois rendit un son creux, et en pratiquant une ouverture, on découvrit des amas de bouteilles et de flacons. Le premier mouvement fut de jeter ces fioles sans songer à en analyser le contenu. Peut-être cette opération n'eût-elle produit aucun résultat devant la décomposition des matières vénéneuses. Aujourd'hui d'ailleurs, il est reconnu qu'indépendamment du sublimé, qui jouait un grand rôle dans ses poisons, la Brinvilliers employait aussi l'arsenic, dont la chimie moderne constate si aisément la présence.

C'est dans l'officine d'Offémont que Sainte-Croix composait avec sa complice les poisons d'Exili. Pour rappeler une expression de la Brinvilliers, on y faisait des successions.

Les chroniques du château placent ici la mort du chevalier de Sainte-Croix. Les mémoires du temps ne s'expliquent pas à ce sujet : tout porte à croire, néanmoins, que dans ce lieu le misérable a été frappé de mort. Pendant qu'il travaillait à ses horribles préparations, le masque de verre qui lui couvrait la figure se brisa, et il tomba foudroyé sous les vapeurs qui l'entouraient.

Peu de personnes ont visité l'officine aux poisons; cette pièce est fermée et l'on n'y pénètre que rarement. Peut-être nous y sommes-nous arrêté trop longtemps. Quittons ce triste réduit et allons respirer dans le parc d'Offémont; nous y trouverons encore les traces du passé, mais la beauté des aspects adoucira l'horreur des souvenirs.

Le jardin qui avoisine le château est orné de gracieux parterres et de magnifiques serres; plus loin de grandes allées sillonnent des bois de haute futaie. La manie des défrichements n'a pas atteint ces beaux arbres, ils croissent en paix à l'ombre du château.

L'entrée du parc est très-simple. Du côté de la forêt de Laigue, le mur de la clôture s'entr'ouvre pour laisser passer le chemin qui mène à Offémont; capricieux comme l'allée d'un parc anglais, il se dirige au milieu des bois, s'incline vers un vallon que rafraîchissent les eaux d'un étang et que décorent des ruines gothiques. Là s'élevait le monastère de Sainte-Croix. Il n'y a pas de chapelle au château, Sainte-Croix était l'oratoire de la Brinvilliers.

Par une singulière coïncidence, le chevalier complice de cette empoisonneuse porte un nom semblable. Mais ce n'est qu'un jeu du hasard.

Actuellement, le couvent est complètement ruiné; un cloître seul reste encore debout. Mais, ailleurs, ce ne sont que des débris; on dirait que le feu du ciel s'est appesanti sur ces lieux.

En 184..., je me trouvais à Offémont; je suivais avec intérêt des expériences sur la chasse au faucon; ces essais de fauconnerie étaient la répétition de ceux que tentait le prince Guillaume au château du Loo, dans les Pays-Bas. On cherchait alors à ressusciter les nobles traditions de nos annales cynégétiques. Le génie de la destruction s'est donc transformé à Offémont : cependant, en souvenir du passé, il est certaines plaisanteries banales que les hôtes du château se permettront envers le châtelain. A table, par exemple, le dernier arrivé ne manquera jamais de rappeler les jolis repas de la Brinvilliers, et de témoigner sa méfiance assez sérieusement. Il est bien entendu qu'on s'empresse de vous rassurer, et ce jeu finit par un échange de compliments. Ces banalités m'initièrent aux mystères d'Offémont. Une fois averti, je visitai avec soin ce château ; et, durant un séjour de huit années à Compiègne, je suis revenu souvent dans cette résidence, où l'hospitalité que l'on reçoit vous ramène toujours. J'édite aujourd'hui mes souvenirs.

Les cicérones que le voyageur rencontre en France et à l'étranger, se font, dans leur modeste sphère, les historiens des lieux qu'ils montrent. Cicérone à mon tour, j'ai suivi la tradition ; mais je me garderai bien d'imiter les mensonges et les exagérations de ces narrateurs improvisés. En parcourant le château de la Brinvilliers, j'ai pu rappeler d'horribles crimes, d'affreux événements, et cela en citant la date d'une époque de gloire et de civilisation. Ici, je m'arrête. Je serais sacrilège, si je ne fixais maintenant la portée de ces empoisonnements. Loin de moi la pensée de ternir, avec les hontes de quelques particuliers, les fastes d'un grand règne ; au contraire, je continue d'écrire l'histoire sur les monuments du passé : à côté d'Offémont, j'évoque Versailles. Arrière donc, individualité criminelle, et salut au siècle de Louis XIV !

CAMILLE MALHER.

VALLÉE DE TEMPÉ.

(Mémoire sur le Pélion et l'Ossa.)

Je n'essaierai pas de décrire cette vallée célèbre : il n'appartient qu'aux peintres d'en rendre toutes les beautés. Leake et Dodwell en ont donné la topographie exacte; mais ce qu'aucun d'eux n'a pu faire comprendre, c'est le grand caractère du lieu et l'impression profonde qu'il produit. Qu'on se figure, non pas, comme l'imagination le suppose volontiers au nom seul de la vallée de Tempé, un de ces frais paysages qui n'éveillent que des idées gracieuses, mais le spectacle le plus imposant qu'il soit donné à l'homme de contempler! Sans doute, il y a là aussi des ombrages, des arbres sur le bord d'un fleuve, des prairies, des eaux jaillissantes, tout ce qu'on a rêvé sur la foi des poètes; mais qu'on n'oublie pas le principal trait du tableau, ce qui en fait l'incomparable beauté : cette vallée si riante est un étroit défilé entre deux montagnes gigantesques, l'Ossa et l'Olympe, séparées par un tremblement de terre.

Tout y porte la trace d'un ancien bouleversement du globe : les rochers sont brisés, déchirés; aucune des hauteurs n'offre ces formes achevées et arrondies qui indiquent que l'œuvre première de la nature est restée complète. En plus d'un endroit, la montagne semble avoir été fendue dans toute sa hauteur; et sur les murailles à pic, qui s'élèvent de chaque côté du fleuve, se voit l'empreinte ineffaçable de la main de Neptune « qui ébranle la terre. » Des parois tout entières se correspondent et s'adapteraient encore d'une rive à l'autre, si l'on pouvait supprimer la distance qui les sépare. C'est bien là l'œuvre d'un dieu, ou tout au moins l'un des travaux d'Hercule, comme le disent les poètes, l'effet d'une grande convulsion du globe, comme le croient les historiens, qui expliquent et qui commentent la tradition poétique. Par ce passage brusquement ouvert s'est précipité le Pénée, grossi des eaux de la plaine, qu'il porte au golfe Thermaïque.

A la vue des roches brisées de l'Ossa et de l'Olympe, au pied de ces sommets mutilés, on se rappelle et on comprend cette fable du combat des dieux et des géants, qui consacre évidemment le souvenir d'un grand cataclysme. La poésie grecque n'invente pas: elle traduit fidèlement, dans un langage figuré, les impressions des peuples primitifs; sous un voile allégorique, elle cache des traditions vraies. Ces dieux qui lancent la foudre du haut de l'Olympe, ces centimanes qui écrasent les géants sous des quartiers de roches, ces fils de la terre qui essaient d'escalader le ciel et qui entassent Pélion sur Ossa, n'ont-ils pas personnifié la lutte des éléments, lutte terrible, accompagnée de secousses et de bruits souterrains?

Il faut lire dans Hésiode la description du combat. « La mer, autour d'eux, mugissait avec un fracas horrible, la terre grondait profondément, et le ciel, ébranlé, retentissait au loin d'un bruit lamentable; l'Olympe chancelait, déraciné en ses fondements; la secousse se fit sentir jusque dans les abîmes du Tartare, ébranlé sous les pieds des combattants et par la chute des rochers. »

D'un bout à l'autre de la Grèce, sur ce continent de formation volcanique, s'est conservé le souvenir de cette dernière révolution du globe, que les géologues ont désignée sous le nom de soulèvement du Ténare. Le Taygète en a été fendu dans toute sa largeur, comme le témoigne encore la grande *langada* de Calamata; des îles nouvelles, Milo, Cimoli, l'Argentière, Thermia, Délos, Santorin, ont apparu au milieu de la mer Égée.

C'est, sans doute, à la même époque que l'Olympe « déraraciné en ses fondements, » se sépare de l'Ossa. La tentative même des géants, qui veulent entasser le Pélion sur l'Ossa, n'indique-t-elle pas qu'une nouvelle montagne est sortie alors du sein de la terre, au milieu des convulsions du globe, et qu'on a pu croire un instant qu'elle s'élèverait plus haut que l'Olympe?

Mais, si l'aspect de la vallée de Tempé rappelle, dans ce qu'ils ont de plus imposant, les souvenirs mythologiques; si l'on ne peut lever les yeux sur les cîmes de l'Olympe et de l'Ossa, sans y placer Jupiter et les Titans, le cours tranquille du Pénée et la riche végétation qui l'entoure adoucissent la sévérité du paysage, et mêlent à l'impression forte que produisent les grands spectacles, le plaisir plus calme que donne la vue des plus délicates beautés de la nature : c'est là le vrai et remarquable caractère de la vallée de Tempé. Elle offre le contraste de ce qu'il y a de plus sauvage et de plus riant dans la création. D'une part, des sommets à pic, des rochers déchirés et comme sillonnés par la foudre; de l'autre, un fleuve majestueux qui coule lentement vers la mer, ombragé d'arbres puissants et bordé de tapis de verdure. De ces éléments si divers, qui semblent se repousser, résulte, au contraire, par la délicatesse des nuances et par l'accord parfait des couleurs, une merveilleuse harmonie que je n'ai retrouvée nulle part au même degré. On voit ailleurs des montagnes aussi sauvages : les *langadas* du Taygète, les côtes voisines d'Amalfi et les roches de Taormine n'ont pas moins de caractère que les ravins de l'Olympe et de l'Ossa; mais là manquent le fleuve et la riche végétation qui l'entoure : la nature ne s'est révélée que sous une de ses formes. L'Alphée et le Sperchius ont aussi leurs beautés; mais ils ne sont point encadrés par ces gigantesques murailles de rochers rouges qui dominent le Pénée sans le resserrer, sans le réduire aux proportions d'un torrent, et sans lui rien ôter de sa majesté, ni de sa grâce.

Il est curieux de voir l'impression qu'avait produite sur les anciens ce lieu célèbre, et de comparer entre elles les diverses descriptions qu'ils en ont faites.

Ovide, qui a trop décrit pour bien décrire, et qui se sert partout des mêmes formes poétiques, n'a saisi aucun trait du paysage et ne dit pas un mot qui puisse caractériser avec justesse la vallée de Tempé. Ce Pénée, qui roule dans les vers du poète des ondes écumeuses, dont les vapeurs humides rejaillissent sur les forêts voisines, et dont la voix retentissante fatigue les échos éloignés, est le plus calme des fleuves. Au lieu de tout ce bruit, c'est à peine si l'on entend, quand on traverse la vallée, le murmure de l'eau qui coule lentement vers la mer.

L'imagination poétique de Catulle le sert bien mieux que toute la rhétorique d'Ovide. Quoiqu'il fasse, lui aussi, une description de fantaisie en énumérant les arbres qui bordent le Pénée, et que les hêtres et les cyprès ne se trouvent guère sur les bords du fleuve, il a cependant rendu, dans un vers plein de vérité, l'une des beautés du lieu que n'avait pas soupçonnée le versificateur élégant :

Tempe, quæ silvæ cingunt superimpendentes.

Ces platanes qui s'inclinent et ces bois suspendus au-dessus de la verte Tempé, sont pris dans la nature, et, cependant, Catulle n'avait pas vu la vallée : car il n'eût pas oublié les buissons de jasmins, de térébinthes, de lentisques, d'agnus-castus et de lauriers roses qui couvrent les bords du fleuve. Tous ces noms étaient assez poétiques pour trouver place dans ses vers.

Théophraste remarque que l'Ossa et l'Olympe sont remplis de peupliers, de platanes et de frênes. Les chênes verts et vallonés, les pins et les oliviers sauvages y dominent aujourd'hui; on les voit suspendus, à une grande hauteur, sur toutes les pentes du défilé, au milieu des rochers.

Tite-Live, qui rend souvent l'histoire poétique, n'est frappé que de l'aspect sauvage du défilé, et en exagère l'effet : « Les rochers, dit-il, sont si escarpés de toutes parts, qu'on peut à peine les regarder d'en haut, sans que les yeux et l'esprit soient saisis de vertige; on est effrayé et par le bruit des eaux et par la profondeur à laquelle on aperçoit le Pénée, qui coule au milieu de la vallée. »

Cette courte description donnerait une idée très-fausse de la vallée; on croirait que le chemin qui la traverse serpente sur les flancs de la montagne et gravit les rochers à pic qui dominent le Pénée. C'est ce qui arrive seulement à la sortie du défilé, et non point l'espace de cinq milles, comme le dit Tite-Live. On suit, au contraire, pendant longtemps un sentier uni, sur la rive et tout près du fleuve. La route ne commence à s'élever qu'au point où le lit du Pénée se resserre, et où les contre-forts de l'Olympe et de l'Ossa plongent de chaque côté leurs pieds dans l'eau. C'est là l'endroit qu'a voulu décrire Tite-Live; mais, là encore, il se trompe sur l'effet produit. Quand on arrive à cette dernière partie du défilé, les yeux ne se baissent pas vers le fleuve; ils sont invinciblement attirés vers les hauteurs par la forme et par la couleur des rochers. Un grand ravin s'ouvre dans l'Ossa. La montagne a été fendue de la base au sommet par la même convulsion qui a creusé la vallée de Tempé. C'est une *langada* plus petite qui vient se jeter, comme un affluent, dans le grand défilé. La confusion des lignes, l'entassement des blocs détachés qui ont roulé jusqu'au fond du ravin, ou qui se sont arrêtés dans leur course et restent suspendus entre le ciel et la terre, la végétation vigoureuse qui s'est fait jour à travers le marbre, et qui marque de taches noires le fond rouge de la montagne, tout cet ensemble forme un des tableaux les plus grandioses et les plus saisissants que puisse rêver l'imagination.

Au milieu de ce désordre, se détache surtout un immense rocher qui s'élève à droite du ravin, et qui semble placé là comme un fort pour garder le défilé. On le croirait taillé de main d'homme, tant ses parois sont lisses et verticales. C'est un mur naturel sur lequel le temps et le soleil ont imprimé les teintes rouges qui donnent tant d'éclat aux rochers de la Grèce. De l'autre côté du ravin, un mamelon isolé se dresse comme une tour carrée. On trouve quelquefois dans les œuvres de la nature une vague ressemblance avec celles des hommes. Est-ce un jeu de l'imagination, qui aime à tout comparer et qui donne une forme même aux nuages? ou y a-t-il réellement un rapport intime et mystérieux entre les lignes des montagnes et les lois qu'ont adoptées les artistes primitifs?

Il faut citer en entier la description de Pline le naturaliste, qui, en parlant d'une des merveilles de la nature, devait se piquer d'exactitude :

« Le Pénée, dit-il, le plus remarquable des fleuves de la Thessalie par sa limpidité, prend sa source près de Gomphi et se jette à la mer, après avoir traversé une vallée boisée entre l'Ossa et l'Olympe. Dans cet espace, on donne le nom de Tempé à un passage de cinq mille pas de longueur et d'environ un arpent et demi de largeur, entouré, à droite et à gauche, de montagnes doucement inclinées, qui s'élèvent à perte de vue. Dans la vallée, à l'ombre d'une forêt verdoyante, coule doucement le Pénée, sur un lit de cailloux verts; ses rives sont bordées d'un gazon délicieux et résonnent harmonieusement du chant des oiseaux. Il reçoit le fleuve Orcus (le Titarèse), sans se confondre avec lui; mais il le laisse surnager comme de l'huile, pour emprunter l'expression d'Homère, et, après l'avoir porté pendant quelque temps à la surface, il le rejette, ne voulant pas mêler ses flots d'argent à cette onde effroyable, sortie des enfers. »

Dodwell et Leake ont contesté avec raison au Pénée cette limpidité merveilleuse que lui attribue Pline. Je l'ai vu à deux époques différentes, au printemps et à l'automne, et je l'ai trouvé moins transparent que la plupart de nos rivières. Comment pourrait-il rester pur après avoir traversé le sol argileux de la Thessalie? Pline, et Strabon qui parle aussi de la transparence du Pénée, semblent n'avoir pas compris ce texte d'Homère :

« Le Titarèse verse dans le Pénée ses belles eaux; mais il ne se mêle pas aux flots argentés du Pénée, et il reste à la surface du fleuve comme de l'huile. »

C'est le Titarèse et non point le Pénée qui a une eau limpide. Celui-ci, au contraire, comme l'indique Homère par une de ces épithètes caractéristiques qui lui sont familières, a la couleur blanche et mate de l'argent. Si quelquefois il paraît plus limpide, si l'on aperçoit au fond de l'eau ces cailloux tapissés de verdure dont parle Pline, c'est qu'une source souterraine vient alimenter le fleuve et lui donner une transparence passagère. Ces sources sont abondantes dans les montagnes qui forment la vallée. La principale sort d'un rocher où est gravée une inscription latine dont je parlerai, « et dédaigne, dit Dodwell, de mêler son eau bleue aux flots argentés et bourbeux du Pénée. » *Bourbeux* est beaucoup trop fort et ne s'accorde guère, d'ailleurs, avec *argenté*. Je soupçonne Dodwell d'avoir vu le Pénée, comme je le vis moi-même pour la première fois, après des pluies abondantes qui avaient sali et troublé son cours. Mais il ne conserve pas, pendant l'été, la teinte jaunâtre que les débordements et les crues subites donnent aux fleuves : après une longue sécheresse, sa couleur terne et un peu blanche rappelle l'épithète d'Homère et le mot d'Élien.

Cette erreur n'est pas la seule qu'on puisse reprocher à Pline. On a peine à retrouver, dans les pentes escarpées de l'Olympe et de l'Ossa, les hauteurs doucement inclinées dont il borde la vallée. D'autres traits sont plus heureux : il rend bien l'effet que produisent ces mêmes montagnes, qui s'élèvent à perte de vue et dont l'œil ne peut mesurer la hauteur ; mais ce qu'il décrit surtout avec beaucoup de grâce et de vérité, c'est le cours tranquille du Pénée sous un bois verdoyant et entre deux rives tapissées de gazon. Les beaux platanes qui bordent le fleuve, le couvrent presque en entier de leurs rameaux, et forment, au-dessus des eaux, des arcades de verdure. Quoique l'Orient soit le pays des platanes et qu'ils y atteignent une grande hauteur, je n'en ai trouvé nulle part d'aussi remarquables que ceux de la vallée de Tempé. Leur beauté tient moins encore peut-être à l'immense développement de leurs branches, qu'à l'exquise élégance et à la variété de leurs formes. Chaque arbre offrirait à un paysagiste un nouveau sujet d'études.

La description d'Élien est remarquable par la vérité de

quelques détails, auxquels il sacrifie malheureusement trop l'effet de l'ensemble :

« De chaque côté du fleuve, dit-il, il y a des lieux où l'on aime à s'arrêter et à se reposer ; mais, au milieu même de la vallée, s'avance avec calme et lenteur le Pénée, dont la surface est polie comme de l'huile. Sur ses bords, les branches des arbres, suspendues au-dessus de l'eau, projettent une ombre épaisse qui, pendant une grande partie du jour, amortit les rayons eux-mêmes du soleil, à mesure qu'ils s'élèvent, et permet aux navigateurs de naviguer au frais. »

On croit voir, en lisant cette description, les platanes penchés sur le fleuve, et les vignes sauvages qui entrelacent leurs guirlandes, en courant d'un arbre à l'autre. A chaque pas aussi, en traversant Tempé, on trouve un de ces lieux dont parle Élien, qui invitent au repos, qu'on ne quitte qu'à regret et qu'on regarde longtemps encore après les avoir quittés.

Une partie des détails que donne l'écrivain grec s'appliquent plutôt à la plaine que traverse le Pénée, en sortant de la vallée pour se jeter dans la mer, qu'à la vallée elle-même. A ce moment, les montagnes s'abaissent et s'écartent : la scène change ; on découvre un nouveau paysage, d'un moins grand caractère, mais qui renferme aussi de magnifiques beautés. Depuis Derven-Baba, poste d'Albanais situé à la sortie de Tempé, jusqu'à l'embouchure du Pénée, s'étendent de grands bois entrecoupés de clairières. La végétation y est plus vigoureuse encore, plus désordonnée, mais moins choisie et d'un ton moins fin que dans le défilé. On rencontre à chaque instant des massifs si touffus, si bien entourés de lianes et de plantes grimpantes, que l'œil ne peut percer ces impénétrables fourrés, et que les tiges élancées des arbres se cachent sous un rideau de verdure ; mais les platanes aux formes majestueuses ont disparu ; des saules, un peu vulgaires, les remplacent sur les bords du fleuve.

C'est là qu'on rencontre ces lierres qui grimpent le long des chênes les plus élevés, « comme de nobles vignes, » et tapissent chaque branche jusqu'au sommet. Là aussi, des plantes basses s'attachent aux rochers, les couvrent tout entiers, « et les yeux charmés, comme dit l'historien grec, ne voient de toutes parts que des massifs de verdure. »

Pour les Grecs, Tempé était un lieu sacré, réservé aux plus poétiques cérémonies de la religion. Dans cette vallée, si belle que, sur la terre de Grèce, belle entre toutes, il n'est pas un site qu'on puisse lui comparer, ils rendaient un culte à Apollon, le dieu de la grâce et de la beauté. C'était un souvenir de la purification du fils de Latone, quand, après son exil, il se dirigea vers Delphes, une branche de laurier à la main. En mémoire de cette tradition, les vainqueurs aux jeux pythiques étaient couronnés avec des lauriers de Tempé ; et, tous les neuf ans, les Delphiens envoyaient une théorie qui les cueillait en chantant des hymnes. L'arbre sacré d'Apollon ne croît pas en abondance dans la vallée ; il faut se rappeler la coutume antique, et le chercher pieusement pour le découvrir. Pendant près d'une heure, je n'en aperçus que deux ou trois au-dessus de ma tête, au milieu des buissons de chênes verts qui couvrent l'Ossa ; ils deviennent plus nombreux quand la route s'élève, à l'extrémité du défilé, sur les pentes qui dominent le fleuve ; mais ce sont partout des arbustes et non point des arbres « élevés, au tronc droit, » comme dit Catulle.

On chercherait en vain l'emplacement du temple d'Apollon-Tempéen ; il n'en reste aucune trace aujourd'hui. Peut-être se trouvait-il à Baba, où l'on a découvert, sous Véli-Pacha, des tombeaux, quelques pierres anciennes et un Hercule de bronze doré.

La religion chrétienne a aussi consacré la vallée : des cavernes qu'on aperçoit dans l'Olympe, à une grande hauteur, ont été occupées et peut-être creusées par des anachorètes; il y reste des traces de peinture, et l'une d'elles est encore consacrée à la Vierge.

Alfred Mézières.

LA COLOMBE BIBLIQUE.

La symbolique a pour but de rechercher, d'interpréter les allégories, les emblêmes mystérieux souvent indiqués ou figurés par les divers produits des beaux-arts. Les architectes, les poètes, les sculpteurs, les peintres ont fait un emploi fréquent et parfois ingénieux de la symbolique ; ils ont dû à cette poésie de toute religion les grandes beautés qu'on découvre dans ces édifices, ces poèmes, ces statues, ces tableaux qui captivent notre admiration ; il suffit de citer les chefs-d'œuvre du Dante, de Milton, de Palladio, de Michel-Ange, de Rubens et de Raphaël.

On distingue le symbolisme des images, du symbolisme intellectuel : celui-ci est renfermé dans les écrits des philosophes et des poètes, et celui-là se révèle dans les monuments de l'art. L'un et l'autre ont été fort cultivés chez les anciens peuples, et c'est l'étude de la symbolique qui, dans les temps modernes, nous a donné d'une manière merveilleuse l'intelligence des productions aussi riches que variées de l'antiquité. Mais on comprend aisément que, depuis l'établissement du christianisme, le symbolisme payen a dû paraître souvent obscur, et, en général, très-imparfait en comparaison du symbolisme catholique toujours si pur et si sublime. « Cela se conçoit, remarque M. Trémolière [1], quand on réfléchit que ce qu'on démêle de bon dans les premiers, provient de la source primitive où notre religion a sa base directe et fondamentale, et où elle a conséquemment trouvé les prototypes plastiques de la symbolique sacrée qui exprime par des signes évidents et clairs, toutes les idées, toutes les vérités, tous les enseignements, tous les mystères de la loi évangélique, de la loi que Dieu lui-même a révélée à l'humanité par son Verbe éternel, symboles dans sa liturgie, symboles dans ses augustes cérémonies, symboles dans les vêtements de ses ministres, symboles dans les objets matériels de son culte, symboles jusque dans la forme architectonique de ses temples; en sorte que le catholicisme parle à la fois à l'esprit, au cœur et aux sens un double langage, le littéral et le mystique ; et c'est ainsi qu'il embrasse l'homme dans ses facultés intellectuelles, morales et physiques, qu'il l'illumine par un triple flambeau, afin de ne laisser aucun prétexte à l'incrédulité. »

On s'occupera uniquement dans cet article du symbolisme des images, et on ne décrira qu'un seul des emblèmes si purs et si variés que présente les livres inspirés : celui de la colombe. Cet oiseau, dont le vol est très-rapide et qui se porte au loin, est l'image de la simplicité et de l'innocence; le symbole du Saint-Esprit; l'emblème gracieux de la plus chaste des Vierges, la figure touchante du respect et de l'amour que l'Église porte à Jésus-Christ, son divin époux ; l'emblème de la fidélité conjugale et de la tendresse maternelle; l'image de l'âme juste qui a su conserver son innocence au milieu des périls du monde; qui, par la ferveur de sa prière et la sainteté de sa

---

[1] *Encyclopédie du dix-neuvième siècle*, tome 23.

vie, demeure constamment unie à son Dieu, et mérite, au sortir de son exil, de prendre son vol vers la céleste patrie.

La colombe et la tourterelle, oiseaux de la même espèce, sont tous deux purs, tous deux propres à être offerts en sacrifice et à servir de nourriture au peuple. La femme, qui vient d'être mère, dit la loi, « présentera au sacrificateur deux tourterelles ou deux jeunes pigeons, l'un pour l'holocauste et l'autre en offrande pour le péché. » Ce précepte n'est pas sans une signification mystérieuse ; une paire de tourterelles ou de pigeons toujours employée dans les sacrifices, nous enseigne que l'homme extérieur et l'homme intérieur doivent être sacrifiés en même temps au Seigneur : le premier doit être offert en holocauste, et le second doit être immolé au péché.

La colombe est le symbole du Saint-Esprit. La Bible débute par ces mots : « Au commencement Dieu créa le ciel et la terre. La terre était informe et nue, et les ténèbres couvraient la face de l'abîme, et l'Esprit de Dieu était porté sur les eaux. » L'eau était le siége de l'Esprit divin ; d'informes ténèbres que ne dissipait point encore la clarté des astres s'épaississaient partout, l'abîme était lugubre, la terre sans ornement, le ciel sans magnificence ; l'eau seule, matière toujours pure, servait de trône à l'Esprit de Dieu. Un célèbre docteur a dit : « l'Esprit des miséricordes, venant de la face de Dieu, se mouvait sur les eaux ; » et un autre interprète a commenté le texte par cette similitude : « l'Esprit de Dieu demeurait sur la face des eaux ainsi que la colombe se couche sur son nid. » D'après les antiques traditions, l'Esprit de Dieu est ici celui qu'on appelle Saint ; il faut bien observer que les livres inspirés n'attribuent ce nom d'Esprit de Dieu à nul autre qu'au Saint-Esprit, à cette personne divine qui complète l'adorable et bienheureuse Trinité. Dans le texte primitif, le mot esprit est du genre féminin, et, selon la force de l'idiôme oriental, ce terme, « était porté, » doit être traduit par se mouvait, se couchait. L'Esprit de Dieu fécondait les eaux, leur communiquait une chaleur vivifiante, et leur donnait la vertu de produire des êtres vivants : image touchante, prise de la nature de l'oiseau qui couve ses œufs, les échauffe et leur infuse la faculté vitale. Aussi une fois que tout a pris sa place dans la création, et que le monde attend ses habitants, c'est l'eau la première qui, fécondée par l'Esprit de Dieu, reçoit l'ordre de produire les oiseaux et les poissons. Le créateur voulut qu'il en fût ainsi, afin que notre étonnement cessât, lorsqu'un jour l'eau enfanterait la vie du baptême. On voit clairement par la Genèse que le Saint-Esprit ne fut pas étranger à l'œuvre de la création ; et, de son côté, le prophète annonce « que les cieux ont été créés par la parole du Seigneur, et l'armée des cieux par le souffle de sa bouche. » La présence et l'action du Saint-Esprit sont appuyées du témoignage de deux auteurs inspirés : David vient de nous assurer de son action, et Moïse confirme sa présence par ces mots : « L'Esprit de Dieu était porté sur les eaux. » De Lamartine a rendu l'énergie des expressions orientales de la Genèse :

>. . . . . . Jéhova s'élance
> Du sein de son éternité.
> Le chaos endormi s'éveille en sa présence ;
> Sa vertu le féconde et sa toute-puissance
> Repose sur l'immensité.

Et Soumet a dépeint la création, en nous offrant le Saint-Esprit sous l'emblême d'une colombe :

>. . . . . Colombe ardente, ouvrant ses vastes ailes,
> Vole, comme autrefois, lorsqu'aux flancs du chaos,
> Du germe universel endormi dans les eaux,

Il couvait le sommeil sous ses chaleurs fécondes,
Traduisait sa pensée en systèmes de mondes;
Et, comme un faible enfant qui chancelle en nos bras,
De la création guidait les premiers pas.

Dans une de ses lettres, saint Paulin de Nole mentionne un tableau qui représentait l'ineffable mystère de la Trinité : Dieu le Père dans une nuée céleste, d'où sort une voix proférant des paroles écrites au bout de la nuée; Jésus-Christ, figuré par un agneau couché sur une croix, et le Saint-Esprit par une colombe. On lit dans la *Divine Épopée :*

Et le Fils, comme après le terrestre Calvaire,
Vient s'asseoir pacifique à la droite du Père;
Et, colombe de feu, l'Esprit éblouissant,
Au triangle incréé du Père au Fils descend.

L'Évangile nous apprend que « Jean rendit témoignage à Jésus, disant : J'ai vu l'Esprit descendant du ciel comme une colombe, et il s'est reposé sur lui. Et je ne le connaissais point; mais celui qui m'a envoyé baptiser dans l'eau, m'a dit : Celui sur qui tu verras l'Esprit descendre et se reposer, c'est celui-là qui baptise dans le Saint-Esprit. Et je l'ai vu, et j'ai rendu témoignage que c'est lui qui est le Fils de Dieu. » Jésus-Christ sort de l'eau, et, par sa justice, il élève le monde; il voit les cieux ouverts pour lui et en faveur de ses fidèles disciples tandis que, par son péché, Adam a fermé le ciel à ses descendants, de même que l'entrée du Paradis lui avait été interdite par un glaive flamboyant. Le Saint-Esprit atteste la divinité de Jésus-Christ en accourant vers son égal, et une voix céleste se fait entendre et rend témoignage à celui qui était présent sur les rives du Jourdain. Le Saint-Esprit descendit sur Notre-Seigneur, sous la forme corporelle d'une colombe, pour honorer le Christ en qui la divinité habite corporellement, et afin que l'innocence de la colombe nous fît connaître quelle était la nature du Sauveur. Et voilà pourquoi ce divin Maître nous recommande d'être simples comme la colombe. De plus, le Saint-Esprit a pris la figure d'une colombe pour nous apprendre que, en remontant dans la série des âges, c'est lui qui a été représenté par cette autre colombe qui vint annoncer à Noé la fin du déluge, et que les chrétiens reconnussent en cela une image de ce mystère et de ce qui se passe à ce baptême.

On objectera peut-être que ce fut une véritable colombe qui sortit de l'arche, tandis que celle qui descendit sur Jésus n'en a eu que l'apparence? mais le texte sacré déclare précisément que le Saint-Esprit descendit sous la forme d'une colombe, et on ne peut pas prétendre qu'il n'y avait là que l'ombre dont nous possédons ici la réalité. Car, par cette expression, « comme une colombe, » l'Écriture enseigne qu'il n'y a rien de véritable que la Divinité qui seule est immuable, et qu'on peut seulement attribuer l'apparence aux créatures qui sont toujours dans un état d'instabilité et prêtes à se détruire. D'ailleurs, les écrivains sacrés nous avertissent qu'il faut quelquefois prendre la figure pour la réalité. Saint Paul, par exemple, déclare que Jésus-Christ a paru sous la figure d'un homme. Dans la *Trilogie*, Jeanne d'Arc dit :

> Je vis le Paradis s'ouvrir comme une fête ;
> De rapides soleils se croisaient sur ma tête.
> Je vis le Saint-Esprit, ramier couleur de feu.

Nous lisons dans le Nouveau-Testament que l'ange dit à Marie : « Le Saint-Esprit viendra en vous, et la vertu du Très-Haut vous couvrira de son ombre : c'est pourquoi le Saint qui naîtra de vous, s'appellera le Fils de Dieu. » En s'inspirant de ce passage, les peintres représentent ainsi le mystère de l'incarnation : la sainte Vierge, à genoux, est plongée dans une ravissante extase, et au-dessus d'elle on voit l'Esprit divin, sous la forme d'une colombe aux ailes déployées, environné d'une auréole lumineuse. Dans Soumet, les prophètes annoncent en ces termes la naissance du Sauveur :

« A naître d'une Vierge un Dieu s'est abaissé.
» Sur le plus beau rameau de l'arbre de Jessé,
» Brille une sainte fleur; elle s'ouvre, elle étale
» Sa modeste blancheur, sa pourpre virginale,
» Autour d'elle exhalé, son parfum précieux
» Doit consoler la terre et réjouir les cieux,
» Et bientôt, en secret, sur sa tige pudique
» Viendra se reposer la colombe mystique. »

Les ministres de l'Évangile, éclairés des lumières de l'Esprit créateur, forment aussi Jésus-Christ dans les âmes des fidèles par la prédication. L'artiste qui a construit à Rome la magnifique chaire de Saint-Pierre, a réalisé cette idée sublime de la manière la plus ingénieuse. Cette chaire est revêtue des plus riches ornements et entourée des quatre évangélistes. Le Saint-Esprit, sous la figure d'une colombe, semble planer dessus, et les rayons de sa gloire sont formés par le jour d'une fenêtre dont les verres sont couleur de topaze.

Un endroit des psaumes, dont la signification emblématique a fort exercé les interprètes, est conçu en ces termes; « Quand vous reposerez dans les deux parties de votre héritage, vous serez comme la colombe aux ailes argentées, dont les rémiges et les rectrices brillent de tout l'éclat de l'or. » Mais à qui le prophète s'adresse-t-il? quel est cet héritage? que représente cette colombe? Le psalmiste parle à l'Église, et la sainte Écriture forme l'héritage de cette épouse du Sauveur. Ceux qui demeurent dans l'Église et ajoutent foi aux livres de l'Ancien et du Nouveau-Testament, trouvent, dans l'un et l'autre, la grâce du Saint-Esprit, et peuvent contempler toute la beauté de cette colombe mystérieuse aux ailes argentées et dont les pennes réfléchissent l'éclat de l'or. C'est par l'inspiration du Saint-Esprit que les prophètes et les apôtres ont parlé dans les livres sacrés. Et, bien qu'il soit utile et avantageux de connaître ces livres selon la lettre extérieure, cependant leur excellence et leur richesse consistent dans les vérités intimes et voilées. Origène[1] compare le sens littéral de la Bible à la chair du Sauveur, et le sens spirituel à la divinité du Verbe. L'éclat de l'or représente la pureté de la foi, et l'argent, éprouvé au feu, signifie la parole du Seigneur. La leçon littérale se voit indiquée par les ailes argentées de la colombe ou du Saint-Esprit, tandis que la leçon spirituelle est comme cachée sous les rémiges dorées de la colombe : ce sont les mystères élevés et les maximes de perfection renfermés dans la profondeur des Écritures; et le Saint-Esprit ne les découvre qu'aux âmes qui lui sont unies par une ardente charité : ce sont ces dogmes sublimes, ces préceptes divins de la religion qui sont ici figurés par les rémiges et les rectrices de la colombe symbolique, et qui brillent de tout l'éclat de l'or.

Isaïe, parlant du Messie, annonce que « l'Esprit du Seigneur reposera sur lui : esprit de sagesse et d'intelligence, esprit de conseil et de force, esprit de science et de piété, et il sera rempli de la crainte du Seigneur. »

Un poète décrit ainsi l'effusion, sur les élus, des dons du Saint-Esprit :

> Lorsque, sur les élus, de plus près brille et tombe
> Un regard créateur de la sainte colombe,

---

[1] Première homélie sur le Lévitique.

Au plus profond du cœur, il fait éclore en eux
. . . .
D'autres trésors de paix, d'autres élans d'extase.

La sainte Vierge Marie est souvent comparée, dans les divines Écritures, à une colombe, à cause de sa douceur, de son innocence, de sa céleste charité et de sa pureté inaltérable. La Vierge Marie n'a commis aucune faute, ni mortelle, ni vénielle; ainsi fut accompli en elle ce qui est dit au livre des *Cantiques :* « O ma colombe, ô mon amie, tu es belle! Aucune tache n'est en toi. » Dans la *Divine épopée,* Marie est dépeinte sous l'emblème de la colombe :

. . . . Marie, aube du firmament,
Blanche vierge, bénie entre toutes les femmes,
Encensoir d'or, portant tous les parfums des âmes,
Cèdre dont l'Esprit saint atteint seul la hauteur,
Couche embaumée où dort le soleil rédempteur,
. . . .
Colombe se baignant dans un torrent de feu,
Myrte ombrageant l'amour, quand l'amour vit en Dieu.

Les apôtres sont parfois désignés sous la figure de colombes. Notre-Seigneur dit à ses apôtres, en les envoyant au milieu du monde : « Soyez simples comme les colombes. » Saint Paulin de Nole, faisant à Sulpice-Sévère la description d'une église, parle d'un tableau en mosaïque, encadré dans une tablette de marbre, qui représentait une grande croix, environnée d'un cercle lumineux, sur lequel on voyait douze colombes, symboles des douze apôtres.

Nous lisons dans un psaume : « Qui me donnera les ailes de la colombe, et je m'envolerai et je me reposerai. Et voilà que j'ai précipité ma fuite pour établir ma demeure dans le désert. » David désire les ailes de la colombe, qui est un oiseau d'un vol léger et rapide. Il a pu former ce souhait pour deux motifs. Le premier, parce que la colombe est la figure du Saint-Esprit, par le secours duquel l'homme juste évite les piéges du prince des ténèbres. Le second, c'est que l'âme pure est fort agile pour s'éloigner de tous les dangers que lui présente un monde séducteur.

Nous trouvons dans la Genèse un passage remarquable : « Toute chair avait corrompu sa voie... Noé envoya un corbeau qui allait et revenait, jusqu'à ce que les eaux eurent disparu de la terre. Et, après, Noé fit sortir aussi une colombe pour voir si les eaux ne s'étaient pas retirées de la terre. Mais, comme celle-ci ne trouva pas où poser le pied, elle retourna vers lui dans l'arche. Après avoir attendu sept autres jours, il envoya de nouveau la colombe hors de l'arche. Mais elle vint à lui vers le soir, portant à son bec un rameau d'olivier aux feuilles vertes : Noé comprit que les eaux s'étaient retirées de la face de la terre. Il attendit encore sept autres jours, et il envoya de nouveau la colombe, qui ne revint plus vers lui. » Cet endroit nous offre deux explications symboliques importantes : l'une, relative au baptême, et l'autre qui se rapporte à l'âme juste. Dieu, voulant détruire la corruption universelle et purifier le monde par le déluge, prescrivit à Noé de se retirer dans l'arche. Vers la fin du cataclysme, le saint patriarche fit sortir la colombe; elle revint avec une branche d'olivier, qui, chez toutes les nations, est un signe de paix et de triomphe. On voit ici l'eau, le bois, le corbeau et la colombe; et tout cela n'est pas sans un profond mystère. Quand le déluge eut lavé dans les eaux l'antique iniquité, après le baptême du monde, la colombe sortie de l'arche, reparut avec un rameau d'olivier, pour annoncer au genre humain que la colère divine était appaisée. De même, dans un sens spirituel, aussitôt que notre terre, c'est-à-dire, notre corps est lavé dans l'eau du baptême, notre âme est purifiée de tout péché, car tous les vices sont ensevelis dans le bain régénérateur. Le bois est le symbole de la croix de Jésus-Christ, sur laquelle il a expiré pour nous. Le Saint-Esprit, céleste colombe, qui s'est montrée sur les bords du Jourdain, descend d'en haut, comme jadis celle qui sortit de l'arche, figure de l'Église, et vint apporter à notre âme la paix avec Dieu. Le corbeau, oiseau funeste et impur, est l'image du démon qui est expulsé, et ne reviendra plus, tant que le baptisé conservera le caractère de la justice.

La colombe que Noé fit sortir à trois reprises de l'arche, est aussi le symbole des justes. Durant cette vie mortelle, ils ne trouvent point ici-bas d'objets dignes de fixer leur cœur; ils éprouvent que ce qui paraît une surface unie n'est qu'un abîme; ils ne se soutiennent que par de continuels efforts; mais, de peur de s'épuiser par une contention trop violente, ils reviennent vers l'arche qui désigne l'Église. Tant que les eaux s'écoulent, les justes qui vivent dans le monde, demeurent les enfants dociles de l'Église, et lui restent unis par les liens de la foi et de la charité. Aussi, vers le soir de la vie, peuvent-ils offrir au maître de l'arche le rameau de l'olivier, emblème de leur triomphe sur Satan, et de leur paix avec Dieu; et, après que toutes les eaux se sont retirées, ces âmes pures, semblables à la colombe, prennent leur vol, et vont jouir d'un repos assuré dans la véritable terre des vivants. L'héroïque Jeanne d'Arc, cette colombe si chère à notre France, a bien caractérisé l'innocence de sa vie par ces deux vers :

De la Vierge Marie adoptant les emblêmes,
Je veux demeurer pure entre les deux baptêmes.

Dans les catacombes de la ville éternelle, on a souvent figuré l'âme juste par une colombe.

Un de nos grands poètes a eu l'heureuse idée de symboliser la prière sous l'image d'une colombe :

> . . . . O prière !
> Prière, pur encens que la foi fait brûler !
> Langue que Dieu créa pour qu'on pût lui parler !
> . . . .
> Grand phare dominant la vie et le trépas,
> Seul trésor de l'Éden qu'Ève ne perdit pas.
> . . . .
> Colombe de Noé, colombe au vol béni,
> Toi qui rends si léger le poids de l'infini...

La tourterelle est le symbole de la fidélité conjugale et de la tendresse maternelle. Cet oiseau voyageur est aussi l'emblème de l'homme en pèlerinage sur la terre. David, fugitif, adresse à Dieu cette prière affectueuse : « La tourterelle trouve un asile où elle dépose ses petits. Pour moi, Dieu des armées, ô mon roi, ô mon Dieu, vos autels !..... Heureux ceux qui habitent dans votre maison! » Les personnes qui se livrent aux affaires du siècle et qui sont engagées dans les liens du mariage, sont figurées par cette tourterelle errante et qui montre une si tendre sollicitude pour ses petits, qu'elle vient de déposer dans un asile assuré. Dieu commande aux parents de lui offrir leurs enfants, de les consacrer à son service ; et les mères chrétiennes doivent, à l'exemple de la bienheureuse Vierge Marie, déposer aux pieds des autels du Seigneur les fils et les filles qui viennent de leur naître, et lui promettre de les élever dans la pratique de ses lois et de sa crainte filiale.

La tourterelle figure aussi, dans cet endroit du psaume, l'âme qui mène une vie chaste et honnête, qui déplore la malice des hommes et gémit sur leurs égarements ; elle trouve, dans sa douleur, un refuge assuré dans ces temples de

Jésus-Christ, qui, depuis la prédication de l'Évangile, ont été construits dans toutes les régions de la terre ; cette âme affligée peut déposer ses pensées intimes devant le trône du Très-Haut, comme la tourterelle recèle dans un nid, à l'abri de toute embûche, la tendre progéniture qui vient de lui naître. Autrefois, lorsque le temple du vrai Dieu n'était élevé que dans une seule contrée, la tourterelle errante, souvent poursuivie par d'impitoyables chasseurs, devenait leur victime, et ses petits étaient déchirés par les serres cruelles de l'oiseau ravisseur.

La colombe est l'image de l'Église, et, par suite, celle d'une jeune et fidèle fiancée, ou celle d'une épouse chaste et aimante. La religion, qui sanctifie les liens les plus tendres et les plus doux de l'humanité, nous offre, dans le sacrement du mariage, la copie de l'union sainte de Jésus-Christ et de son Église. Le divin époux compare les yeux de son épouse à ceux de la colombe, et lui dit : « Que tu es belle, ma bien-aimée ! que tu es belle, ô ma colombe ! Ta douce voix ravit mon oreille, et que ton visage est beau ! » Notre-Seigneur loue la beauté de l'Église, son unique colombe ; il dépeint sous ses traits la candeur, la pureté de cette épouse chérie, sa contemplation affectueuse des vérités évangéliques, et son ardent désir de goûter les joies ineffables du ciel. L'Église est aussi figurée par l'arche ; elle domine sur les eaux du monde, et on trouve en elle le salut. Le poète a rendu cette pensée par un beau vers qu'il met dans la bouche du Sauveur :

Et l'arche où fleurissait la vie, ô ma colombe !

Dans l'Orient, on dresse les pigeons à porter des billets sous leurs ailes, et à rapporter la réponse à ceux qui les ont envoyés. Ces oiseaux volent avec une rapidité extraordinaire, et reviennent avec encore plus de promptitude vers les lieux qui les ont vus naître et où reposent leurs petits. Nous trouvons un gracieux et touchant épisode qui se rattache à notre sujet dans la *Trilogie* de Jeanne d'Arc :

. . . . Léonce au blanc cimier,
En allant à la guerre avait pris son ramier;...
. . . .
Blessé mortellement, il ôte son anneau,
Fait un signe de croix, se courbe, et puis l'attache
    Sous l'aile pure de l'oiseau,
    Où son sang imprime une tache.
Adieu, mon beau ramier, fuis, tu n'es plus à moi!
    Que ferais-tu sur une tombe?
    Vers mon amante et ta colombe
    Mon âme s'envole avec toi;...
. . . .
Pars, beau ramier, voici ma bague favorite
    Que je reçus de Marguerite,
    Pour la garder jusqu'au tombeau.
    Cache à la jeune infortunée
Le sang de son ami dont ton aile est baignée;
    Ne lui montre que cet anneau.
    Tu verras de sa main glacée
    Tomber l'écharpe commencée
    Ou le sistre mélodieux;...
. . . .
Et ta douce colombe, à ses côtés errante,
    En la voyant pâle et souffrante,
Te dira : Beau ramier, ne me quitte jamais! —
Il meurt, et le ramier s'envole à tire-d'aile...

L'abbé Maréchal.

LA PORTE DE MARS ET LES ARÈNES DE TRÈVES.

Antique monument d'imposante structure,
   Combien j'aime à te voir !
L'impitoyable temps, de sa main sèche et dure
A peine sur tes flancs fait sentir le pouvoir.
Que de siècles pourtant passèrent sur ta tête !
Que de fois tu bravas l'effort de la tempête
Et les terribles chocs de rudes assaillants !

Les Vandales, les Goths, devenus conquérants,
Saccagent ta cité par droit de représailles,
Bouleversent le sol jusque dans ses entrailles ;
Des cendres, des débris, des lances et des dards,
Des tombeaux renversés gisent de toutes parts.

Sous tes sombres arceaux s'agite une autre race ;
D'autres constructions s'alignent sur la place
Où le peuple romain, si jaloux de ses droits,
Discutait librement ses admirables lois.
Seul, tu restes debout contemplant la Moselle,
   Ta compagne fidèle,

Qui, lentement sur les mêmes graviers,
Roule toujours l'onde éternelle
Dont s'abreuvaient tes fiers guerriers.

Que sont-ils devenus ces vainqueurs de la terre,
Du monde la terreur,
Et dont toi-même, attestes la grandeur?
Hélas! leurs ossements convertis en poussière,
Emportés par les vents,
Reposent aujourd'hui sur tes noires murailles,
Témoins de cent batailles,
Et tu survis au peuple de géants!....

Ces informes débris, dont nous voyons le faîte,
Là-bas, vers l'Orient, se perdre dans les airs,
De deux mille ans chargés, rongés par les hivers,
Des tristes passereaux aujourd'hui la retraite,
Etaient jadis un lieu de fête
Où les graves romains, en habits somptueux,
Accouraient applaudir à de barbares jeux.

Combien parlent au cœur ces témoins authentiques
De la splendeur de Rome et de ses jeux gymniques,
Et de sa décadence, et du sort des états!
Tel est votre destin, peuples et potentats!

Entrons avec respect dans cet amphithéâtre,
Où la mousse s'attache à la pierre grisâtre;
Où nous voyons ramper sur de vieux pans de mur
La plante vénéneuse et le reptile impur.
Quel silence!.... On n'entend dans ce lieu de carnage

Que le bourdonnement de l'abeille sauvage,
Ou le bruit répété du caillou bondissant
Que le souffle du Nord fait tomber en passant.
Une étrange vapeur, qui charge l'atmosphère,
Semble aussi s'exhaler de cette vieille terre,
Dont le sol infertile et couvert de gravois,
Est encore aujourd'hui tel qu'il fut autrefois.
D'Hélène et Constantin les gigantesques ombres,
Qui reviennent le soir errer sur les décombres
Et les blocs de granit pêle-mêle entassés,
Sont les seuls habitants de ces lieux délaissés.

Cependant quand, la nuit, vient à gronder l'orage,
Dans les airs retentit l'horrible cri de rage
Du lutteur éperdu, haletant et brisé,
Vaincu par l'ennemi qu'il avait méprisé.
Un long rugissement qui ressemble au tonnerre,
Du lion furieux exprime la colère,
Et l'active pensée entend l'écho lointain
De sa puissante voix répéter en latin
Les acclamations de la cité romaine.

Les rapides éclairs luisent-ils sur l'arène,
Apparaissent alors de fiers gladiateurs
Qui remplissent d'effroi l'âme des spectateurs.
Chacun d'eux prend d'abord une attitude altière,
Et semble provoquer son robuste adversaire :
On les voit s'animer, s'approcher, se saisir,
S'enlacer, se courber, s'alonger, s'accourcir.
Mais déjà le sang coule : une fureur sauvage
Des combattants meurtris excite le courage.
L'un d'eux tombe étourdi sous les coups du plus fort.
Son orgueil s'en irrite, il redouble d'effort,

Se relève soudain et fond avec furie
Sur son grossier rival, lui dispute la vie,
Répond à son défi par des cris infernaux,
Le jette sur l'arène et le met en lambeaux.

L'horizon s'éclaircit, et la naissante aurore
De cette illusion laisse douter encore.
Les sens sont le jouet d'êtres mystérieux.
Mais déjà le soleil apparaît radieux,
Et dessine à longs traits, sous ses lignes obliques,
Les bizarres contours, les formes fantastiques
Des murs déchiquetés, des chapiteaux rompus,
Et des fragments d'arceaux dans les airs suspendus.
A travers ces effets et d'ombre et de lumière,
On s'imagine voir le lion, la panthère,
S'élancer furieux, de leurs antres béants,
Sur les rudes Germains et les prisonniers Francs
Que le vieux Constantin leur livre pour victimes.
Le paganisme, hélas! autorisait ces crimes.

Mais le Christ de sa loi dota le genre humain.
Saint Euchaire parut l'Evangile à la main,
Et, ministre zélé de cette œuvre immortelle,
Dans la Rome du Nord porta la foi nouvelle.

« Je viens, dit-il, détruire au nom d'un Dieu sauveur,
» Les maux qu'ont enfantés l'ignorance et l'erreur ;
» Apprendre à l'homme enfin sa céleste origine,
» Combattre les faux dieux, prêcher la loi divine ;
» Des peuples affranchis je viens briser les fers,
» Et proclamer leurs droits en dépit des pervers! »

Au mot de liberté tous les genoux fléchissent,
Les yeux pleurent de joie et les cœurs s'attendrissent.

Constantin s'en émeut : ce prodige nouveau
Etonne son esprit et trouble son cerveau.
Il craint que cette sainte et sublime parole
Ne vienne à Jupiter ravir son Capitole,
A l'empire romain son pouvoir colossal,
Et d'arrêter Euchaire il donne le signal.

A mourir pour sa foi le saint apôtre aspire,
Il voit d'un œil serein les apprêts du martyre ;
Mais de son divin maître imitant la bonté,
Dans l'âme de son juge il porte la clarté.

« Du vrai Dieu que je sers la Croix est le symbole,
Dit-il à l'empereur ; » de ta profane idole,
» Dont le culte bizarre est tout matériel,
» Ce signe vénéré renversera l'autel.
» Sur le vélin sacré de ce livre mystique
» Quatre élus ont écrit le code évangélique
» — Que, pour notre salut, dicta l'Esprit divin.
» — Et que dit cette loi, demande Constantin ?
» Elle dit aux puissants, aux maîtres de la terre :
» Les hommes sont égaux, l'esclave est votre frère ;
» Elle nous dit à tous : Votre père est au ciel,
» Aimez-vous d'un amour sincère et fraternel.
» De ce foyer divin une douce lumière
» Rayonne sans blesser notre faible paupière,
» Et présente à nos yeux, ravis de sa beauté,
» Sans mélange d'erreur, l'auguste vérité.
» La vertu, la sagesse et la pure doctrine,
» De ce livre étonnant tirent leur origine ;
» Le vice et le mensonge y trouvent leur écueil. »

A ces mots Constantin sent fléchir son orgueil ;

Un sentiment nouveau l'agite et le captive,
La lumière se fait dans son âme naïve,
Et de l'esprit d'en-haut il écoute la voix.
Sur le dôme des cieux apparaît une croix :
« Voilà, dit-il, voilà mon maître et mon modèle,
» Ce prodige étonnant à mes yeux le révèle.
» J'abjure mon erreur et le culte païen.
» Euchaire, j'ai la foi, je crois, je suis chrétien! »

L'empereur aussitôt se rend au Capitole,
Renverse de ses mains l'abominable idole ;
L'Evangile triomphe, et le Dieu d'Israël
Dans la cité de Trêve a dressé son autel.

Décembre 1847.

NOTES.

Peu de villes possèdent, autant que Trêves, de précieux restes de l'antiquité romaine. Un de ses plus beaux monuments, celui qui frappe d'abord tous les étrangers, c'est la porte de Mars, au nord de la ville. D'après les nouvelles recherches des savants, il est presque certain que cette construction gigantesque, qui était aussi un point défensif, date du règne de Constantin le Grand. L'édifice, construit en gros blocs de grès liés les uns aux autres par des agrafes de fer placées intérieurement, a 115 pieds de longueur ; les tours, entre lesquelles règnent deux rangs de galeries, ont 92 pieds de hauteur. Une de ces tours a perdu son troisième étage.

— Au sud-est de Trêves se trouve l'amphithéâtre. Les curieux restes qui existent encore suffisent pour donner une idée juste de ce qu'étaient les amphithéâtres tant recherchés des romains, et où se passaient ces luttes sanglantes d'hommes et d'animaux et de gladiateurs entre eux. Le grand axe de l'arène a 220 pieds, et le petit axe en a 155. Cette arène est entourée d'un mur haut de 5 à 6 pieds, dans lequel on voit encore les ouvertures cintrées des loges des animaux. Deux grandes entrées assez bien conservées, l'une au nord, l'autre au sud, conduisent à l'arène ; une troisième, vers l'ouest, conduisait directement les grands personnages au premier rang, qui leur était réservé. Le public entrait par deux corridors voûtés, placés de chaque côté des deux entrées principales. Là se trouvent deux tours demi-circulaires dont la destination est difficile à expliquer. L'amphithéâtre, qui pouvait contenir 85 mille personnes, était entouré d'un mur dont on voit encore quelques vestiges du côté du sud. En 306 et 313, Constantin fit déchirer par des animaux et combattre entre eux les prisonniers qu'il avait faits sur les Francs et les Bructères.

— La religion chrétienne s'introduisit à Trèves de très-bonne heure. Vers la fin du premier siècle, saint Euchaire y prêcha l'Evangile. Selon la tradition, l'église Saint-Mathias, près de Trèves, fut fondée par saint Euchaire, dont elle porta le nom jusqu'au onzième siècle, époque à laquelle les restes de saint Mathias y furent transportés. Ils reposent dans un beau sarcophage derrière le grand autel, et attirent tous les ans, aux fêtes de Pentecôte, une foule de fidèles qui y viennent de très-loin en pélerinage. Par suite de différents désastres qu'elle a subis, cette église a été rebâtie plusieurs fois.

— Constantin habitait Trèves en 312. Maximien, Gratien, Constance Chlore, père de Constantin, Valentinien et d'autres empereurs l'ont habité aussi. Depuis l'an 314 jusqu'en 390, on compte 158 lois de droit romain qui sont datées de cette ville.

— Sous la domination des empereurs la cité de Trèves avait une grande importance ; elle était bien au-dessus de Constantinople, sa rivale en Orient. Ausone qui, vers l'an 360, fut appelé de Bordeaux à Trèves pour instruire le jeune César Gratien, donne, dans son poème intitulé *la Moselle*, une brillante description des œuvres d'architecture de Trèves. La plupart de ces monuments n'ont pas même laissé de traces, tels que le Capitole, le grand Forum, les Temples, les Basiliques, le Palais du sénat. Quelques restes que l'on trouve encore dans le sol indiquent à peine la place où ils ont existé.

F. Munier.

ETUDE DE LA MUSIQUE.

(FRAGMENT [1].)

Il pourrait paraître puéril d'entreprendre la démonstration d'une vérité quand cette vérité est admise par tout le monde; et pourtant, la paresse d'esprit est si commune, qu'il est parfois nécessaire d'appuyer fortement sur des choses déjà comprises afin de vulgariser une proposition vraie.

En musique, aussi bien que dans les autres parties des sciences et des arts, l'esprit d'analyse est indispensable à ceux qui veulent s'instruire et juger sainement des choses.

L'analyse, qui est la concentration successive de notre intelligence sur les divers points d'un objet, nous aide à comprendre une composition, à en deviner les combinaisons, à connaître les moyens employés par l'auteur pour nous faire éprouver des sensations voulues. Elle nous apprend à juger les ouvrages des grands maîtres, à les admirer, à les imiter. Elle s'applique au style, aux pensées d'un ouvrage comme à

---

[1] J'ai puisé, dans l'*Encyclopédie moderne*, un grand nombre de détails relatifs aux diverses fonctions de l'analyse et de la synthèse, ne voulant rien avancer sans m'être appuyé sur une autorité. *(Note de l'Auteur.)*

sa composition principale. Elle descend même jusque dans les moindres détails. Cette opération de l'esprit peut être comparée à la dissection dans l'examen des corps. Elle peut nous conduire à la connaissance exacte des procédés employés par le génie et que le génie seul a pu inventer. Elle nous apprend à concentrer notre affection sur les objets qui en sont dignes, en nous faisant chercher et trouver des points de comparaison de plus en plus achevés. Elle donne à ceux que la nature a déshérités en leur refusant le sentiment musical, les moyens de juger et d'apprécier jusqu'à un certain point les œuvres qu'ils ont entendues. Enfin, elle doit faire désirer à tous de posséder les connaissances techniques suffisantes pour écrire leurs idées musicales s'ils en ont, ou, au moins, pour reproduire celles des autres.

D'où viennent donc les obstacles qui s'opposent à l'application de ce procédé si précieux ?

On pourrait trouver une réponse à cette question dans le besoin impérieux qui nous porte à rechercher des sensations plutôt que la satisfaction de l'esprit (quoiqu'on puisse dire que nos sensations sont plus durables lorsque le cœur et l'esprit sont ensemble satisfaits). Mais la véritable cause est l'ignorance dans laquelle vivent le plus grand nombre de ceux qui s'occupent de musique, et auxquels l'instinct tient lieu, presque toujours, de toute instruction musicale. Doit-on leur faire un crime de cette ignorance ? Non, car il n'existe pas d'ouvrage qui enseigne à analyser la musique, en appliquant convenablement l'étude de la théorie et le raisonnement à la pratique de ce bel art. Analyser, c'est diviser, particulariser, décomposer ; pour décomposer, il faut des procédés : or, quel est l'ouvrage qui renferme le plus simple enseignement à cet égard ?

Est-ce que le caractère vague de la musique et les impressions trop fugitives qu'elle nous fait éprouver, ne sauraient être analysés? Ou bien, la musique, qui doit s'adresser au cœur et à l'esprit plutôt qu'à l'esprit seul, perd-elle de son charme lorsqu'elle est soumise à l'analyse, et cette dernière raison doit-elle être la cause de notre ignorance? Non, assurément.

La musique est un art qui a pour objet de nous émouvoir en combinant les sons d'une manière agréable pour l'oreille, et en les soumettant à certaines conditions de durée et de succession. Cette combinaison des sons est susceptible d'être analysée. La musique ne perd rien de son charme après avoir été détaillée, divisée, décomposée, et voici pourquoi : il n'y a pas d'analyse sans synthèse. Après l'opération qui divise, qui particularise, l'esprit a besoin, pour achever la notion entière de l'objet, d'une autre opération qui le recompose suivant le rapport de ses parties, l'adhérence de ses éléments, le principe de son existence.

Cette seconde opération est intimement liée à la première, puisque, pour décomposer un objet dans ses parties, il faut avoir la pensée que ces parties appartiennent à un ensemble, et qu'un rapport étudié implique l'objet total. Or, l'analyse étant presque toujours suivie de la synthèse, c'est-à-dire de la recomposition d'un objet dont les parties sont connues ainsi que leurs rapports, il s'ensuit que, loin de diminuer le charme de la musique, elle doit servir à l'augmenter, en fixant notre attention sur les parties saillantes d'une composition, en nous faisant rejeter ce qui ne saurait être agréable aux oreilles délicates, et en nous révélant ainsi les éléments qui forment toute œuvre achevée.

Mais, dira-t-on, pour analyser ainsi il faut avoir acquis des connaissances suffisantes?

A ceci, l'on peut répondre que, si chaque personne qui s'occupe de musique voulait faire usage, non de ses connaissances usuelles, mais seulement du sens commun qui appartient à tout le monde, et que l'on pourrait presque appeler le critérium de toute science humaine, l'amour de l'art se développerait d'une manière sensible, et le progrès suivrait infailliblement ce développement. Mais la musique étant généralement regardée comme un art frivole, on lui accorde trop peu d'importance pour faire, en l'étudiant, le moindre effort d'intelligence; et il suit de là que, bien souvent, on croit n'y rien comprendre, et on en abandonne l'étude qui pourrait, loin d'être aride, devenir très-attrayante si elle était suivie d'une manière rationnelle. O paresse d'esprit!

Il est incontestable que pour pouvoir analyser, il faut posséder déjà quelques connaissances; et c'est pour cela qu'il importe beaucoup de tracer la route qui doit conduire infailliblement au but que l'on se propose d'atteindre, en donnant à chacun des indications suffisantes pour le guider dans ses études musicales.

Beaucoup de gens supposent que pour étudier avec fruit la musique, il suffit d'avoir l'oreille juste et le sentiment de la mesure; en un mot, que l'instinct musical peut suffire à former des musiciens, tandis que toutes les théories réunies ne donneraient aucun résultat sans cette qualité. Ils pensent que, lorsqu'on possède cet instinct précieux, il n'est pas nécessaire d'appuyer l'acquisition des faits musicaux sur un raisonnement quelconque. Ainsi, pour rendre notre pensée plus clairement, ils pensent que pour chanter juste la gamme, il n'est pas nécessaire d'en connaître la formation; que, pour composer un morceau, il n'est pas besoin d'avoir appris la composition.

Eh! sans doute, il est possible de chanter juste et en mesure sans connaître l'histoire de la gamme, ni sa formation, ni la construction exacte du larynx; sans doute, il est possible de composer un morceau sans avoir appris la composition : cela s'est vu, et cela se voit encore tous les jours.

Mais, dirons-nous à ces gens, qui sont plus nombreux qu'on ne pense quoique cela paraisse absurde, et parmi lesquels il y en a qui passent pour des gens sensés : votre intelligence musicale vous servirait mieux, si, au lieu de marcher à tâtons et dans les ténèbres, vous connaissiez d'avance le chemin qu'il faut suivre. Vous seriez incontestablement meilleurs musiciens si vos connaissances étaient basées sur l'expérience et le jugement, et si elles étaient acquises d'une manière raisonnée et logique. Pourquoi donc, vous, artiste, qui avez l'oreille juste, le sentiment de la mesure, et même le sentiment du beau — car vous exécutez avec un goût parfait — pourquoi déplorez-vous tous les jours que la pauvreté de votre instruction musicale vous empêche d'écrire les idées qui viennent vous assaillir après l'audition d'un chef-d'œuvre ? et pourquoi vous trouvez-vous relégué au rang d'exécutant, quand vous pourriez, tout aussi bien que d'autres, donner carrière à vos inspirations ?

Pourquoi, vous, qui avez appris à parler de tout et si juste, et qui possédez ce qu'il faut pour être musicien, pourquoi ne pouvez-vous vous rendre compte de ce que vous avez entendu, et l'exécuter après ? Pourquoi ? C'est que, pour arriver jusqu'à l'analyse de vos sensations, il aurait fallu procéder méthodiquement et commencer par savoir le premier mot de la théorie musicale, que vous ignorez, sans doute; car, quoique vous ayiez appris ce qu'on appelle la musique, il vous arrive si souvent d'en confondre les éléments, que toute discussion musicale est pour vous un labyrinthe inextricable. Et, pourtant, le fil conducteur n'est pas introuvable ! Établissez, comme point de départ, que le raisonnement doit servir de base à l'étude; qu'il faut toujours procéder du connu à l'inconnu, et se servir souvent de l'analogie, de la comparaison, et surtout de l'induction, pour asseoir, d'une manière solide, l'instruction que l'on veut acquérir. Commencez ensuite l'étude de la théorie musicale, en même temps que la musique vocale ou que l'étude d'un instrument.

Ayez soin, avant tout, d'appliquer la théorie aux faits acquis, plutôt que de chercher à expliquer ce que vous ne sauriez encore exécuter. Cette théorie, qui est parfaitement claire, lorsqu'elle est étudiée méthodiquement, vous aide à analyser d'abord, et, pour ainsi dire, grammaticalement, la musique que vous exécutez; elle vous sert à expliquer, non-seulement les combinaisons de la mesure, mais encore les combinaisons des sons, en vous donnant la connaissance exacte des différents éléments dont la musique est composée. Ensuite, elle vous enseigne à comparer; à considérer un morceau de musique comme un discours, dans lequel on distingue des mots, des phrases, des périodes; l'exposition, le développement des idées, leur enchaînement et la conclusion naturelle qui en découle. En descendant un peu plus dans les détails, elle vous fait connaître la construction d'une phrase, son commencement, son étendue, sa terminaison masculine ou féminine; elle vous aide à reproduire, au moyen du raisonnement et de la mémoire, des idées complètes, des morceaux entiers, que vous n'auriez compris que d'une manière imparfaite si vous n'eussiez connu ni l'analyse, ni la synthèse musicale, deux procédés qui profitent peu, d'ailleurs, quand on veut les appliquer à des choses dont on ignore le premier mot.

Si vous voulez aller plus loin, et apprendre à écrire vos idées mêmes, la science de l'harmonie vous devient alors plus facile à comprendre; et cette étude, qui épouvante si fort les jeunes gens et même les gens sérieux, n'est plus qu'un jeu, d'autant plus agréable, qu'il ne vous reste à apprendre que l'art de grouper ensemble plusieurs sons, dont vous connaissez d'avance les différents rapports. La dernière partie des études musicales, celle qui en est le complément indispensable, est la composition. Elle renferme, outre l'étude de la forme, l'art d'enchaîner et de combiner des idées : ce n'est plus alors ce qu'on appelle l'harmonie des sons, c'est l'harmonie des proportions, l'expression la plus élevée du beau, du sublime; en un mot, c'est la partie esthétique de l'art.

Lorsqu'il ne s'agit plus que de donner un libre cours à son imagination, et que l'on possède les moyens suffisants pour présenter ses idées d'une manière convenable, on apprend d'abord à les renfermer dans un cadre tracé d'avance par les traités relatifs à l'art. On imite les formes produites par les grands maîtres, et l'on prend pour modèles celles qui sont passées à l'état de règles. Ensuite, si l'on a du génie, on crée de nouvelles routes qui seront suivies d'abord, et, plus tard, élargies par d'autres, suivant la loi immuable du progrès universel.

Sans doute, il n'est pas facile de posséder assez de connaissances pour arriver à un but aussi élevé; mais, quels progrès la musique ne ferait-elle pas, si, au lieu de se livrer, *avant toutes choses*, à la pratique ennuyeuse et décourageante d'un instrument quelconque, les gens sérieux et instruits appliquaient leur intelligence à l'étude rationnelle du bel art qui nous procure tant de jouissances!

Il en résulterait pour eux la connaissance des relations des sons, de la liaison intime qui existe entre la musique et l'expression juste de nos sentiments. Ils apprendraient à analyser grammaticalement, scientifiquement, et, enfin, philosophiquement, toute œuvre musicale, et ils sauraient ainsi apprécier les choses à leur juste valeur. Il n'est pas douteux qu'en suivant cette route, on n'arrive à faire prédominer le sentiment du beau, à épurer le goût, à éclairer plus facilement les masses, en créant des méthodes d'enseignement propres à vulgariser la musique, et à atteindre enfin le but que poursuivent, sans succès et depuis tant d'années, les véritables amateurs de l'art.

Il n'est donc pas inutile de répéter qu'en musique, aussi bien que dans les autres parties des sciences et des arts, l'esprit d'analyse est indispensable aux gens qui veulent *s'instruire* et juger sainement des choses. On pourrait même ajouter à la démonstration de cette proposition le corollaire suivant : pour étudier la musique avec fruit et d'une manière rationnelle, il faut faire l'application *constante* de la théorie et du raisonnement aux faits musicaux que l'on acquiert par imitation, soit en étudiant le solfége, soit en apprenant à jouer d'un instrument.

Ed. Mouzin.

ÉPISODE MEDICAL DU SIÉGE DE METZ,

EN 1552.

On ne connaît qu'assez imparfaitement les vicissitudes auxquelles fut livrée la ville de Metz pendant les guerres de succession, les conflits politiques et les luttes féodales qui, à la suite du démembrement de l'empire de Charlemagne, troublèrent l'Europe occidentale pendant plusieurs siècles.

Quelles que soient les ténèbres qui couvrent encore ces temps reculés, elles ne sont point tellement épaisses, qu'elles ne permettent de constater, que cette ville, par sa position géographique et en raison de l'importance qu'elle conservait comme ancienne capitale du royaume d'Austrasie, n'ait été assez souvent l'objet de la convoitise des princes, et, généralement, on s'accorde à fixer l'époque de son affranchissement vers la première moitié du douzième siècle. Dès ce moment commence, pour la cité messine, une période qui ne fut pas sans quelque gloire, puisque cette indépendance, soit qu'elle l'ait conquise, soit qu'elle lui ait été concédée, elle sut la faire respecter pendant quatre cents ans environ, en résistant avec énergie aux prétentions ambitieuses de ses voisins. Mettant ses franchises et libertés sous le protectorat de l'empire germanique, elle sut, il est vrai, leur ménager un puissant appui, mais il faut reconnaître aussi qu'elle ne manqua jamais de rendre foi et hommage à son suzerain, en lui offrant, selon l'occasion de riches présents, ou en lui venant en aide, dans les moments critiques, par d'onéreux subsides.

Il appartenait au seizième siècle, ce siècle si gros d'événements politiques et de transformations sociales, d'appeler la ville libre et impériale à d'autres destinées; la réforme pénétra de bonne heure dans ses murs, en raison de sa proximité de l'Allemagne et de ses relations fréquentes avec Strasbourg.

D'ardents et enthousiastes prédicateurs firent à Metz de nombreux prosélytes, et il eût été par trop extraordinaire que les doctrines de Luther et de Calvin ne se répandissent pas et ne trouvassent pas de nombreux adeptes dans une ville qui n'avait été déjà que trop souvent en guerre avec ses évêques et ses corporations religieuses. Les idées nouvelles, comprimées pendant un certain temps par la terreur des supplices infligés à quelques hérétiques, ne s'étaient point éteintes aussi vite que le feu des bûchers : des classes populaires, elles avaient fait insensiblement invasion dans les rangs de la bourgeoisie et promptement dans ceux de l'aristocratie. Elles ne tardèrent même pas à porter la division dans les familles patriciennes qui étaient en possession de l'administration de la cité. Dès lors, le gouvernement républicain pencha vers l'anarchie, n'ayant plus cette unité qui, jusque-là, avait fait sa principale force.

Dans de telles circonstances, la guerre éclatant entre l'Autriche et la France, et Metz ayant refusé le subside que réclamait l'empereur, ce refus, et bien plus encore les paroles hautaines qui l'accompagnaient, furent le signal d'une rupture, dont le roi de France sut habilement profiter, en substituant sa protection à celle de son rival. La cité comprit que, dans ce conflit, elle ne pouvait avoir la prétention de garder la neutralité ou de rester dans l'isolement entre deux puissances aussi considérables ; et qu'il fallait de toute nécessité que, renonçant à son indépendance, elle se ralliât à celle des deux vers laquelle l'entraînaient ses souvenirs historiques, ses mœurs, ses usages, et surtout une langue commune.

Nous n'avons point à nous occuper ici de l'examen et de l'appréciation des événements qui, en faisant disparaître ce qui restait de l'ordre social du moyen-âge, amenèrent la réunion de Metz à la France. Il est également hors de notre sujet de faire la relation de ce siége mémorable qui vit la fin des prospérités de Charles-Quint. Nous voulons seulement, nous aidant de quelques écrivains contemporains, rechercher quelle influence un événement de cette importance dût exercer sur l'état sanitaire des armées belligérantes et des populations.

Dès que François de Lorraine, duc de Guise, eut pris possession du gouvernement de Metz, en qualité de lieutenant-général du roi Henri II, ce grand capitaine s'occupa immédiatement de la défense de la place qui lui était confiée et dont l'empereur devait faire le siége en personne. Proportionnant ses préparatifs à une attaque que tout annonçait devoir être formidable, il fit acheter tout ce qui se trouvait dans la campagne en blé, fourrage, bétail, et remplit les magasins d'approvisionnements de toute sorte ; il fit, de plus, rompre les ponts et brûler les moulins qui se trouvaient à plusieurs lieues à la ronde, et n'hésita pas à raser les églises et les sept faubourgs qui entouraient la ville, afin que l'ennemi ne pût s'y loger ou y établir de l'artillerie. Les poutres, madriers, barres de fer et autres matériaux provenant d'une démolition aussi générale, furent rentrés pour servir aux travaux de défense.

Avant de livrer au marteau des démolisseurs l'église de l'abbaye de St-Arnould, le duc se rendit processionnellement, une torche à la main, à cette basilique, réputée la plus riche des Gaules. Il fit, en sa présence procéder à l'enlèvement du corps du saint prélat qui fut la tige de la famille carlovingienne, ainsi que de ceux de Hildegarde, femme de Charlemagne, de Louis-le-Débonnaire, des rois d'Austrasie et d'autres personnages illustres.

Cette translation s'opéra avec la plus grande pompe, et l'église du couvent des Dominicains ou Frères-Prêcheurs, située dans l'enceinte de la ville, reçut, sous ses voûtes, les restes précieux de saints, de rois et de princes qui, depuis des siècles, étaient l'objet de la vénération du peuple.

D'autres soins ne furent pas négligés ; un hôpital, destiné à recevoir les blessés, fut pourvu de tout ce qui pouvait leur être nécessaire. Par une ordonnance, défense fut faite aux bourgeois de sonner les cloches, de former des rassemblements, et on leur enjoignit, en cas d'alarmes pendant la nuit, d'éclairer leurs maisons, en mettant de la lumière aux portes et aux fenêtres. Pour éviter, enfin, peste ou contagion, ordre fut donné au prévôt des maréchaux de veiller, chaque jour, à la propreté des rues, des carrefours, à l'enlèvement des immondices et de tout ce qui pouvait vicier l'air.

On avait fait savoir aux habitants qui ne voudraient point supporter les rigueurs d'un siége, qu'ils pouvaient se retirer dans les villes de France ou de Lorraine, avec ce qu'ils auraient de plus précieux, et que, pour les objets qu'ils ne pourraient emporter, les commissaires des vivres seraient chargés d'en dresser inventaire et de les restituer à leur retour. Un nombre assez considérable de seigneurs, de bourgeois, d'ecclésiastiques, se conformant à cet avertissement, abandonnèrent la ville. Mais le duc trouvant cette première émigration d'autant moins suffisante, que la cité était surchargée d'une partie de la population des faubourgs détruits, fit faire un recensement de tous les ouvriers charpentiers, maçons, maréchaux, serruriers et autres gens de métiers capables de porter les armes ou de travailler aux fortifications; désigna quelques prêtres pour le service des églises, et ordonna à toutes les familles qui ne pourraient pas justifier d'un approvisionnement de plusieurs mois, d'abandonner la ville sous vingt-quatre heures.

Cette mesure, qu'on nommait alors *la sortie des bouches inutiles,* fut, pour les habitants, la plus cruelle de toutes, et on porte à environ vingt mille le nombre de ceux qui furent obligés de s'y soumettre et d'aller au loin chercher un refuge.

Ces dispositions prises, le duc de Guise s'enferma dans la place avec l'élite de la noblesse du royaume, ayant sept princes à sa tête, et avec une garnison composée de moins de six mille hommes.

Les colonnes ennemies parurent vers la fin d'octobre, prirent successivement position, établirent leurs camps; et, l'investissement terminé, l'artillerie, dès le 9 novembre, commença à battre en brêche.

L'empereur, retenu à Thionville par un accès de goutte, ne put arriver à son camp que le 20; ce jour même, monté sur un cheval arabe, il passa en revue son armée, que les évaluations les plus modérées portent à quatre-vingt mille hommes de troupes allemande, espagnole et italienne, sans parler d'une multitude de pionniers, de goujats ou valets de soldats, de vivandiers qui suivaient, selon l'usage, les gens de guerre : seconde armée presque aussi nombreuse que la première, mais incontestablement plus dévastatrice. Le matériel de l'armée impériale était également considérable : on n'y comptait pas moins de cent quatorze bouches à feu. C'est à partir de ce moment que le siége en règle commença et fut poussé très-vivement sur plusieurs points à la fois [1].

La mine et le canon ouvrirent de larges brèches; mais toujours, derrière la muraille ruinée par les boulets, se dressaient, en une nuit, de nouveaux remparts plus solides, ce qui irritait les soldats ennemis, et leur faisait crier à ceux du dedans, que l'empereur ne partirait pas avant d'avoir pris Metz, dût-il y user trois armées l'une après l'autre.

La garnison, par ses fréquentes sorties, ne laissait, il est vrai, aucun repos aux assiégeants; mais le nombre des blessés ne faisant qu'augmenter à la suite de chacun de ces brillants faits d'armes, la mortalité ne tarda pas à prendre des proportions telles, que les esprits s'en émurent. On n'ignorait point que l'empereur avait quelques partisans dans la ville; que les anciens amis de l'indépendance, irrités d'un état de choses qui ressemblait plus à une prise de possession qu'à un protectorat, formaient un parti assez nombreux. De sourdes rumeurs commencèrent à circuler; et l'inquiétude grandissant chaque jour, on en vint à accuser les chirurgiens d'employer, dans leurs pansements, des drogues empoisonnées [2].

Il n'est que trop vrai que leurs soins étaient rarement couronnés de succès; les blessures présentaient généralement ce mauvais aspect désigné sous le nom de pourriture d'hôpital, ou bien, au lieu de se cicatriser, se terminaient par la gangrène, malgré l'emploi des topiques, des baumes les plus réputés, et le fameux onguent inventé, quelques années

---

[1] Salignac, *Siége de Metz.* — *Ephemerides du siege et saillyes de Metz*, par Chagnatz. — *Brief discours du siege de Metz*, par un soldat, rédigé à la requeste d'un sien amy. — *Histoire générale de Metz*, t. III, p. 54.

[2] D. Calmet, *Hist. de Lorr.*, t. II, p. 1328. — A. Paré, *Voy. de Metz.*

auparavant, par le célèbre Henri-Corneille Agryppa, et d'un usage si populaire dans la contrée, était sans efficacité [1].

On citait seulement quelques cures opérées par le chirurgien de M. de Nemours, maître Doublet, qui employait avec succès l'eau froide même pour les blessures les plus graves, après avoir eu soin de conjurer par des paroles magiques l'eau, le linge, la charpie qui servaient à ses pansements.

Ce prétendu talent inspirait trop de répugnance au duc de Guise, pour que, dans une telle conjoncture, il ne se décidât pas à envoyer au roi un message, pour l'instruire de ce qui se passait et réclamer son premier chirurgien, ainsi que toutes les drogues dont celui-ci croirait devoir se munir en cette circonstance.

Dans la relation de son périlleux voyage, Ambroise Paré exprime, avec une grande franchise, l'inquiétude qu'il éprouva lorsque, arrivé pendant la nuit sur une des hauteurs qui dominent la ville, il aperçut les feux des différents camps qui entouraient la place. Ces feux étaient tellement nombreux que la terre lui parut comme embrâsée, et il lui sembla qu'il ne pourrait jamais arriver, et serait infailliblement pris et pendu. « *Vray dire,* ajoute-t-il, *j'eusse bien et volontiers voulu estre encore à Paris, pour le danger eminent que je prevoyois. Dieu conduisit si bien nostre affaire, que nous entrasmes en la ville à minuit* [2].

En effet, un capitaine italien, dont on avait d'avance payé la trahison quinze cents écus, accompagna Ambroise Paré jusqu'au pied des remparts, et, à un signal convenu, lui fit ouvrir une des portes. Conduit immédiatement, malgré l'heure

---

[1] *Pharmacop. medicor. omn. Anutio Foesio mediomatrico medico,* 1561, p. 576.
[2] Loc. cit., p. MCCXXII.

avancée de la nuit, près du duc, il fut reçu avec un empressement qui témoignait la joie qu'on avait de son arrivée.

Dès le matin il se rendit sur la brèche, où, princes et seigneurs embrassèrent avec effusion l'homme dont la présence était si vivement désirée.

Ambroise Paré visita immédiatement les officiers blessés et les soldats qui étaient en assez grand nombre à l'hôpital. La gravité des blessures, le mauvais état des plaies, ne trompèrent pas le coup-d'œil exercé de ce grand praticien, qui, déjà tant de fois, avait assisté à des siéges, à des batailles; il s'empressa de déclarer que le poison était étranger à ces complications, et que, seuls, *les grands coups de coutelas et d'harquebuttes et l'extrême froid en estoient cause*. On peut admettre, toutefois, qu'indépendamment de la nature des blessures et de l'intensité du froid, une cause épidémique manifestait aussi son influence et empêchait la cicatrisation des plaies, puisque, aux trois camps de l'empereur, suivant un témoin oculaire, *la mortalité étoit merveilleusement échauffée*.

Ayant distribué aux chirurgiens de service les médicaments que lui avait remis l'apothicaire du roi, et dont ses chevaux de poste étaient encore chargés, Paré fit cette sage réponse aux seigneurs qui exaltaient devant lui les cures opérées par maître Doublet : « *Je ne nie pas, que l'eau ne soit un bon remède dans les plaies et blessures récentes, moi-même m'en suis servi souvent avec avantage; mais je blâme les paroles mystérieuses et les cérémonies vaines et peu chrétiennes qui accompagnent une pratique neuve et singulière, laquelle n'a besoin que de sa simplicité*[1]. »

Jusqu'à la fin de décembre, Ambroise Paré donna ses soins

---

[1] Brantôme, *Vie du maréchal de Saint-André*, tom. IX, p. 22. — Percy, *Dict. des sc. médic.*, tom. X, p. 473.

aux blessés, et n'eut pas un moment de repos. Entre autres opérations que pratiqua l'habile chirurgien pendant le siége de Metz, il faut citer celle de M. de Pienne, qui, sur la brèche, avait eu le crâne fracturé, et qu'il trépana avec succès. « *Je le pensay avec autres chirurgiens,* dit-il, *et Dieu le guarit.* » Ces paroles, témoignage de la foi religieuse du restaurateur de la chirurgie française, ont été gravées sur le bronze, il y a peu d'années, lorsque la ville de Laval fit élever une statue au plus illustre de ses enfants.

Quant à ce qui se passait du côté de l'armée impériale, la situation était extrêmement déplorable. Les maladies, les blessures, la désertion, y avaient fait de larges vides et l'avaient réduite au moins d'un tiers. Charles-Quint, peu ému de la perte de plusieurs milliers de soldats, avait d'abord répondu au duc d'Albe qui lui parlait de retraite : « Que tous ceux qui étaient morts n'étaient que *chenilles et hannetons,* et que s'ils étaient gens de bien, ils ne seraient en son camp pour six livres par mois. » Néanmoins, comprenant que son étoile pâlissait, et qu'il fallait de toute nécessité qu'il se résignât à lever le siége d'une ville dont la contenance était encore formidable, bien qu'elle eût été foudroyée de quatorze à quinze mille coups de canon dans l'espace de quarante-cinq jours : « *Je vois bien,* dit ce prince, *que la fortune est femelle, mieux aime-t-elle un jeune roi qu'un vieil empereur.* » Puis, donnant ordre à ses généraux de couvrir sa retraite, il partit pour Thionville dans la nuit du 1ᵉʳ janvier, emmenant avec lui son artillerie.

Le départ de l'ennemi permit bientôt d'apprécier toute l'étendue de ses pertes. Trente mille hommes avaient été tués, blessés ou emportés par les maladies, tandis que les assiégés n'avaient à regretter que vingt-quatre officiers et deux cent cinquante soldats.

Ambroise Paré, qui visita le camp de l'empereur, nous a laissé un triste tableau de la misère de ce grand nombre de blessés et de moribonds qu'il y trouva, abandonnés au milieu de plusieurs milliers de cadavres restés sans sépulture [1].

L'aspect du camp du duc d'Albe n'était pas moins affreux. Carlois, secrétaire du maréchal de Vieilleville, en parle en ces termes : « Nous sejournasmes en la ville jusqu'au lundy, en très grande lyesse, qui eust été comble et parfaicte, sans les grandes pitiez que nous veismes au camp du duc d'Albe; qui estoient si hydeuses, qu'il n'y avoit cœur qui ne crevast de douleur, car nous trouvions des soldats par grands trouppeaux, de diverses nations, malades à la mort; qui estoient renversés sur la boue; d'autres, assis sur grosses pierres, ayant les jambes dans les fanges, gelées jusques aux genoux, qu'ils ne pouvoient ravoir, criants *Miséricorde;* et nous priant de les achever de tuer. En quoy M. de Guyse exercea grandement sa charité; car il en fist porter plus de soixante à l'hospital, pour les faire traicter et guérir; et, à son exemple, les princes et seigneurs firent le semblable; si bien qu'il en fust tiré plus de trois cents de cette horrible misère. Mais à la pluspart il failloit coupper les jambes; car elles estoient mortes et gelées [2]. »

On ne saurait trouver, dans Ambroise Paré, des renseignements précis sur la maladie qui venait de décimer ainsi cette puissante armée. En effet, il s'est contenté de nous dire que la peste avait ravagé l'armée impériale, et notre opinion ne pourrait être sérieusement fixée sur le fait par une simple dénomination que les anciens appliquaient à toute affection

---

[1] *Œuv. d'Ambroise Paré, Voyage de Metz*, p. MCCXVII.
[2] *Mémoires de la vie de François de Scépeaux, sire de Vieilleville et comte de Duretal, maréchal de France*, par Vincent Carlois, son secrétaire, t. III, p. 73.

épidémique ou contagieuse, fréquemment suivie de mort. Paré, du reste, après sa visite au camp, avait remis ses blessés entre les mains des chirurgiens de la ville, et pris congé du duc de Guise pour retourner vers le roi, auquel il devait compte de sa mission.

Il faut donc avoir recours aux écrivains étrangers, et nous citerons d'abord la relation d'Andreas Gratiolo, médecin vénitien [1]; puis, celle plus étendue de Mathias Unzer [2], qui paraît avoir fait de nombreux emprunts aux manuscrits des contemporains, entre autres à ceux de Marquardus Freberus, sénateur d'Augsbourg, médecin de l'empereur, et à ceux de Jean Sander, chirurgien dans l'armée impériale.

Si l'on compare entre elles ces différentes descriptions, il devient facile d'établir une symptomatologie assez exacte, qui ne laisse plus de doute sur la nature de la maladie, et que nous pouvons résumer de la manière suivante :

Frisson initial de longue durée, ou vicissitudes de chaud et de froid, suivies d'une fièvre continue, avec ou sans redoublements quotidiens, céphalalgie intense, vomissements bilieux, hémorrhagies nasales, urines rares et rouges, tremblement ou engourdissement des membres, pouls faible et déprimé, prostration extrême des forces, stupeur, surdité, taches pourprées ou livides, sueurs profuses précédant la mort, qui arrivait assez ordinairement du cinquième au septième jour de la maladie.

Chez ceux qui ne succombaient point dans le premier septenaire aux symptômes précédemment cités, il faut ajouter une soif vive, la fétidité de l'haleine, le desséchement ou la noirceur de la langue, un délire sourd, l'altération profonde

---

[1] Gratiolo, *Commentar. de peste*, Venet., 1580.
[2] Math. Unzer, *De lue pestifera*, lib. III, Halæ Saxonum, 1645.

de la face, un aspect général cadavéreux; parfois, de volumineuses parotides; la dyssenterie ou une diarrhée ichoreuse étaient les signes précurseurs de l'agonie.

Dans cet ensemble de phénomènes ataxo-adynamiques, que nos prédécesseurs nommaient symptômes putrides et malins, qui pourrait méconnaître le typhus ou la fièvre des camps des anciens, cette maladie dont l'histoire et la médecine ont fait si souvent mention? Qui pourra nous rappeler les armées qu'elle a dispersées ou détruites, les villes assiégées qu'elle a forcé à capituler, et combien Langius avait raison de dire aux médecins de son temps, qui discutaient de l'origine plus ou moins récente de la maladie, que la fièvre des camps, loin d'être une affection nouvelle, avait fait périr plus de soldats, dans quelques-unes des armées romaines, que le fer de l'ennemi[1]!

Il faut reconnaître que l'armée impériale se trouva devant Metz dans les circonstances les plus propres à produire le typhus : le nombre considérable des troupes, l'encombrement des tentes et des abris qui les protégeaient, l'humidité extrême, enfin, le manque de vivres favorisèrent, autant que possible, son développement et sa propagation.

Le froid, en s'opposant à la dispersion et à l'isolement des malades, devint une source nouvelle de contagion, alors qu'il eût dû en arrêter l'expansion. Les plaies des blessés, qui étaient logés dans des abbayes abandonnées ou des bâtiments en ruine, devinrent gangréneuses, et la maladie prit un développement effroyable. Plus de deux cents soldats mourant chaque jour sous les barraques fangeuses, la désertion ne connut plus de bornes dans cette armée démoralisée. Dix mille hommes

---

[1] Ut fere pluros eo morbo, quàm hostis gladio perierint. (Langii, *Medicin. epistol.*, lib. IV.)

périrent du typhus, et on fit la remarque qu'il exerça surtout ses ravages sur les bandes italiennes et espagnoles; ces hommes du Midi ne pouvant, aussi bien que les lansquenets et les autres troupes allemandes, supporter la rigueur du climat. Les médecins étrangers qui nous ont laissé une esquisse de ce triste tableau, déplorent tous l'inefficacité des médications employées, en même temps qu'ils signalent le manque de vin et la mauvaise qualité des vivres.

Kurt Sprengel, dans un chapitre de son *Histoire de la médecine*, consacré aux principaux observateurs du seizième siècle, avance que Forestus aurait constaté, chez les soldats occupés au siége de Metz, plusieurs cas de catalepsie mortelle : Sprengel ne nous semble pas, en cette circonstance, avoir interprété cet auteur avec sa sagacité ordinaire. Il suffit, en effet, d'un peu d'attention pour reconnaître que le mot de catalepsie n'a été employé par Forestus que comme un terme de comparaison; les sentinelles que l'on a trouvées mortes, debout, la lance à la main, semblables à des individus frappés de catalepsie, n'étaient que des malheureux que le froid avait saisis, engourdis et gelés. Des cas nombreux observés depuis, pendant de rudes hivers et surtout dans la désastreuse campagne de Russie, ne peuvent laisser subsister le moindre doute à cet égard [1].

L'état misérable de l'armée impériale, dont la retraite ressemblait fort à une déroute, ne pouvait qu'exciter la pitié d'un

---

[1] Cum Metim obsiderent milites, in asperrimâ hyeme, nive ac gelu admodum horrido existente, milites passim, tum equites, et potissimum pedites, gelicidio concreti, catalepsi correpti, in excubiis caternatim mane inventi sunt mortui, ut insignis vir Johannes Heuterus, et cognatus uxoris meæ, qui in obsidione aderat, nobis narravit. Omnes isti, catalepsi, ex ingenti frigore contracta, obierunt..... Ita quoque et pedites prope Metim congelati hastas in manibus adhuc tenentes, mortui deprehensi sunt. » (*Foresti oper. omn.*, t. I, p. 463, observ. XLI.)

vainqueur généreux. Aussi, loin de chercher à en anéantir les restes, le duc de Guise envoya au duc d'Albe des bateaux couverts pour transporter ses blessés, et fit entrer, dans les hôpitaux de la ville, plus de trois cents malades abandonnés dans le camp. Il voulut, enfin, donner la sépulture, non-seulement aux cadavres que l'ennemi n'avait pas eu le temps d'ensevelir, mais encore à un nombre bien plus considérable, que la pluie avait découvert, par suite d'une inhumation précipitée et trop peu profonde. La victoire du duc n'en eut que plus d'éclat ; et comme, pendant les longues et cruelles guerres de cette époque, la voix de l'humanité se faisait rarement entendre, sa générosité servit d'exemple pour l'avenir. Un vainqueur se montrait-il généreux envers des vaincus, on disait alors qu'il les avait traités avec *la courtoisie de Metz* : souvenir bien honorable pour le duc et pour la cité!

Immédiatement après la levée du siége, le typhus se manifesta dans la ville, et nous ne saurions préciser exactement comment s'établit la contagion : serait-ce au transport des blessés ennemis dans les hôpitaux, ou bien aux excursions des habitants dans les lieux mêmes où l'épidémie avait pris naissance qu'il faudrait l'attribuer? la question, sur ce point, reste insoluble. Dans la population, du reste, tout concourait à préparer l'invasion d'une épidémie : une abondance extrême de vivres succédait à une alimentation des plus insuffisantes ; la transition était trop brusque pour produire autre chose que des excès. Le duc, en effet, venait d'ordonner de vendre ou de distribuer des approvisionnements qui devaient lui permettre de défendre la place pendant dix mois au moins, grâce à la parcimonie avec laquelle il avait rationné ses troupes ; car, *en la munition du roi sil y avoit merveilleuse provision, elle étoit si expressément gardée que nulle personne n'en pouvoit avoir pour or ni pour argent*[1].

Dans le nombre des causes prédisposantes, il faut encore tenir compte des alertes, des terreurs continuelles, ainsi que des fatigues excessives que les travaux de défense expliquent suffisamment : soldats et citoyens, lieutenants et capitaines, seigneurs et princes portaient tous la hotte ; dames et demoiselles même n'avaient pas reculé, quand il s'était agi d'aider au transport de sacs et de paniers de terre. Le danger croissant en proportion de la vigueur de l'attaque et des brèches faites aux remparts, les Messins, on le sait, avaient résolu de dépaver toutes les rues, afin que les femmes, du haut des maisons, pussent en jeter les pierres à l'ennemi : celles-ci devaient, enfin, au moment suprême et pour éviter le déshonneur, s'ensevelir sous les ruines de leurs maisons incendiées. On comprend que des péripéties aussi cruelles aient ébranlé pour longtemps les organisations, même les plus fortes.

L'encombrement aussi ne tarda pas à se produire dans la ville, quand ceux qui l'avaient quittée, soit par nécessité, soit par peur, commencèrent à y rentrer. Mais la joie du retour fut de courte durée et eut bientôt fait place à un profond désespoir, lorsque la plupart d'entre eux eurent, après quelques heures de séjour, acquis la certitude d'une ruine complète. *Beaucoup de gros et riches bourgeois en quittant la cité avoient caché or, argent, vaisselle et recommandé à leurs servantes et serviteurs. Mais les unes s'enamouroient d'ung soldat, les aultres pilloient le vaissellement, le linge, rompoient les coffres, faisoient leurs appoinctemens avec soldats et gens d'armes, butinoient ensemble, et voilà comment plusieurs riches bourgeois ont été servis et ruinés tandis qu'ils*

---

[1] Hug., *Chron. de Metz*, p. 875.

estoient hors ; pourquoi plusieurs qui estoient pauvres et méschantz sont maintenant enrichis [1].

A ces désordres déjà si graves devaient s'en ajouter de plus fâcheux encore; en effet, immédiatement avant son départ, le duc de Guise avait ordonné une procession solennelle à la suite de laquelle il fit brûler les Bibles luthériennes et les autres livres des hérétiques. Les soldats excités par leur victoire et profitant de l'éloignement de leur chef pour s'abandonner à tous les excès, se mirent à rançonner les habitants, à piller des magasins; des officiers même, méconnaissant leur devoir, enlevèrent des femmes à leurs maris, des religieuses à leurs couvents et l'indiscipline ne connut plus de limites jusqu'au jour où la main ferme et vigoureuse du maréchal de Vieilleville vint rétablir l'ordre et rendre un peu de sécurité aux citoyens consternés.

Les campagnes offraient un tableau non moins affligeant; de Pont-à-Mousson à Thionville, dans tout le val de Metz on ne voyait que maisons, villages incendiés et ruinés; les armées avaient enlevé ou consommé toutes les récoltes et les malheureux habitants, sans nourriture, sans abri, ne pouvaient se défendre contre une épidémie meurtrière. Ce fut surtout en juin et juillet que le typhus ravagea Ancy-sur-Moselle et plusieurs villages voisins [2].

On comprend facilement comment l'épidémie qui s'était développée sous les murs de la ville, rencontrant un ensemble de circonstances aussi favorables, dut s'étendre rapidement et sévir avec violence sur des populations frappées de terreur, épuisées par le besoin et bouleversées par tant de calamités.

Tels furent les principaux désastres qui accompagnèrent ou

---

[1] Hug., *Chron. de Metz*, p. 876.
[2] *Chronique de Jean le Coullon*, d'Ancy. (Extrait de M. Chabert.)

suivirent le siége de Metz : aussi l'histoire impartiale a-t-elle reconnu que, dans l'héroïque défense de leur cité, les Messins partagèrent la gloire du duc de Guise en cimentant de leur sang l'alliance indissoluble qu'ils contractaient avec la France.

Félix Maréchal.

UNE BALLADE MESSINE DU QUINZIÈME SIÈCLE.

Fort inexpérimenté en fait d'œuvres littéraires, et n'ayant jamais pris la plume que dans de rares occasions pour écrire quelques notices sur des sujets restreints d'histoire et d'archéologie, j'éprouve un véritable embarras à occuper convenablement la place qu'on m'a fait l'honneur de m'assigner dans ce recueil. On me pardonnera de la céder à un autre plus digne d'exciter l'attention ; à un vieil écrivain messin, auteur d'une ballade datée et signée, à laquelle cette double circonstance donne un intérêt incontestable. Son style et sa poésie pourront sembler peu harmonieux ; ses pensées et ses images quelquefois vulgaires ; mais il ne faut pas oublier qu'il écrivait il y a plus de quatre siècles, dans un temps où la langue était encore imparfaite, et où les mœurs étaient pleines de rudesse. Cependant, faute de mérite littéraire, si on refuse absolument d'en reconnaître à cette composition, on lui accordera au moins une certaine valeur historique au nom de laquelle il est permis, je crois, de lui faire prendre rang ici.

« Sy après est une balaide que Sr Nicole Louve chlr fy suis
» mer en revenant dou S. Sepulcre l'an xiiij^c et xxviij. »

« Qui en gallye ¹ vuelt entrer
» De bien souffrir et endurer
» Pringnet ² en luy le reconfort
» Dès quil partet du premier port.

» Doingereus ³ estre ny covient
» Sur les viure car il avient
» Que plusseurs fois et tres souuant
» Mangier y fault viure puyant.

» Mal courer ⁴, du sollois ⁵ rotis,
» Maingiez des mahes ⁶ presque poris,
» Vin espee de male saueurs
» Y boinet ⁷ souant les pluseurs.

» Et pour confermer lapétit
» Quant on sont ⁸ à la tauble essie
» Près de là à moins de vi ⁹ piex
» Vient chacun son vantre purgier.

» Pour veriteit vous dy aussy
» Que entendre y fault la mercy
» Du vent maistre de la galie
» San aultre home quj ait signorie.

» Il la laiest ¹⁰ quant il ly plait
» Et quant il vuelt coure ¹¹ la fait
» Patron, coimetre ne paron
» Ne doubtes ¹² ne les esperons.

¹ Vaisseau. — ² Prenne. — ³ Difficile. — ⁴ Couvert. — ⁵ Soleil. — ⁶ Mets.
— ⁷ Boivent. — ⁸ On est. — ⁹ Six pieds. — ¹⁰ Laisse. — ¹¹ Courir. — ¹² Il
ne craint.

UNE BALLADE MESSINE DU QUINZIÈME SIÈCLE. 409

» San menestreit la fait dancier.
» Là vories¹ plusseurs grimachier
» Et tellement houchier leur teste
» Que de leur bouche son² deshoneste.

» Quant sa maistrie³ monstrer vuelt
» Aultre remédier ny puet
» Forque Dieu auquel chescun prie
» Que lez gairde de celle maistrie.

» Chose y ait encor meruileuse
» Tres deplaisant et piteuse
» Que pour vent contraire treffort
» Covient séjorner près d'un port.

» Sy longuement je vous aduertie
» Que viurez faillont en galie⁴
» Et covient par nécessitez
» Prandre terre et à piedz aler.

» Et qui du couchier vuelt sauoir
» A paine y puet nulluy auoir
» Pacience ne bon repoz
» Portant⁵ que dormir fault enclos⁶.

» En lieu où ait tant de puour
» Et vent de sauaige sauour⁷
» Que des condus des homes yssent⁸
» Que tous les cuer en effleblissent.

» De pusse y ait grant quantitez,
» Les pus ny puet nulluy nombrez

---

¹ Là vous verriez. — ² Ils sont. — ³ Sa domination. — ⁴ Que les vivres manquent dans le vaisseau. — ⁵ Parce que. — ⁶ Enfermé. — ⁷ Sauvage saveur. — ⁸ Sortent.

» Qui de mordre ung chacun saforcent
» Quant il dorment ou se reposent.

» Et por conclure en la matier
» Ne sy doit nulluy oblygier
» Cil n'ait en luy condition
» Dont orez[1] desclaracion.

» Sil n'est plein de grande liesse
» Que ces douloirs portey ly faisset[2]
» Ou soit jonne ou desprit petit
» Qui ly fasse mestre en oblit[3].

» Ou, coment[4] escript est sy dessus,
» Que le reconfort ait en luy
» De perilz dongier endurer
» Poines pueurs flareur[5] assez.

» Niant moinx pour finable fin
» Qui à veoir a cuer enclin
» Le sepulcre et la terre sainte
» Aler y doit sen nule fainte.

» Lan iiij^c mil et xxviij[6]
» Fuit ceste rime fayte et conclute
» En galie ou plus de iij^c
» Estiens tous compaignon aidant.

» Maix por vin veudier[7] de boutaile
» De Guilorey ni ot pareille. »

J'ai rencontré, il y a quelques années, cette pièce dans un

---

[1] Vous entendrez. — [2] Qui lui fasse supporter ses douleurs. — [3] Qui lui fasse oublier. — [4] Comme. — [5] Odeurs. — [6] La rime indique qu'on prononçait alors *vingt hute* comme dans le patois moderne. — [7] Vider.

manuscrit de la bibliothèque d'Epinal[1], qui renferme des morceaux détachés en prose et en vers, écrits par diverses mains au quinzième et au seizième siècle. Le volume comprenant 162 folios a reçu une reliure moderne, et il porte au dos le titre fort inexact de *Livre d'heures*.

La réalité du voyage de Nicole Louve à Jérusalem, en 1428, est attestée par plusieurs de nos historiens, entre autres, par l'auteur de la *Chronique de Praillon*. « Le dit an (1428), » écrit-il, le x⁰ jour de décembre seigneur Nicole Louve et » Martin Georges[2] revindrent de Jhérusalem, et apportont » deux pappegays, et y fut fait seigneur Nicole Louve chevalier[3]. »

On pourra être curieux de connaître ce personnage; c'était un des hommes les plus importants de la cité au quinzième siècle. Il mourut en 1461, âgé d'environ soixante-quinze ans[4]; et il est mentionné pour la première fois dans nos chroniques en 1407, sous le nom de Collignon, diminutif de celui de Nicolle qu'il porta plus tard. On nous apprend qu'il était alors *jone fils*, et qu'il suivait à Paris un de ses oncles, chargé d'aller dans cette ville négocier, au nom de la cité, avec le duc d'Orléans[5]. Nicole Louve avait à cette époque environ vingt ans, et il en avait plus de quarante lorsqu'il accomplit, en 1428, son voyage à Jérusalem. Ce n'est guère à cet âge qu'un homme se met pour la première fois à rimer quand il n'écrit dans toute sa vie qu'une pièce de vers. Il est donc probable que l'œuvre poétique de Nicole Louve ne se borne

---

[1] Bibliothèque de la ville d'Epinal; arm. 2, n⁰ 59, f⁰ 89, r⁰.
[2] Martin George, aman de Saint-Simplice, avait eu pour première femme une sœur de Nicole Louve, chevalier. (Généalogie manuscrite des Louve, par M. d'Hannoncelles.)
[3] *Chron. de Praillon*, dans les *Chron. de Metz*, publ. par Huguenin, p. 155.
[4] *Idem*, p. 297.
[5] *Idem*, p. 136.

pas au morceau que nous venons de donner. C'est le seul, il est vrai, auquel soit attaché son nom ; mais, sans parler de ceux qui ont dû se perdre, il peut s'en trouver encore de lui parmi quelques autres de ce temps que nous possédons, et dont nous ne connaissons pas les auteurs. Il y en a plusieurs de ce genre dans le manuscrit d'Epinal auquel celui-ci est emprunté.

La généalogie des Louve, dressée il y a deux siècles par Paul Ferry [1], et complétée depuis par M. le président d'Hannoncelles [2], ne mentionne qu'un seul Nicole Louve ; c'est le personnage qui nous occupe ; il était né vers 1386 et il mourut en 1461. Cette généalogie indique deux degrés seulement au-dessus de lui : son père et son aïeul tous deux nommés Jean ; elle lui donne aussi, sous le même nom, un frère dont les fils moururent sans hoirs. Quant à lui, il eut plusieurs enfants qui ne laissèrent pas non plus de postérité, à l'exception de l'un d'eux, Thiebault, qui eut un fils mort à l'âge de dix ans et trois ou quatre filles, entre autres Perrette qui épousa un Gournay à qui elle porta les grands biens de sa famille dont elle était la dernière héritière.

En rassemblant les éléments de cette notice, j'ai été un instant arrêté par la difficulté de faire concorder, avec les indications précédentes, un document imprimé en 1838 dans la *Revue d'Austrasie* sous le titre de : *Relation d'un voyage de Metz à Jérusalem entrepris en 1395 par quatre chevaliers messins*. Les quatre chevaliers sont nommés à la fin, et l'un d'eux, Nicole Louve, y est déclaré comme étant l'auteur du récit. Or, en 1395, l'unique Nicole Louve connu des généalogistes n'avait que neuf ans et n'était certainement pas encore

---

[1] Elle se trouvait dans la collection Emmery et appartient aujourd'hui à M. d'Attel de Luttange.

[2] Elle fait partie d'un ouvrage important sur l'histoire de Metz, dont la publication est actuellement en cours d'exécution.

chevalier ; il n'était, non plus, guère en âge de faire alors un voyage à Jérusalem, ni surtout d'en écrire la relation. Mais j'ai acquis la certitude que la publication de la *Revue d'Austrasie* ne doit être acceptée qu'avec réserve. Ce n'est pas une œuvre ancienne ; c'est un travail arrangé de nos jours sur la copie faite par M. Huguenin ainé, d'un vieux texte que j'ai vu depuis lors à la bibliothèque d'Epinal [1], et il n'y a rien de semblable, quoiqu'en dise la *Revue,* dans celle de Metz. L'œuvre originale est anonyme, et on n'y trouve pas plus les noms de ceux qui ont fait le voyage que celui de l'écrivain qui l'a raconté.

Pour revenir à l'auteur de la ballade, après avoir été honoré à Jérusalem de la chevalerie [2] qu'on y donnait quelquefois aux pélerins du saint voyage, et que l'illustre auteur des *Martyrs* y a encore reçue de nos jours suivant les anciens usages [3], il revint à Metz, et l'année suivante, nous disent nos chroniques, il se rendit à Rheims pour y assister au sacre du roi Charles VII qui lui conféra de nouveau, à cette occasion, le grade de chevalier [4].

Nicole Louve avait un esprit assez indépendant, à en juger par le rôle qu'il semble avoir joué dans certaines circonstances. Ainsi, lors des troubles religieux et politiques de 1430, à Metz, il paraît s'être prononcé contre la seigneurie, en faveur du parti populaire, sur lequel il eut assez de crédit pour apaiser un jour par sa seule présence une sédition menaçante [5]. En 1444, il fut un des principaux négociateurs de la paix, qui mit fin à la guerre désastreuse soutenue par la cité contre le

---

[1] Biblioth. de la ville d'Epinal ; arm. 2. n° 59, f° 104, r°, à 148, v°.
[2] *Chron. de Praillon* dans les *Chron. de Metz,* publ. par Huguenin, p. 166.
[3] Chateaubriand, *Itinéraire,* 1812, t. III, p. 39.
[4] *Chronique inédite de Jacomin Husson,* à la bibl. impér. à Paris.
[5] *Chron. de Praillon* dans les *Chron. de Metz,* publ. par Huguenin, p. 171, 172, 173.

roi de France et le roi de Sicile. Il était en même temps homme d'exécution, et il s'était signalé dans cette guerre, comme dans d'autres occasions, par plusieurs coups de main conduits avec audace et accomplis avec bonheur[1]. Mais ce qui le distinguait surtout, c'était la sagesse et la prudence dont il était doué. Pendant cinquante ans, la cité n'eut guère de négociations importantes auxquelles il n'ait pris part comme à celle de 1444. En 1430, nous le voyons à Nancy, où il travaille à la paix, entre Metz et la Lorraine; en 1433, à Pont-à-Mousson, où il traite avec le duc René, puis au concile de Basle d'où il rapporte la confirmation des privilèges de la cité par l'empereur. En 1446, nous le trouvons en Flandres près du duc de Bourgogne; en 1447 et en 1450, en France; en 1451, à Luxembourg; en 1452, à Trèves; en 1453, à Nancy, chez le nouveau duc Jean de Calabre.

Longtemps après la mort de Nicole Louve (1479), le roi Louis XI, qui l'avait vu autrefois et qui avait conservé le souvenir de son mérite, s'informait de lui auprès des ambassadeurs de la cité[2]. Cependant, malgré toute la sagacité qui le distinguait, il se laissa grossièrement tromper, dans une circonstance assez curieuse, par une aventurière qui vint en 1436 à Metz, où elle se donna pour la pucelle Jeanne, et où elle osa, dit-on, en appeler au témoignage de Nicole Louve, qui avait vu sept ans auparavant la véritable Jeanne au sacre du roi à Rheims. Nicole Louve attesta qu'il la reconnaissait à plusieurs *enseignes,* et il lui fit présent d'un cheval et d'une paire de houseaux[3].

---

[1] *Chron. de Praillon* dans les *Chron. de Metz,* publ. par Huguenin, pag. 194, 236, 239.
[2] *Chron. de Jean Aubrion* dans les *Chron. de Metz,* publ. par Huguenin, pag. 432.
[3] *Chron. messine* du doyen de Saint-Thiébault.

Nicole Louve était du paraige de Port-Saillis; il était aman et échevin du palais; il avait été une fois maître-échevin en 1408 et avait porté successivement dans sa longue carrière les divers offices de la cité. Il était de plus conseiller et chambellan du roi de France et du duc de Bourgogne[1]; on l'appelait le riche et le sage. L'écusson de ses armes, dessiné dans l'armorial de Jehan Monnez que possède aujourd'hui M. le baron de Cressac, portait de vair aux trois pals de gueule, au chef d'or chargé de deux tourteaux également de gueule. Les tourteaux ou les besans étaient les pièces caractéristiques des armoiries du paraige de Saint-Martin. Ils semblent rappeler ici que la famille de Nicole Louve avait appartenu primitivement, comme d'autres preuves semblent l'établir, à ce paraige, quoique lui-même fût de celui de Port-Saillis.

Je n'épuiserai pas dans cette courte notice la matière que pourrait fournir la biographie du personnage intéressant qui nous occupe. Il avait de grands biens qu'il employait libéralement. Plusieurs des monuments qui ornaient la cité étaient dûs à sa munificence. Les principaux étaient une sorte de chapelle qu'on appelait la Croix-du-Pont-des-Morts, et qu'il avait élevée et dotée aux portes de la ville, sur la rive gauche de la Moselle; et un peu plus loin, un pont construit aussi par lui sur un cours d'eau qui traversait le Ban-Saint-Martin. Ce pont qui, auparavant, était en bois et se nommait le pont Quincoraille, prit dans la suite le nom de pont aux Louves, de deux louves de pierre que Nicole y avait fait sculpter, lorsqu'il l'avait réédifié, probablement pour y attacher par un jeu de mots le souvenir de son nom. La croix[2] et le pont aux Louves

---

[1] *Chron. de Praillon* dans les *Chron. de Metz*, publ. par Huguenin, p. 258.

[2] La croix élevée en 1446-1447 était l'œuvre de maître Henry de Ranconval, qui a construit les étages supérieurs de la tour de Mutte à la cathédrale. (*Chron. de Philippe de Vigneulles* dans les *Chron. de Metz*, publ. par Huguenin, p. 254.)

existaient encore au commencement du siècle dernier, et ils ne furent détruits qu'en 1727, lors de l'établissement du fort outre-Moselle. Un dessin exécuté alors nous en a conservé la figure [1]. Nicole Louve avait fait encore ériger des croix monumentales sur les chemins de Montigny, de Pouilly et de Peltre, et une justice à Sainte-Barbe.

Nicole Louve, mort en 1461, fut enterré aux Célestins de Metz. Il avait épousé Alixette, fille de Hullon d'Epinal, et veuve de Morixat de la Tour [2]. Elle lui avait donné plusieurs fils ; Hugues, l'un d'eux, était mort jeune en 1434, l'année même où il venait d'être reçu chanoine de la cathédrale ; un autre, nommé Jean, ne contracta pas d'alliance ; un troisième, Thiebault, eut plusieurs filles, et un fils unique nommé Collignon comme son aïeul. Cet enfant fut enlevé dès ses jeunes années avec son père et une de ses sœurs par la peste de 1466 [3] ; c'était le dernier mâle de sa branche. A cette époque vivait encore un Wiriat Louve, neveu du vieux Nicole. Il mourut à son tour onze ans plus tard au voyage de Jérusalem [4]. Il ne laissait pas d'enfants ; et avec lui s'éteignit la famille patricienne des Louve [5].

Aug. Prost.

---

[1] Recueil manuscrit de D. Dieudonné, à la bibl. de Metz, tom. I, f° 55.

[2] Généalogie mss. des Louve, par Paul Ferry. (Collection de M. d'Attel de Luttange.)

[3] *Chron. de Praillon* dans les *Chron. de Metz*, publ. par Huguenin, p. 353, 354.

[4] *Idem*, p. 427.

[5] Il ne restait plus de cette famille qu'une femme : Perrette, petite fille du vieux Nicole Louve, épouse de François de Gournay, chevalier.

LA DAME DES ARMOISES.

Au mois de mai de l'année 1436, il se passa aux environs de Metz un fait fort extraordinaire : il y avait alors cinq ans que Jeanne d'Arc était montée sur le bûcher, et Jeanne d'Arc, disait-on, se trouvait à la Grange-aux-Ormes. Une femme à la voix douce, à la chevelure noire, à la figure belle et sereine, à la taille élevée, bien prise, annonçant la force, une femme dont le port, les traits rappelaient la Pucelle, était arrivée dans ce château et y recevait un grand nombre de personnes empressées de la voir. Le 20 mai, les deux frères de la véritable Jeanne d'Arc, Pierre, chevalier, et Petit-Jehan, écuyer, accoururent près de cette femme et la reconnurent pour leur sœur. Le même jour, plusieurs hauts personnages de Metz se rendirent aussi à la Grange-aux-Ormes. Aubert Boulay vint y offrir, à la prétendue libératrice de la France, un chaperon; Nicole Groingnat, une épée; Nicole Louve, des houseaux et un cheval de trente livres. La fausse Jeanne, qui était vêtue en homme, sauta lestement sur le cheval, le mania avec une rare habileté; puis, s'exprimant surtout en paraboles, elle causa longuement avec messire Nicole Louve, et le convainquit qu'il avait réellement devant lui la Pucelle d'Orléans.

L'intrigante qui, mettant à profit une singulière ressemblance, avait osé se charger d'un rôle si difficile, était, à ce qu'il paraît, née au Mans, et se nommait Claude. On croit qu'elle « avoit fait aucune chose dont il convint qu'elle allast au Saint-Père, comme de main mise sur son père ou mère, prestre ou clerc, violentement. » Quoi qu'il en soit, encore fort jeune, elle avait passé les monts et servi, en qualité de *souldoyer,* le pape Eugène IV. Ce fut à son retour d'Italie, que Claude eut la hardiesse de se donner pour Jeanne d'Arc, et la Grange-aux-Ormes semble avoir été le premier théâtre de ses impostures.

En quittant cette résidence, la prétendue Jeanne alla passer les fêtes de la Pentecôte à Maréville, où elle resta environ trois semaines, occupée à recevoir les hommages et les présents de plusieurs habitants de Metz. Elle se rendit ensuite à *Notre-Dame-de-Liesse,* puis vint habiter Arlon. Dans cette ville, on la vit fréquemment aux côtés de la duchesse de Luxembourg, qui semblait avoir pour elle la plus grande amitié, et elle inspira encore un vif attachement à Ulrich de Wurtemberg. Celui-ci lui fit cadeau d'une très-belle cuirasse, et, au bout de quelque temps, la conduisit à Cologne.

Là, l'aventurière mena une vie plus digne de l'héroïne de Voltaire que de la vierge de Domremy. Immodestement habillée comme un soudard, dansant avec des hommes d'armes, leur tenant tête le verre en main, Claude scandalisa toute la ville par sa conduite. Cela ne l'empêchait pas de prétendre qu'elle pourrait, à son gré, donner la victoire à Rabau de Helmstadt ou à Jacques de Sierck, lesquels se disputaient alors l'archevêché de Trèves; qu'il lui suffirait de se prononcer en faveur de l'un ou de l'autre des deux prétendants, pour renouveler les miracles dont en France on avait naguère été témoin. Malheureusement, la fausse Jeanne fut obligée de quitter Cologne avant d'avoir pu se déclarer. Un jour, devant Ulrich de Wurtemberg et en présence de plusieurs chevaliers, elle accomplit divers prodiges, qui semblèrent devoir nécessiter la participation du mauvais esprit : elle déchira une serviette, et, sous les yeux des spectateurs, la rendit sur-le-champ à son premier état; elle brisa une vître contre un mur, et, dans le même instant, la montra intacte. Au bruit de ces sorcelleries, l'inquisition s'émut; et Claude, dont la liberté était menacée, se hâta de prendre la fuite.

Le dominicain Jean Nieder, qui donne ces détails dans son livre intitulé : *Formicarium de maleficis et eorum deceptionibus,* ajoute que l'aventurière revint en France, où elle se maria avec un chevalier, et qu'ensuite elle se rendit à Metz, en compagnie d'un mauvais prêtre adonné à la magie. Ces dernières particularités ne s'accordent point entièrement avec les autres documents que M. J. Quicherat a réunis dans son patient travail sur Jeanne d'Arc [1], documents dont je vais continuer l'analyse, et auxquels je dois de pouvoir écrire cette notice.

Au mois d'octobre 1436, Claude était de retour à Arlon, c'est ce que prouve un extrait des comptes de la ville d'Orléans. Cet extrait est curieux, car il démontre que la prétendue Jeanne entretenait des relations, non-seulement avec la cité sauvée par la Pucelle, mais encore avec Charles VII. « A Cueur de Lils, le XVIIIe jour d'octobre MCCCCXXXVI, pour un voyage qu'il a fait pour ladite ville par devant la Pucelle, laquelle estoit à Arlon en la duchié de Lucembourg, et pour porter les lettres qu'il apporta de la dicte Jehanne la Pucelle à Loiches, par devers le roy qui là estoit, ouquel voyage il

---

[1] *Procès de condamnation et de réhabilitation de Jeanne d'Arc,* publié par la Société de l'*Histoire de France.*

a vacqué XLI jours, c'est assavoir XXXIV jours ou voyage de la Pucelle et sept jours à aler devers le roy. Et partit ledit Cueur de Lils pour aler devers la dicte Pucelle le mardi dernier jour de juillet et retourna le IIe jour de septembre ensuivant. Pour tout ce 6 livres. »

Ce fut à Arlon que, d'après la chronique du doyen de Saint-Thiébault, messire Robert des Armoises épousa Claude, comme étant la véritable Jeanne d'Arc. Il l'emmena ensuite à Metz, où tous deux demeurèrent sur la place des Maréchaux. La tradition a désigné comme ayant été leur maison, une construction à arcades démolie récemment, et qui, en réalité, appartenait à une époque postérieure au quinzième siècle. Le mariage de Robert des Armoises et de Claude eut lieu avant le 7 novembre 1436. On a, en date de ce jour, un contrat de vente du quart de la seigneurie de Haraucourt, vente faite par Robert des Armoises et *Jeanne du Lys, la Pucelle de France,* sa femme. Il ne paraît pas, du reste, que l'imposture de Claude ait excité de soupçons dans les premières années qui suivirent son mariage. En 1439, la dame des Armoises se rendit à Orléans et y fut grassement hébergée. On trouve, dans les comptes de cette ville, la trace de ce voyage : « A Jacques Leprestre, le 18e jour de juillet, pour dix pintes et chopines de vin présentées à ma dite Jehanne, pour ce 14 sous P.— A Jehanne d'Armoises pour don à elle fait le 1er jour d'aoust, par déliberation faite par le conseil de la ville durant le siege, pour ce 210 l. P. »

Dans cette même année 1439, la fausse Jeanne fit la guerre dans l'Anjou et le Poitou. Ce fut encore à cette époque que l'audacieuse intrigante sollicita des secours du roi de Castille. Je traduirai tout-à-l'heure un passage de la chronique de don Alvar de Lima, qui ne peut laisser des doutes à cet égard, seulement l'auteur semble avoir fait une erreur de date en plaçant cet incident en 1436. Le roi de Castille était à Valladolid lorsque des envoyés le vinrent trouver au nom de la dame des Armoises et lui remirent une lettre de celle-ci. « Le connétable (don Alvar de Lima) montrait la signature de cette lettre à tous les grands de la cour. Très-valeureux lui-même, il aimait ceux qui l'étaient aussi, et à cause de cela avait une grande affection pour la Pucelle. Le connétable qui par l'ordre du roi, son seigneur, et conjointement avec lui gouvernait le royaume de Castille travailla beaucoup et décida avec le roi que l'on enverrait une armée telle que la Pucelle et le roi de France pussent être bien secourus..... » Cette armée se composa de vingt-cinq vaisseaux et de quinze petits bâtiments, et ce fut grâce à ce secours que, suivant le chroniqueur espagnol, la dame des Armoises s'empara de la Rochelle. M. Quicherat pense que l'historien de don Alvar se trompe peut-être sur le nom de la ville, mais ne voit point de motifs pour rejeter les faits principaux contenus dans le récit en question. Il y a, d'ailleurs, dans l'histoire de la Rochelle, une grande lacune, et dans cette lacune est justement comprise l'époque où la perte et la reprise de cette ville ont pu avoir lieu.

Remarquons-le: les campagnes de la fausse Jeanne d'Arc dans l'ouest de la France, campagnes aujourd'hui si peu connues, paraissent avoir laissé des souvenirs que la légende a mêlés aux actions propres à la véritable Jeanne d'Arc. Ainsi, une chronique imprimée dans les *Preuves de l'Histoire de Lorraine,* et publiée de nouveau par la *Revue de Metz,* nous montre la Pucelle combattant sur les bords de la Loire : « La Pucelle ayant un jour reposé dit : *Or que chascun s'appreste, en guerre nous faut aller.* Tout aussitost l'armée s'en fut le long de la rivière de Loire et les Anglois qui estoient trouvés furent pris ou tués......... » Les ouvrages du moyen-âge, qui semblent les moins véridiques, ont presque toujours un fondement réel : ce qui, dans la chronique que je viens de citer, paraît d'abord une absurde invraisemblance, s'explique par les entreprises de la dame des Armoises, entreprises attribuées à la Pucelle d'Orléans. C'est probablement de la fausse Jeanne qu'il s'agit dans un voyage écrit, en 1465, par les secrétaires de Léon de Rosmital, grand-juge de Bohême. Dans ce livre, il est dit, à propos de Blaye, que cette ville tomba au pouvoir d'une femme inspirée. Blaye fut reprise par Dunois en 1451 ; mais on peut penser que les écrivains bohêmes confondirent cette ville avec une autre place dont Claude s'était emparée.

En 1440, la dame des Armoises vint à Paris. Alors se passa une scène assez bizarre qu'a racontée Pierre Sala. Charles VII, ayant connaissance de l'arrivée de l'aventurière, ordonna qu'elle lui fût amenée; et, pour s'assurer qu'il n'était pas la dupe d'une intrigante, il employa le stratagème dont il avait jadis usé à l'égard de la Pucelle. Un seigneur fut chargé de jouer le rôle du roi; mais la dame des Armoises le repoussa et vint droit à Charles, qui se tenait à l'écart et fut fort *esbahi*. Sala prétend que, dans ce moment, le roi, blessé à un pied, portait une botte fauve, que la dame des Armoises le savait, et que, sur cet indice, elle reconnut Charles VII. Il paraît, du reste, qu'elle ne put soutenir son personnage; quelques questions la troublèrent, et elle finit par se jeter à genoux en criant : « Merci ! »

Ce fut, sans doute, à la suite de cette entrevue, que Claude eut à paraître devant l'Université et le Parlement, et que, comme le raconte le *Journal de Paris* : « Elle fut montrée au peuple, au palais sur la pierre de marbre en la grant cour et là fut presché et toute sa vie et tout son estat. »

On ne sait pas, d'une manière positive, ce que devint la dame des Armoises. Si l'on en croit Antoine Dufaur, qui écrivait sous Louis XII, la fausse Jeanne finit par mener la vie la plus souillée et par tomber sous la honteuse domination du roi des ribauds.

N'est-ce pas une bizarre existence que celle de cette femme, et ce chapitre anecdotique de l'histoire du quinzième siècle n'est-il pas fort singulier? Nous sommes loin du temps où Commines disait : « Une partie du monde ne scait pas comment l'autre vit et se gouverne. » La vapeur, le télégraphe électrique ont réalisé les merveilleux rêves de la féerie; il n'y a plus de distance; nous savons à l'instant ce qui se passe d'un bout à l'autre de la France..... Nous avons de la peine à nous expliquer qu'il ait régné de l'incertitude sur la mort de la Pucelle, à comprendre qu'une aventurière ait pu profiter de ce doute, tromper d'illustres personnages, épouser, sous un nom qui ne lui appartenait pas, un chevalier de haut lignage, mettre à contribution la reconnaissance des Orléanais, obtenir des secours du roi de Castille, guerroyer assez brillamment à ce qu'il paraît.... avec quelles troupes, d'après quels ordres?... Et tout cela, sans que personne se soit occupé sérieusement de connaître la vérité, sans que Charles VII ait, sur-le-champ, pensé à découvrir s'il s'agissait de cette Jeanne à qui il devait la couronne, sans que cette aventurière ait été récompensée de ses succès ou punie de son imposture, sans qu'elle ait laissé dans l'histoire plus de traces de sa vie, dont, comme on l'a vu, tant de points sont restés dans une mystérieuse obscurité.

Th. de Puymaigre.

POÉSIES.

A ÉDOUARD.

Si tu rencontres sur tes pas
Une femme belle, mais fière
Dont les regards sans embarras
Ne redoutent point la lumière,
Ton œil à ses traits attaché
L'admire ; tu dis : « elle est belle »
Et tu poursuis sans que pour elle
Ton cœur ait un instant penché ;
Il reste à ses amours fidelle.
Mais qu'une vierge aux yeux baissés,
Point brillante, jolie à peine
A ta poursuite qui la gêne
Se dérobe à pas empressés,
Jusque sous l'aile de sa mère
Tu veux pénétrer ce mystère,
Présage des plus doux attraits.
Ce voile jaloux, ces alarmes
A tes yeux lui prêtent des charmes

Que peut-être n'ont pas ses traits.
Ainsi ma muse inaperçue
Se glisse, échappant à la vue
De ses amis les plus discrets.
Elle aime l'ombre et le mystère ;
La forêt la plus solitaire
Lui prête des asiles verts,
Et le soir, à peine la brise
Surprend quelque note indécise
De ses voluptueux concerts.
Imprudent ! j'écarte ce voile
Qui fait son charme le plus sûr ;
Mais je la confie à l'étoile
Qui sur nous veille dans l'azur.
Sois indulgent à sa jeunesse ;
Tu peux lever le voile ami
Qui dérobe au jour sa faiblesse ;
Mais, si ce vif éclat la blesse,
Ne le soulève qu'à demi.
Vois, dans ces pages fugitives,
De mes émotions naïves
Le tableau changeant et divers :
De tant de promesses trompeuses,
De tant d'illusions pompeuses
Que m'est-il resté ? quelques vers.
Plus d'une belle voyageuse
Que je n'ai vue, hélas ! qu'un jour,
A laissé des hymnes d'amour
A ma lyre obscure et rêveuse ;
J'ai crayonné bien des portraits
Dont je retrouve encor des traits ;
Séduit par une vive flamme

J'ai suivi bien des feux follets.....
L'histoire entière de mon âme
Est écrite dans ces feuillets.

AU SOMMEIL.

Sommeil, viens, ô Sommeil, toi dont la main délivre
Des maux de chaque jour, et nous décide à vivre.
J'abandonne mes yeux à tes voiles épais ;
De fantômes errants ne trouble point ma paix ;
Epargne à mon repos la fatigue des songes ;
Le soleil, sans les tiens, compte assez de mensonges,
Et tandis que la mort vient à pas de géant,
Abreuve-moi d'oubli, Sommeil, et de néant.

ÉLÉGIE.

D'épais rideaux voilez cette croisée ;
Que la lumière y soit par eux brisée ;
Le jour me tue ; hélas ! mes tristes yeux
Ont au soleil fait leurs derniers adieux.
La nuit est lente, et lente la journée
D'objets de mort sans cesse environnée.
Amer breuvage, inutile poison,
Qu'on m'a versé pour tromper ma raison,
Je ne crois pas à ta vertu magique.

Je sens, je sens une main léthargique
Tomber sur moi, mes yeux s'appesantir,
Et le beffroi sourdement retentir.
Dans ce tiroir une clef soupçonneuse
Renferme encore ma vie humble et rêveuse ;
Je veux l'ouvrir ; allumez un flambeau......
Je veux, penché sur le bord du tombeau,
Relire encore et livrer à la flamme
Vers et chansons où j'ai laissé mon âme :
Ils trahiraient le secret de mon cœur.
Et puis, peut-être, avec un ris moqueur,
La raillerie irait troubler ma muse
En son cercueil innocente et confuse.
Jeune Espérance aux célestes pinceaux,
Ta main légère animait ces tableaux !
Désirs, projets, séduisantes pensées,
Illusions tour à tour encensées,
Vœux comprimés, larmes, transports jaloux,
Voyez enfin ce qu'il reste de vous :
Quelques feuillets, à peine un peu de cendre.
A ce néant je vais bientôt descendre,
Et rien de moi, rien ne sera sauvé.
Pas un cœur tendre où mon nom soit gravé ;
Pas un seul chant où revive mon âme
Et qui s'attache à des lèvres de femme,
Comme ces airs monotones et doux
Que notre oreille a gardés malgré nous.
J'ai donc vécu, pauvre abeille inféconde
Du grand rucher qu'on appelle le monde,
Composant seul mes rayons indigents,
Sans que du ciel les regards indulgents,
. . . .

Sans que les pleurs que verse la rosée,
Aient à mes vers prêté cette saveur,
Qui du passant attire la faveur !
Mon peu de miel est altéré d'écume,
Et, de mes jours accusant l'amertume,
Trahit les fleurs où j'ai fait mon butin.
Où je rêvais et la menthe et le thym,
Les lourds pavots, la noire jusquiame,
De leurs poisons ont aigri mon dictame,
Et j'ai mêlé l'absinthe et le napel
Au suc des fleurs qui me venaient du ciel !
Hélas ! ce n'est qu'à la ruche commune
Qu'une funeste et maligne fortune
Perd de son fiel la secrète vapeur,
Et s'adoucit par le commun labeur :
Mais qu'une abeille isolée et farouche
Dépose au creux de quelque vieille souche
Son miel naissant bien imparfait encor,
Nul n'y viendra dérober son trésor,
A moins qu'un jour, le chasseur hors d'haleine,
Fuyant les feux qui dévorent la plaine,
Ne l'aperçoive, et pour tromper sa faim
Ne le ravisse à l'arbre du chemin.

A *****.

Quoi ! dans la sainte basilique
Où vous fléchissez les genoux,

Et dont l'orgue mélancolique
Vous invite à prier pour nous,
Au jour qui tombe des ogives
Et dont les jeux irréguliers
Repoussent les ombres massives
Des bas-côtés et des piliers,
Jamais, flattant votre pensée,
Même en présence de l'autel,
Mon image ne s'est glissée
Aux pages de votre missel!

Quoi! près d'une tombe nouvelle,
Dans les pleurs du dernier adieu,
Devant ce néant qui révèle
La distance entre l'homme et Dieu,
A cette heure où notre impuissance
S'alimente d'un vain regret,
Où l'éternité de l'absence,
Comme un spectre nous apparaît,
Présageant de longues journées
D'isolement et d'abandon,
Vos craintes, sur moi détournées,
N'ont jamais murmuré mon nom!

Quoi! l'été, quand la jalousie
S'entr'ouvre aux parfums de la nuit,
Que tout est charme et poésie
Dans votre mystique réduit,
Quand vous priez près de l'alcôve,
Où le sommeil est bien venu,
Sur ce tapis de bête fauve
Que caresse votre pied nu,

Jamais, tout chargés d'un feu sombre,
Vos beaux yeux, fermés à demi,
N'ont vu se dessiner dans l'ombre
Le fantôme de votre ami !

Ne prier pas pour ce qu'on aime,
C'est de tous ses vœux l'exiler ;
C'est le repousser du ciel même,
Où l'on espère seule aller ;
C'est, trop oublieuse hirondelle,
Prendre un essor que Dieu bénit,
Laissant son compagnon fidelle
Languir seul au terrestre nid ;
C'est, pour la saison rigoureuse,
En secret bâtir ou semer ;
C'est rêver une absence heureuse ;
C'est... haïr, ce n'est pas aimer !

Feu Ad. Rolland.

DES DEUX ÉTATS LATENT ET RAYONNANT

DE L'AME HUMAINE.

Le magnétisme que l'on appelle assez improprement animal, pour le distinguer du magnétisme minéral, est sur le point de prendre place à côté de ce dernier, en passant à l'état de science, malgré les fins de non-recevoir des académies, qui se sont obstinées jusqu'aujourd'hui à mettre en doute sa réalité, mais qu'elles vont être, enfin, heureuses d'accueillir et d'invoquer pour expliquer les phénomènes nouveaux des tables tournantes et frappantes, des boîtes écrivantes et prophétisantes, et pour n'être pas obligées de chercher cette explication dans un ordre d'idées bien moins académiques encore que le magnétisme.

Beaucoup de ceux, en effet, qui riaient hier encore du magnétisme, n'hésitent pas aujourd'hui à étendre son empire à ces phénomènes nouveaux, et à lui emprunter des armes pour combattre ceux qui les attribuent à l'intervention de causes surnaturelles.

Il reste encore une troisième classe d'hommes qui tranchent la difficulté, en regardant causes surnaturelles, magnétisme, tables tournantes, comme une égale mystification. En vain leur fait-on observer que ces derniers phénomènes particulièrement courent les rues de toutes les capitales du monde civilisé; qu'ils remplissent non-seulement l'Europe, mais les deux mondes; qu'aux États-Unis, surtout, ils se produisent à l'état d'épidémie morale, et que douze grands journaux quotidiens s'occupent exclusivement d'en rechercher les causes et d'en enregistrer les résultats; en vain on leur dit qu'il répugne bien plus à la raison de croire à une mystification européenne qu'à ces faits tout étranges qu'ils apparaissent au premier abord; en vain on leur conseille, s'ils n'en veulent pas croire leurs yeux, de faire alors l'épreuve de leurs mains, et de juger si leurs muscles sont pour la moindre chose dans la production de ces phénomènes. Non, ils ne veulent pas essayer; ils n'ajouteraient pas plus de foi au témoignage du toucher qu'au sens de la vue. Il leur suffit du témoignage de deux hommes pour en condamner un autre à mort; mais cinq cent mille témoins ne suffisent plus pour faire changer de manière de voir à leur esprit paresseux, routinier, ossifié! Il n'y a, évidemment, pas à traiter davantage la question de jonglerie avec de tels esprits, qui récusent les premières bases du raisonnement, et nous nous en sommes déjà beaucoup trop longtemps occupé.

Le débat sérieux reste donc uniquement entre ceux qui attribuent ces faits publics, officiels, européens, à une force inconnue de la nature ou à une cause surnaturelle.

Or, sans nier la réalité de l'ordre surnaturel, et d'un surnaturalisme bon et mauvais, se manifestant par les miracles ou la magie, nous reconnaissons, entre l'ordre naturel et le surnaturel, une troisième classe intermédiaire de faits, qui ne se produisent que dans certaines conditions organiques et morales exceptionnelles, et que nous attribuons à des forces naturelles, mais extraordinaires et anormales. C'est à l'analyse de ces forces occultes de la nature que nous allons consacrer les quelques pages qui suivent.

Les fluides impondérables, qui sont la vie de la nature extérieure, le ressort universel du mouvement, sont de même la vie du corps humain, les organes immédiats de l'esprit pour agir sur la matière.

Ces fluides, dont quelques physiciens ont mis en doute la matérialité, à cause de leur impondérabilité, constituent ce que saint Paul appelle le *corps spirituel,* aussi distinct du *corps animal* que de l'esprit, et ayant d'un autre côté, avec l'un et l'autre, d'égales similitudes, qui en font un agent médiateur entre ces deux termes extrêmes.

Nous n'avons pas à nous occuper des similitudes des fluides impondérables avec la matière, qui ont porté le plus grand nombre des savants modernes, le vieux saint Paul à leur tête, à les ranger dans la classe des corps; il n'importe à notre sujet que d'établir celles qui existent entre ces fluides et les facultés de l'esprit.

Le calorique, la lumière et l'électro-magnétisme, qui sont les trois grands fluides impondérables auxquels sont réductibles tous les autres, ont, avec les trois grandes facultés de l'âme, l'amour, l'intelligence et la volonté, des analogies tellement rigoureuses, tellement irrécusables, qu'elles se sont imprimées dans toutes les langues.

Dans toutes les langues on dit : *le feu, la chaleur* de l'amour, *l'expansion* de l'amour, de l'amitié, *la tiédeur, le refroidissement* de l'amour.

Dans toutes les langues on dit : *la lumière* de l'intelligence, *la lucidité, l'éclat* de l'intelligence, *les lueurs, l'obscurcissement* de l'intelligence.

Partout, dans tous les temps, le génie des peuples a emprunté les propriétés sensibles de la chaleur et de la lumière pour exprimer les diverses manières d'être de l'amour et de l'intelligence.

Ces analogies sont consacrées par la révélation : *Je suis venu,* dit Jésus-Christ, *apporter le feu sur la terre* (le feu de la charité); *je désire qu'il s'allume dans tous les cœurs. Je suis,* dit ailleurs le Verbe divin, *la lumière du monde; etc.* Les Écritures sont pleines de semblables expressions.

Quant à l'analogie de la volonté et de l'électricité, elle n'est consacrée ni par les langues ni par l'Évangile, par la raison que l'électricité est une découverte toute moderne. Mais la science a constaté elle-même cette analogie, en déterminant, par l'étincelle électrique, les mêmes contractions musculaires sur des corps récemment morts, que la volonté le fait sur les corps vivants.

Loin de nous la pensée d'abuser de ces analogies et d'en tirer la conclusion matérialiste que l'amour ne soit, dans son essence, que du feu, l'intelligence, un rayon emprunté au soleil, et que la volonté soit réductible à une décharge de la pile. Mais ce que nous pouvons conclure de ces analogies, sans compromettre notre orthodoxie spiritualiste, c'est l'existence de fluides spirituels, de fluides servant du moins d'organes immédiats à l'esprit, et ayant une base commune avec les fluides de la nature extérieure qui meuvent et vivifient l'univers.

La seule variété qui distingue ces deux sortes de fluides, c'est qu'ils se produisent dans l'homme, à l'état organique, et, dans le monde, à l'état brut, inorganique, inanimé. Le feu, la lumière, l'électricité, appropriés à l'organisation humaine, assimilés à l'esprit, sont eux-mêmes organisés, spiritualisés; ce qui communique à ces fluides spirituels, un degré de sublimité aussi supérieur à celui des fluides ignés, que ceux-ci sont supérieurs aux fluides aériformes, ces gaz aux liquides, les liquides aux solides, etc.

L'identité des forces qui animent l'homme et le monde bien établie, il nous reste à constater les deux états essentiels sous lesquels se produisent les fluides ignés, et que leur identité avec les fluides spirituels rend applicables à ces derniers. Ces deux manières d'être très-distinctes des fluides impondérables, dans leurs relations avec les corps, ont reçu, de la science, la dénomination d'état latent ou de combinaison de ces fluides avec la matière, et d'état rayonnant ou de liberté.

C'est cet état de rayonnement des organes fluides de l'esprit, leur état de liberté, pour nous servir de l'expression plus heureuse encore de la physique, qui nous fournit, des phénomènes de seconde vue, de somnambulisme et des autres faits excentriques du même ordre, une explication aussi positive, aussi claire, que ces phénomènes sont eux-mêmes fantastiques et mystérieux.

Dans l'état normal, ordinaire de la vie humaine, les fluides spirituels, nerveux, vitaux, ou, comme les appelaient l'ancienne physique, les *esprits animaux,* restent combinés avec le corps qu'ils vivifient, ne dépassent pas sa sphère d'activité, s'y produisent, en un mot, sous forme latente.

Quand, au contraire, une vive passion, une énergique réaction de la volonté, où, comme dans la magnétisation, la réunion des forces de deux individus, épanchant ces fluides, les fait passer à l'état rayonnant, alors traversant l'enveloppe corporelle, comme la lumière traverse les corps diaphanes, ou comme le calorique pénètre les corps les plus denses, ces fluides, s'élançant dans l'espace, mettent l'esprit en communication immédiate avec le monde extérieur ; ils pénètrent les corps étrangers, comme ils ont traversé le corps où ils restaient emprisonnés, et avec lequel les communications habituelles de l'âme sont dès-lors suspendues. De là, les phénomènes sympathiques de l'amour entre deux êtres, séparés même par les plus grandes distances, ceux de seconde vue de l'intelligence, sans l'intermédiaire des yeux, ou les mouvements imprimés par l'électricité volontaire aux corps extérieurs, sans l'intermédiaire des muscles, tels que la déviation de l'aiguille aimantée, constatée pour la première fois par Humboldt, les mouvements rotatoires des tables, etc.

Ces phénomènes si extraordinaires, sont cependant l'effet tout naturel du passage des fluides vitaux de l'état latent à l'état rayonnant ou de liberté. Il est parfaitement naturel, quoique extraordinaire, que deux âmes, épanchées l'une dans l'autre par l'amour, surprennent leurs plus secrets désirs, échangent leurs plus intimes pensées sans se parler, puisque l'analogue physique de l'amour, le feu, pénètre l'airain jusque dans ses dernières molécules.

Il est parfaitement naturel, quoique extraordinaire, que la lumière spirituelle, épanchée hors de la sphère d'activité corporelle et passant à l'état rayonnant, produise, sans le secours des yeux, la vision immédiate et instantanée des objets les plus éloignés, puisque la lumière du soleil, beaucoup plus grossière que celle de l'esprit, parcourt soixante-dix mille lieues en une seconde.

Il est aussi naturel que l'électricité volontaire, projetée hors du corps humain, puisse mouvoir des corps étrangers sans l'intermédiaire des muscles, qu'il lui est facile de mouvoir ces muscles mêmes. Car, si les corps étrangers ne sont pas organisés comme le corps humain pour obéir à son impulsion, d'un autre côté, l'électricité est une force souveraine, dont

Galvani a établi, d'une part, l'analogie avec le fluide volontaire, et dont Francklin a constaté, d'autre part, l'identité avec la foudre.

Une certaine classe de savants est disposée à se moquer des prières du peuple pour le beau temps ! Mais je crains bien qu'en cette circonstance, comme en plus d'une autre encore, l'humble peuple n'en *sache plus long* que ses orgueilleux maîtres. Peut-être suffira-t-il, pour faire accepter à ces derniers *cette superstition populaire,* de la leur traduire en un langage à la mode.

Une chaîne électro-volontaire, formée par quelques personnes, détermine la rotation d'une table; il faut bien le reconnaître : c'est là désormais un fait acquis. Or, que se passe-t-il dans un temple? une chaîne analogue, formée par plusieurs milliers de volontés, qui toutes s'épanchent et s'harmonient dans un même chant; et l'*amen* populaire, association de ces volontés à l'imposition des mains du prêtre qui leur sert de *medium,* cet *amen* puissant, cet *amen* rival de la foudre, est de nature, non-seulement à en conjurer les explosions, mais à s'emparer de cet agent universel, le maîtriser, le gouverner, pour déterminer, selon les besoins des peuples, des modifications de l'atmosphère, le condenser en pluie sur les moissons altérées, ou favoriser, en mettant en fuite les nuages amoncelés, la fécondante chaleur des rayons du soleil.

Et je n'ai parlé encore que de la force toute humaine, de l'action toute physique de la prière; il reste la réaction surnaturelle qu'elle provoque invinciblement, réaction bien plus puissante encore que l'action.

Quand donc nos académies se montrent tant préoccupées des moyens de diriger cette immense puissance de l'électricité, elles ne s'aperçoivent pas plus que le Bourgeois gentilhomme, qui faisait de la prose sans le savoir, que le peuple a résolu depuis longtemps ce royal problème de la science.

D'autres personnes, faisant assez bon marché de l'incrédulité académique, croient ne pouvoir, d'un autre côté, expliquer ces phénomènes de seconde vue ou d'action immédiate de la volonté sur la matière que par l'intervention des esprits.

Mais l'homme, dans l'état magnétique, ou, pour me servir d'une expression à la fois plus générale et plus précise, l'âme, dans l'état rayonnant de ses fluides, n'est rien autre chose qu'un esprit, si ce n'est que les liens du corps, dont l'âme est momentanément affranchie dans cet état de liberté, sont rompus par la mort d'une manière définitive. L'âme, dans cet état, peut donc voir comme un esprit, et prévoir un certain avenir renfermé dans des causes actuelles qu'elle pénètre de sa vision; elle peut exercer le même magisme, la même puissance de volonté sur la matière qu'un esprit.

Mais, dit-on, que la volonté dispose d'une certaine force électrique capable de déterminer des mouvements dans les corps extérieurs, comme sur le corps habituellement soumis à son action, soit; mais, quand une table ne se contente pas de tourner, quand elle manifeste des faits intelligents, il y a là autre chose que des forces physiques en jeu, ces phénomènes intelligents ne peuvent être que le résultat de l'intervention d'un esprit? Sans aucun doute, il y a l'intervention d'un esprit; mais, encore un coup, cet esprit est celui de l'homme; nous n'en avons pas besoin d'un autre pour expliquer ces faits, si l'on se rappelle la distinction que nous avons faite des deux états organique et inorganique des fluides impondérables. Si l'électricité inorganique de la nature extérieure ne peut produire que des mouvements tout physiques, l'électricité vitale, organique, spirituelle de la volonté peut déterminer, dans les corps extérieurs, des mouvements aussi intelligents que ceux qu'elle imprime au corps humain.

Enfin, réplique-t-on, si ces mouvements répondaient toujours à des pensées présentes à l'esprit de l'expérimentateur, on pourrait admettre une réflexion de sa pensée dans ces mouvements; mais il n'en est pas toujours ainsi. Les tables ou tablettes, expriment souvent des pensées étrangères à leur magnétiseur, des prévisions d'un avenir qui leur est caché, une connaissance d'objets éloignés que leurs yeux ne peuvent atteindre.

J'accorde au besoin tous ces faits et les explique par l'état de rayonnement de l'âme qui lui suscite des pensées supérieures à celles qu'elle a dans son état latent qui est, comparativement à l'autre, un état d'obscurité et d'ignorance. Or, il est à remarquer qu'il y a entre ces deux états très-distincts de l'âme une solution de continuité qui fait que nous n'avons pas conscience de toutes les pensées de notre esprit dans son état d'irradiation et que les plus hautes restent perdues pour nous. Cela nous est prouvé par la perte totale du souvenir des somnambules, à leur retour à la vie ordinaire, des idées quelles ont exprimées pendant leur crise. Cette solution de continuité se produit même parfois durant la crise où quelques somnambules regardent, comme un être étranger, l'esprit qui voit en elle, et n'en parlent qu'à la troisième personne.

La distinction des deux natures organique et inorganique des fluides impondérables, celle des deux états latent et rayonnant des fluides spirituels comme des fluides inorganiques, enfin la solution de continuité entre ces deux états, nous paraissent donc suffire à expliquer, dans de certaines limites, la plupart des faits magnétiques et autres phénomènes qui s'y rattachent sans avoir recours à l'intervention de forces surnaturelles.

Quelques philosophes allemands, au lieu d'admettre la dualité du corps animal et du corps spirituel, ont reconnu dans l'homme une dualité spirituelle, l'âme raisonnable et l'esprit pur. L'esprit et l'âme ne sont pas, selon nous, deux substances différentes, encore moins deux personnes, mais la même force à deux états différents, le même moi, la même âme, le même esprit servi dans l'état latent par des organes de chair et de sang et, dans l'état rayonnant, par des organes transcendants de lumière.

A ces deux états latent et rayonnant correspondent également les deux facultés de l'intelligence, la raison et la foi. La foi est un état de rayonnement de l'esprit produit humainement par l'expansion de la charité et par les renoncements de l'humilité; est une seconde vue voilée, une vision obscure de Dieu et du monde spirituel, vision qui peut devenir, dès cette vie, plus ou moins lucide, selon l'énergie de la charité et les degrés de la sainteté. Il n'y a donc entre la foi et la vision béatifique qu'une différence de degrés, tandis qu'entre la foi et la raison il y a une différence d'état aussi capitale que celle qui sépare la vue ordinaire de la seconde vue; ce qui n'empêche pas qu'entre les résultats de la vraie foi et de la raison véritable il n'y ait équation.

Cet état de rayonnement de l'esprit est naturel, dans une certaine mesure, à quelques organisations d'élite. C'est ce rayonnement naturel de l'intelligence qui produit le génie, qui ne procède pas, comme la raison, par expériences et par syllogismes, mais pénètre comme la foi dans l'essence des choses, voit, devine les causes cachées et premières, *mens divinior*.

C'est également l'expansion de la volonté qui donne tant d'empire à certains hommes sur leurs semblables et les attire à eux comme dans un tourbillon; qui communique au grand orateur sa puissance fascinatrice, indépendamment de sa parole même, qui est parfois assez vide de pensées, en l'absence du *monstre,* comme un contemporain avait surnommé Démosthènes.

Enfin à ces deux états latent et rayonnant de l'âme humaine correspondent les deux états d'épreuve pendant la vie et de fixité éternelle dans les conditions déterminées par la liberté. Ce n'est qu'à la faveur des voiles de l'intelligence, ce n'est que dans son état latent que l'homme peut exercer sa liberté morale. Quand la mort fait passer l'esprit à son état complet de rayonnement, il voit la vérité morale et divine avec une certitude mathématique, ce qui suspend dès-lors l'exercice du libre arbitre et laisse l'homme persévérer éternellement dans sa voie de bien ou de mal et poursuivre l'impulsion que sa liberté lui a imprimée pendant la vie, comme un corps suit, dans le vide, en vertu de la force d'inertie, le mouvement qu'il a reçu, sans pouvoir s'arrêter.

L'état rayonnant de l'esprit ne peut donc devenir, pendant la vie, un état normal; les conditions de l'épreuve à laquelle l'homme est soumis s'opposent à cette connaissance positive de l'avenir et des mystères du monde spirituel. Ce n'est qu'à la sainteté qu'il est permis de soulever ces voiles et de pénétrer ces mystères; mais cette vision prophétique doit rester pour l'humanité sous la forme de foi, c'est-à-dire ni trop claire, ni trop obscure, *nec plus nimis.*

Quand l'âme passe à l'état rayonnant en dehors de la sainteté et par des moyens artificiels, ce n'est qu'accidentellement et imparfaitement. Si elle surprend des vérités qui doivent lui rester célées, ces vérités sont mélangées d'erreurs. Si une table frappe, si une tablette écrit, si une somnambule voit le nombre exact de pièces que je tiens dans ma poche, elles se tromperont à la seconde ou troisième épreuve. Cette faculté ne tardera pas à trahir la confiance que l'on mettrait en elle si elle était infaillible, afin précisément que l'homme ne puisse mettre sa confiance dans ces révélations artificielles. Ce n'est pas à dire que ce soit le hasard qui l'ait fait deviner juste, ni que ce soit impuissance de cette faculté quand elle se trompe; son erreur est une erreur décrétée, une nécessité morale.

Mais quand au lieu de respecter ces salutaires limites de la vie humaine, l'esprit, une fois lancé dans ce monde inconnu et emporté par une curiosité et une ambition métaphysiques, appelle, évoque des esprits étrangers pour l'aider à dépasser ces limites, il tombe dans un surnaturalisme aussi coupable que l'état opposé de naturalisme auquel aboutit d'un autre côté le philosophe qui, méconnaissant les bornes de la raison humaine, nie la foi qui devait la compléter, et repousse la grâce qui devait l'illuminer. Ces deux états opposés de naturalisme philosophique et de surnaturalisme magique, également criminels, se rencontrent dans un même abîme.

C. STOFFELS.

LA CLOCHE DE SCHILLER.

(FRAGMENT.)

LE MAITRE FONDEUR.

Solo de basse. (Andante.)

La cassure de la matière
Nous fait voir qu'il faut la couler ;
En frappant, dites la prière
Qu'un fondeur doit se rappeler :
 Percez le creuset,
  Dieu, guidant le jet,
Voudra bien affermir le moule,
Lorsque l'airain en flots bruyants s'écoule.

CHŒUR.

(Allegretto.)

Heureux sont les effets du feu
Quand on sait régler sa puissance,
L'homme, qui tient ce don de Dieu,
Ne produit rien sans sa présence.

Mais si le feu, s'échappant par malheur,
Peut attaquer tout ce qui l'environne,
   Répandant partout la frayeur,
   Il gagne, embrase et tourbillonne.
   L'effroi pénètre dans les cœurs,
   La flamme arrive et se déroule,
   Son ardeur repousse la foule
      Pleine de terreurs.
Cet élément nécessaire aux humains,
Semble haïr les œuvres de leurs mains.

CHŒUR.

(Allegro ma non troppo.)

   Des nuages la présence
    Est favorable à l'abondance;
   S'ils arrosent vos sillons
   Espérez de riches moissons;
Mais quand l'éclair déchire le nuage,
   L'épouvante est au fond des cœurs;
   On fuit pour éviter l'orage
Qui teint le ciel d'effrayantes couleurs.
Un coup de foudre est suivi du tocsin,
   La fumée en masse épaisse
Ternit le jour déjà sur son déclin;
   Soudain le toît s'affaisse,
   La flamme, en gerbes réunies,
   Se répand et darde en sortant
   Par les fenêtres dégarnies.
   La mère en sanglotant
   Porte l'enfant qui pleure;
   Chacun fuit sa demeure.

Des rumeurs effroyables
Sortent du fond des étables.
De la foule partent les cris
Des travailleurs, qui sont heurtés, meurtris.
Au milieu de la nuit close
Un jour triste et douteux luit d'un rouge effrayant;
La chaîne se dispose,
Les seaux se font entendre à leur retour bruyant.
L'eau, qui semble arriver d'une source abondante,
Alimente la pompe, et de son réservoir
Seize bras vigoureux, par leur force puissante,
Font sortir en long jet les eaux qu'on fait pleuvoir.
La tempête mugit, le vent pousse la flamme,
On entend pétiller la gerbe qui s'enflamme.
L'homme accablé, courbé, contemple avec horreur
Son avenir perdu par ce malheur.
Un brasier tient la place
Où se trouvait le fruit de ses travaux,
Et les murs calcinés entourent la surface
Qui contenait ses biens, ses grains et ses troupeaux!

Soleirol.

Nota. Le poème de Schiller, intitulé : *La Cloche,* a été mis en musique par Andréas Romberg, et forme une cantate dont plusieurs morceaux ne sont pas sans mérite; le désir de faire connaître cet œuvre en France, en a fait entreprendre la traduction en vers français.

Ce genre de travail exige une grande patience, car il faut rendre la pensée de l'auteur et la couleur du style, sans tomber dans de trop grands développements. La musique a été composée sur les paroles étrangères, par conséquent, on se trouve, en quelque sorte, encadré, puisque le rhythme poétique doit correspondre au rhythme musical.

En général, les syllabes longues ou pleines doivent être placées sous les temps forts des mesures, tandis que les syllabes brèves ou muettes doivent se trouver sous les temps faibles; ces règles sont quelquefois modifiées dans les mesures à trois temps, et certains mots présentent d'autres gênes, appréciables pour une oreille exercée, mais qu'il serait trop long d'expliquer ici.

Il faut encore éviter les voyelles et les diphtongues peu favorables à l'émission de la voix, ainsi que les syllabes nasales.

Lorsqu'il s'agit de chœurs, dont certains passages sont fugués, c'est un embarras de plus, parce que les parties de chant commencent les unes après les autres, et souvent finissent ensemble; alors il faut chercher des vers dont certains mots peuvent être supprimés sans nuire à l'intelligence du sens.

Entravé par tant de difficultés, le versificateur est obligé d'employer des vers de toutes les dimensions, faisant reparaître la rime quand il peut. Il doit donc se contenter d'écrire de la poésie qui ne choque pas trop l'oreille, et renoncer à l'espoir de faire sentir à son lecteur le charme qu'on éprouve en lisant de beaux vers.

(Note du Traducteur.)

METZ ROMAIN.

Les Gaules occupaient tout le pays borné par le Rhin, les Alpes, la mer Méditerranée, les Pyrénées et la mer au couchant et au nord.

Avant la conquête par les Romains, les Gaulois ne s'étaient point bornés à leur territoire ; ils avaient étendu leur puissance au-delà des Alpes, dans le pays qui fut ensuite connu, par rapport à Rome, sous le nom de Gaule Cisalpine, et, comme ce pays était arrosé par le Pô, on le divisa en Gaule Cispadane et en Gaule Transpadane. Sous la domination des Romains, ces contrées devinrent la *Gallia Togata*, et ces fiers vainqueurs ayant étendu leurs possessions en deçà des Alpes, créèrent la *Gaule Narbonaise*, qu'ils érigèrent en province romaine : ce fut la *Gallia Braccata*. Plus tard, le reste des Gaules fut soumis par Jules-César, et ce vaste pays désigné sous le nom de *Gallia comata*, comprit la *Gaule Aquitanique*, la *Gaule Celtique* et la *Gaule Belgique*. Auguste devenu arbitre souverain de tout l'empire, s'appliqua à organiser les provinces ; après avoir donné ses premiers soins à l'Italie, il se rendit dans les Gaules, afin de pouvoir les diviser plus commodément. Il partagea ce pays en quatre grandes régions, auxquelles il conserva les anciens noms, à l'exception de celui de *Celtique,* qui paraissait appartenir à la Gaule entière, et il y substitua celui de *Lyonnaise.* Voyant que ces quatre parties étaient trop inégales, il fit entr'elles une nouvelle répartition des divers peuples. Chacune de ces divisions avait sa métropole : *Lyon,* dans la Lyonnaise ; *Arles,* dans la Narbonaise ; *Bourges,* dans l'Aquitaine, et *Trèves,* dans la Belgique. Cependant, il paraîtrait que, malgré ces quatre grandes divisions, on continua de considérer la *Gaule Narbonaise* comme province romaine ; en effet, une médaille, frappée sous le règne de l'empereur Galba, représente au revers trois têtes de femmes avec trois épis, et porte cette inscription : *Tres Galliæ.*

Vers le temps de Constantin, les Gaules subirent une nouvelle division en dix-sept provinces, dont chacune avait sa métropole. Dans cette nouvelle organisation, la Belgique fut divisée en cinq provinces : la première et la seconde Belgique sous les métropoles de Trèves et de Rheims ; la première et la seconde Germanie, dont les métropoles étaient Mayence et Cologne, et la province des Séquaniens, qui avait Besançon pour métropole. Les Médiomatriciens, qui étaient un des peuples les plus puissants des Gaules, faisaient partie de la province de Belgique, lors de la première division des Gaules en quatre grandes provinces. Lors de la division en dix-sept provinces, ce peuple fut compris dans la première Belgique. Suivant Collini[1], il avait primitivement pour limites, à l'orient, le Rhin ; au midi, le bourg de Marckolsheim, du côté de Schelestadt, où ce peuple confinait aux Séquaniens ; à l'occident, la Meuse, et, au nord, la Nahe, qui se jette dans le Rhin à Bingen.

---

[1] *Précis de l'histoire du Palatinat;* introduction, p. 2.

Les *Triboques* firent subir une première réduction au territoire des Médiomatriciens; ils leur enlevèrent cette partie de leurs terres qui forment aujourd'hui la Basse-Alsace [1]. Ce peuple fut encore envahi par les Vangions et les Nemètes, qui traversèrent le Rhin et vinrent occuper, dans le pays qui fut assigné à la première Germanie cis-rhénane, les terres qui restaient encore aux Médiomatriciens sur le Rhin [2]. Sans nous attacher à préciser l'époque où ces trois peuples se fixèrent sur la rive gauche du Rhin, nous ferons remarquer que déjà, au temps d'Auguste, ils étaient inscrits au nombre des peuples qui composaient la Belgique.

Les Nemètes et les Vangions se mirent en possession de toutes les terres qui ont formé dans la suite le Palatinat du Rhin, à la gauche de ce fleuve. Les Nemètes eurent pour ville principale *Noviomagus* ou *Civitas Nemetum*, aujourd'hui *Spire*, et les Vangions *Borbetomagus* ou *Civitas Vangionum*, aujourd'hui *Worms*. Ainsi toute cette partie des terres des Médiomatriciens qui s'étendait depuis le Rhin jusqu'à la partie orientale des Vosges, se trouva occupée par des peuples Germains : les Triboques eurent leur résidence dans le pays de Strasbourg, les Nemètes dans le district de Spire et les Vangions dans celui de Worms.

Dès que les Romains eurent conquis les Gaules, ils s'attachèrent à fortifier leur frontière des bords du Rhin en y construisant des forts, et lorsqu'ils étendirent leurs possessions au-delà de ce fleuve, ils élevèrent aussi des fortifications sur

---

[1] Strabon, parlant des Médiomatriciens et des Triboques, dit, liv. III : *Post Helvetios Sequani et Mediomatrici Rhenum incolunt. In quibus Tribocchi, natione Germani relicto natali solo, Rheno que trajecto sedes posuerunt.*

[2] Pline, liv. IV, chap. 17, parlant de ces deux peuples, dit : *Rhenum autem accolentes, Germaniæ gentium, in eâdem provinciâ (Belgicâ) Nemetes Tribocchi Vangiones.*

la rive droite. Dès-lors les Médiomatriciens jouirent d'une paix profonde sous la protection de leurs vainqueurs, et on vit la civilisation romaine changer la face de ce pays. Divodurum qui n'était primitivement qu'un lieu de défense[1] sur une colline et au confluent de deux rivières, la Moselle et la Seille, fut converti en une ville importante sous le nom de *Civitas Mediomatricum* ou *Mediomatricorum*; d'excellentes voies de communication la mirent en rapport avec les différentes villes voisines, Scarpone, Langres, Toul, Verdun, Trèves, Mayence, Strasbourg, etc. On pénétrait dans son enceinte par plusieurs portes d'une riche architecture: l'une d'elles, qui était plus magnifiquement décorée que les autres, conduisait à l'amphithéâtre qui était orné de colonnes de granit, aux bains ou Thermes qui avaient des baignoires en porphyre, à un nymphæum et à d'autres édifices importants. Ces édifices étaient situés près de la route qui conduisait à Scarpone et dont les abords offraient à la vue un grand nombre de monuments funèbres dont quelques-uns étaient décorés de riches sculptures.

Les édifices renfermés dans l'enceinte de la ville n'étaient pas moins remarquables. Le palais impérial, situé dans l'acropole, était défendu par une forte muraille; la hauteur de Sainte-Croix avait un monument consacré à Jupiter[2]; dans le haut de la rue Fournirue, un édifice décoré de colonnes fut découvert à plusieurs mètres sous le sol: une statue de Mercure, qui était gisante à quelques pas de là, pourrait autoriser à penser que ce monument était un temple consacré à ce Dieu; sur la place d'Austerlitz, un monolithe d'un poids considérable

---

[1] *Divoduri Mediomatricorum id oppidum est.* Tacite, liv. I, § 63.
[2] On y trouva, il y a quelques années, une tête en pierre d'une statue de ce Dieu.

et provenant d'un grand édifice était orné de sculptures; sur cette même place, la base d'une tour indiquait, par son diamètre et l'épaisseur de sa maçonnerie, qu'elle avait atteint une grande hauteur. Dans une des cours de l'ancien évêché, sous l'emplacement de l'église Saint-Victor, dans la rue du Palais, au bas de la rue du Viviers et sur la place Napoléon, on vit des restes de constructions antiques : dans la dernière de ces localités il existait une mosaïque dont le dessin nous a été conservé dans l'*Histoire de Metz,* par des religieux Bénédictins. Dans la rue Nexirue, à l'angle de la rue du Palais, il existe souterrainement un pilastre en pierre de taille qui est le reste d'un grand édifice ; dans la rue Neuve-Saint-Louis quatre colonnes étaient encore debout au milieu de débris de monuments funèbres ; dans la rue du Lancieu, des masses de verre fondu mêlées à des débris de constructions amenaient à supposer qu'on aurait fabriqué en ce lieu des objets de cette matière ; dans la rue des Clercs des fouilles firent voir des maçonneries très-épaisses, et, à quelques pas de là, il existe une maison de construction romaine et une muraille, qui s'étend de la rue des Clercs à la rue Nexirue; à la Citadelle, des travaux opérés dans les fortifications mirent à découvert une portion de corniche d'un grand édifice, un soubassement de colonne et des débris de monuments funèbres dont plusieurs avec des inscriptions : presque tous ces restes étaient richement sculptés.

Les religieux Bénédictins, dans leur *Histoire de Metz,* et M. Bégin dans son histoire de la même ville, indiquent d'autres monuments et inscriptions qui y ont été découverts. Plusieurs autres incriptions sont insérées dans les *Mémoires de l'Académie impériale de Metz.*

La cité des Médiomatriciens, qui par sa position peu éloignée de la frontière, était destinée à être un lieu de garnison romaine, dut, indépendamment du gynécée[1] qui y fut transporté d'Autun, avoir d'autres établissements militaires importants.

Les monuments étaient faits avec beaucoup d'art ; à part quelques édifices construits en grand appareil et qui peut-être remontaient à des temps plus anciens, les autres étaient en petit appareil régulier d'oolithe blanche, avec chaînes de briques ; les plus remarquables étaient décorés de riches sculptures ; différents marbres, le granit, la diorite, le porphyre, le vert antique, la brèche universelle en ornaient l'intérieur et des pièces étaient pavées de mosaïques dont on trouva des débris.

Des découvertes faites à plusieurs mètres sous le sol, et dans plusieurs localités, attestent que les rues de la ville étaient pavées : il paraît même certain qu'indépendamment d'autres pierres plus généralement employées on se servit, dans ce but, de la lave volcanique des bords du Rhin et du granit.

Mais parmi les monuments qui révèlent au plus haut degré l'antique splendeur de notre ville, il faut placer au premier rang les restes imposants de l'aqueduc qui conduisait les eaux de Gorze à Metz, d'une distance de vingt kilomètres, pour alimenter le palais impérial, les établissements publics et probablement les maisons des particuliers. Les détails de cette construction sont admirables. L'intérieur était revêtu dans toute son étendue d'un petit appareil régulier qui était recouvert de ciment jusqu'à une certaine hauteur ; les piles qui traversaient la vallée de la Moselle et celles qui, pour maintenir le niveau, avaient été élevées entre le chemin d'Augny et la ferme d'Orly étaient revêtues du même appareil ; les arcs des arches de

---

[1] La Notice des dignités de l'empire, section 42, porte : *Sub dispositione viri illustris comitis sacrarum largitionum... Procuratores gynœciorum... Procurator gynœcii Augustoduni translati Metis.*

la vallée de la Moselle reposaient sur de larges corniches en pierres de taille qui étaient fixées par des agrafes en fer, scellées en plomb, et protégées par l'appareil qui les recouvrait. La partie supérieure de ces mêmes arches était couverte de larges briques revêtues d'un ciment, et sur cette surface on avait établi deux canaux dont les murs étaient composés de ciment et de petites briques triangulaires ; les eaux, avant d'arriver dans l'un de ces canaux, tombaient dans un premier bassin et, après avoir traversé les arches elles se précipitaient, à l'autre extrémité, dans un autre bassin. Toutes les pierres étaient jointoyées avec un ciment très-fin. Les nombreux débris de tuiles qui ont été découverts dans la plaine du Sablon, parmi des débris de ce monument, permettent de supposer qu'au moins dans une partie de ce trajet, la maçonnerie était protégée par ces tuiles. On serait même autorisé à penser que la partie de l'aqueduc qui n'était pas souterraine était seulement couverte de tuiles, car on ne trouva sur les arches aucun indice qu'il y eût existé une voûte. On sait que le canal qui existe sur le pont du Gard est simplement couvert de dalles qui en occupent toute la largeur.

A l'époque où tous les grands monuments dont nous venons de parler étaient debout, les autres arts étaient aussi en honneur à Metz. Cela nous est attesté par des statues en pierre, en marbre, par un buste dont la poitrine et les épaules étaient en porphyre rouge antique et la tête et le col en marbre blanc, par une main de grandeur naturelle en bronze doré, par de nombreux objets d'art également en bronze, tels que des statuettes, des lampes, des instruments de toilette, par des bijoux en or, des pierres gravées et des vases en verre et en céramique dont les formes étaient remarquables par leur élégance.

Parmi les débris des monuments d'antiquités on découvrit aussi un certain nombre de médailles; les plus communes sont des règnes de Posthume et de Tetricus.

Les autres villes de nos contrées n'étaient pas moins prospères que la nôtre; on sait quelle était l'importance de Grand, de Nasium, de Toul, de Verdun, de Mayence et surtout de Trèves qui est encore si riche en monuments anciens. La prospérité dont les campagnes jouissaient nous est aussi révélée par de nombreux débris de constructions; et même les défrichements qui ont été faits depuis peu ont montré que les bois ont envahi un grand nombre de lieux précédemment habités et même des chaussées antiques. Différentes découvertes, qui furent faites sur plusieurs points, ont fait voir que la sculpture, le marbre et les mosaïques servirent aussi à la décoration des monuments élevés à la campagne; la grande et belle mosaïque découverte depuis peu à Nenig, dans la vallée de la Moselle, en offre un exemple remarquable.

Parmi les localités du département de la Moselle les plus riches en antiquités, le Hiéraple est une des plus intéressantes. Ce lieu qui, il paraît bien constant, était consacré au culte, fut riche d'offrandes faites à titre d'*ex voto:* c'étaient des sculptures en pierre, des objets d'art en bronze, en fer, en céramique, et des pierres gravées. Entre autres choses, nous citerons plus particulièrement un magnifique médaillon grec, en bronze, à l'effigie de Septime-Sévère et représentant, au revers, Hercule couvert de la peau du lion de la forêt de Némée; il tient de la main droite une massue levée et de la gauche un homme qu'il semble vouloir abattre à ses pieds; on lit sur ce revers : ΦΙΛΑΔΕΛΦΕΙΑ ΠΕΡΙΝΘΙΩΝ, et à l'exergue : ΝΕΟΚΟΡΟΝ.

L'industrie, les arts et l'agriculture durent être d'autant plus prospères dans notre pays, sous la domination romaine, que les Médiomatriciens restèrent les fidèles alliés des Romains. Il paraît constant qu'ils ne tentèrent qu'une seule fois, après la conquête de leur pays, de recouvrer leur indépendance et leur nationalité; ils s'associèrent alors à la grande résolution prise par les Gaules d'envoyer des secours à Vercingétorix, pour faire lever le siége d'Alise et secouer le joug des vainqueurs. Leur contingent fut de cinq mille hommes[1]; mais, postérieurement à cette grande révolte, ils redevinrent les alliés des Romains et leur restèrent fidèles.

Malgré cette qualité d'alliés, des soldats romains qui, l'an 70 de Jésus-Christ, marchaient contre Galba, sous la direction de Valens, leur général, furent saisis d'une terreur panique dans la capitale des Médiomatriciens: ils coururent aux armes et près de quatre mille habitants périrent sous leurs coups[2].

Un événement aussi grave était de nature à exciter au plus haut degré le ressentiment de ce peuple. Cependant lorsque peu de temps après, Claudius Civilis, général batave, organisa une ligue pour détruire la puissance romaine dans les Gaules, ils refusèrent d'y prendre part; et lorsque plusieurs légions qui s'étaient laissé entraîner par Classicus et par Tutor à s'associer aux rebelles, s'enfuirent de la ville de Trèves, elles trouvèrent un asile à Metz[3].

La prospérité dont Metz jouissait sous l'influence de la paix et du voisinage de la ville de Trèves, qui était la résidence du préfet du prétoire des Gaules et qui fut aussi celle de plusieurs empereurs, fut gravement troublée par deux catastrophes: la première fut l'invasion de Chrochus, roi des Allemands qui, après avoir traversé le Rhin, près de Mayence, pénétra dans les Gaules: Metz étant tombé en son pouvoir il fit passer ses

---

[1] *Mediomatricis quina millia.* Commentaires de César, liv. VII.
[2] Tacite, *Histoire*, liv. I, § 63.
[3] *Legiones in Mediomatricos sociam civitatem abcessere.* Tacite, *Histoire*, liv. IV, § 70.

habitants au fil de l'épée. Aimoin[1], à l'occasion du partage du royaume des Francs qui eut lieu à la mort de Clotaire I, donne des détails sur cette invasion qui, d'après Grégoire de Tours[2], eut lieu sous le règne de Valérien et de Gallien au troisième siècle. Nain de Tillemont et Crevier lui assignent la même date.

Le pays des Médiomatriciens dut aussi se ressentir des autres invasions des Germains, notamment de celles qui eurent lieu au quatrième siècle et dont l'une fut repoussée par l'empereur Julien, à la bataille de Strasbourg, et l'autre par Jovin, général de cavalerie, lequel, dans deux combats livrés près de Scarpone, sous le règne de Valentinien et de Valens, défit des Germains qui avaient causé de grands ravages dans le pays et en avaient ruiné les habitations.

Mais l'invasion qui eut les conséquences les plus terribles pour la capitale des Médiomatriciens fut celle d'Attila en l'année 451; lors de cet événement les habitants de Metz furent massacrés et la ville fut réduite en cendres. C'est probablement à cette dernière catastrophe qu'il faut attribuer la ruine des monuments dont nous voyons aujourd'hui les restes et dont une partie avait peut-être même, comme dans d'autres lieux, été employée, sous l'imminence du danger, pour élever à la hâte des murailles, afin d'empêcher l'ennemi de pénétrer dans la ville.

Après cette terrible destruction les habitants de Metz songèrent à relever leur ville de ses ruines dont les décombres recouvrirent une partie des anciens monuments. Mais alors d'autres graves événements survinrent; l'empire d'Occident

---

[1] *Civibus denique Metensibus usque ad internecionem penè pessundatis, Treveros properat.* De Gestis francorum, liv. III, chap. I.
[2] *Histoire des Français*, liv. 1er, § 30.

succomba en 476 et Clovis remporta, en 485, devant Soissons, sur le patrice Siagrius, une victoire qui enleva aux Romains presque le reste du pouvoir qu'ils avaient conservé dans les Gaules.

Sans indiquer précisément la date à laquelle les Médiomatriciens cessèrent de vivre sous la puissance romaine, il est bien constant que cette époque ne peut être reportée au-delà de celle à laquelle Clovis soumit, vers 510, la ville de Verdun qui s'était révoltée contre lui[1].

Dès que la puissance des Francs fut affermie, une nouvelle ère s'ouvrit pour notre ville qui, redevenue florissante, servit de résidence aux rois d'Austrasie; plus tard elle fut reconnue ville libre sous la protection de l'empire d'Allemagne jusqu'à l'époque où elle rentra, en 1552, sous la domination française.

Victor Simon.

[1] Aimoin, *de Gestis francorum*. Livre Ier, chap. XVII.

LE COSTUME MILITAIRE EN FRANCE.

Le moyen le plus puissant qu'il y ait pour assurer l'observation de la discipline, c'est, sans contredit, l'obligation du costume militaire. Sous un habit particulier on échappe difficilement aux regards, et l'esprit de corps ne souffre jamais qu'on déshonore l'uniforme.

On savait cela au seizième siècle, quand on commença à entretenir des soldats d'une manière permanente; mais il se présentait alors une difficulté insurmontable à l'adoption d'une tenue qui distinguât les gens de guerre du reste de la population. L'État ne fournissait point l'habillement aux troupes. Chaque soldat se costumait donc à sa fantaisie et avait à choisir parmi les habits si variés de formes, de couleurs et d'ajustements du temps des derniers Valois. Quelques capitaines, cependant, assez riches pour en faire la dépense, avaient déjà cherché à mettre un peu d'uniformité dans cette bigarrure, et, dès le temps de François I, on avait vu des compagnies dont tous les hommes portaient une manche aux couleurs de leurs chefs. Cet usage cessa sous Henri II, et la manche fut remplacée par l'écharpe.

A la fin du seizième siècle, chaque soldat portait généralement deux écharpes en croix, l'une aux couleurs du roi, l'autre à celle du capitaine ou du mestre de camp.

Pendant les guerres civiles, il s'introduisit dans quelques corps un autre usage : c'est celui des casaques ou hoquetons aux couleurs des partis. Ces vêtements, qui avaient la même destination que les manteaux et capotes d'aujourd'hui, se voyaient de plus loin que les écharpes et répondaient mieux à l'objet spécial qu'on se proposait, celui de se reconnaître dans les rencontres. Les catholiques royaux portèrent des hoquetons et des écharpes de couleur cramoisie ; les protestants adoptèrent la couleur blanche, *comme marque de la netteté de leur conscience.*

L'usage des hoquetons et des écharpes uniformes se maintint pendant les deux premiers tiers du dix-septième siècle. Henri IV conserva l'écharpe blanche, sous laquelle il avait combattu à la tête des protestants, et gratifia les hommes de sa garde d'un hoqueton bleu, à l'occasion de son mariage avec Marie de Médicis. Cette gratification passa en coutume et les soldats des Gardes-françaises virent renouveler leurs hoquetons de cérémonie toutes les fois qu'il y eut lieu de conduire un roi à Saint-Denis, une reine à Notre-Dame, ou un dauphin à Saint-Germain-l'Auxerrois. Mais ce vêtement, qui d'ailleurs ne convenait point à toutes les circonstances de la vie du soldat, resta d'un usage facultatif dans les autres troupes : en eut qui voulut.

Pendant le long blocus de la Rochelle, quelques capitaines du régiment des Gardes, pour faire leur cour à Louis XIII qui était très-curieux du détail des troupes, habillèrent uniformément les hommes de leurs compagnies. Cet essai n'eut point de suite, et pendant quarante ans encore, les troupes n'eurent pas d'autre moyen d'éviter les méprises dans les mêlées et surtout dans les assauts de nuit, que de mettre tout bonnement la chemise par-dessus l'habit. Cet expédient était devenu si ordinaire que l'expression *donner l'assaut en chemise* fait partie du langage de l'époque. On a même forgé le mot *camisade*, équivalent à surprise de nuit.

L'uniforme fut enfin donné aux troupes par Louis XIV, en 1670. Les premiers habits militaires ne différaient guères, quant à l'ensemble, du costume civil contemporain : c'étaient la casaque à larges basques, l'ample veste et le feutre, à bords ronds et plats, qu'on retrouve encore chez les campagnards du centre de la France ; mais tous les hommes d'un même régiment étaient vêtus de la même manière, et c'était là le point essentiel pour la discipline en garnison, pour la sécurité dans les combats, et pour la considération que les soldats acquéraient à leurs propres yeux, en se voyant recouverts du même habit que leurs officiers.

Le premier uniforme porté par les troupes françaises se composa d'un habit-tunique gris clair pour tous les régiments. Ceux-ci se distinguaient entr'eux par la couleur de la veste et de la culotte, et par celle de la doublure de l'habit qui ressortait dans les collets et les parements rabattus. Les hommes portaient, en outre, sur leurs chapeaux des plumes ou des nœuds de ruban aux couleurs des colonels : dans plusieurs corps, les officiers et bas-officiers avaient sur l'épaule une touffe de rubans aux mêmes couleurs. Il n'est pas besoin de dire que ces nœuds et ces touffes de rubans, successivement modifiés ou dénaturés, sont l'origine des cocardes et des épaulettes, qui devinrent sous Louis XV des marques de nationalité et des insignes de grades.

Après la paix de Nimègue, le costume des troupes fut amélioré et commença à prendre ce que l'on appelle la tournure militaire. Les Gardes-françaises, à tous seigneurs tout honneur, endossèrent les premiers l'habit bleu foncé, doublé de rouge et rehaussé de blanc, qui est demeuré le type de l'uniforme national. Ce fut le 24 mars 1685, dans une revue passée par le roi à Meudon, que resplendit pour la première fois au soleil cette magnifique tenue de nos corps d'élite.

Les habits et vestes, coupés d'une manière particulière et invariable dans chaque corps, furent garnis de boutons métalliques qui dessinaient les devants, la taille et les poches.

Les régiments reçurent, en 1703, le chapeau uniforme à bords relevés, galonné d'or ou d'argent, et orné de la cocarde noire. Le soulier à boucle, la cravate de toile blanche ou de laine noire suivant la saison, le ceinturon porte-épée et porte-giberne et les cheveux noués en bourse devinrent de rigueur.

On fit à la même époque un remaniement de l'habillement qui plaça chaque régiment, suivant son espèce, dans une catégorie marquée par la couleur du fond et des accessoires.

Dans l'infanterie, les Gardes-françaises, Royal-artillerie et Royal-bombardiers, corps hors ligne, eurent l'habit bleu de roi; les régiments à titre de provinces prirent l'habit blanc, et les régiments de gentilshommes conservèrent l'habit gris blanc, ce qui les fit désigner sous le nom de régiments gris; les Suisses et les Irlandais furent distingués pas l'habit rouge garance, et les autres régiments étrangers par l'habit bleu turquin.

Dans la cavalerie, les Gardes-du-corps et les régiments qui avaient l'honneur d'avoir le roi pour colonel reçurent l'habit bleu; les autres escadrons de la maison du roi, mousquetaires, gendarmes et chevaux-légers, eurent l'habit écarlate et furent appelés pour cela la Maison-Rouge. La couleur grise fut réservée, comme dans l'infanterie, pour les régiments de gentilshommes, et la couleur garance devint le partage des dragons.

Tous ces uniformes étaient largement taillés dans le drap et présentaient ce caractère d'ampleur et de magnificence auquel on reconnaît les œuvres de Louis XIV. Ils offraient, dans une disposition pleine d'aisance et de majesté, avec cette vieille coupe française si fortement empreinte de grandeur, toutes les combinaisons possibles de nos antiques couleurs nationales : le rouge des croisades et de l'oriflamme de Saint-Denis, le bleu de la chape de saint Martin et de l'écu de France, et le blanc de la cornette des chevaliers de Charles VII et du panache d'Ivry. Un très-petit nombre de corps, étrangers ou d'origine étrangère, contrastaient avec cette tenue générale par la couleur noire, violette, verte ou jaune des collets et parements.

Cela dura ainsi sans variations jusqu'à la guerre de la succession d'Autriche, qui fit pénétrer chez nous le goût des mesquineries prussiennes et des excentricités allemandes.

Le premier auteur du mal, il faut bien le dire, ce fut le maréchal de Saxe : hâtons-nous d'ajouter que s'il eut l'intention de germaniser l'armée française, il fut servi au-delà de ses souhaits par la sottise de quelques-uns de ses admirateurs.

Maurice de Saxe, élevé dans les principes minutieux de l'école allemande, était entré au service de France en 1720, et y avait obtenu la propriété d'un régiment d'infanterie étrangère. Il s'était appliqué à y introduire cette régularité peut-être excessive, cette précision mathématique qui distinguaient déjà l'armée prussienne. Son exemple fut imité par les autres chefs de corps, et alors commença le règne du pas emboîté et cadencé, et de l'exercice décomposé et à temps marqués. Ces innovations avaient certes du bon, et Dieu nous garde de les blâmer ! mais, malheureusement, ce qui n'était qu'un accessoire utile, ne devait pas tarder à devenir l'objet principal des soins des officiers. L'aspect des régiments en devint plus satisfaisant et plus propre à faire honneur aux colonels sur les terrains de revues et de manœuvres, mais il est douteux que la valeur militaire de ces corps en ait été augmentée. Toutes ces règles étroites, toutes ces formalités gênantes, qui peuvent être excellentes pour des soldats passifs, comme les soldats du Nord, doivent, suivant nous, quand elles sont poussées à l'excès, comme elles le furent alors, diminuer la force des soldats français, qui réside principalement dans leur vive intelligence, dans leur entrain et leur spontanéité. Il ne peut pas être bon de comprimer ces choses-là au-delà d'un certain degré. Pour rétablir l'équilibre, il eut fallu, en même temps qu'on mécanisait ainsi (qu'on nous pardonne le mot) les soldats, que les officiers fussent devenus très-habiles à faire marcher cette mécanique, et il n'en fut point ainsi vers 1740.

L'effet le plus immédiat de ce goût nouveau pour l'exercice régulier, fut de faire retrousser les basques du vaste habit-tunique de Louis XIV, qui gênaient l'escamotage des temps du maniement des armes, pour les réunir en arrière par une agrafe. Ainsi commença cette longue conspiration contre le bien-être des hommes, qui se manifesta par le rétrécissement graduel de toutes les parties de l'habillement, par la suppression de tout ce qui pouvait faire saillie au-dehors et accrocher au passage un battant de capucine, et qui aboutit enfin à cet idéal de l'uniforme que nous avons tous connu, et dans lequel retroussis, parements, poches, doublure, n'existaient plus qu'à l'état de fictions indiquées par un passe-poil.

Ce fut vers la même époque et pour les mêmes motifs, qu'on prit à l'Allemagne les buffleteries en croix qui comprimaient la poitrine, mais qui avaient l'avantage de rejeter en arrière l'épée et la giberne ; les longues guêtres qui sanglaient les jambes et arrêtaient la circulation dans cet utile meuble de fantassin ; les cols-carcans, et les collets d'habit hauts et serrés qui contraignaient à tenir la tête droite et immobile, même en face du soleil; puis, les schakos à équilibre instable, et leurs corollaires, les plumets perchés et les jugulaires, qui faisaient de la coiffure un levier du deuxième genre d'une puissance irrésistible pour porter le haut du corps en avant, conformément aux prescriptions de la théorie; enfin, les queues tordues à tour de bras, de manière à jeter les yeux à quinze pas de la tête, comme le veulent certains sergents-instructeurs, et comme l'a entendu Cruikshank dans une spirituelle caricature, où il nous montre un soldat de marine s'échappant, tout effaré, des mains du perruquier du bord, et venant se plaindre, à son capitaine, de John qui lui avait serré la queue si fort, qu'il ne pouvait plus fermer les yeux.

Après tous ces merveilleux perfectionnements, le soldat était mal à l'aise, il est vrai, mais il pouvait se vanter d'être *ficelé*.

Il n'a pas fallu moins de cent ans d'expérience et la guerre d'Afrique, sous une température de quarante degrés, pour ramener la tenue des troupes à-peu-près au point où elle était en 1740. Espérons que la guerre actuelle, les ardeurs du soleil de l'Orient et les frimas de la Baltique, nous feront faire de nouveaux progrès dans ce sens.

Susane.

UNE VISITE A L'ABENDBERG.

Toutes les infortunes trouvent en France des sympathies ; c'est le pays où l'on s'émeut d'enthousiasme. Jamais on n'y oubliera saint Vincent de Paul se dévouant aux enfants abandonnés, l'abbé de l'Épée aux sourds-muets, le duc de Larochefoucault et Haüy, frère du célèbre naturaliste, aux jeunes aveugles, etc. Et cependant il existe une classe entière de malheureux que l'habitude traite avec indifférence, qu'on accable de plaisanteries, qui servent souvent de jouets et qui plus tard deviennent un objet d'éloignement et de dégoût.

Ces infortunés sont les crétins et les idiots.

Leur nombre est immense; un dénombrement approximatif en porte le chiffre à plus d'un million en Europe.

Eh bien, ces êtres abandonnés, repoussés, ont trouvé un défenseur qui, touché de leur sort, leur dévoue sa fortune et sa vie entière. Cet homme, c'est le docteur Guggenbühl: son courage, ses œuvres font aujourd'hui l'admiration des philanthropes du monde entier ; et cependant notre France si bienveillante, si généreuse, si avide de nouveautés ignore encore ou à-peu-près les travaux et les bienfaits de ce nouvel ami de l'humanité.

Le hasard fit un jour retentir son nom à mon oreille ; je lus un récit imparfait de ses travaux et de ses efforts, et je me décidai à aller lui rendre visite. Je quitte Metz, j'arrive à Bâle, je traverse Berne et le riant lac de Thun et je m'arrête à Interlaken.

Le lendemain, 26 août 1853, je prends un guide et je me dirige à cheval vers l'Abendberg. Je quitte la délicieuse vallée d'Interlaken pour prendre un sentier qui me conduit au pied des ruines du château d'Unspunnen, qu'animent encore des souvenirs sauvages et romantiques, et quelquefois les luttes pacifiques des habitants de l'Oberland. Je pénètre dans un bois de hêtres auquel, plus haut, succède une forêt de sapins. Cette végétation magnifique, la fraîcheur de l'ombrage, le calme et le silence de ces lieux vous pénètrent d'une douce mélancolie et vous portent à la réflexion.

Après une heure et demie d'une marche ascensionnelle, variée seulement par quelques éclaircies qui permettent d'apercevoir les eaux du lac, on arrive à l'Abendberg.

Alors s'étale tout-à-coup, sous vos yeux étonnés, un panorama merveilleux. A votre gauche s'étend le lac de Thun où se reflètent les plus hautes montagnes de l'Oberland; devant vous, sous vos pieds, fuient la vallée d'Interlaken et les eaux du lac de Brientz ; à votre droite s'élèvent les montagnes imposantes de la Jungfrau, du Mönch, de l'Eigher, éclatantes de blancheur et couvertes de neiges éternelles.

Après avoir subi pendant quelques instants l'émotion irrésistible qu'impriment les grands spectacles de la nature, je reportai les yeux près de moi et je vis les constructions qui forment l'établissement. Elles sont fort simples. A droite est un hangar où sont les fourrages et qui sert d'abri aux animaux. Plus loin est une vaste maison en bois, n'ayant qu'un étage où logent le professeur et tout le personnel de cette charitable institution. Je fus accueilli avec aménité et empressement par une sous-maîtresse parlant parfaitement le français ; elle m'introduisit dans un salon où se trouvent réunis des témoignages nombreux d'honneur, de satisfaction et de reconnaissance donnés au docteur Guggenbühl par ses admirateurs ou ses élèves. Après quelques minutes d'attente, le docteur se présente : c'est un homme jeune, de petite taille, à la physionomie douce, bienveillante, sympathique. Il m'invite à voir ses enfants ; je m'attendais à trouver des êtres informes, à la face aplatie, à la tête alongée, au cou gonflé par le goître, à rencontrer enfin cet ensemble hideux qu'on s'est plu à créer lorsqu'on parle des crétins.

Je monte, j'entre dans une vaste salle et je suis salué par des chants qu'accompagne un orgue de petite dimension touché par une des institutrices. C'étaient des élèves. J'écoute et j'admire leur docilité, leur attention et la justesse harmonieuse de leurs voix enfantines. Bientôt les chants cessent, et le professeur Guggenbühl se plaît à me montrer, avec une rare complaisance, les divers exercices d'instruction auxquels se livrent les jeunes écoliers.

Voici un mathématicien ; il sait les règles de l'arithmétique et il me fait l'exposition du système métrique décimal. A côté est un jeune géographe qui parcourt l'Europe en s'arrêtant du doigt à chaque ville indiquée sur la carte. Plus loin, un botaniste me montre sur des planches les fleurs des Alpes.

Chez presque tous l'écriture est correcte, parfaitement régulière. Parmi ces élèves, les uns parlent le français, l'allemand, d'autres l'anglais ou l'italien ; quelques-uns comprennent et parlent deux langues.

Après les exercices intellectuels viennent les exercices gymnastiques. C'est merveille de voir l'agilité de plusieurs d'entr'eux ; ils ont la force et l'adresse des enfants de leur âge. Il en est d'autres malheureusement qui peuvent à peine marcher, qu'on place sur des machines appropriées à leur faiblesse et qui réclameront pendant longtemps des soins et des secours minutieux. Mais la patience et le dévouement du docteur Guggenbühl vont plus loin encore; il reçoit et il guérit des infortunés que leurs membres ne peuvent soutenir, qui n'ont aucune conscience de leurs besoins, à qui on donne à manger et qu'on fixe sur une chaise disposée de façon à les soustraire aux inconvénients d'une malpropreté repoussante.

Par quels moyens merveilleux le docteur Guggenbühl parvient-il à relever ces malheureux de la dégradation physique et morale où ils sont plongés? C'est ici que sa douceur, son génie se révèlent et le servent admirablement.

Le point de départ repose sur la différence qui existe entre le crétin et l'idiot. Jusqu'alors les données de la science étaient confuses, inexactes, ne fournissant aucun élément d'éducation ni de traitement. Il examine, il étudie et il pose en principes les distinctions suivantes :

Le crétin est un *être complet* dont le développement physique est entravé par les conditions mauvaises dans lesquelles il est né et il vit. Chez lui la vie morale et intellectuelle est paralysée parce que ses organes physiques sont sans force et manquent de ressort.

L'idiot est un *être incomplet,* chez lequel une ou plusieurs parties du cerveau manquent ou ne sont qu'à l'état rudimentaire. Chez lui le développement physique des forces n'est pas en rapport avec la faiblesse de l'intelligence; on voit souvent des idiots frais, bien portants, ayant de l'embonpoint et une grande énergie musculaire.

Cette distinction n'est pas toujours aussi nettement tracée; le crétin peut être frappé d'un certain degré d'idiotisme, et l'idiot peut physiquement se rapprocher du crétin. Si je faisais ici un traité didactique, il me faudrait distinguer les variétés du crétinisme, signaler les formes scrophuleuse, hydrocéphalique, décrire le crétinisme congénial et celui qui se développe après la première enfance: Qu'il suffise de dire que les caractères du crétinisme varient suivant l'organisation, selon l'âge, le lieu, l'étroitesse des vallées, la hauteur des montagnes, la composition de l'eau, les conditions de propreté et d'alimentation, et même sous l'influence de causes inconnues : le crétin des Alpes diffère sensiblement de celui des Pyrénées, des Vosges, des montagnes de l'Ecosse, etc.

Ces distinctions bien établies, l'éducation physique et morale en découle naturellement.

Chez l'idiot, le développement physique ne réclame que peu de soins; quelquefois il n'en demande aucun, si ce n'est de réprimer les appétits voraces et les goûts dépravés.

Chez le crétin, c'est tout le contraire : il faut d'abord s'adresser aux organes physiques, les développer et les soustraire aux causes déprimantes qui ont amené et entretiennent la maladie.

Comment le docteur Guggenbühl conçut-il la pensée de relever les crétins et les idiots de l'abaissement dans lequel les maintiennent les préjugés et l'égoïsme?

Le hasard, ce levier impuissant pour les êtres vulgaires, mais qui devient le premier mobile des actes généreux chez les âmes d'élite qu'inspire un reflet de la bonté divine; le hasard, dis-je, lui fit rencontrer un jour, sur la route d'Uri, un pauvre crétin prosterné devant une croix et marmottant une prière : il l'examine, l'interroge et se sent ému d'une grande compassion. Dès ce moment, sa vocation fut décidée. Peu de jours après il écrivait à un de ses amis : « Un être en
» qui peut se réveiller l'existence de Dieu, est digne de soins
» et de sacrifices. Des individus de notre espèce, nos frères

» dégénérés ne méritent-ils pas plus d'attention que les dif-
» férentes races d'animaux que la société s'occupe à améliorer
» et à perfectionner? »

Guidé par cette sainte pensée, le docteur Guggenbühl entreprend des voyages dans les différentes vallées de la Suisse où les crétins abondent; ses recherches le confirment dans ses prévisions, et il se décide résolument à consacrer à ces malheureux son temps et sa vie, convaincu que les bénédictions du ciel ne tarderont pas à seconder ses efforts persévérants. Dans ce but, il fixe sa demeure à Glaris, et là, en exerçant la médecine, il étudie le crétinisme et les moyens de le guérir.

En moins de deux ans, il acquit la certitude que cette triste maladie est curable, et qu'on parvient au but bien plus facilement qu'il ne l'espérait, lorsqu'on réunit tous les éléments de succès. Dès 1839, il expose son plan aux médecins et aux philanthropes de la Suisse : le célèbre Emmanuel de Fellenberg l'invite à venir à Hofwil, où se trouvaient réunis beaucoup de crétins et d'idiots.

A cette époque un journal de Berne, guidé par l'envie ou l'ignorance, critique l'entreprise du docteur Guggenbühl. Il lui répond en publiant un excellent mémoire ayant pour titre : *Le christianisme et l'humanité en face du crétinisme en Suisse.* Ce travail obtint les éloges et les encouragements de la Société des naturalistes allemands et de beaucoup de médecins distingués de la Suisse.

Le docteur Guggenbühl se décide alors à fonder à ses frais un établissement réunissant toutes les conditions de bien-être et de salubrité désirables.

De Saussure avait constaté que les crétins n'existent pas dans les hautes vallées; qu'on n'en rencontre plus dans les villages situés à la hauteur de mille à douze cents mètres au-dessus de la mer. C'est à cette grande élévation que le docteur Guggenbühl fixera sa résidence. Il cherche un lieu convenable, et il découvre l'Abendberg, montagne que venait d'acheter le célèbre agronome Kastoffer, qui voulait y établir une ferme-modèle. Il en obtient la cession, et, dès-lors, il marche avec fermeté vers l'accomplissement de ses projets. Il abandonne Glaris, emportant les regrets des habitants qui ne peuvent s'en séparer ; il les console en leur parlant de la sainte mission qu'il s'impose, et il les quitte pour gravir la montagne. Il y construit des habitations en bois, à une hauteur de trois mille pieds au-dessus du niveau de la mer; il y place et entretient à ses frais de malheureux enfants crétins ou idiots. Là, isolé du monde, il commence son œuvre, et il la poursuit depuis quinze ans avec une patience, une abnégation et un dévouement sans exemple.

C'est dans l'hygiène et dans la médecine qu'il puise ses ressources pour combattre les lésions physiques de ses élèves, de ses enfants; oui, de ses enfants, car il est pour tous un père tendre, empressé, dont la sollicitude veille sans repos. Les moyens varient nécessairement selon la gravité des lésions.

L'air pur de l'Abendberg, son eau fraîche, limpide, aérée et suffisamment iodée, offrent déjà deux éléments puissants d'amélioration et de succès. Ajoutez l'exposition à la lumière solaire durant tout le jour et pendant toutes les saisons; les promenades à pied, ou en voiture pour les enfants incapables de marcher; une nourriture saine, variée et abondante. Le lait de chèvre est la base de l'alimentation des jeunes enfants; ce lait a des qualités précieuses qu'il doit aux plantes aromatiques des Alpes. Plus tard, viennent les aliments solides, les viandes rôties, grillées, et un peu de vin coupé d'eau.

Les médicaments varient selon les indications. Au crétinisme rachitique on oppose le phosphate de chaux et l'huile de foie de morue. Contre la faiblesse des membres et l'état de débilité générale, on met en usage les frictions journalières avec des liquides aromatiques et spiritueux ; on donne des bains rendus toniques par une décoction de plantes alpines. Lorsqu'il y a relâchement général des tissus on fait usage d'un appareil électro-magnétique, qu'on fait fonctionner à l'air libre ou pendant que l'enfant est dans le bain.

Le docteur Guggenbühl emploie encore les préparations phosphoriques, iodées ou ferrugineuses. Il administre le sirop de feuilles de noyer, et il se loue beaucoup de celui de proto-iodure de fer, auquel il a reconnu une action et une influence très-heureuses pour relever les forces générales. Quelquefois il soumet la tête des crétins et tout le corps, pendant des nuits entières, à l'action électrique modérée, mais continue, d'appareils galvaniques très-ingénieux. Ces divers moyens contribuent au développement physique et intellectuel. Si le crâne d'un crétin est trop gros, il s'arrête dans sa croissance, et semble attendre que les autres parties du corps aient acquis leur volume normal. S'il est trop petit, il accélère son développement, et l'on a vu des cas où le cerveau a grossi de plus de quatre centimètres dans un an. C'est ainsi que, sous la bienfaisante influence du traitement, tout se perfectionne et s'équilibre.

Il ne faut pas s'attendre, malgré ces retours heureux, à trouver parmi ces enfants les physionomies agréables qu'on rencontre chez les autres sujets de leur âge. Le crâne présente souvent de notables irrégularités de conformation; la vue, l'ouïe sont parfois affaiblies ; mais on a constaté qu'un certain nombre de crétins, atteints de mutité, ne sont pas affectés en même temps de surdité, et que plusieurs, au contraire, ont l'ouïe très-fine.

Les applications de la doctrine de Gall, que le docteur Guggenbühl a cherché à faire aux crétins et aux idiots, ne lui ont pas fourni des données très-satisfaisantes. On pouvait prévoir ce résultat, car l'état pathologique change et dénature les conditions physiologiques des organes. Mais les recherches auxquelles il s'est livré, l'ont amené à faire cette observation remarquable touchant la conformation du palais, c'est que, dans l'état normal, la courbe du palais est un plein-cintre, tandis que, chez l'idiot, la voûte du palais s'élève en se rétrécissant et prend la forme ogivale, conformation qu'on doit attribuer à à l'atrophie de la base du cerveau. Cette remarque a une importance considérable, puisqu'elle permet d'apprécier de suite l'état intellectuel des sujets soumis à notre observation, et, quelquefois, de les soustraire à des peines très-graves encourues pour des fautes dont ils n'avaient pas la conscience. C'est ainsi que j'ai eu le bonheur, au mois de septembre dernier, de faire acquitter un idiot menacé de la peine des fers pour avoir brisé ses armes, et d'obtenir, peu de temps après, la remise de la punition d'un autre malheureux qui déjà était condamné par les tribunaux militaires. Plaise au ciel que ce sujet d'étude ne soit point négligé par les magistrats, ni par les médecins!

Dans tous les soins minutieux qu'exigent les petits malades de l'Abendberg, le docteur Guggenbühl se trouve secondé, depuis quelques années, par des dames diaconesses, véritables sœurs de charité, dirigées et soutenues par les sentiments chrétiens les plus purs et les plus admirables. Elles surveillent les enfants, appliquent les remèdes, s'occupent minutieusement de tous leurs besoins physiques; lorsque ces devoirs sont accomplis, elles réunissent les plus intelligents et leur donnent, avec une patience angélique, les leçons que permettent leur âge et le degré de la guérison.

On ne saurait trop honorer ces dévouements modestes, que l'amour du bien inspire et que la gloire ne récompense jamais, car, si on peut citer les faits, les noms restent inconnus.

Lorsque la constitution de l'enfant s'est améliorée sous l'influence des agents hygiéniques et médicaux, l'éducation intellectuelle commence. Ici encore vont se manifester l'habileté et l'esprit ingénieux du docteur Guggenbühl. Il est important d'abord de bien distinguer les crétins des idiots. Chez les premiers, tous les organes de l'intelligence peuvent exister; alors leur puissance croît en raison du développement des forces physiques ; chez eux, tout est possible.

Chez les idiots, il y a atrophie et quelquefois absence d'une ou plusieurs portions du cerveau; par suite, les facultés intellectuelles qui en dépendent sont faibles ou manquent totalement.

Le premier soin, en commençant, est d'apprécier la force de l'intelligence, des instincts et des sentiments moraux. Il faut exciter les organes qui existent, pour qu'ils suppléent à ceux qui font défaut, et arriver, par un exercice soutenu, à développer les facultés qui ne sont qu'à l'état rudimentaire : c'est ainsi que, chez les aveugles, on donne à l'ouïe et au toucher une délicatesse exquise qui nous étonne et nous émerveille, et vient remplacer en partie le sens qui n'existe pas.

La première difficulté à vaincre, est de faire prononcer des sons articulés. Beaucoup de crétins ne font entendre que des hurlements ou une espèce de grognement qui n'a rien de la voix humaine. On commence par leur montrer un objet, on leur en dit le nom, et on leur facilite le son en leur apprenant le mouvement que les lèvres doivent exécuter. Les débuts de cet exercice sont lents, fastidieux; car les élèves sont inattentifs, et il faut leur répéter indéfiniment la même chose. Quand les premiers obstacles sont surmontés, on leur enseigne les caractères physiques, la valeur ou l'usage des objets qu'on leur a désignés. S'agit-il d'une pièce de monnaie, on la leur présente, on prononce le mot, on la dessine sur une ardoise, et, enfin, on la leur donne dans la main. Veut-on leur faire comprendre l'usage d'un verre, on le leur montre, on le dessine, et, après le leur avoir mis en main, on y verse un peu d'eau qu'on leur fait avaler. Lorsqu'un de ces pauvres enfants parvient à comprendre ce qu'on lui enseigne, sa joie éclate en rires bruyants, en contorsions bizarres, qu'on réprime quelquefois avec peine. Le professeur, satisfait de son élève, le récompense par des caresses, ou par quelques bonbons dont les crétins sont très-friands.

Les sentiments affectueux sont difficiles à faire naître, bien que ces infortunés soient reconnaissants envers les personnes qui les entourent de bons soins : ils évitent de se rapprocher, de se lier entre eux ; ils ont, en outre, une tendance très-prononcée à se mettre en colère pour le plus léger motif.

Lorsque les premiers signes du réveil de l'intelligence se manifestent, le docteur Guggenbühl s'efforce de leur inspirer des sentiments religieux. C'est par la prière que tous les exercices commencent et finissent, et les explications qui se rattachent à la création des plantes, des animaux, à l'élévation des montagnes, se rapportent toujours à Dieu et à sa puissance infinie. Les idées pieuses pénètrent aisément dans l'esprit des crétins, et on les voit souvent prier avec une grande ferveur.

Une difficulté sérieuse est de relier l'attention des élèves par une idée commune. Chacun d'eux, n'écoutant que ses instincts, se livre à des préoccupations individuelles dont on ne le tire qu'avec peine.

Le docteur Guggenbühl emploie avec succès deux moyens pour obtenir le silence et le recueillement. Pendant le jour, on frappe un gong chinois, dont le son éclatant assourdit le tympan, fait taire les conversations et imprime un mouvement d'étonnement. Le professeur saisit cet instant pour commencer la prière, et alors, soit par obéissance, soit par imitation, tous les enfants écoutent la voix de leur maître.

Le soir, le professeur a recours à une autre idée ingénieuse pour fixer l'attention. Il réunit, dans une salle non éclairée, les élèves capables de recevoir les premières notions de lecture, et, sur un tableau noir placé au fond de cette salle, il trace tout-à-coup, à l'aide d'un crayon de phosphore, une des lettres de l'alphabet. La lumière vive étonne les enfants et les force à s'occuper de ce qui se passe devant eux. Ordinairement, la première lettre tracée est un *o*, car cette lettre est la base de plusieurs autres. Il suffit d'ajouter un trait en avant, en haut, en bas, pour faire d'un *o* un *a*, un *b*, un *d*, un *g*, un *q*, un *p*, etc. Cet exercice frappe les yeux, excite l'intelligence, et bientôt la mémoire saisit et retient les objets de l'enseignement.

Mais cette éducation ne marche qu'à pas lents; il faut une patience et une persévérance soutenues pour obtenir les résultats désirés. Enfin, après quatre, cinq, et quelquefois six ans, la constitution physique est changée, les facultés intellectuelles se sont affermies, l'instruction a acquis une solidité et pris des développements inattendus. Les élèves savent parler, lire, écrire; ils possèdent des notions de géographie et d'histoire naturelle; ils peuvent se livrer aux travaux champêtres, entreprendre un métier; enfin, on a vu deux crétins devenir instituteurs dans des villages de la Suisse.

Ainsi les efforts constants d'un homme de bien ont transformé en citoyens utiles à la société des êtres pour laquelle ils devaient être un fardeau et un objet de répulsion.

Tant d'efforts et de résultats heureux ne pouvaient rester inaperçus. Des publications écrites en toutes les langues de l'Europe apprirent au monde le nom du docteur Guggenbühl; elles lui révélèrent ses travaux, ses sacrifices et ses succès. On vit alors accourir à l'Abendberg des médecins célèbres de l'Italie, de l'Allemagne, de l'Angleterre, de l'Amérique; des philosophes, des philanthropes, des personnages de la plus haute distinction; des princes et des rois même voulurent connaître et apprécier les mérites de cette nouvelle et importante institution. On y constata que depuis un petit nombre d'années, plus de trois cents enfants ont été admis et traités à l'Abendberg; que sur ce nombre il n'en est mort que six de maladies chroniques et compliquées, que beaucoup ont été totalement guéris; que la plus grande partie a été sensiblement améliorée au physique et au moral et qu'ils ont pu continuer des études ou se livrer à des travaux utiles.

Les félicitations et les honneurs sont venus trouver le docteur Guggenbühl dans sa retraite; les sociétés savantes, les académies ont inscrit son nom parmi ceux de leurs membres correspondants, et la Société des sciences médicales du département de la Moselle, entraînée par les sentiments que provoqua le récit verbal que je lui fis au retour de mon voyage, décida à l'unanimité, sur le rapport de M. Maréchal, qu'elle considérait le docteur Guggenbühl comme un des bienfaiteurs de l'humanité et qu'elle lui décernait le diplôme de membre correspondant.

L'exemple donné par le professeur Guggenbühl n'est pas resté stérile: les docteurs Buck, de Hambourg; Rosch, du Wurtemberg; Herkenwarth, d'Amsterdam; Twining, de Londres, firent des efforts pour fonder dans leur pays des établissements destinés aux crétins et aux idiots. Ce dernier médecin lut, en 1845, à Cambridge, dans un meeting tenu par l'Association britannique, un mémoire pour démontrer la possibilité d'instruire les idiots et les crétins. L'année suivante, en 1846, plusieurs dames anglaises réunies à Bath, après avoir lu le récit des faits qui se passent à l'Abendberg, prirent la résolution de créer une école dans leur pays. Miss White étudia la méthode du docteur Guggenbühl et elle se dévoua elle-même à la fondation d'un hospice qu'on installa dans une maison de Walcot-Farade. Quatre enfants furent admis aussitôt; l'année suivante il y en avait quinze; les résultats obtenus attirèrent les élèves, et en 1851, l'institution, continuant à prospérer, dut être transportée au Belvédère où existe une position favorable sous le rapport de l'air et de l'élévation du terrain.

Le docteur Coldstream publia, en 1847, un excellent article intitulé : *La Retraite Alpine sur l'Abendberg*. Il y expose tout ce qui s'y pratique et il provoque la création d'un établissement semblable à Londres. Son appel fut entendu par le docteur Andrew Reed qui, animé d'un grand zèle, réunit des souscriptions qui permirent, dès le mois d'octobre de la même année, d'ouvrir un asile aux crétins et aux idiots dans Park-House. Cette institution a prospéré, et dès 1849 on fit un rapport qui signalait de très-remarquables succès.

Les États-Unis d'Amérique ne tardèrent pas à imiter leur mère-patrie. Le docteur Howe, de Boston, après avoir visité les Alpes de l'Oberland et étudié attentivement le système du professeur Guggenbühl a fondé, non loin de la ville qu'il habite, un hospice qui donne des résultats favorables ; il a déjà publié deux rapports qui permettent de fonder de très-belles espérances.

Parmi les visiteurs de l'Abendberg, nous nous empressons de citer le roi de Wurtemberg qui, après s'être assuré des progrès des élèves du professeur Guggenbühl, résolut de fonder un établissement semblable dans son royaume, au milieu des montagnes de la Souabe. Il nomma une commission chargée de constater le nombre approximatif des crétins et des idiots et de désigner le lieu le plus favorable à cette nouvelle institution. En peu de temps la commission découvrit trois mille de ces êtres infortunés.

Bientôt, en 1847, un vieux couvent, situé sur le Mariaberg, non loin de Stuttgard, s'ouvrit pour les recevoir. On y réunit rapidement cinquante enfants qui furent classés d'après leur état physique et les chances qu'ils offraient pour la guérison. Le gouvernement, le roi et la reine fournirent libéralement les subsides nécessaires pour assurer l'existence de cet hospice qui fut placé sous le patronage de la princesse Olga.

L'archiduc Jean d'Autriche, stimulé par cet exemple, fonda aussi un établissement semblable en Styrie.

Peu de temps après, le roi de Sardaigne, frappé des récits merveilleux qui lui parvenaient touchant l'éducation des crétins, nomma une commission, présidée par le docteur Sella, qui fut chargée d'étudier les faits qui se rattachent à l'établissement de l'Abendberg.

Après s'être entouré de tous les documents et fait un recensement rapide dans les vallées du versant oriental des Alpes, elle découvrit sept mille crétins.

Le roi, sur le rapport qui lui fut transmis par cette commission, décida qu'un hospice serait fondé près d'Aoste, sous la direction des membres de l'ordre de Saint-Maurice et de Saint-Lazare.

Quelque considérable que puisse paraître le nombre de crétins découverts dans un si petit espace, il est encore loin de répondre à la vérité.

Lorsque Napoléon I fit faire, en 1811, un recensement des crétins existant dans le Valais, alors département du Simplon, on constata dans ce canton plus de trois mille crétins.

Il en est à-peu-près ainsi dans toutes les Alpes, les Pyrénées, les Vosges, partout où il existe des montagnes.

Si on énumère par la pensée le nombre de malheureux que

l'enseignement du docteur Guggenbühl est appelé à rendre à la société, en développant leurs facultés physiques et morales, on comprendra le mérite de ses efforts et l'importance de ses bienfaits.

Comment se fait-il que la France, si sympathique à toutes les infortunes, n'ait point encore fait d'efforts pour se placer à la hauteur du Wurtemberg, du Piémont, de l'Angleterre et des autres pays ? C'est qu'elle ne savait pas qu'il est possible de secourir des êtres considérés comme incurables parce qu'ils sont affaiblis et dégradés par la souffrance.

Mais aujourd'hui que le succès a couronné les efforts d'un homme de bien, on ne tardera pas à voir éclater en faveur des idiots et des crétins des sentiments de bienveillance et de pitié qui sont au fond de tous les cœurs ; ils n'y sommeillaient que parce qu'on ignorait toute l'étendue du mal et toute l'efficacité du remède qu'on y peut apporter. Le docteur Guggenbühl a éclairé ce sujet du plus grand jour. A son exemple on verra les établissements philanthropiques, et le gouvernement lui-même, prêter leur appui à ces infortunés ; et bientôt la France, obéissant à ses nobles inspirations, fondera une institution nouvelle, portant le cachet de grandeur et de générosité qui s'attache à toutes ses œuvres.

H. Scoutetten.

LA MER MORTE.

—◆—

(7 janvier 1851.) . . . . Au point même de jonction du Kedron et de l'Ouad que nous allons suivre, est un puits creusé dans le rocher, et dont je n'ai pu obtenir le nom de mes bedouins : pour eux il s'appelle *el-Bir,* c'est-à-dire le puits, tout court. Me voilà bien avancé !

Bientôt nous arrivons à la naissance du torrent, et peu après, sur un petit plateau compris entre deux rideaux assez bas, traversé par un lit de ruisseau à sec, qui court du nord au sud, et garni d'un campement de bedouins, dont nous reconnaissons la présence, avant de l'apercevoir, à une nuée d'enfants presque nus, de femmes en chemise bleue et de chiens aboyants, qui viennent nous regarder mais du plus loin qu'ils peuvent. Ce sont des amis de notre guide qui occupent ce terrain : nous passons donc près d'eux sans la moindre inquiétude.

Arrivés au bout de cette petite plaine une descente rocailleuse nous amène au fond d'une vallée déchirée. Là, encore, nos mules nous arrêtent. Comme nous ne pouvons laisser cheminer les bagages isolément en ce pays, si nous tenons à les conserver, nous sommes bien forcés de faire halte, quand nos bêtes de somme s'avisent de rouler dans quelque trou, ce qui arrive à chaque instant.

Je profite de ce temps d'arrêt pour examiner le pays qui m'entoure. A droite est un pâté de montagnes peu élevées dont le centre est à environ dix kilomètres : c'est le Djebel-Emdenys. Au-delà s'étend une vaste plaine coupée par le Kedron : c'est le Merdj-el-Begâa. Devant nous, c'est-à-dire à l'est, s'étend une suite non-interrompue de mamelons calcaires, et à notre gauche sont diverses montagnes dont la plus élevée est à une lieue environ. La formation est toujours la même, c'est-à-dire du calcaire, coupé de larges filons de silex contournés et tourmentés, comme par l'action du feu. Sur le flanc de la première de ces montagnes de gauche, paraît une tache rougeâtre considérable, et j'envoie un de mes bedouins me chercher des échantillons de la roche qui a contracté cette couleur, qui tranche si fortement avec la teinte uniformément blanc jaunâtre de tout le pays que nous traversons. Il me rapporte des morceaux de pierre, qui ont exactement l'apparence des pierres calcaires de notre pays lorsqu'elles ont subi l'action d'un incendie.

En dix minutes de marche nous avons franchi le point où se montre cette tache étrange..... Après avoir traversé force ravins, contourné force mamelons ayant toujours l'apparence rissolée, que j'ai déjà bien des fois signalée, nous arrivons par une direction constante à l'est, à la dernière crête qui nous sépare encore de la plage tant désirée. Mais, pour y parvenir, nous avons à faire connaissance avec une de ces descentes fabuleuses qui, du sommet des montagnes de Canâan, conduisent au bord de la mer Morte. Comment hommes et bêtes peuvent-ils se tirer de pas semblables? Aujourd'hui encore que je les ai franchis, c'est un problème dont je ne comprends pas trop la solution.

Nous mettons enfin le pied sur la plage et nous nous trouvons à deux cents mètres au plus du bord de l'eau. Du haut de la montagne que nous venons de descendre, cette mer étrange, à laquelle tous les écrivains attribuent l'aspect le plus sinistre, nous avait paru un lac splendide, étincelant de lumière, et dont les flots bleus venaient briser doucement sur le gravier de la plage la plus unie. A travers l'onde transparente apparaissait une teinte blanche qui festonnait la rive, et nous avions deviné déjà que cette teinte était due au sel qui se précipite et cristallise sous les eaux. De près nous reconnaissons, sur le champ, que nous avons deviné juste.

Allions-nous acquérir la certitude que rien ne vit au bord de la mer Morte, ainsi qu'on l'a tant de fois répété ? C'est le contraire qui nous est démontré, à l'instant même où nous atteignons le rivage : une volée de canards fuit devant nous, s'abat hors de portée sur les flots, se joue et plonge gaiement. Aux premiers pas que nous faisons, de beaux insectes se montrent à nous sur le gravier ; des corneilles volent et crient sur les flancs déchirés de la falaise immense qui domine le lac.

Où sont donc ces miasmes méphytiques qui donnent la mort à tout ce qui n'en fuit pas l'atteinte ? Où ? Dans les écrits des poètes qui ont emphatiquement raconté ce qu'ils n'ont pas vu. Il n'y a pas cinq minutes que nous foulons la plage de la mer Morte, et déjà, presque tout ce qu'on en a dit est rentré pour nous dans le domaine de la fable. Poursuivons donc notre route en toute sécurité, car si quelque chose est à craindre ici, ce n'est certainement pas l'influence pestilentielle du lac le plus imposant et le plus beau qui existe sur la terre.

A partir du point où nous avons touché la rive nous marchons directement au sud, et nous entrons dans le delta situé à l'embouchure de l'Ouad-en-Nar. Ce delta est formé de dunes de gravier, sillonnées par de larges ravins qui vomissent dans la mer les eaux du Kedron lorsque les pluies donnent au torrent une existence éphémère. C'est à l'extrémité sud du delta que le torrent a son lit actuel : inutile de dire qu'il est rempli des fragments de roc que le torrent entraîne dans ses crues.

Au-delà du delta nous traversons une ravine sans nom, qui descend directement à l'est par une déchirure de la falaise ; à partir de là, le terrain sur lequel nous cheminons est formé d'un gravier très-meuble et dans lequel les pieds de nos chevaux s'enfoncent à chaque pas. La surface en est efflorescente, grâce à la saturation saline du sol, due à la retraite des eaux de la mer, lorsque son niveau s'abaisse, pendant la saison d'été. Je dis que le niveau s'abaisse, et ce fait ne saurait être révoqué en doute, puisqu'à quelque dix mètres de la rive, des troncs d'arbres sont à demi-enterrés dans le gravier. A les voir on jurerait qu'ils ont été brûlés, car tout le bois en est noir comme s'il avait échappé à un incendie. Ces arbres, à en juger par l'état dans lequel ils se trouvent, sont probablement là depuis des siècles, et, entraînés par les cours d'eau qui se précipitent dans la mer Morte, ils ont été déposés sur la rive par les flots de cette mer. Chaque année, sans doute, le nombre de ces arbres à l'aspect sinistre, augmente lors de la saison des pluies ; et le Jourdain, qui court violemment entre des rives admirablement couvertes de végétation, doit avoir fourni la majeure partie de ce bois flotté.

Au point où nous sommes la plage n'a plus guère qu'une largeur de quatre cents mètres, et le flanc inaccessible des montagnes s'élève immédiatement à pic. Une nouvelle ravine forme en ce point un autre delta beaucoup moindre que celui de l'Ouad-en-Nar, puisqu'il ne donne à la plage qu'un surcroît de largeur de deux cents mètres environ : la nature du terrain qui la constitue reste la même.

Tout-à-coup la rive se creuse en golfe et se rapproche du pied de la montagne, dont elle n'est plus séparée que de deux cents mètres au plus. Nous passons en vue d'une grotte creusée dans le flanc de la falaise. Un peu plus loin, le roc est entamé par le lit d'une cascade qui a fait de la plage une plaine couverte de pierrailles. Puis, bientôt, la rive se couvre de roseaux immenses qui forment un inextricable fourré. La mer disparaît derrière cet ondoyant rideau et le pied de la montagne n'est séparé que de quelques mètres de la lisière des roseaux. La présence de ceux-ci est due à une magnifique source d'eau chaude et douce, peuplée de myriades de mélanopsides et de néritines. Enfin de jolis martins-pêcheurs voltigent sur le ruisseau formé par la source qui s'appelle *Source du Petit-Marais*. C'est là que nous nous arrêtons, et nos tentes se dressent assez rapidement à cinquante pas de la source.

Pendant que nous avons suivi la plage, nos bedouins se sont mis en quête des morceaux de bitume et de soufre, que le lac rejette fréquemment sur ses bords. Ils en ont ramassé bon nombre qu'ils m'apportent : mais ce qu'ils me montrent en triomphe c'est un petit poisson mort qu'ils ont trouvé sur la grève. Au premier moment nous sommes tentés de croire à une erreur de plus de la part des écrivains qui ont tant parlé sur la mer Morte. Ce poisson, recueilli à quelques lieues des rivières, a d'ailleurs toute l'apparence extérieure d'un poisson de mer : en faut-il conclure que des êtres de cette classe vivent dans le lac ? Nos bedouins seuls peuvent fixer notre opinion sur ce point. Je les interroge donc les uns après les autres, et, de leurs réponses parfaitement concordantes entr'elles, résulte pour nous la certitude que nul poisson ne paraît, qu'accidentellement, dans ces eaux saturées de sel. Les flots du Jourdain et de l'Arnon, entraînent fréquemment les poissons qui s'aventurent, trop près de l'embouchure de ces rivières, à la poursuite des proies qu'elles emmènent à la mer. Une fois entrés dans les eaux du lac, ces animaux ne tardent pas à y subir une espèce d'empoisonnement qui ne leur permet plus de revenir en arrière et ils meurent assez promptement. Leurs corps surnagent alors, et la moindre brise les rejette sur la plage.

Quelques jours après, vers le rivage de Sdoum, mes bedouins me ramassèrent deux autres poissons semblables, mais en très-mauvais état de conservation; dans les trois individus il m'a semblé reconnaître une espèce qui pullule dans le lac de Gennesareth, et qui plusieurs fois a été servie sur notre table pendant notre séjour à Thabarieh.

Pendant que nos domestiques s'occupent de dresser nos tentes, les gens du pays qui nous accompagnent vont au fourrage, c'est-à-dire qu'ils abattent autant qu'ils peuvent des immenses roseaux qui nous séparent de la rive et dont nos chevaux se montrent très-friands. Je les suis, et je cueille une assez nombreuse série de jolies plantes qui croissent à travers les roseaux, surtout auprès de la source : là se trouve un convolvulus ou liseron qui grimpe en s'enroulant autour des tiges élevées de ces roseaux et forme un inextricable fourré que les yataghans de nos bedouins peuvent seuls permettre de traverser.

Derrière les tentes et sur le flanc de la montagne, nos chevaux sont attachés au piquet, et chacun d'eux est pourvu d'une large brassée de roseaux qu'il dévore. Nos bedouins vont chercher au bord de la mer du bois flotté et plusieurs feux sont installés autour du camp. Chacun d'eux est gardé par quelques hommes qui font faction à tour de rôle, pour éviter les surprises. D'heure en heure nous entendons retentir au loin le cri prolongé de nos gardes, et tout retomberait dans le silence, n'étaient les clochettes de nos mulets de charge, qui troublent seules la paix de cette nuit si calme et si profonde.

La température est chaude, l'air d'une pureté extrême, et lorsque la lune vient ajouter sa lueur, faible encore, à celle des étoiles, la mer Morte et notre campement prennent une physionomie si pittoresque que nous en sommes tous vivement impressionnés. De fait, nous ne nous lassons pas d'admirer ce spectacle si nouveau pour nous, parisiens dépaysés!

. . . . Il est minuit quand ma besogne est terminée. Tout dort autour de moi, à l'exception des hommes de notre escorte qui fument près des feux du bivouac, en envoyant jusqu'à moi les intonations gutturales de leur admirable langue. Je vais, à mon tour, inspecter tous les feux, causer et fumer avec mes bedouins qui me témoignent le plus qu'ils peuvent affection et respect, et je me faufile enfin dans ma petite tente, où je m'étends tout habillé sur ma couchette, et mes armes sous la main.

Je ne répéterai pas ce détail, et je dirai une fois pour toutes, que pendant les vingt et quelques nuits que nous avons passées sur les bords de la mer Morte, nous n'avons pas pu songer une seule fois à nous dépouiller de nos vêtements pour reposer plus à l'aise : mieux valait un peu moins de repos et beaucoup plus de sécurité. Nous nous mettions ainsi, sinon à l'abri d'une surprise, du moins en mesure d'y faire face promptement et d'une façon plus efficace. . . . . .

F. DE SAULCY, de l'Institut.

LA MENDIANTE.

> Jetez vos regards sur moi, et ayez compassion de moi, car je suis seul et pauvre. *(Ps. 24.)*

Le jour fuit, la nuit tombe, et ses ombres glacées
Ajoutent leur tristesse à mes tristes pensées !
Pour moi, tout est besoin, souffrance, isolement,
Mon feu s'éteint, mon corps languit sans aliment,
J'ai froid, j'ai faim. Pourtant du fond de mon asile
J'entends le bruit joyeux des plaisirs de la ville.
Dans ces jours de folie et de brillants loisirs
Qui pourrait refuser à mes humbles désirs
Le pain qui soutiendrait ma débile existence !
Sortons, et des passans réclamons l'assistance ;
Que du moins leur secours m'empêche d'expirer,
Si je puis me résoudre, hélas, à l'implorer !.....

Mon cœur bat, mes genoux fléchissent, et ma bouche
Craint de ne pas trouver un accent qui les touche !...
Madame !.. il passent tous... Monsieur !.. sur leur chemin
Vainement le malheur tend sa tremblante main :
A la pitié leur âme est à jamais fermée,
Ou ma voix à prier est mal accoutumée ;
Hélas !...

    Quels doux concerts ! quels sons pleins de gaîté !

LA MENDIANTE.

Dans ces salons où brille une vive clarté,
Retentissent ces airs, doux signal de la danse ;
J'écoute en soupirant leur rapide cadence.
Charme de la jeunesse, accords jadis connus,
Beaux jours de mes beaux ans qu'êtes vous devenus?
Loin d'un monde orgueilleux, les fêtes du village,
Un rustique instrument, et le bal sous l'ombrage,
Me donnaient des plaisirs qui valaient tous les siens :
A ses loisirs pompeux je préférais les miens.
O moments fugitifs de mon adolescence
Qu'embellissaient la paix, l'espoir et l'innocence,
J'en atteste aujourd'hui votre doux souvenir,
Je ne demandais rien au douteux avenir,
Rien, que de me laisser sans regrets, sans envie,
Suivre le cours obscur d'une paisible vie !
Eh bien! fortune, amis, espoir, j'ai tout perdu.
Quand je réclame en vain le bonheur qui m'est dû,
Vous, favoris du sort, bercés par la mollesse,
Vous osez m'étaler cet éclat qui me blesse !
Je vis dans la douleur, vous vivez dans les jeux,
Pourquoi vous plus que moi? Pourquoi vous seuls heureux?
Tandis qu'autour de vous tout respire la joie,
Que vos ombres, glissant sur ces rideaux de soie,
Décèlent vos plaisirs, moi je souffre et je meurs.
Oh! du moins, que mes cris, mes sinistres clameurs,
S'élèvent jusqu'à vous et troublent votre ivresse.
Frémissez à l'accent d'une voix vengeresse !
Puissent ces gais concerts, ce doux bruit d'instruments,
Se transformer pour vous en sourds gémissements !
Qu'au fond de ces miroirs, brillants de vos images,
La Misère et la Faim de leurs pâles visages
Sur vos fronts consternés épouvantent les Ris !

Puissent sur vous, enfin, peser de tout leur prix
Ces colliers, ces bandeaux, ces coûteuses parures,
Dont le luxe odieux insulte à mes tortures !
Allez, soyez maudits!... Je m'égare... Grand Dieu !
Qu'ai-je fait ! qu'ai-je dit, hélas ! et dans quel lieu !
Cet amer désespoir, ces criminelles plaintes,
D'un temple révéré souillaient les marches saintes !...
J'essaie à me soumettre et je l'essaie en vain,
En vain un froid mortel se glisse dans mon sein :
Cette félicité, qui se cache à ma vue,
Je ne veux point mourir sans l'avoir entrevue !
Pardonnez-moi, Seigneur ! Je suis faible, ma voix
S'élève encor vers vous une dernière fois ;
Parlez, Dieu tout-puissant ! de ces biens de la vie
Me rendrez-vous ailleurs la part qui m'est ravie?...
Ce bonheur fugitif, que j'espérai longtemps,
Je ne l'ai point goûté, Seigneur, et je l'attends !!

LES SAISONS DU NORD.

> Ce morne désert des neiges, où le soleil passager laisse tomber à regret un froid et stérile regard.
> WALTER SCOTT.

Connaissez-vous ces bords qu'arrose la Baltique,
Et dont les souvenirs, aimés du barde antique,
Ont réveillé la harpe, amorti des torrents ?
Connaissez-vous ces champs qu'un long hiver assiége,

L'orgueil des noirs sapins que respecte la neige,
Ces rocs couverts de mousse et ces lacs transparents?

D'un rapide printemps la fugitive haleine
Y ranime, en passant, et les monts et la plaine;
Un prompt été le suit, et, prodigue de feux,
Se hâte de mûrir les trésors qu'il nous donne;
Car l'hiver menaçant laisse à peine à l'automne
Le temps de recueillir ses présents savoureux.

Mais ces rares beaux jours, quel charme les décore!
La nuit demi-voilée y ressemble à l'aurore :
Une molle douceur se répand dans les airs;
Et cette heure rapide où le soleil repose,
Glisse avec le murmure et les parfums de rose
Des bouleaux agités par la brise des mers.

Hâtez-vous de goûter d'éphémères délices;
L'hiver, qui vous poursuit de ses tristes prémices,
D'un givre étincelant a blanchi ces climats :
Bientôt l'onde s'arrête à sa voix redoutable,
Et sur les champs muets que son empire accable
D'une haleine puissante il souffle les frimas.

Mais aux natals plaisirs lui seul offre un théâtre :
Ses chemins de cristal et ses tapis d'albâtre
Ouvrent leur blanche arène aux traîneaux triomphants;
Et malgré ses rigueurs et sa morne durée
Lui seul prête ses traits à l'image sacrée
Qui grave la patrie au cœur de ses enfants.

Beaux climats du midi, terres du ciel aimées!
Que sont aux fils du nord vos brises embaumées?
Les jasmins de Grenade et leurs parfums si doux,
Ne pourraient l'arracher à sa mélancolie :

Sous vos rameaux en fleurs, citronniers d'Italie,
Il rêve un sol de glace et des cieux en courroux !

MIGRATIONS.

Dites-moi, bords féconds de l'antique Neustrie,
    Voisins des flots amers,
Ce que va demander, si loin de sa patrie,
    Tout ce peuple à vos mers ?

L'Alsace, dès longtemps, vaillante sentinelle
    Du pays menacé,
A-t-elle tressailli d'une alarme nouvelle
    Dans son poste avancé ?

Le Rhin, comme autrefois, sent-il frémir sa rive
    Sous des pas ennemis,
Qu'il envoie en exil, tel que Sion plaintive,
    Ses filles et ses fils ?

Les laboureurs, peut-être, en poussant la charrue
    Dans les sillons fumants,
Ont peur de voir crouler l'Europe vermoulue
    Sur ses vieux fondements !

Ou qui sait si pour eux, voyageurs que nous sommes,
    L'heure ne sonne pas,
Où, sur ce globe étroit, les familles des hommes
    Se déplacent d'un pas,

Et dociles jouets de ce choc qui les pousse
    Vers un nouveau destin
Subissent tour à tour, de secousse en secousse,
    Un mouvement lointain !

Ce volcan d'Orient qu'est-ce donc qu'il prépare
    Dans son cratère ardent ?
L'allons-nous voir encor d'une lave barbare
    Inonder l'Occident ?

Fuyez alors, et loin des humaines tempêtes
    Qui brisent les états,
Tentez, enfants du Rhin, d'innocentes conquêtes
    Vers de plus doux climats :

Le fer ne servira, dans vos mains pacifiques,
    Qu'à creuser les guérets,
La flamme, qu'à miner les racines antiques
    Des incultes forêts.

Oh ! voyez, embarquant chariots et corbeilles,
    L'un par l'autre poussé
Ces groupes bourdonnant comme un essaim d'abeilles
    A la ruche empressé !

Tout part ! Ici s'endort au giron de l'aïeule
    Le vagissant maillot ;
Là, l'enfance, ô pitié ! s'en va, pleurante et seule,
    Se confier au flot !

Hélas ! la pauvre mère au bruit de l'incendie
    Dans la nuit allumé
Jette au loin quelquefois, par la peur enhardie,
    Un berceau bien aimé !

Ainsi sont rejetés ces fils de la misère
De ce sol inhumain
Où depuis trop longtemps la peine est sans salaire
Et le travail sans pain !

Le navire pressant toutes ces têtes blondes
Entre ses flancs obscurs
Semble, après la récolte, entraîné par les ondes
Un panier de fruits murs !

Partez ! un jeune monde avec eux vous réclame,
Vous, qui gardez comme eux
En des corps fatigués quelque jeunesse d'âme
Quelques rêves heureux !

Mais lorsqu'on a perdu le plus beau d'une vie
Effeuillée à demi,
Qu'à nos labeurs sans fruits l'espérance est ravie
Qu'on ne fait plus d'amis ;

Quand la coupe du siècle a troublé notre tête
De sa vaine liqueur,
Quand sa fange a terni notre robe de fête,
Son souffle, notre cœur ;

A quoi bon transporter de là cette eau profonde
Les soucis d'aujourd'hui ?
Mieux vaut rester, languir, mourir dans ce vieux monde
Et peut-être avec lui !.....

AMABLE TASTU.

MAUR-LE-VIOLON.

Huit heures du soir sonnèrent à l'église du petit village de Nauroy, et le curé, relevant sa tête courbée, adressa au ciel un dernier regard où la douleur, combattue par la résignation chrétienne, montait suppliante plutôt que consolée. Il se frappa la poitrine pour demander à Dieu le pardon de cette révolte obstinée, posa les lèvres sur les dernières marches de l'autel et sortit à reculons, comme s'il eût craint de perdre sa force en cessant de voir l'image de celui qui a tant souffert.

Ayant fermé la porte de l'église, il se promena quelque temps sous les tilleuls cachant les murailles du rideau vert de leurs feuilles, puis, se tournant vers le cimetière où les tombes s'effaçaient dans le crépuscule, il fit un signe d'adieu et de bénédiction à une petite croix toute fraîche, couronnée de jasmins, murmura ces paroles du *Livre de la Sagesse :* « Gardez-vous des murmures inutiles, » et remontant l'allée sombre, marcha vers son humble demeure qui était au bout.

Montant les degrés, il allait ouvrir la porte, quand il trébucha, et, se penchant, regarda à ses pieds. Un petit enfant, roulé dans ses langes, dormait là, posé sur la pierre humide, et ne s'éveilla même pas à la secousse que lui donna le pied du prêtre. Celui-ci le prit rapidement, le regarda :

— Oh mon Dieu ! dit-il, qui peut connaître vos décrets ?

Et poussant la porte, il entra avec son fardeau dans une grande chambre à peine éclairée par une lampe fumeuse, où veillait une femme assise, les mains jointes et affaissée sur les genoux, les yeux inquiets, chercheurs, et laissant couler des larmes qui glissaient lentement sur ses vêtements noirs. Elle ne fit pas un mouvement à l'entrée du prêtre ; seulement un sanglot mal contenu et une rougeur fugitive passant sur ses joues pâles montrèrent qu'elle l'avait entendu.

— Hélas ! se dit-il, toujours la même... Mon Dieu, inspirez-moi !

Et sans dire un seul mot, il alla vers un berceau vide, abandonné dans un coin de la chambre, y posa doucement l'enfant toujours endormi, revint près de la femme qui pleurait, et, lui prenant les mains, lui dit avec un accent de doux reproche :

— Ma sœur !...

Un cri d'enfant y répondit comme un écho.

Le prêtre pâlit et se leva en appelant Dieu à son aide. Sa sœur avait brusquement dégagé ses mains, et, les agitant au-dessus de sa tête, avait bondi, comme la veuve de Naïm, vers le berceau. Elle en arracha l'enfant, et le portant sous les rayons de la lampe, le regarda quelques instants avec un torrent de larmes et sans rien dire. Son corps tremblait comme une branche au vent d'orage, et les déchirements de son âme passaient en traits de feu sur son visage bouleversé.

Le petit ange, réveillé tout-à-fait, sourit sans crainte à ce regard qui le dévorait, et, ouvrant ses bras avec cette divine caresse de l'enfance, parut vouloir embrasser cette mère inconnue dont les mains fléchissaient sous lui.

— Ma sœur, reprit le prêtre, ma bonne Catherine, c'en est un que Dieu vous rend pour celui qu'il vous a repris.

La pauvre femme eut un premier mouvement de répulsion et recula en éloignant son visage de celui de l'enfant. Ce n'était pas le sien, hélas ! le sien qui dormait sous la terre depuis deux jours !.... Rachel ne voulait pas être consolée.... Mais le bras de Dieu, plus fort qu'elle, la courba de nouveau vers ce petit abandonné qui lui tendait toujours les mains.

— Mon fils !... soupira-t-elle.

Et dans un mouvement frénétique elle le serra contre ce sein gonflé de larmes, où la douleur criait toujours, et où l'espérance rentrait étonnée : la mère se retrouvait.

Elle se tourna vers son frère et le regarda sans parler.

— Il était là, dit le prêtre qui la comprit, sur notre porte, abandonné par qui ? je ne sais ! Je n'ai rien vu ni rien entendu. Oh ! croyez donc, chère sœur, que c'est bien Dieu qui nous le donne !

Et dans un élan de reconnaissance passionnée il tomba à genoux et pria :

—Seigneur, dit-il, vous êtes proche de celui dont le cœur est affligé : soyez béni !

Catherine avait dépouillé l'enfant de ses langes et lui donnait les soins d'une tendre mère ; il s'était rendormi et ce fut avec mille précautions qu'elle le remit dans le berceau tout-à-l'heure encore si horriblement vide.

Le frère et la sœur se prirent les mains et tous deux se tenaient ainsi, muets et charmés, devant les rideaux blancs fermés. Catherine la première parla pour dire à son frère :

— Mais à qui ?

Et déjà sa voix tremblait, déjà elle avait peur de se voir enlever encore ce fils d'un instant : la mère aime tout de suite pour l'éternité...

— Sœur, ne craignez point, dit le prêtre, celle qui l'a abandonné ne le reviendra pas chercher. N'avez-vous pas vu qu'il n'y a rien qui puisse le faire un jour reconnaître ? Il est bien à nous, vous dis-je, Dieu nous l'a bien donné.

— Ah! dit la pauvre femme à genoux et fondant en larmes, qu'il me laisse au moins celui-là !

Et sa bouche effleura le front de l'enfant en lui disant encore une fois : Mon fils !...

C'est ainsi que le petit Maurice fit son entrée dans le monde le 19 septembre 1795.

On lui donna le nom du saint fêté ce jour-là.

. . . .

Les années se passèrent : personne, — le curé l'avait bien dit, — ne vînt réclamer l'enfant délaissé : Catherine seule l'appela son fils. Bonne Catherine ! Elle n'avait certes pas oublié l'enfant de ses entrailles : mais elle avait mis à sa place vide le pauvre enfant inconnu, ainsi qu'on met un baume sur une blessure.

Maurice avait grandi sous la double influence d'une morale austère et d'une vie rude, laborieuse, presque antique. Toujours levé dès le jour, il partageait également le temps entre le travail du corps et celui de l'esprit. Le curé était un homme fort instruit, d'un esprit large et droit, qui avait puisé dans les grands événements dont il avait été le témoin une indépendance de vues, une hardiesse de pensées, une indulgence de cœur et d'âme qu'il fit passer tout entière dans Maurice. L'élève eut bientôt atteint le maître, et à vingt deux ans, l'enfant trouvé auquel, par une sainte et pieuse fraude, on avait toujours caché le mystère de sa naissance, passait, à bon droit, pour le plus beau et le plus savant qui fût à bien loin de Nauroy. Il était aussi droit de corps que d'âme et de cœur. Sa nature fine, un peu frêle même, mais ferme, nerveuse, souple, contrastait singulièrement avec toutes celles qui l'entouraient. Mais sa main, quoique petite, serrait à les briser les doigts épais de ses compagnons, et dans les luttes, ses reins ne savaient pas plier, ni ses jarrets fléchir. Il était doux et patient comme tout ce qui est fort.

Mais les plus chères, les plus heureuses de ses heures étaient celles qu'il passait à la musique. Le curé, musicien habile et savant, avait compris bien vite les grandes dispositions de Maurice pour cet art divin. Après quelques années d'études suivies, le jeune homme était devenu remarquablement fort. Et dans la solitude, qu'il aimait par-dessus tout, il chantait sur le vieux Crémone du curé, devenu le sien, des mélodies étranges où éclatait sans entraves le cri longtemps contenu de sa nature sauvage et passionnée. Il courait souvent se cacher dans les bois, et là, pour Dieu qui l'entendait, pour le soleil qui brillait, pour les feuilles qui cachaient sa tête, pour l'herbe qui lui faisait une couche si tendre, pour l'oiseau qui l'écoutait dans son nid, pour le vent qui passait dans ses cheveux et séchait son front brûlant, il jouait un hymne inconnu, plein d'ardeurs effleurées, de piété, de mystères, qui s'éteignait presque toujours dans les larmes inondant les cordes et roulant sur les doigts fatigués.

Ainsi passait sa vie, insouciante, tranquille, uniforme, coulant telle qu'un ruisseau entre ses rives, comme enfermée dans ces deux affections jusqu'alors les seules, celle qu'il croyait sa mère et le curé qui vieillissait. Maurice n'y songeait point, lui; il vivait, rêvait, étudiait, voilà tout. Il était si heureux qu'il lui semblait qu'il n'y eût rien de plus en ce monde.

Mais la destinée !...

Catherine mourut la première. Ce fut une douleur horrible pour elle et surtout pour lui qui n'avait jamais songé à la mort que dans ses vagues tristesses; et encore la voyait-il pour lui seul, et si loin! Puis le curé aussi, qui s'en alla à son tour, chargé d'ans et de vertus, s'étendre dans ce cimetière auprès duquel il avait trouvé cet homme qui sanglottait aujourd'hui à genoux sous ses mains, glacées en le bénissant.

Pauvre Maurice! Quand il fut seul dans cette maison où il les avait toujours vus, où tout lui parlait d'eux, il eut un vertige de douleur; la peur le saisit aux épaules et il s'enfuit.

Le frère et la sœur étaient seuls au monde; ils avaient tout donné à Maurice: ce tout était bien peu! Il alla demeurer à quelques pas du presbytère, mais jamais il n'y voulut rentrer. Il emporta le vieux Crémone, et tout le temps qu'il n'employait pas à cultiver son jardin il le passait à en jouer tout seul, dans les bois ou sous le berceau de clématites qu'il avait planté en souvenir de sa mère, qui les aimait tant!

Et pourtant il vint un jour où il les oublia.....

Ce jour-là, caché au plus épais de son bois chéri, il faisait vibrer sur les cordes toutes ses aspirations inassouvies. Son âme pure chantait, dans sa virginale ignorance, ses plus douces prières sur l'autel qu'il s'y était élevé *à un Dieu inconnu*, comme ces païens de jadis dont parle l'apôtre. Vaincu par l'harmonie, fatigué, ébloui, il avait posé son violon près de lui, et, se couchant sur la mousse, mettant sa tête sur ses mains croisées et regardant le ciel à travers sa voûte de feuillée, laissait la rêverie l'emporter sur ses ailes d'or.

Quand soudain il tressaillit et se leva en poussant un cri.

Son regard, en errant de la cîme des arbres à l'herbe qui poussait à leurs pieds, avait rencontré deux regards se fixant sur lui avec une curiosité étonnée. Des branches du taillis à demi-ouvertes encadraient d'une mobile arabesque une tête gracieuse et rougissante qui écoutait le musicien mystérieux.

Au cri qu'il jeta, les feuilles retombèrent, les branches se renouèrent en frissonnant et la vision s'évanouit.

Lui, éperdu, les mains en avant comme pour conjurer la divine apparition de revenir encore, s'était arrêté et creusait de ses yeux ardents le bois sombre et solitaire. Il évoquait une à une les légendes que le curé lui avait contées, des manoirs oubliés de la contrée et des vieilles tours du Rhin où il avait émigré. Quand il se réveilla de son rêve, il courut écarter les branches et chercha, mais en vain, sa vision perdue. Elle n'avait pas laissé plus de traces que l'oiseau dans l'air, et il s'en revint tout triste, tout songeur, à son jardin et à ses clématites auxquelles il oublia de dire le bonsoir accoutumé. Son violon resta muet dans sa main ouverte, et quand il se coucha, ce ne fut pas sa mère qui eut, comme toujours, sa dernière pensée.

Pauvre Maurice ! il avait trouvé aussi *le Dieu inconnu !*.....

Mais il retourna en vain à son bois; il ne revit plus rien. Avec sa nature silencieuse, timide, concentrée, si pleine de passion, ce souvenir eut bientôt creusé dans son cœur un profond abîme duquel il ne sortit plus : ce fut sa vie. Maurice ne rencontrait autour de lui aucune âme où laisser tomber ce secret qui l'étouffait. Et puis qu'eût-il dit ? Il ne savait rien ?

Son vieux Crémone le sauva de cette crise où il faillit mourir. Il ne le quittait plus, et la musique, cette langue éternelle, lui servait à parler de sa peine comme à un ami et lui gardait l'espérance.

Trois mois durèrent, de luttes et de larmes, dont Dieu seul fut témoin. Maurice, à force de prières, et sans doute avec l'aide de ceux qui l'avaient tant aimé, finit par devenir le plus fort et à trouver dans cette chimère qu'il adorait toujours une sorte de volupté sans mélange et sans ressentiments. Il regarda en lui-même et vit sans amertume le chemin qu'il avait fait, ainsi qu'un voyageur fatigué s'arrêtant sur une montagne se retournerait en arrière, pour contempler d'un regard satisfait la route parcourue et les horizons lointains.

Il en était là, quand un matin, gravissant la côte de Vandières, il fut violemment heurté par un cheval lancé au trot et traînant une légère voiture que conduisait, avec toute l'étourderie et la grâce possibles, un jeune homme prétentieusement habillé du frac incroyable et de la cravate monumentale de 1817.

Une exclamation de colère lui échappant, le jeune homme y répondit par un éclat de rire et un coup de fouet. Il s'amusait beaucoup de l'habit arriéré de dix ans et des gros souliers de Maurice. Il daigna même arrêter son cheval pour le mieux faire voir à une jeune fille placée derrière lui avec d'autres personnes et qui ne l'écoutait guères ; ce dont l'étourdi, fort aise de lui-même, n'avait garde de s'apercevoir.

Maurice demeura d'abord stupéfait et regarda autour de lui comme un homme qui s'éveille : il vit le sourire railleur, le bras étendu qui le désignait et au bout duquel se balançait le fouet avec un petit sifflement moqueur.... Un flot de sang lui monta au visage et brûla son front. Se jetant aux naseaux du cheval, il le fit cabrer et reculer jusqu'au bord de la route, et là, le tenant suspendu sur le vide, il promena ses yeux étincelants sur ceux qu'il voulait punir. Puis, comme le jeune fat levait de nouveau son fouet pour le frapper, il le saisit d'une main au manche et le brisa comme un roseau.

Des cris se croisèrent :

— M. du Resnel ! Ma fille ! Mlle Reine ! Mon père !...

Maurice poussait toujours le cheval, il allait en finir.......
Soudain il recula en ramenant vivement l'animal effrayé. Il avait reconnu, debout dans la voiture, calme, la lèvre plissée par le dédain, la vision d'autrefois, le regardant de ses grands

yeux bleus qu'il n'avait pas oubliés et où il vit poindre les larmes.

— Monsieur Maurice ! dit-elle.

Il ne se demanda point comment l'inconnue savait son nom : ce fut un bonheur ineffable, foudroyant qu'il laissa fondre sur lui et le prendre comme une vague, et qui ne lui causa aucune surprise tant il lui semblait qu'il l'attendît depuis longtemps.

Cette voix, plus douce qu'un chant d'oiseau, tomba sur la colère bouillonnante de Maurice comme une eau pure. L'admirable instinct de l'honneur cria à cet enfant de la solitude qu'il allait faire une lâcheté, et s'éveilla chez lui avec l'amour.

La honte d'avoir cédé à un irrésistible mouvement et surtout de s'être voulu venger comme il le faisait lui entra au cœur comme un fer aigu.

— Mon Dieu ! dit-il d'une voix sourde, devant elle !....

Et la douleur brisant sa force, il baissa les yeux, remit le cheval sur la route, et se contenta de pousser du pied les débris du fouet tombés dans la poussière.

— Rustaud ! cria d'une voix impérieuse le jeune du Resnel, ramasse-les et apporte-les moi, que je les achève sur tes épaules !

Maurice, cette fois, comprit qu'il en avait fait assez pour racheter sa faute, et qu'il serait lâche de ne pas punir la nouvelle insulte qui tombait sur lui. Un soupir d'allègement sortit de ses lèvres. D'un bond, sautant sur la voiture, il saisit dans ses bras nerveux le jeune homme surpris, le porta comme un enfant près du fouet rompu, en prit les morceaux, et les lui mettant dans la main :

— Qand il vous plaira de commencer, Monsieur ? lui dit-il.

Et se posant devant lui, appuyant sa poitrine sur la sienne, lui brûlant le visage de son souffle haletant de menace et d'orgueil, il attendit.

La main de du Resnel se leva. Mais saisie en l'air, elle retomba presque brisée sous l'étreinte furieuse des doigts de Maurice. Il poussa un cri de douleur et de rage qui fit hausser les épaules à Maurice.

— M. Maurice! dit encore Reine en se levant, et son doux visage couvert d'une adorable rougeur.

— C'est bien, murmura Maurice en tressaillant de joie, tant ce cri était différent du premier, et, croisant son regard avec celui de la jeune fille, c'est bien! Venez, Monsieur, je ne vous en veux plus.

Et rejetant du Resnel, à moitié fou de fureur et de honte, sur le marchepied de la voiture, il salua gravement, sauta comme un chat sauvage dans un ravin de broussailles, et disparut en chantant.

Ce soir-là, sans nul doute, il trouva sous la clématite les plus divines de ses mélodies, car son cœur renfermait toutes les joies du ciel.

. . . .

Un jour, Maurice reçut cette lettre :

« Maurice, vous avez raison ; hier, j'étais folle. Partez,
» allez à Paris, où vous trouverez du travail et de la gloire ;
» et je vous attendrai, puisque je vous aime... Chaque soir,
» je chanterai tout bas, toute seule, cette *Anémone* que vous
» avez faite pour moi, ce jour que vous savez, et que pas un
» autre n'entendra jamais. Mes prières seront toujours avec
» vous... Revenez, Maurice, et je serai fière, heureuse, d'être
» à vous. Je pleure, et n'ai pas de courage : ayez-en, vous,
» pour nous deux... »

Maurice cacha cette lettre sur son cœur, courut encore une fois au jardin de M. Vincent, serra mille fois sur ses lèvres deux petites mains tremblantes et mouillées de larmes, reçut et rendit autant de serments; et, s'étant enfin résolu à s'en aller, se sauva comme un fou, et passa la nuit à pleurer et à confier au Crémone, son vieil ami, toutes les angoisses de son âme.

Le lendemain, il vendit sa petite maison, son jardin aux clématites, pour avoir quelque argent, mit une dernière larme et une dernière prière sur les pierres noircies de Catherine et du curé, leur jura aussi de revenir, et se mit en route pour la grande ville, où il vint grossir la noble et malheureuse phalange de ceux qui n'y avaient, comme lui, que l'espérance et la vaillance de leurs cœurs.

Il aborda franchement, résolument, cette bataille éternelle et fatale contre la science et la nécessité, dont si peu sortent vainqueurs. Penché sur l'étude, il oubliait, dans son étroite et obscure mansarde, le grand air des champs, les courses vagabondes, la solitude rêveuse des bois et leur liberté. La misère lui vint : il la prit corps à corps, et lui fit voir un homme. Les petites haines, les jalousies mesquines, les infériorités hargneuses et froissées lui enfoncèrent à l'envi leurs pointes aiguës; il les arracha l'une après l'autre, et, si sa main trembla, si son front se pencha quelquefois abattu et découragé sur son foyer désert, qui le vit, qui le sut jamais? Il passa ainsi trois années, sans repos ni trêve, soutenu par l'image adorée qui lui apparaissait toujours sous les chèvrefeuilles du jardin de Vandières, les yeux mouillés de larmes, et lui disant : Ami, du courage!.....

Maurice avait rencontré, par un de ces rares bonheurs que Dieu envoie parfois sur la route semée d'épines de ceux qu'il aime, un grand artiste, un homme de cœur et de génie qui devina sa souffrance, — il l'avait connue! — et comprit quelle flamme brûlait derrière cette timide misère. Il le vit souvent, l'aima, lui ouvrit en frère tous les trésors de son âme et de son art, et un jour, tendant la main à Maurice :

— Mettez votre main-là, mon ami, lui dit-il, vous êtes arrivé. Et, ajouta-t-il tout bas, il était temps !

Et il regardait les yeux creusés et fiévreux, les joues hâves, le front dévasté de Maurice qui sanglottait de bonheur et de joie.

— Partez; allez là-bas vous reposer, et revenez : je vous attends.

Maurice partit, mais il avait dit en souriant à de Bériot qu'il ne reviendrait pas seul.

Rentré chez lui, il eut bientôt rassemblé ce qu'il avait, son violon, ses études chéries, ses manuscrits, dont maintenant il espérait la gloire, — pas pour lui ! — et, en attendant l'heure du départ, se mit à rêver.

Il voyait la côte de Vandières, le cheval trottant, le fouet cassé, la belle jeune fille disant son nom, l'insolent puni, M. Vincent lui ouvrant sa porte, et, quelque temps après, Reine lui avouant son amour et s'enfuyant toute honteuse... Puis, commençait sa vie de labeurs, de privations, de luttes, de larmes, de désespoirs, mais tout cela passé, oublié comme un mauvais songe..... Il arrivait, voyait le clocher de Nauroy, à l'ombre duquel il était né, avait grandi, avait aimé, touchait ces tilleuls du presbytère qui semblaient s'incliner sur sa tête, comme pour saluer un ami retrouvé... Et Reine, franchissant le seuil de l'église, sous sa blanche couronne de mariée, s'appuyait sur son bras, fière, heureuse,... — comme elle l'avait dit.

Enfin, le voilà parti ! Deux jours après, il arrivait à Vandières, apercevait le clocher natal ;... et, haletant d'émotion, fou de joie, sans forces, il s'assit au pied d'un bouquet de saules, et, couché à leur ombre, donna à cette terre tant désirée un baiser de fils, un baiser d'exilé.

— Mais, disait une voix passant dans le chemin voisin, il a

eu raison. La petite a bien un peu pleuré ; mais, bah ! les jeunes filles ! Et puis, elle a fini par se consoler tout de bon. D'ailleurs, ce M. du Resnel est fort bien, et riche. Vincent ne pouvait plus donner sa fille à un enfant trouvé, que diable !

—Bah ! disait une autre voix, un enfant trouvé ? Maurice, le joueur de violon ?

— Mais, oui : c'est M. du Resnel.....

Et les voix s'éloignèrent.

Maurice avait bondi sur ses pieds : il porta la main à son front foudroyé, sentit la terre tourner sous lui, et se retint aux épines de la haie.

Enfant trouvé ! Ces deux mots bruyaient à ses oreilles comme un vent sinistre.

—Enfant trouvé ! murmurait-il d'une voix sourde ; moi ? Ce du Resnel a menti ! Quoi ? cette pieuse femme qui a veillé sur ma vie n'était pas ma mère ? Ah ! mais je me rappelle !... Ces papiers que j'ai trouvés près du curé le jour de sa mort, et que jamais je n'ai osé lire... Peut-être le secret de ma destinée est-il là ?

Il défit sa valise, en tira des papiers jaunis, scellés d'un cachet, et y mit le doigt.

— Que Dieu et eux me pardonnent ! dit-il en s'arrêtant : mais j'ai peur ! — Allons, reprit-il, soyons homme, et sachons tout. Si tout cela est vrai, ce sera bientôt fini. — Et il sourit tristement en regardant ses mains amaigries, son corps usé par le travail. — La douleur me tuera vite !... Et, pourtant, le bonheur m'eût si bien fait revivre !... La cire se brisa, les papiers se déroulèrent, et Maurice, prenant la première feuille qui s'offrit à lui, lut ceci :

De l'armée de . . . . . . le . . . . . 1796.

« Vous avez bien fait, chère Catherine, d'adopter ce pauvre
» enfant, ce petit Maurice, et de le mettre à la place du

» mort : vous êtes une sainte femme. Quant à moi, je vais
» aller connaître là-haut, si Dieu le veut, le fils que je n'ai
» jamais vu... »

Puis, écrit de la main de Catherine, sans doute :

« Il ne faut pas que Maurice sache jamais qu'il n'est pas
» mon fils; je brûlerai cela avant de mourir..... »

Maurice courba la tête, et quelques larmes mouillèrent ses joues brûlantes, quand il songea à Catherine et au bon curé.
— Après tout, pensa-t-il, qu'est-ce que cela fait? N'ai-je pas conquis maintenant une place en ce monde, et ne me suis-je pas fait un nom? Est-ce ma faute, à moi, pour qu'elle me retombe ainsi sur la tête? Pourquoi recueillerais-je l'insulte, le malheur, le parjure? les ai-je semés? Je veux voir Reine ce soir, lui rendre sa foi, ses serments, lui dire ce que j'ai fait et souffert pour elle, et si elle accepte;... — il frissonna et se sentit pâlir; — c'est qu'elle ne m'aura jamais aimé!

Maurice tourna Vandières et vint à Nauroy, où il passa le reste du jour assis sur la pierre de Catherine. Le soir venu, il lui dit : « Adieu, ma mère! » brûla ses papiers, prit son vieux et fidèle Crémone, et arriva bientôt à ce mur où il avait vu, pour la dernière fois, le gracieux visage de Reine se pencher pour lui dire adieu et le suivre jusqu'au détour du chemin. Les chèvrefeuilles y allongeaient toujours leurs lianes parfumées, et cachaient, comme jadis, la trace oubliée des pieds de Maurice encore creusée dans la pierre. Malgré l'obscurité déjà tombée, le jeune homme les retrouva, monta avec un soupir, et fut bientôt dans le jardin, où il se cacha, et où il n'entendit plus que le battement de son cœur.....

Reine passait à côté de lui, gracieuse, souriante, doucement penchée au bras d'un jeune homme, la tête appuyée sur son épaule, et livrant à ses lèvres les boucles un peu dénouées de ses cheveux.

— Moi? lui disait-elle; je n'ai jamais aimé que vous... Le jeune homme ouvrit une porte, la referma, partit en chantant, et Reine demeura seule.

Maurice avait reconnu du Resnel et entendu Reine... Un cri de douleur mortelle s'éteignit dans sa poitrine, un vent de feu passa sur son front et souleva ses cheveux. Il saisit le Crémone, et le souffle qui avait animé Gilbert à son lit de mort et toucha, plus tard, les lèvres pâlissantes d'Hégésippe Moreau, vibra dans ses cordes : il redit l'*Anémone*, et en jeta la mélodie vengeresse au silence du jardin. Reine l'entendit, s'arrêta comme foudroyée, et tomba à genoux devant Maurice, qui la laissa déchirer sa robe et ses mains sur le sable. Quand il eut fini, il mit son violon sous son pied, le brisa, en poussa les éclats devant Reine toujours agenouillée, écarta ses mains qui voilaient sa figure, la contempla un instant, arracha une poignée de chèvrefeuilles, glissa le long du mur et disparut.....

Huit jours après, Reine était mariée.

. . . .

Vous auriez pu voir, il y a vingt ans, dans les rues de Pont-à-Mousson, un homme en haillons, chauve, la tête toujours nue, et livrant au vent d'hiver comme au soleil d'été un front large, sillonné, troué de deux grands yeux sans regard, portant sous son bras un informe bloc de sapin taillé en violon, sur lequel il passait quelquefois, d'un air d'extase, un bâton armé de fils sordides. Vous l'auriez vu fuir sous les huées et les pierres des enfants, qui le poursuivaient en criant : « Maur! Maur!..... »

Vous auriez arrêté les enfants et maudit Reine : Maur-le-Fou, Maur-le-Violon,... vous devinez bien que c'était Maurice!

ALFRED TOUTAIN.

Août 1854.

LES DEUX VOIX.

Quand dans un jeune cœur s'éveille
L'émotion de ses vingt ans
    Qui pareille
    A l'abeille
Chante l'hymne de son printemps,
Deux voix murmurent par instants
    A son oreille.

L'une dit : Va, gai papillon,
Vole dans les champs de l'espace,
Insoucieux, laisse ta trace
Sur toutes les fleurs du vallon ;
Leur calice exhale l'ivresse
Des doux parfums de ta jeunesse...
Aux broussailles du noir chagrin
Garde-toi de briser ton aile...
Point de félicité réelle
Sans la loi du plaisir sans frein !...

LES DEUX VOIX.

L'autre voix répond : Ton jeune âge
Est pur comme un cristal poli,
Aucune tache n'a sali
L'éclat vermeil de ton visage,
Et ton bon ange peut se voir
Dans ton cœur comme en un miroir...
Mais, mon enfant, force au silence
L'oiseau moqueur qui rit en toi
Et fais une égide à ta foi
Avec ta robe d'innocence...

— Ne vas pas fléchir tes genoux
Au seuil de l'église prochaine
Mais devant quelqu'idole humaine
Dont le culte sera plus doux.
Mieux que des dieux au cœur de pierre
Elle accueillera ta prière,
Car son temple, c'est un boudoir !...
De louange et d'encens éprise,
Toute déité s'humanise
Avec quelques coups d'encensoir !...

— Le vrai bonheur est un mirage,
Le monde ne le donne pas,
Et l'existence est ici-bas,
Au lieu d'une fête, un voyage...
Tout cœur fidèle aspire à Dieu
Trônant par-delà le ciel bleu.
La voie où tu cours est étroite,
Les périls t'y suivront bientôt...
Lève les yeux... ton Dieu, là-haut,
Pour te guider étend sa droite.

— En chasse ! allons, hardi faucon,
Cherche la colombe amoureuse !
Jouis de l'heure aventureuse
Conquise à l'assaut d'un balcon !...
Dans ce monde plein de déboire,
Il faut tromper, chanter et boire.
Sait-on ce qui peut survenir ?
En prenant le plaisir pour guide
N'attends pas la première ride ;
Notre ennemi, c'est l'avenir !...

— Peut-être un vague instinct tourmente
Ton être dans ses profondeurs;
Et, déjà, tes chastes ardeurs
Rêvent une terrestre amante...
Elans permis, songe enchanté
Que t'envoie un Dieu de bonté ;
Il sourit à l'unique flamme
Qui rayonne sur deux époux,
Et, dans leurs nœuds sacrés et doux,
Confond deux âmes dans une âme !

— Ça, possèdes-tu beaucoup d'or ?...
D'une escarcelle bien garnie
Sort l'amour, l'esprit, le génie
Et tous les autres dons encor...
Riche, ou n'ayant qu'une pistole,
Vas te baigner dans le pactole
Du jeu qui confond tous les rangs...
Tu pourras t'y noyer, peut-être,
Qu'importe ! Avant de disparaître
Dans un jour tu vivras dix ans !

— Le plaisir trompeur qui caresse
Est comme une ardente liqueur
Qui d'abord anime le cœur...
Le dégoût suit de près l'ivresse !
Le devoir rempli, c'est le miel
Que Dieu pour toi distille au ciel.
Une passion assouvie
Change un désir en un regret...
Cherche un bonheur pur et complet
Dans la dignité de ta vie !

— Ce monde plein de casse-cous
Appelle les plaisirs des vices,
Mais la chute a ses bénéfices;
Moque-toi donc des garde-fous !
Pour les biens que la vie étale,
Sois Epicure et non Tantale;
Car, tout prêt à l'abandonner,
On n'en a pris, quand l'heure sonne,
Que l'ayant faite courte et bonne,
Tout ce qu'elle pouvait donner !

— Soit qu'il blasphème ou bien qu'il prie,
L'homme en ses terrestres combats,
Oiseau voyageur ici-bas,
Court vers sa lointaine patrie.
Que rien d'impur n'arrête, enfant,
Ton vol paisible et triomphant...
Comme la colombe fidèle
De la terre, pour rameau vert
Rapporte dans le ciel ouvert
Des élus la palme immortelle !...

Ainsi s'expriment sans détour
Et le bon et le mauvais ange
  Tour-à-tour
  Chaque jour...
Suivons, dans ce monde où tout change,
La voix du bonheur sans mélange,
  La voix d'amour!

      V. Vaillant.

L'ILE DE CAPRI.

SOUVENIRS DE LA GUERRE EN ITALIE.

A l'époque où Napoléon terminait à Austerlitz l'admirable campagne de 1805, le faible roi Ferdinand, maîtrisé par sa femme, avait, au mépris d'une convention de neutralité toute récente, laissé débarquer sur le territoire napolitain deux corps d'armée, l'un russe et l'autre anglais, pour opérer avec leur secours une diversion sur les derrières de notre armée d'Italie. L'empereur, justement irrité de ce manque de foi, avait prononcé la déchéance du roi de Naples, et dirigé sur son royaume une armée dont le commandement en chef était confié au prince Joseph Napoléon : les Anglais et les Russes, à la nouvelle de nos succès en Allemagne, s'étaient prudemment rembarqués sans nous attendre; quelques combats avaient suffi pour la destruction de l'armée napolitaine, et la famille royale, sans même en attendre les résultats, passant tout-à-coup de l'extrême confiance à la terreur, s'était enfuie précipitamment à Palerme. Le prince Joseph, porté par son frère au trône de Ferdinand, venait de parcourir les provinces méridionales de son royaume, reçu partout avec des acclamations unanimes et des témoignages exagérés de dévouement par ces mêmes populations qui, trois mois plus tard, devaient se lever en masse au cri de : *Mort aux Français !* Pressé de mettre à exécution les projets qu'il avait conçus pour la régénération de ce beau pays, Joseph, après une assez longue absence, s'était hâté de revenir à Naples, et, le 10 mai 1806, il faisait dans sa capitale une entrée solennelle. Tandis que les Napolitains, par un accueil empressé, manifestaient hautement leur sympathie pour sa personne et pour une révolution qui les délivrait d'un régime oppressif et abrutissant, un événement fâcheux, qui s'accomplissait à quelques lieues de là, vint troubler pour un instant la joie publique.

L'amiral Sidney Smith, commandant de la flotte anglaise, après s'être occupé du ravitaillement de Gaëte, dont le maréchal Masséna pressait alors le siége, avait pensé que sa présence sur le lieu même des opérations serait moins utile à la défense, qu'une diversion portée sur un autre point; et cinglant, en conséquence, vers le sud-est, il se trouvait, le jour même de l'entrée du roi Joseph, en vue de Naples avec quatre vaisseaux, deux frégates et quelques bombardes, chaloupes canonnières et autres petits bâtiments. On put craindre un instant qu'il n'essayât de bombarder la ville toute brillante d'illuminations; mais l'amiral anglais n'avait garde de tenter une pareille attaque, qui, n'étant pas appuyée par un corps nombreux de débarquement, ne pouvait aboutir qu'à beaucoup de dégâts et de désordre, sans aucun résultat favorable au parti qu'il soutenait; cette démonstration masquait un autre projet d'une exécution plus avantageuse aux vues de nos ennemis.

A seize milles [1] au sud de Naples, vis-à-vis et à trois milles

---

[1] 30 kilomètres. Le mille napolitain est de 1 846 mètres.

du promontoire de Sorrento[1], se trouve la petite île de Capri, si célèbre autrefois par la retraite de Tibère et ses infâmes débauches. Ce rocher, presque partout inaccessible, et qui semble jeté là comme une sentinelle avancée pour surveiller tout à la fois la mer et la côte, ne peut manquer de jouer, en cas de guerre, un rôle important que les Anglais avaient parfaitement compris : la présence de leur flotte dans les eaux de Naples, n'avait d'autre objet que la possession de Capri. Vu sa force naturelle, on en avait confié la garde à une seule compagnie, et la croisière anglaise rendit, au dernier moment, tout renfort impossible. Le capitaine français, sommé par ordre de l'amiral, déclara qu'il défendrait son poste jusqu'à la mort, et il tint parole : nos soldats, répandus en tirailleurs dans les vignobles et les rochers, soutinrent pendant plus d'une heure un combat très-inégal; mais, foudroyés par le feu de l'escadre, ils ne purent empêcher le débarquement des Anglais et se replièrent sur la hauteur; là, ils essayèrent encore de se défendre, virent tomber leur capitaine, et furent enfin réduits à capituler. Cette poignée de braves obtint les honneurs de la guerre et son libre retour à Naples.

Maîtres de Capri, les Anglais firent des dépenses considérables pour s'y établir solidement et nous ôter l'espoir d'y rentrer jamais; le commandement en fut confié au colonel Hudson Lowe, que Sainte-Hélène devait rendre plus tard si tristement célèbre, et cet homme, qui semblait destiné à être toujours pour nous un génie malfaisant, ne tarda pas à faire sentir au gouvernement napolitain de quelle importance eût été pour lui la conservation d'un tel poste. Tout en protégeant sur les côtes voisines une contrebande active, Lowe faisait de son île un foyer permanent d'insurrection, en y

---

[1] Nommé aussi *Capo di Minerva*, ou *Pointe della Campanella*.

accueillant les bandits que le succès de nos armes avait chassés du continent; en même temps, à l'aide de ses espions, il exerçait sur tous les actes du gouvernement une surveillance extrêmement gênante, et cherchait à exciter et à entretenir partout une agitation dont on espérait profiter à la première occasion. La navigation du golfe était, d'ailleurs, rendue fort dangereuse par la présence presque continuelle de la flotte anglaise, qui stationnait habituellement aux îles Ponza [1].

Le roi Joseph, reconnaissant tous les inconvénients d'un pareil voisinage, essaya de s'en débarrasser par une attaque de l'île, mais la tempête, en dispersant l'expédition, rendit cette attaque impossible. Lorsque ce prince eut quitté Naples, se dirigeant sur l'Espagne avec de sombres pressentiments qui ne devaient que trop tôt se réaliser, son successeur, résolu à signaler son avènement par quelque acte éclatant de vigueur qui pût le populariser dans son royaume et imposer aux ennemis de son pouvoir, songea aussitôt à chasser les Anglais de Capri. L'entreprise offrait des difficultés sérieuses et qui pouvaient même paraître insurmontables.

L'île de Capri, qui s'étend de l'est à l'ouest, sur une longueur de trois milles, à-peu-près double de sa plus grande largeur, est formée de deux masses élevées, d'un aspect imposant, bordées de rochers à pics dont les escarpements, comme d'immenses murailles, sont presque partout inaccessibles. Entre ces deux parties élevées règne, dans la direction du sud-ouest au nord-est, une gorge profonde, légèrement sinueuse, et d'un mille environ de développement sur une largeur de cinq à six cents mètres. A son débouché sur la côte septentrionale, dans un rentrant assez prononcé, se trouve la grande marine de Capri [2],

---

[1] Groupe à soixante milles à l'ouest de Naples.
[2] Il faut prendre ici l'expression de *marine* dans le sens que lui donnent sou-

plage unie, formant presque le seul point facilement abordable de l'île, et, pour ce motif, couronnée d'habitations d'où l'on découvre l'admirable panorama du golfe de Naples. Immédiatement à côté, dans le même rentrant, est la petite marine, en forme d'anse étroite, placée sous les escarpements de la partie occidentale, au milieu des ruines de l'ancien palais qu'on nomme encore aujourd'hui les Thermes de Tibère [1]. L'autre débouché de la gorge, sur la côte méridionale, forme la marine de Mulo, moins praticable que les précédentes, et où se voient aussi les ruines d'un palais construit en mer [2].

Sur la côte méridionale, à trois quarts de mille à l'est de Mulo, se trouve encore un des points abordables de l'île : c'est la marine de Tragara, petite anse abritée des vents d'ouest par une saillie des rochers; à cet endroit, l'escarpement, un peu plus accessible qu'il n'est généralement sur le pourtour, a permis d'établir avec l'intérieur de l'île une communication praticable [3].

A l'extrémité occidentale, enfin, les escarpements de la montagne, au lieu d'être, comme partout ailleurs, directement battus par la vague, laissent entre eux et la mer une partie basse, demi-circulaire, qu'on nomme le Limmo. En y abordant,

---

vent les Italiens, celui de *plage, côte maritime*. Ils disent : *Andarsene marina marina*, pour *côtoyer, naviguer terre à terre*.

[1] C'était la résidence d'été de Tibère; cette construction, très-vaste, s'étendait jusque dans la mer, où l'on retrouve encore de nombreuses piles à fleur d'eau.

[2] Tout près de là se trouve une grotte très-vaste, où l'on prétend que furent abritées les galères des Grecs qui, arrivés autrefois dans l'île, passent pour en avoir été les premiers habitants.

[3] A un quart de mille à l'est de Tragara, on trouve, au sommet des rochers de la côte, un vieux monument qui est en vénération dans le pays; si l'on en croit la tradition, ce serait un temple élevé par les Grecs pour remercier les dieux d'avoir échappé à la tempête.

après avoir franchi les écueils qui hérissent la côte, on a devant soi et à droite des rochers à pic complétement inaccessibles; mais à gauche, du côté du nord, la montagne est d'un accès moins difficile, et l'on y trouve un chemin qui conduit sur le plateau.

A partir de la grande marine, le fond de la gorge qui partage l'île s'élève par ressauts en amphithéâtre, pour s'abaisser ensuite jusqu'à Mulo. Dans la partie la plus élevée, sur la gauche, on voit le bourg de Capri, adossé à la montagne de l'est, au seul endroit où celle-ci soit accessible, et bâti presque entièrement sur des ruines d'anciennes constructions romaines. La muraille qui en défend l'entrée du côté de la gorge, se prolonge, en s'élevant le long de l'escarpement, jusqu'à un vieux château qui domine le bourg ainsi que tout le terrain environnant, et d'où la vue plonge à pic sur la marine de Mulo. Ce château, restauré par les Anglais et protégé par une enceinte extérieure en terre, leur servait de caserne. Pour ajouter encore aux moyens de défense de la partie orientale de l'île, ils y avaient, en outre, établi deux forts, sur les lieux mêmes où s'élevaient autrefois deux des anciens palais de Tibère, l'un à un demi-mille de Capri, sur le mamelon San-Michaele, et l'autre à la pointe Santa-Maria-del-Soccorso, vis-à-vis le promontoire de Sorrento, position extrêmement avantageuse pour la correspondance avec les espions du continent par le moyen des signaux [1].

La partie occidentale de l'île, un peu plus étendue que l'autre, est aussi d'un accès plus difficile : entre elle et le

---

[1] C'est là qu'était autrefois l'habitation principale de Tibère, dont les fondations, encore aujourd'hui très-distinctes, attestent l'immense étendue. Ce palais était bâti sur le bord d'un escarpement de plus de cent mètres de hauteur, d'où le tyran faisait jeter à la mer ses victimes, après avoir épuisé sur elles les plus cruels supplices.

fond de la gorge, il n'y a de communication possible que par un escalier de sept cents marches taillées dans le roc et ne laissant passer qu'un homme de front. Le débouché de l'escalier sur la montagne est commandé par une espèce d'ancien château qu'on voit près de là sur la gauche, et que les Anglais avaient remis en état pour la défense de ce passage. Vers le milieu du plateau se trouve un village qui porte encore l'ancien nom d'*Ana-Capri*, que lui ont donné les Grecs établis autrefois dans ce pays. De là, le terrain s'élevant toujours du côté du sud, aboutit au Monte-Solaro, point culminant de l'île, et qui présente, sur la côte méridionale, un escarpement d'une hauteur effrayante. Le sommet du Monte-Solaro porte le vieux château de Santa-Maria, que les Anglais avaient entouré, comme celui de Capri, d'une enceinte extérieure en terre.

La garnison de l'île était habituellement de douze à treize cents hommes, auxquels on pouvait, à l'aide de la flotte, ajouter au moment du besoin des renforts, quand, toutefois, le temps ne rendait pas la navigation ou le débarquement impossible. Au moyen des divers ouvrages cités plus haut, ces troupes, amplement pourvues de vivres et de munitions, étaient en état d'opposer à une attaque une longue et vigoureuse résistance. La place de Capri et les marines étaient garnies d'une artillerie nombreuse; un mur crénelé défendait la partie accessible du Limmo, et le fond du fossé qui précédait ce mur, était recouvert d'un plancher en madriers de chêne armés de pointes en fer de quinze centimètres de

---

[1] Le château de Santa-Maria-di-Monte-Solaro jouit d'une vue admirable : on découvre de ce point une vaste étendue de mer au couchant et au sud, et toutes les côtes du continent depuis Gaëte jusqu'au cap Licosa, sur une longueur de quatre-vingt-cinq milles (près de quarante lieues).

longueur. Les moindres ouvertures étaient fermées par des murailles; on avait détruit quelques sentiers qui serpentaient le long des précipices, et le colonel Lowe donnait une guinée à tout habitant de l'île qui, de la mer, parvenait à y pénétrer par quelque voie qu'on n'eût pas encore reconnue.

Indépendamment de tous ces obstacles, qui laissaient, comme on voit, extrêmement peu de chances d'abordage, il fallait encore, avant d'arriver à un point quelconque de débarquement, tromper la surveillance de la croisière anglaise, et celle des espions de Lowe qui devaient, en découvrant les préparatifs d'une expédition, donner l'éveil à nos ennemis et rendre par là toute surprise impossible.

Murat, déterminé à ne se laisser arrêter par aucune de ces difficultés, choisit dans son infanterie douze cents hommes d'élite, auxquels il ajouta une centaine d'hommes du génie et de l'artillerie avec quatre pièces de campagne, et mit à leur tête le général de division Lamarque, son chef d'état-major, qui, dans les campagnes précédentes, avait montré sa bravoure et ses talents militaires. Il y avait alors, dans l'armée de Naples, un homme que Metz avait vu partir comme volontaire en 1791, et qui, depuis cette époque, n'avait cessé de donner à tous l'exemple d'un dévoûment complet au bien du service et d'une rare intrépidité devant l'ennemi : après s'être distingué, comme capitaine, sur la Sarre, dans les Vosges, en Belgique, sur le Rhin et dans l'ouest, Jean Thomas [1], nommé chef de bataillon pour entrer en Italie, avait dignement soutenu sa réputation dans les campagnes de 1799, 1800, 1801 et 1805. Après s'être de nouveau signalé, en

---

[1] Né à Cheminot, département de la Moselle, le 7 juin 1770; mort à Metz, général de brigade en retraite, le 18 décembre 1853, à quatre-vingt-trois ans. C'est au moyen de ses notes sur cette expédition qu'a été composé le récit que nous présentons ici.

1806, au siége de Gaëte, où il avait rempli avec honneur les fonctions de major de tranchée, il avait été, l'année suivante, nommé adjudant-commandant et attaché, en cette qualité, à l'état-major de l'armée de Naples. L'expédition de Capri demandait des hommes d'un courage éprouvé, et le roi Joachim, qui appréciait à sa juste valeur le commandant Thomas, le désigna pour en faire partie et en diriger les détails.

Tous les rapports que la police avait pu se procurer sur l'organisation défensive de l'île furent transmis au commandant en chef, et l'adjudant-commandant Thomas, qui les reçut pour en résumer le contenu, y découvrit qu'il devait exister, quelque part sur la côte nord d'Ana-Capri, un endroit où la disposition des rochers rendrait peut-être un débarquement possible. Quoi qu'il en soit, ce renseignement un peu vague ne pouvant servir à baser un plan d'attaque, on pensa qu'il fallait choisir, pour la descente, les quatre points abordables de l'île; il fut, en conséquence, décidé qu'avec neuf cents hommes d'infanterie, l'artillerie et les sapeurs, partant de Naples, on dirigerait l'attaque principale sur le Limmo et la grande marine, et qu'en même temps, avec trois cents hommes partant du petit golfe de Sorrente, on l'appuierait par une diversion sur les marines de Tragara et Mulo.

Le 2 octobre 1808, à la suite d'une grande revue que passa le roi, pour donner le change aux espions anglais, les troupes de l'expédition qui n'étaient pas de la garnison, reçurent l'ordre de rester à Naples, et, le lendemain 3, la police mit embargo sur toutes les barques de pêcheurs qui pouvaient servir à porter des hommes et du matériel. Dans la soirée du même jour, la division partant de Naples fut embarquée à la darse, et, vers onze heures, elle mit à la voile par un vent favorable, commandée par le général d'Estrées, sous les ordres du général en chef Lamarque; l'adjudant-commandant Thomas dirigeait l'avant-garde [1].

On espérait être arrivé le lendemain matin; mais, dans la nuit, le vent changea et devint très-fort, la marche se ralentit considérablement, et, au point du jour, la flotille se trouvait dispersée au milieu du golfe à huit ou dix milles de Capri. Dans la matinée, l'ordre se rétablit, et, vers midi, on se trouva à hauteur de l'île, mais sans nouvelles de la division de Sorrente qui ne paraissait pas en mer, ce qui fit un moment suspendre les opérations. Entre une et deux heures, le général Lamarque, ne pouvant plus attendre davantage, se décida à diriger sur la grande marine et sur le Limmo les détachements qui en devaient tenter l'attaque; mais le vent, toujours mauvais, rendait leur marche difficile, et les tenait exposés au feu des batteries anglaises et des tirailleurs qui occupaient le sommet des rochers.

Pendant ce temps, le chef de l'avant-garde, préoccupé du renseignement qu'il avait trouvé dans les rapports de la police, examinait attentivement la côte, lorsque, dans un endroit où les rochers n'avaient guère que douze mètres environ de hauteur et paraissaient mal surveillés, il aperçut à leur base un récif à fleur d'eau, sur lequel il fit à l'instant diriger sa barque, montée avec lui par un autre officier, quatre sapeurs et un sergent, et pourvue de deux échelles. L'abordage était fort dangereux : le flot, en revenant sur la côte, menaçait de briser la frêle embarcation contre le rocher, et, en se retirant, la remportait à dix ou quinze brasses en mer, ce qui mettait l'équipage en vue des tirailleurs anglais postés dans

---

[1] Les moyens de transport comprenaient une frégate que le général Lamarque était autorisé à échouer dans les eaux de la grande marine, pour s'en servir comme d'une batterie de terre, plus, un certain nombre de chaloupes canonnières, une petite corvette, quelques felouques armées et une vieille tartane.

le voisinage. Déjà un des sapeurs était tué, un autre blessé, lorsque le sergent se dévoua, et, dans un retour de la barque, parvint à sauter sur le récif, où il l'amarra à l'aide d'une corde qui lui fut jetée. On débarqua aussitôt, et, pendant qu'on tirait les échelles et qu'on arborait le pavillon à la côte, l'adjudant-commandant Thomas et le sergent, s'aidant l'un l'autre, grimpèrent dans les fentes du rocher à pic et arrivèrent à une petite plate-forme, d'où il leur fallut encore gravir un escarpement de six à sept mètres; les autres les suivirent au moyen des échelles. Toutes les embarcations qui se trouvaient à proximité, et celles qui marchaient à l'attaque du Limmo, se dirigèrent immédiatement sur le pavillon arboré; on ajouta quelques échelles à celles qui étaient déjà placées, et le point de débarquement se trouva ainsi déterminé par ce trait d'audace.

Toutefois, l'opération était fort lente, parce que nos hommes ne pouvaient monter qu'en très-petit nombre à la fois; les Anglais, accourus sur ce point, les fusillaient et les forçaient à se blottir dans les cavités des rochers; nous perdions du monde, la position devenait embarrassante, et le général en chef, qui débarqua vers quatre heures, et dont on ne peut, certes, nier le courage, dit en arrivant au commandant de l'avant-garde : « Vous êtes plus que hardi! Mais qu'allons-nous faire ici? — Nous nous en tirerons, répondit Thomas; mais il n'y a pas de retraite possible, il faut marcher en avant. » A cinq heures, nous avions environ six cent cinquante hommes, y compris un bataillon du 10e de ligne [1], établis sur

---

[1] Le 10e de ligne, primitivement 10e demi-brigade de ligne, avait reçu, à sa formation, en 1796, le 3e bataillon des volontaires de la Moselle, créé à Metz en 1791, et dont Thomas faisait partie. Après y avoir été capitaine jusqu'en 1799, il y était resté comme chef de bataillon, et ne l'avait quitté qu'en 1807, en passant à l'état-major de l'armée de Naples.

une première bande de rochers; l'ennemi en occupait une autre, placée à trente ou quarante mètres plus haut, et à laquelle on ne pouvait parvenir que par une pente raide et entièrement découverte; abrité là, derrière des murs de clôture, il dirigeait son feu sur tout ce qui paraissait. L'adjudant-commandant fit prendre et porter en avant de notre position le pavillon précédemment arboré, pour décider le bataillon du 10e de ligne à gagner du terrain; mais, à peine eut-il fait quelques pas qu'une fusillade très-vive, qui blessa trois officiers et une douzaine d'hommes, l'obligea de se remettre à l'abri.

Vers huit heures du soir, la faible division partie de Naples la veille était entièrement débarquée, jetée de côté et d'autres dans les rochers : il y avait là des détachements de tous les corps de l'armée, français, italiens, corses, légion étrangère; c'était, dit le général Thomas, une véritable arche de Noé. La nuit commençait : on tenta encore de porter en avant le bataillon du 10e; mais le feu des Anglais, concentré sur lui, le força encore une fois à rentrer dans les rochers. La position devenait déplorable; l'ennemi pouvait écraser ce faible corps, rien qu'en roulant sur lui des pierres, et l'on a peine à concevoir qu'il n'ait pas essayé de faire en masse une sortie pour le culbuter dans l'abîme. L'inquiétude gagnait les soldats, et il était temps de prendre un parti énergique. Pour ôter toute idée de retraite, on fit enlever les échelles et pousser au large les embarcations; puis, à la faveur de la nuit, et aidé des autres officiers, le commandant Thomas, renouvela ses tentatives pour remettre de l'ordre dans les différents corps et les former pour l'attaque. Il y réussit enfin par un moyen singulier, qui, peut-être, ne fut pas sans influence sur le résultat définitif : par son ordre, chaque homme qu'il rencontrait se mit à crier le nom de son régiment pour rallier ses camarades; cela produisait, dit-il, un bruit infernal, qui, décuplé par les échos, dût faire croire aux Anglais que nous étions là dix mille. Bientôt la lune, en se levant, nous montra les retranchements ennemis, tandis qu'elle nous laissait dans l'ombre. On partit en bon ordre, le bataillon du 10e au centre, appuyé à droite et à gauche par les compagnies d'élite des autres corps, et l'on avait fait la moitié du chemin sans être aperçu. Le bruit de la marche ayant enfin donné l'éveil aux Anglais, on reçut une décharge, heureusement dirigée trop haut, et le commandant Thomas y répondit en faisant battre la charge et croiser la baïonnette, avec défense de tirer un seul coup de fusil; on arriva ainsi sur les retranchements que l'ennemi venait d'évacuer, probablement trompé sur notre force numérique, et, après un instant de halte, on marcha sur le village d'Ana-Capri. Pendant ce temps, le capitaine Minot, adjudant-major au 10e, que le général a souvent cité comme l'ayant admirablement secondé dans cette affaire, se détachait à gauche, avec deux compagnies de grenadiers, pour enlever une batterie qui nous prenait en flanc; il rencontra, chemin faisant, une assez forte colonne anglaise [1] qui se retirait sur Capri, et lui fit mettre bas les armes. Entre dix et onze heures du soir, nous occupions le village d'Ana-Capri et la tête du grand escalier qui mène à la partie orientale de l'île.

Le lendemain matin, le petit corps parti de Sorrente, qui devait d'abord se porter sur les marines de Tragara et de Mulo, et avait reçu l'avis de changer sa direction, vint aborder au point où s'était fait le débarquement la veille, et opéra sa jonction avec les autres troupes. Dans cette même matinée du 5, l'adjudant-commandant Thomas fut chargé d'attaquer le fort

---

[1] Elle comprenait quatre compagnies commandées par un major.

Santa-Maria-di-Monte-Solaro, dont la garnison, composée d'environ deux cents hommes, capitula immédiatement, ce qui nous rendit maîtres de toute la partie occidentale de l'île.

C'était avoir fait un grand pas, et, sans contredit, le plus difficile de tous, puisqu'un débarquement, réputé presque impossible, venait d'être effectué très-heureusement; mais on était loin d'avoir conquis l'île entière, et, pour cela, bien des obstacles étaient encore à surmonter. Il fallait commencer par descendre le grand escalier, homme par homme, sous le feu d'une batterie couronnant la crête de l'escarpement opposé; une fois dans le ravin qui partage l'île, on avait devant soi la place de Capri et sa nombreuse artillerie; puis, sur la hauteur en arrière, trois forts établis et armés avec le soin que mettent ordinairement les Anglais à de semblables travaux. Leur flotte, bientôt avertie de notre expédition, devait paraître inévitablement d'un moment à l'autre : maîtresse de la mer, et, par conséquent, libre de renforcer et d'approvisionner à tout instant nos ennemis, elle était pour eux une précieuse ressource, tandis qu'en arrêtant les renforts et le matériel qu'on jugeait indispensables pour continuer notre attaque, ainsi que les vivres et les munitions qui allaient nous manquer, elle pouvait forcer notre corps expéditionnaire à mettre bas les armes ou à mourir de faim sur le terrain qu'il venait d'enlever si glorieusement.

Toutes ces difficultés furent heureusement surmontées, et bientôt l'histoire de cette époque si fertile en événements remarquables, eut à enregistrer un nouveau succès pour nos armes, succès presque inespéré, et dont la gloire a été entièrement attribuée au général Lamarque, bien qu'au moment le plus critique, celui du débarquement, il n'ait dû la réussite qu'à l'initiative plus que hardie, comme il le disait, de son intrépide chef d'avant-garde. Sans entrer ici dans le détail des opérations qui nous conduisirent à l'occupation complète de l'île, contentons-nous d'en exposer en quelques mots la succession.

Après avoir employé la journée du 5 octobre à s'établir solidement sur le plateau d'Ana-Capri, on descendit le lendemain matin l'escalier, en bravant la batterie opposée, dont le feu, par un hasard étonnant, n'atteignit pas un seul homme; puis, après avoir occupé la grande marine, où on se maintint, malgré les batteries ennemies qui, de la place et des hauteurs voisines, en balayaient le rivage, on prit position devant Capri pour en préparer l'attaque. Le 7, au point du jour, on vit à l'ouest cinq ou six bâtiments anglais, heureusement tenus à distance par un vent contraire, et, en même temps, dans la direction de Naples, un nombreux convoi de bateaux portant un bataillon de trois à quatre cents hommes, ainsi que des vivres, des munitions, et de l'artillerie dont on avait le plus grand besoin. Ce convoi ne pouvant aborder à la grande marine, fut dirigé sur la petite, au milieu des thermes de Tibère, où les officiers du génie, en renversant quelques débris de vieille maçonnerie, lui ouvrirent un port à l'abri des boulets ennemis, et on put alors travailler activement à se mettre en mesure de riposter au feu des Anglais. Bientôt, notre petit port se trouva défendu par une batterie à boulets rouges contre les attaques venues du large, et d'autres pièces, hissées à force de bras sur les rochers et jusqu'au sommet du Monte-Solaro, commencèrent à tirer sur la place et sur les batteries établies dans le voisinage.

Pendant ce temps, la flotte anglaise, toujours en vue de l'île, s'était plusieurs fois approchée pour canonner nos établissements; tenue en respect par la batterie du port, elle avait dû renoncer à ses tentatives, mais elle n'en continuait pas moins à cerner l'île, arrêtant toute espèce de secours envoyé du continent, tandis que, par la marine de Tragara, dont les Anglais étaient restés maîtres, elle pouvait à volonté les renforcer et les ravitailler. Nous étions dans une position singulière, tout à la fois assiégeants et assiégés : il arriva, néanmoins, qu'un jour, le 13 octobre, protégé par quelques chaloupes canonnières, un convoi parvint jusqu'à la petite marine; mais les vivres et les munitions qu'il apportait, et qu'on débarqua sous le feu des bâtiments ennemis, ne pouvaient être de longue durée. Le général Lamarque dut donc se trouver pour un moment fort embarrassé, surtout quand il apprit le 17 que, deux jours auparavant, quatre cents hommes venaient de renforcer la garnison anglaise; il put alors s'attendre à voir rejeter des propositions d'arrangement que, dès la veille, il avait fait remettre au colonel Lowe.

Toutefois, malgré les avantages de sa position, malgré l'assurance d'un nouveau renfort, double du premier, le gouverneur anglais, découragé par nos premiers succès, voyant s'ouvrir aux vieilles murailles de Capri une brèche qui n'allait pas tarder à s'élargir, écouta ces propositions; et, le 17 octobre, au moment où, peut-être, on ne l'espérait plus de notre côté, Lowe signa une capitulation qui nous abandonnait la place et les forts, avec tout leur matériel, et remettait l'île entière en notre pouvoir.

Virlet.

LES SIX AMOURS OU LA FEMME.

LA FILLE.

L'amour filial est le premier sentiment qui frappe le cœur de l'homme dès son entrée à la vie : le pauvre sauvage, au milieu de ses forêts, l'éprouve dans toute son énergie ; l'enfant de la civilisation, au sein des foyers domestiques, apprend de lui ses premières vertus, et tous deux lui doivent les premières douceurs de l'existence. Mélange ineffable de tendresse et de respect, les hommes lui ont donné le doux nom de piété, parce que, comme elle, ce sentiment se compose de reconnaissance et d'amour, et, comme elle, reçoit un culte et des sacrifices. Premier symbole de nos croyances religieuses, il nous conduit à la connaissance de nos devoirs envers Dieu, que l'amour filial présente à notre adoration comme le père de toute la nature.

Tous les hommes recommandables par leurs vertus ont commencé leur noble carrière par être bons fils; et chez les nations célèbres par la douceur de leurs mœurs et la sagesse de leurs lois, la piété filiale a toujours eu des autels. Mais combien cette vertu devient plus touchante encore quand elle est exercée par une femme ! Elle prend alors un caractère divin qui la rapproche de celle des anges ; et la bonne fille, objet d'amour et de vénération, est à la fois l'orgueil, l'espoir et la consolation de la famille.

L'histoire des temps passés, celle de nos malheurs politiques, nous ont laissé plus d'une preuve éclatante du degré d'héroïsme où l'amour filial peut porter un être faible et timide ; sans égaler les sublimes dévouements des Sombreuil, des Cazotte, des La Rochefoucauld, mille faits naïfs se passent tous les jours sous nos yeux, et, pour être fréquents, ils n'en sont pas moins dignes d'admiration et d'intérêt.

LA SŒUR.

Si l'amour filial nous apprend nos premiers devoirs envers Dieu et nos parents, l'amour fraternel établit nos premières relations envers les hommes et la société. Ce sentiment nous est même indiqué par le divin législateur comme le véritable type de l'union qui doit régner entre nous. *Aimez-vous comme des frères,* répète en plus d'un endroit l'Évangile ; en effet, c'est par l'amour fraternel que nous faisons l'apprentissage des plus sublimes comme des plus aimables vertus. Et « Dieu » semble l'avoir placé à l'entrée de la vie humaine pour en » faire les premiers exercices, comme un péristyle à l'entrée » d'un grand cirque [1]. »

Chez les anciens, qui nous ont laissé de si beaux exemples, l'amour fraternel reçut les honneurs divins dans la personne de Dioscures, et les philosophes le plaçaient au nombre des prospérités domestiques. Que j'aime Plutarque, lorsque dans

---

[1] Bernardin de Saint-Pierre.

son *Traité de l'Amitié fraternelle,* où il n'a rien oublié de ce qui peut rendre cette vertu aimable, et la montrer nécessaire au bonheur des hommes, il dit :

« Quant à moi, combien que la fortune m'ait fait beaucoup
» de faveurs qui méritent bien que je lui en rende de grandes
» grâces, il n'y en a pas une dont je me sente tant obligé
» envers elle comme de l'amour et de la bienveillance que me
» porte en toute choses mon frère Timon. »

Lien de paix et d'affection, l'amour fraternel fait la joie et la sécurité de nos parents ; c'est à lui que les familles nombreuses sont redevables de l'espèce de prospérité qui souvent les accompagne; on pourrait même remarquer que ce sont les plus unies qui fournissent à la société les hommes les plus distingués, les épouses les plus vertueuses, les mères de famille les plus recommandables..... L'habitude de s'entr'aimer dès l'enfance, dispose l'âme aux douceurs des autres relations sociales, et si cette vertu était plus religieusement observée dans l'intérieur de la maison paternelle, peut-être pourrait-elle avoir une grande et précieuse influence sur la concorde publique.

Susceptible de revêtir les formes les plus nobles ou les plus touchantes, l'amour fraternel se manifeste suivant les sexes ou suivant les rapports qui existent entre les individus. L'amour de deux frères ressemble à l'amitié des anciens, et, comme cette dernière, il est souvent un sentiment exclusif; celui d'une sœur pour un frère est à la fois plus tendre et plus passionné; il tient un peu du sentiment maternel; mais l'affection de deux sœurs réunit en elle seule plus de charme et de douceur que toutes les autres; c'est surtout dans les premières années de la vie, lorsque la femme, libre encore, n'a contracté aucuns devoirs envers la société, que cette affection se montre d'autant plus pure et plus vive qu'il lui est alors permis de se dévouer sans réserve. Ce sentiment embellit l'existence, il console, il encourage, il excite quelquefois une généreuse émulation, il impose aussi parfois de cruels sacrifices; mais ces sacrifices, comme tous ceux que l'on fait à la vertu, portent avec eux leur récompense.

L'AMANTE.

« La Rochefoucauld, d'accord avec les mœurs et les romans » de son siècle, n'a vu dans l'amour qu'ambition, coquetterie » de l'esprit, intrigue et volupté [1]. » Si quelquefois il l'admet comme vrai, c'est lorsque cet amour s'ignore lui-même et dort encore au fond du cœur. Le plus souvent il le tourne en ridicule ou le traite de chimère. Qui ne connaît la fameuse maxime: « Il en est du véritable amour comme de l'apparition » des esprits : tout le monde en parle, mais peu de gens en » ont vu ? »

Malheureusement les opinions de ce froid dépréciateur du cœur humain sont encore de mode aujourd'hui; elles règlent peut-être à notre insu nos jugements sur l'amour, et la morale désolante du faiseur de maximes n'a pas peu contribué à discréditer parmi nous les plus nobles et les plus doux sentiments. Et pourtant quel cœur assez froid ou assez malheureux n'a pas au moins une fois en sa vie senti sa douce influence! quel être assez dénué de cette sensibilité, noble apanage de la nature humaine, peut, en portant la main sur son cœur, ne pas s'écrier avec l'accent d'une intime conviction : *Et pur si muove!*.....

[1] *Paronimes de La Rochefoucauld*, par M. le baron Massias.

Non ! l'amour, comme la vertu, n'est point une chimère ! ces deux déités, associées pour le bonheur de l'homme, habitent encore la terre; mais il faut savoir les reconnaître parmi la foule de masques qui portent leurs noms et leurs traits. Une grande beauté, un esprit supérieur, des talents brillants ne suffisent point pour faire naître un sentiment durable; ces dons enchanteurs, frivoles et souvent dangereux, n'excitent dans l'âme que les sentiments qui se rattachent aux intérêts de la volupté ou de la vanité; mais l'amour vrai, le seul enfin digne de ce nom si souvent usurpé, emprunte à la vertu tous ses charmes, tient de ses divins attributs sa pureté, son énergie et sa durée. Il se rattache même à tout ce qu'il y a de plus sublime dans nos espérances : « Aimerions-nous donc » tant, si nous ne devions pas aimer toujours ![1] » Ce sentiment est en quelque sorte le résultat de cette admirable et touchante sympathie qui s'établit d'une manière soudaine dans les âmes vertueuses : lorsque ces âmes de même nature se rencontrent, elles se reconnaissent, pour ainsi dire, à l'accent comme deux compatriotes au milieu d'un peuple étranger. Les philosophes qui ont cru à une préexistence, expliquent d'une manière ingénieuse ces rapports secrets, cet entraînement subit qu'éprouvent l'un pour l'autre des êtres bien différents de goûts, d'âge et d'humeur, et ces riantes fictions ne font que confirmer une vérité que des cœurs morts à toute espèce d'affection voudraient révoquer en doute.

Qui des deux sexes aime le mieux? C'est une question qui a été agitée dans la plus haute antiquité. Puisque ce débat a pris rang parmi les fables mythologiques, nous ne nous permettrons point de le résoudre; et sans réclamer pour notre sexe une supériorité qui pourrait être contestée, nous dirons

[1] M. le comte Molé.

seulement que le principe sur lequel l'amour vrai se fonde, nous porte à croire que le partage est égal : il y a des femmes qui n'ont aimé qu'une fois, il y a des hommes qui ont aimé toute la vie. Mais la femme peut-être, par l'exaltation naturelle de son esprit, par la vivacité de ses sensations, par une certaine propension à la tendresse dont la nature, dans des vues sages et profondes, a été si prodigue envers elle, porte un cœur plus disposé à aimer sans réserve, et toujours. Cet amour qui ne trouve de bonheur qu'à se dévouer dans ses sacrifices, qui vit d'espérance et d'avenir, pour lequel le temps et l'absence ne sont rien, et qui doit encore durer dans les cieux ; cet amour tendre, passionné, généreux, fidèle, est la brillante chimère des jeunes années de la femme ; c'est pour lui qu'elle orne sa personne de grâces et son cœur de vertus ; longtemps elle poursuit à travers les amertumes de la vie la riante et trompeuse image dont elle porte le type dans son âme ardente ; malgré les dures leçons de l'expérience, elle conserve bien longtemps cette ravissante illusion ; tandis que l'homme, aux premiers pas qu'il fait dans la carrière, la rejette avec dédain comme l'adolescent rejette un futile jouet de son enfance. C'est cet amour, que les femmes comprennent si bien, que La Rochefoucauld a si cruellement calomnié.

AMITIÉ.

« Si l'on me presse de dire pourquoi je l'aimais, je sens
» que cela ne se peut exprimer qu'en disant : Parce que
» c'était lui, parce que c'était moi. Il y a au-delà de mon
» discours et de tout ce que j'en pourrais dire plus particu-

» lièrement, je ne sais quelle force inextricable fatale et mé-
» diatrice de cette union [1]. »

Se peut-il que l'homme qui a écrit ces lignes touchantes, que le sage et judicieux Montaigne ait refusé aux femmes les vertus nécessaires à l'amitié !...

« Leur âme, dit-il, ne me semble point assez ferme pour
» soutenir l'étreinte d'un nœud aussi serré, aussi durable....;
» et d'ailleurs ce sexe, par nul exemple, n'y est encore ar-
» rivé, et par les écoles anciennes en est rejeté [2]. »

Eh quoi ! celui qui a si bien décrit les charmes de l'amitié oublie donc cette charmante Marie de Gournay qu'il appelait sa fille par alliance, et qui lui a donné des preuves d'une si rare et si touchante affection ! Étaient-elles fausses ces paroles, quand il disait d'elle : « Certes, elle est aimée de moi
» plus que paternellement ; je la regarde comme l'une des
» meilleures parties de moi-même. Si l'adolescence peut
» donner présage, cette âme sera un jour capable des plus
» belles choses, et entre autres de cette très-sainte amitié où
» nous ne lisons point que son sexe ait pu monter encore.
» La sincérité, la solidité de ses mœurs y sont déjà bastantes,
» et son affection vers moi plus que surabondante est en telle
» somme, qu'il n'y a rien à souhaiter [3]. »

Que conclure de cette différence entre l'arrêt sévère que Montaigne porte contre notre sexe et le tendre éloge qu'il fait d'une femme ? C'est que dans l'un le philosophe suit la pente de son esprit caustique, et que dans l'autre il suit celle de son cœur. Ah ! demandez-le aux Lafontaine, aux Segrais, aux Sterne, aux Raynal, aux d'Alembert, si l'amitié d'une femme n'est pas tout à la fois tendre et fidèle ?... Demandez surtout

[1] Montaigne, tom. III, chap. XXVIII, pag. 337.
[2] *Id.*, tom. I, pag. 332.
[3] *Id.*, tom. III, pag. 118.

à cette foule de proscrits de tous les rangs, de toutes les opinions, qui ont été les nombreuses victimes de nos révolutions, si l'amitié d'une femme n'est pas ardente, courageuse, dévouée comme celle d'un homme?... Mais des voix éloquentes ont déjà proclamé ces vérités, et un philosophe de notre siècle [1], qui connaît, juge et apprécie bien les femmes, a dit « que les plus beaux exemples d'amitié avaient été présentés » par elle. » Si ces exemples sont rares parmi elles, c'est que les occasions de les mettre au jour sont rares dans leur vie, et qu'il faut des circonstances extraordinaires pour donner lieu à des actions qui le soient aussi. Les hommes, au reste, qui nous accusent de ne pas connaître l'amitié, de ne nous être point élevées dans l'antiquité au rang des amis célèbres, et surtout de ne point savoir exercer cette vertu entre nous, nous semblent, comme Montaigne, ne point tenir compte de la différence du sexe et des mœurs.

L'homme est libre dans ses affections : il peut impunément préférer ses amis à sa famille, ses devoirs sociaux à ceux de la nature ; il y a même de l'héroïsme pour lui à sacrifier ces derniers aux autels de l'ambition, à son prince, à sa patrie ; mais pour la femme, cet héroïsme ne serait qu'une triste et ridicule folie ; elle ne peut, sans encourir le blâme, donner la préférence à aucun sentiment, hors de ceux que lui a tracés la nature; elle doit être fille, sœur, épouse, mère, avant que d'être amie, dans l'étendue qu'on donne à ce mot ; et tant qu'un des devoirs imposés par ces titres sacrés lui reste à remplir, une affection exclusive pour une autre femme n'exciterait qu'un sentiment désapprobateur, car il ne lui est pas permis de sacrifier une obligation à une affection. Mais quand la femme est libre d'autres liens, son amitié est peut-être plus

---

[1] M. Azaïs, *Compensations*.

généreuse, plus dévouée que celle des hommes; elle y porte cette abnégation d'elle-même qui caractérise ses sentiments, et lui fait avec joie tous les sacrifices, jusqu'à ceux de l'amour, cette seule passion vraie de la femme. On en a vu renoncer aux plus doux penchants de leur cœur en faveur d'une amie, et vivre heureuse encore de son bonheur.

Dans le commerce ordinaire de la vie, l'amitié est un sentiment plein de charme et de douceur; elle doit être fondée sur une certaine conformité de goûts, de principes et de caractère, sur une égalité des dons de l'esprit et de la fortune, rassurante pour les amours-propres : cette espèce de relation sert la vertu ainsi que le bonheur. D'autres fois plus exclusive, l'amitié prend un caractère différent. Ici l'égalité, si nécessaire dans l'amitié ordinaire, disparaît. Une tendre admiration d'une part, justifiée de l'autre par une grande supériorité, donne à chacune des deux amies une diverse manière d'aimer; c'est alors que, selon l'expression de Plutarque, l'une est *l'aimante* et l'autre *l'aimée*. L'amitié alors plus grande, plus héroïque, plus passionnée, se manifeste par de nobles sacrifices ou des actions d'éclat.

AMOUR CONJUGAL.

« Le mariage est un lien que l'espoir embellit, que le bon-
» heur conserve et que le malheur fortifie [1]. »

Ici l'amour revêt un plus noble caractère et il s'offre à nous sous un aspect plus touchant; l'honneur, la foi, la sainteté des serments sont les gages de sa sécurité; la tendresse, les

---

[1] M. Alibert, *Physiologie des passions*.

grâces pudiques, les soins délicats le parent de fleurs. Paisible comme la sagesse, il ne connaît point les transports de la passion, et les ravissements d'une nature à la fois tendre et élevée, ne sont point désavoués par la raison ; il jouit de son bonheur avec cette sérénité qui doit faire partie de la félicité des anges, parce que l'amour conjugal, seul, de tous les sentiments qui dépendent du choix et de la volonté de l'homme, s'appuie sur une base immuable; la sanction religieuse et presque l'intervention du ciel ; aussi, tout ce que le devoir a de plus auguste, tout ce que l'amour a de plus doux, protection d'une part, dévouement de l'autre, tels sont les éléments du bonheur conjugal.

Mais dans cette communauté des joies et des maux de la vie, combien la tâche d'une femme est noble et imposante ! Compagne de l'homme, c'est à elle que la Providence a confié son bonheur et peut-être sa vertu..... Mère de famille, elle est appelée à prendre rang parmi les êtres utiles ; ce dernier titre lui donne droit à la tendre vénération de son mari, tandis que comme épouse elle règne sur lui par l'effet d'une ineffable et mystérieuse sympathie qui remplit leur existence de calme et de paix. C'est dans les foyers domestiques que la femme déploie vraiment tout ce que le ciel lui a départi de douceur et de charme. Quelquefois l'amour lui apprend à ployer sans efforts un caractère un peu rebelle, une humeur un peu légère, au caractère, aux goûts plus sérieux de son époux. Une condescendance aimable la porte à lui céder dans les choses de peu d'importance ; et son instinct pacifique lui révèle que c'est le moyen le plus efficace pour éviter ces petits dissentiments qui amènent souvent à leur suite de déplorables éclats. Ingénieuse à se montrer sous des aspects divers pour plaire à celui auquel elle est unie, on la voit, selon l'occasion, sérieuse ou pleine d'enjouement; son oreille complaisante écoute les plaintes de son époux, elle partage les ennuis que lui causent une espérance trompée ou les embarras d'une vie occupée; sa douceur le console, sa raison l'encourage, et souvent sa gaieté ramène la sérénité sur le front soucieux du chef de la famille. Bien pénétrée de la sainteté des obligations auxquelles elle s'est soumise, elle n'affecte point une indépendance de goûts, de mœurs et d'opinions, qui n'est ni dans sa nature, ni dans sa position sociale. Ce n'est point sur l'épouse raisonnable que pèse la chaîne conjugale; elle connaît, elle chérit son devoir, et sans contrainte comme sans peine, elle sait y être fidèle. Que si elle ne trouvait pas au même degré, dans son époux, cette élévation de sentiments, cette conformité de principes, ces rapports secrets qui rendent le bonheur domestique si facile et si doux, sa vertu n'en souffrirait pas; elle voit en lui le père de ses enfants : ce titre auguste, sacré, en lui imposant de puissantes obligations, ennoblit tous les sacrifices qu'elle fait au devoir.

Pourquoi donc un si beau rôle, pourquoi d'aussi nobles prérogatives sont-ils souvent dédaignés ou méconnus?... Par quelle fatalité ce lien si doux est-il quelquefois si pénible?... Pourquoi l'irréflexion, une légèreté malheureuse et coupable, en abusant les femmes sur leurs plus chers intérêts, fait-elle envisager à quelques-unes d'entre elles d'aussi saintes, d'aussi douces obligations, avec crainte, dégoût ou désespoir?........ Oh! qu'elles reviennent à elles ces jeunes égarées, qu'elles sentent toute la dignité des devoirs qui leur sont assignés par la nature et la société, et si le fardeau était au-dessus de leur courage, si des peines sans cesse renaissantes leur étaient réservées, qu'elles sachent qu'il est beau de pouvoir chaque jour sacrifier à la vertu; qu'elles sachent surtout que ce noble et continuel dévouement obtiendra une auguste récompense, celle d'être pour leurs filles, témoins de ces mêmes vertus, un vivant et touchant exemple, et pour leurs fils, l'objet d'une profonde vénération qu'ils reporteront un jour sur la femme qu'ils auront choisie. Ah! dites-le-moi, l'espoir de former pour l'avenir des épouses patientes et soumises, des hommes tendres et généreux, n'est-il pas, même au prix de ses souffrances, un but digne de tous les efforts d'une femme vertueuse?.....

LA MÈRE.

« Vous verrez quelquefois une mère, qui caressera extraor-
» dinairement un enfant sans en avoir d'autre raison, sinon
» que c'est à son avis la vraie peinture du sien. C'est ainsi,
» dira-t-elle, qu'il pose ses mains; c'est ainsi qu'il porte ses
» yeux; telle est son action et sa contenance. Les mères sont
» ingénieuses à observer jusqu'aux moindres choses; et
» qu'est-ce que cela, sinon comme une course, si l'on peut
» parler de la sorte, que fait l'affection d'une mère, qui, ne
» se contentant pas d'aimer son fils en sa propre personne,
» le vas chercher partout où elle peut en découvrir quelque
» chose [1]. »

Qui ne reconnaît ici l'amour maternel dans sa plus naïve expression, et à ce nom quel cœur ne se sent touché d'une vénération tendre et profonde! Ce sentiment qui tient à la fois de l'instinct, par son énergie, et de tout ce qu'il y a de divin dans l'homme, par son étendue, sa force et sa durée, est devenu le symbole des plus sublimes affections; la religion, la patrie lui empruntent leur plus touchant caractère et leurs

---

[1] Bossuet, *Sermons sur la Compassion de la Vierge.*

paroles les plus persuasives : la patrie surtout, à laquelle Plutarque regrettait que l'on n'eût pas donné le doux nom de *Matrie !* car le souvenir de la mer qui nous a nourri, se lie plus intimement que tout autre à celui du pays où nous avons reçu le jour. Le poète qui prit pour objet de ses chants le bonheur et la chute de nos premiers parents, avait bien senti toute la dignité attachée au titre de mère ; après le délicieux récit des premières émotions de l'âme humaine qu'il place dans la bouche d'Ève, Milton donne à la femme, par anticipation, le nom de *Mère des hommes,* comme s'il voulait d'un seul trait révéler toute la grandeur de sa destinée. La femme elle-même, par une loi mystérieuse qui vient du ciel, ou peut-être de l'excellence de sa nature, semble pressentir sa noble mission sur la terre : enfant, elle se joue longtemps avec les vains et légers simulacres de la maternité ; jeune fille, les idées de protection, de tendresse et de dévouement dont le germe est dans son cœur, lui font prodiguer des soins et des caresses presque maternelles à une fleur, à un chien, à un oiseau ; épouse, elle entrevoit le but de la vie, elle y touche, elle devient mère. C'est alors que tout ce qu'il y a de tendresse, d'énergie et d'amour dans son âme, s'éveille à la fois ; sa raison s'épure et s'éclaire, elle sent tout-à-coup la dignité de son être et celle de la tâche imposante qui lui est confiée ; que de sages projets, que de résolutions généreuses, conçues, arrêtées dans ces premiers moments d'un bonheur sans mesure, mais acheté par tant de souffrances ! La femme la plus frivole dans ses goûts, la moins habituée à réfléchir, conçoit alors des idées d'ordre, de prudence et d'économie, dont elle-même ne se fût jamais crue susceptible. Sa raison devient pour elle comme un sanctuaire auguste où l'amour maternel règne sans partage, où les conseils de la sagesse et les résolutions vertueuses, émanées de ce sentiment impérieux et doux, sont seules écoutées, comprises, adoptées. Dans la solitude de nos temples, le tumulte, les agitations du dehors, rendent plus profondes et plus douces, les méditations de l'âme pieuse ; de même le bruit confus du monde et de ses vains plaisirs, expirant au seuil de cette retraite sacrée, ne peut distraire la mère du sentiment tendre et sérieux qui l'occupe. Ces pures émotions impriment d'ordinaire à l'âme de la femme un noble et grand caractère, que la voix des passions et les distractions de la vie n'effacent jamais entièrement ; elle peut oublier toutes ses autres relations, elle n'oublie jamais qu'elle est mère. Au tribunal de la famille, le père, chez lequel la raison domine souvent la tendresse, juge, punit ou récompense ; la mère aime, oublie et pardonne. Il fallait que le cœur de la femme fût doué avec prodigalité de cet amour que la nature a réparti inégalement sur les autres créatures, pour suffire à l'exercice varié qu'elle doit en faire ; il devait survivre aux nécessités du premier âge, car ses devoirs ne se bornent pas aux soins purement physiques, ils s'étendent aux besoins de l'âme, à la culture de l'esprit, à celle du caractère, et influent ainsi sur le bonheur de la vie entière.

Elever sa jeune famille, former ses filles à l'étude des vertus domestiques, guider de jeunes hommes passionnés, qui, dans leurs écarts, se sentent si heureux de retrouver le sein maternel pour accueillir leurs plaintes ou leur repentir ; plus tard, encourager leurs filles épouses et mères, par des conseils ou des exemples, et souvent, dans la vieillesse, recommencer pour des petits-fils orphelins toute une vie de soins et de souffrances : telle est la tâche de la mère.

Elise Voïart.

DONNONS.

Les temps sont rigoureux et la misère est grande.
Pour l'apaiser chacun apporte son offrande,
Les petits leur obole et les puissants leur or.
Pièce à pièce du pauvre augmentant le trésor,
Partout la charité se fait industrieuse.
Elle exploite avec fruit la fibre curieuse
Par l'appât séduisant de spectacles aimés,
De concerts où l'oreille et les yeux sont charmés ;
Par l'exposition de riches loteries
Etalant aux regards les fines broderies,
Les splendides cristaux, les tissus précieux
Qui rançonnent la bourse en fascinant les yeux.
Ici de blanches mains travaillent dans la bure,
Et là des pas légers, vers la mansarde obscure,
Pour un bienfait caché, montent discrètement...
Mais pour que chaque peine ait un soulagement,
Ne nous arrêtons pas à la première aumône.
Le cœur est remboursé de ce que la main donne.
Pour l'enrichir encor donnons à pleine main ;
Il est bien opulent quand personne n'a faim !

Donnons pour les vieillards. Des douleurs de la terre
N'ont-ils pas jusqu'au fond vidé la coupe amère?
Chaque ride creusée en leurs traits languissants,
Chaque cheveu tombé de leurs fronts jaunissants,
D'un chagrin, d'une alarme est la vivante trace
Que seulement la tombe au dernier jour efface.
Ces symboles flétris du néant d'ici-bas
Qui creusent devant nous le chemin du trépas
Ont déjà trop souffert... Soulageons leur faiblesse
Pour qu'ils puissent du moins tranquillement mourir,
   Donnons, car la vieillesse,
   Ne devrait plus souffrir.

Pour les femmes donnons, donnons avec largesse :
A ces cœurs dévoués la divine sagesse
A prodigué pour nous, en ses précieux dons,
Les sublimes amours, les généreux pardons.
Dans le palais des grands et sous le toît rustique
Elles sont le bonheur du foyer domestique,
Des faibles le soutien, l'espoir des affligés,
La consolation des cœurs découragés.
Epargnons le tourment à ces pieuses âmes
De voir couler des pleurs sans pouvoir les tarir,
   Donnons tous, car les femmes
   Ne doivent pas souffrir.

Donnons pour les enfants, chers trésors d'innocence,
De leur tête bénie écartons la souffrance.
Toujours insouciants et de l'heure et du lieu,
Qu'ils courent librement sous le ciel du bon Dieu ;
Que leurs doux yeux d'azur, que leurs regards limpides
Des larmes de la faim ne soient jamais humides ;

Qu'ils restent bien longtemps, ces anges gracieux,
Aussi beaux, aussi purs que leurs frères des cieux.
Ils quitteront trop tôt les candides phalanges;
Le temps est implacable, il leur faudra grandir.
   Donnons tous, car les anges
   Ne doivent pas souffrir.

Amédée Vaillant.

Février 1854.

SOUVENIRS MESSINS DU QUINZIÈME SIÈCLE.

Si c'est une vérité bien reconnue de nos jours, que les travaux du corps, comme ceux de l'esprit, se subdivisent d'autant plus qu'ils se perfectionnent et s'agrandissent davantage ; et si, d'un autre côté, l'exacte division des arts mécaniques chez un peuple, prouve, à son tour, un certain degré de perfection et d'avancement dans ces mêmes arts et dans la route de la civilisation, ne serons-nous pas obligés de reconnaître et de convenir que, dès le quatorzième siècle, les Messins, nos ancêtres, étaient déjà très-avancés sous ce rapport, et laissaient derrière eux la plupart des peuples de l'Europe ?

D'ailleurs, indépendamment de ce que l'on pratiquait déjà, depuis un temps immémorial, l'art d'exploiter et de forger le fer dans nos environs, notamment à Moyeuvre, nous voyons encore par les réglements de l'époque, que l'art d'apprêter les laines, de tondre et de fouler les draps, l'art de tanner et de corroyer les cuirs, formaient déjà une branche importante et très-étendue de l'industrie d'alors ; que la serrurerie, l'art de fabriquer les faux, la clouterie, l'art du fourbisseur, de l'armurier, du potier d'étain, et une quantité d'autres arts ou métiers qu'il serait trop long de citer, et dont les noms nous sont inconnus pour la plupart, avaient dû prendre un développement non moins considérable. On peut s'en former une idée exacte pour quelques-uns d'entre eux, d'après les dénominations qu'ont encore conservées de nos jours plusieurs rues très-anciennes : l'usage étant autrefois de réunir dans un même quartier, les ouvriers de même profession.

D'autres réglements de l'époque tendent à protéger le commerce intérieur et d'exportation, contre celui des marchands forains ; de fortes taxes furent imposées sur les produits des fabriques étrangères, et bien que, d'une part, on ait encouragé l'importation des diverses céréales, on accorda, d'une autre, des primes et des franchises pour l'exportation des vins, alors principale richesse de notre sol. Si quelques-uns de ces réglements ne semblent pas avoir été établis d'après les principes d'une saine économie politique, ils prouvent du moins que l'industrie pouvait se suffire à elle-même dans la ville de Metz, et que l'on attachait la plus grande importance à l'y entretenir dans un certain état de prospérité.

Enfin, ce qui pourra surtout donner une idée très-avantageuse de l'état de l'industrie et du commerce de notre ville, à l'époque des treizième et quatorzième siècles, dont nous parlons, c'est que chaque corps d'artisans avait alors un chef particulier, et qu'il existait un *Grand-Maître des métiers* dont l'autorité porta souvent ombrage aux magistrats, puisqu'ils furent obligés de le supprimer par la suite ; c'est que Metz faisait battre à son coin de la monnaie d'or, d'argent et de cuivre ; possédait trois *lombards* ou maisons de prêt, qui s'y établirent malgré l'opposition des magistrats, par la force des circonstances et l'activité du commerce ; c'est qu'enfin elle eut jusqu'à soixante changeurs, et que toutes les monnaies des puissances de l'Europe y avaient cours. L'opulence y était telle en effet, que, malgré les malheurs des temps, de simples particuliers y étaient devenus les créanciers des princes pour des sommes considérables, et avaient acquis des fiefs sur les terres étrangères. Enflés d'orgueil et d'ambition, dit l'auteur érudit du *Précis sur l'Histoire de Metz*, ils refusèrent les services des feudataires envers leurs seigneurs suzerains, ils excitèrent la jalousie et le mécontentement des princes, par la tendance de la république à augmenter le nombre des terres franches et des personnes libres.

Ainsi entourée d'ennemis nombreux et redoutables, obligée souvent de suppléer la force par l'adresse et les talents, la république messine dut être l'une des premières à s'emparer de la découverte du moine allemand *Bertold Schwartz*, et à l'appliquer à l'art de la guerre : en 1324, lors du siége que la ville eut à soutenir contre une coalition formidable de princes et de souverains, parmi lesquels on comptait un duc de Lorraine et un roi de Bohême, le *Comité des Sept de la guerre*, outre plusieurs autres dispositifs très-sages, fit garnir les dix-sept portes, les remparts et les soixante-huit tours qui les flanquaient, d'artillerie de toute espèce, entre autres, de *couleuvrines* et de *serpentines;* c'était donc plusieurs années avant l'époque où l'usage s'en introduisit dans le reste de l'Europe ; avec ces moyens puissants, les Messins repoussèrent victorieusement les ennemis de la patrie. Un siècle après, l'artillerie de la ville était devenue tellement nombreuse et formidable, elle avait acquis une telle célébrité, que les princes et les souverains étrangers se faisaient un plaisir autant qu'un devoir de venir la visiter dans ses moindres détails. Enfin nous voyons encore, dans l'année 1515, la république messine mettre en campagne huit pièces d'*artillerie volante*, expression qui semblerait prouver que les Messins se servirent d'une artillerie légère plusieurs siècles avant les autres peuples de l'Europe.

Nos ancêtres ont exercé quelques autres arts intéressants avec non moins de talent et de succès. Telle est, par exemple, l'architecture ; cet art à la fois si utile, si propre à exciter notre enthousiasme et notre admiration ! Pour faire connaître l'état où il se trouvait au temps de la république messine, il me suffira de rappeler que le onzième siècle avait laissé imparfaite cette vaste cathédrale fondée par l'évêque *Thierry,* et que les quatorzième, quinzième et seizième siècles en virent achever les voûtes, le chœur et la nef. L'histoire, trop souvent ingrate, nous a transmis le nom d'un certain *Perrat,* architecte messin, qui, au quatorzième siècle, fut chargé d'en construire quelques parties, et notamment les tours; elle nous apprend encore que c'est à cet habile artiste que l'on doit les belles cathédrales de Toul et de Verdun, ainsi que l'église des Carmes de Metz, dont quelques restes furent jugés assez précieux, sous le rapport de l'art, pour être enlevés à notre ville et déposés dans les musées de la capitale.

Henry Renconeaux, en 1477, fit poser la flèche élancée qui couronne le clocher de *Mutte* de notre cathédrale, et le commencement du seizième siècle vit mettre seulement la dernière main à ce magnifique ouvrage. Je n'ai pas besoin de faire sentir combien de tels monuments déposent en faveur du talent et des connaissances de nos ancêtres dans l'art de bâtir; mais je dois rappeler un fait qui honore le caractère de l'époque : c'est que *Perrat* fut enterré dans le temple même qu'il venait d'édifier, sous l'un des autels de la sacristie, où on lit encore de nos jours la modeste épitaphe qui consacre ses titres au respect et à la reconnaissance de ses concitoyens.

Je citerai encore les ponts, immenses par leur longueur, jetés sur l'un des bras de la Moselle, dès le treizième siècle, par l'administration de l'antique hôpital Saint-Nicolas, moyennant de singuliers droits de péage, qui ne cessèrent que vers l'époque de 1792. Enfin, comme exemple des connaissances mécaniques que possédaient nos ancêtres, je rappellerai que les moulins à *rodet* ou à *cuveau* qu'on voit encore de nos jours aux établissements de la ville, sur la place de la Préfecture, et qu'on suppose souvent avoir été copiés sur ceux du Basacle, à Toulouse, furent inventés et construits, en 1512, par *maître François*, curé de Méy, habile médecin et géomètre, que les princes recherchaient pour la plantation de leurs jardins et la construction de leurs usines.

La ville de Metz renouvela, en 1412, tous ses atours sur les arts et les métiers, et il en est plusieurs qui prouvent que déjà l'on y exerçait, avec une certaine extension, les arts du peintre, du doreur et du sculpteur. L'imprimerie y fut pratiquée dès l'année 1498, par *Jean Magdeleine*, et l'art du peintre-verrier le fut dès 1520, par *Valentin Bouch*, l'auteur des superbes vitraux du chœur de la cathédrale, qu'il suffit de citer pour en faire l'éloge.

Si maintenant nous reportons nos regards en arrière pour examiner quel fut, à dater du treizième siècle et durant toute la république messine, l'état du commerce extérieur de la ville, nous trouverons qu'il dut être aussi actif que le comportaient les circonstances et les guerres continuelles qu'elle eut à soutenir contre les seigneurs et les princes voisins. En effet, dans les courtes trèves qui survinrent à ces époques désastreuses, nous voyons nos marchands faire un commerce d'échange continuel avec l'Allemagne et les Pays-Bas, et fréquenter les différentes foires étrangères, principalement celles de Francfort et d'Anvers, qui, dès le quinzième siècle, avaient déjà acquis de la célébrité dans le nord de l'Europe ; nous voyons nos magistrats sans cesse occupés du soin de réprimer, par la force des armes, le brigandage des seigneurs qui pillaient les marchands et les voyageurs sur les routes ou *hauts-chemins*, arrêtaient les bateaux sur la Moselle, et y imposaient des droits onéreux, quoique la rivière fut réputée franche alors ; enfin nous les voyons renouveler fréquemment des traités d'alliance et de commerce avec les princes souverains et les villes libres anséatiques.

On trouvera sans doute avec moi, que ces circonstances sont des preuves positives, irrécusables, en faveur de l'étendue du commerce de nos ancêtres. Mais si l'active industrie des Messins sut maintenir, pendant de longs siècles, une heureuse opulence dans la cité, elle ne put faire prospérer également bien l'agriculture dans nos campagnes, continuellement soumise aux fléaux des guerres désastreuses et barbares d'alors : tout se bornait presque à cultiver, dans un petit rayon, nos excellents potagers, nos vergers, couverts comme aujourd'hui d'arbres à fruits délicieux, enfin nos côtes couronnées de vignes produisant avec abondance des vins recommandables sous plus d'un rapport. Ce ne fut que plus tard, sous nos rois, que le laboureur, arraché à la glèbe et aux vexations de toute espèce, put jouir de quelque tranquillité domestique, et défricher ses terres couvertes de ronces, ou dessécher ses marais pestilentiels.

Quant à la culture des sciences et des lettres dans la ville de Metz, durant le même intervalle, on ne saurait affirmer qu'elle fut véritablement florissante, quoique l'histoire nous ait transmis les noms de quelques hommes recommandables. Nous n'oserions d'ailleurs citer avec éloge les chroniques, les ballades et les chansons du quinzième siècle, ni aucuns des mystères qui se jouèrent à Metz dès 1412, bien que cette ville fût peut-être l'une des premières à posséder de tels spectacles. C'était alors la passion des joûtes, des tournois et des bateleurs de toute espèce : de pareils divertissements joints, à l'urbanité constante des Messins, aux franchises, à la liberté et à la tranquillité dont jouissait leur cité, lorsque la plupart des villes environnantes étaient exposées à la dévastation et au pillage, durent y attirer une foule considérable d'étrangers et de personnes remarquables, qui vinrent augmenter la prospérité de l'état et l'opulence des particuliers. Bientôt aussi tant d'avantages amenèrent le débordement du luxe et la dépravation des mœurs, le relâchement de toute discipline, et finalement les schismes qui en sont la suite nécessaire. Tous ces maux parvinrent à leur comble au commencement du seizième siècle, et motivèrent peut-être les reproches amers du célèbre *Corneille Agrippa*, l'un des syndics et des orateurs de la ville. La peste et la famine qui désolaient alors le pays contribuèrent à faire fuir les étrangers et moissonnèrent une multitude prodigieuse d'habitants. Enfin la perte des libertés et des franchises de Metz, sous Henri II, le siége qu'elle eut à soutenir contre Charles-Quint, la démolition de ses immenses et populeux faubourgs, achevèrent la ruine de son commerce et anéantirent ses anciennes relations avec la Belgique et l'Allemagne, qui lui furent désormais totalement étrangères ; Metz, en un mot, cessa d'être une ville libre et industrielle, pour descendre au simple rang de cité forte et guerrière.

Il n'entre pas dans mon sujet d'examiner quelles furent, par la suite, les autres causes qui contribuèrent à entretenir cet état déplorable des choses, et qui firent qu'en moins d'un siècle et demi, la ville vit se réduire de soixante à vingt mille, le nombre de ses habitants, et s'expatrier les familles les plus riches et les plus industrieuses, les hommes les plus recommandables par leur savoir et leurs talents, pour hâter les progrès de nos voisins dans la carrière des sciences et de l'industrie. Jetons plutôt un coup-d'œil rapide sur l'état de notre littérature et de nos beaux-arts aux seizième et dix-septième siècles, et prouvons que nos écrivains, nos artistes d'alors n'étaient point indignes du règne glorieux de Louis-le-Grand.

Quel citoyen, amant de sa patrie, ne connaît en effet, au moins de réputation, les *Boistard*, les *Cantiuncula*, les *Pierre Joly*, les *Ancillon*, les *Paul Féry*, les *Jacob Leduchat*, et tant d'autres qui illustrèrent notre ville par leurs écrits ? Metz n'a-t-elle pas eu, dans la médecine, un *Anuce Foës* qui, le premier, traduisit *Hippocrate ;* un *Naudé,* qui fut membre de l'Académie des sciences de Berlin ; un *Chassel*, un *Sébastien Leclerc* et un *Naucret,* dont les sculptures, les gravures et les tableaux ornèrent les palais des rois, et font encore les délices des amateurs ? Enfin n'avons-nous pas un maréchal *de Fabert,* auquel l'histoire contemporaine accorde l'honneur d'avoir le premier, sous Louis XIII, perfectionné les parallèles et mis en usage les cavaliers de tranchées ?

Cet élan ne fut pas suspendu dans le siècle suivant : nous compterons toujours avec orgueil, parmi nos concitoyens, des littérateurs tels que les *Montcombre* et les *Charles de Villers :* des naturalistes, des médecins et des chirurgiens tels que les *Buchoz* et les *Louis ;* un physicien tel que *Pilastre des Roziers :* des ingénieurs militaires tels qu'un *Goullet de Rugy* auquel on doit le ventilateur et la souris des mineurs, un *Liedot* qui, après avoir dirigé avec succès les immenses travaux d'Alexandrie et de Turin, mourut glorieusement dans les plaines désertes de la Russie. Metz se rappelle avec un intérêt non moindre, d'avoir donné le jour à un *Tschudy*, qui cultiva à la fois l'agriculture et les muses ; à un *Pertuis,* qui dirigea l'Académie royale de musique et le Conservatoire, après s'être immortalisé par des compositions savantes et agréables ; à un *Pierre Vezus*, mécanicien, qui fut l'inventeur d'une filière, d'un moulin à bluter la poudre, d'une navette volante, etc.

La liste des citoyens qui honorèrent notre ville par leur courage et leurs talens militaires serait peut-être plus longue encore, mais elle m'éloignerait trop de l'objet spécial que je me suis proposé.

Poncelet, de l'Institut.

LES CÈDRES DU LIBAN.

(FRAGMENT.)

Tripoli est sur une des pentes du *Liban*, et nous devons ici commencer à gravir cette montagne. Le nom Liban signifie *Blanc*, et il est ainsi appelé, soit à cause des neiges qui restent sur plusieurs sommets, soit à cause d'une teinte blanchâtre qui domine dans l'aspect général.

Le Liban est établi par le Seigneur comme une des limites de la Terre promise (Deut. 11, 24). David prédit que les fruits du règne du Messie surpasseront les fruits si vantés du Liban (Ps. 71, 16). Le Liban est planté d'arbres odoriférants, et il est la figure même de Jésus-Christ, qui, de son cœur et de ses plaies, répand avec abondance les eaux vives de la grâce (Cant. des Cant. 4, 14, 15). La gloire est fréquemment attribuée au mont Liban par le prophète Isaïe (35, 2-60, 13). Les plantes du Liban, l'encens du Liban, les vins du Liban sont, tour à tour, dans la bouche des prophètes pour exprimer la fertilité, les douces vertus et les saintes joies de l'Eglise nouvelle. Oui, c'est cette montagne si souvent célébrée dans l'Ecriture que nous allons traverser et visiter. Daigne le Seigneur plus que jamais nous entourer de sa protection !

Samedi 11 septembre. — Avant cinq heures nous quittons Tripoli, nous élevant dans la montagne dont nous atteignons un premier sommet au bout de trois quarts d'heure. La ville alors était littéralement à nos pieds et ses jardins étalaient au loin toutes leurs grâces. Les sinuosités de la mer que l'on voit jusqu'à Beyrouth paraissaient avec tous les accidents de rochers, de plaines de sable, de plantations, de villages ; le soleil, qui venait de se lever, donnait à ce vaste ensemble une teinte dorée et semblait répandre des flots de vie : c'était un spectacle qui saisissait l'âme et qui arrachait un cri d'admiration. « Que toutes les œuvres du Seigneur le bénissent, » disions-nous, qu'elles le bénissent dans tous les lieux de » son empire. Et vous, mon âme, bénissez aussi le Seigneur ! » (Ps. 102.)

Bientôt nous rencontrons la profonde vallée de la *Cadischa,* ou la *Sainte,* rivière qui prend sa source non loin des cèdres. Rien encore de plus gracieux ni de plus fécond que cette vallée. Les arbres y sont d'une hauteur prodigieuse, chargés de fruits, et la végétation est partout luxuriante. Les maisons, la plupart isolées, les ponts, les arcs qui soutiennent les conduits d'irrigation sont enlacés et couronnés de verdure ! contraste frappant avec les plaines élevées qui s'étendent des deux côtés.

Pendant longtemps cette plaine est couverte d'oliviers et de mûriers. Vers huit heures nous passons à gué notre Cadischa, perdue de vue plusieurs fois. Ensuite, campagne aride, semée d'arbrisseaux épineux. Puis, ascension d'une montagne bordée de précipices. Nous rencontrons là, pour la première fois, ces belles chèvres du Liban, aux oreilles longues et pendantes, au poil lisse et fin, aux yeux brillants, à la taille élancée. Elles étaient partout, perchées sur les saillies des rochers, pendues aux arbustes, buvant fraternellement à la source qui coulait à peine. Les chèvriers en costume rigoureux, les jambes à moitié nues et bronzées, un manteau rayé noir et blanc sur les épaules, la houlette à la main, accompagnés de leurs chiens, veillaient et dirigeaient. Deux fois nous sommes au milieu d'un immense troupeau.

Mais, quand nous sommes presque à la cime de notre montagne, une surprise bien différente nous est ménagée : notre drogman s'aperçoit que nous faisons fausse route ! Il faut donc descendre et nous résigner à toute cette fatigue devenue inutile. Nous marchons ensuite plus d'une heure pour gagner le vrai sentier : et quels lieux nous avons traversés ! Par des marches et contre-marches, au travers de ravins escarpés et de rochers à pic, nous sommes vingt fois au milieu de visibles dangers : nos chevaux, que nous laissions aller, guidés sans doute par la Providence qui veillait sur nous, nous ont fait échapper à tout.

Enfin nous recommençons une ascension. En ces montagnes, il n'y a de chemins que les traces des pas des chevaux ou des mulets, pas souvent empreints d'un pied dans le rocher ; du reste les rochers, les énormes pierres, les durs graviers, les ravins profonds sont à-peu-près comme le déluge les a laissés : la main de l'homme ne paraît pas y avoir touché. Dans certaines parties les bêtes de somme reculent de deux pas sur cinq ou six. Les descentes, on le comprend, sont plus difficiles encore : pour les effectuer, nous avons ordinairement mis pied à terre.

A une heure nous sommes dans les nuages, et nous nous arrêtons quelques moments au bord d'une petite source pour prendre un peu de nourriture. Bientôt nous franchissons un large col sur des pierres lisses comme du marbre et nous apercevons à gauche un beau village : c'est *Eden*, nous dit le guide. Nos regards qui, depuis la vallée de la Cadischa, n'avaient rencontré qu'une nature aride et désolée, se reposaient agréablement sur les massifs d'arbres et sur les côteaux de vignes qui entourent Eden. Des sources nombreuses sortant partout de la montagne arrosent et fertilisent cette haute plaine : hommes et chevaux furent heureux d'étancher leur soif. Nous entrons dans le village escortés d'une centaine d'enfants que la vue de notre caravane eut bientôt rassemblés.

. . . .

Les habitants d'Eden, comme ceux des villages élevés, descendent l'hiver dans la plaine et dans les vallées : il ne reste que quelques personnes pour garder le village, et cette garde n'est pas difficile, vu que les nattes et couvertures, avec quelques pauvres vêtements, qui sont tout le mobilier, s'emportent sans difficulté sur le dos des émigrants.

Nous visitons encore à Eden deux chapelles que nous trouvons dans un état de pauvreté qui afflige, et nous en partons à quatre heures pour finir la journée. Ce sont toujours les mêmes accidents de chemins. A force de monter, de descendre, de monter encore, vers cinq heures un cri est poussé par le drogman : les *Cèdres!* Ce cri est répété par tous ; nous apercevions distinctement la cime d'un groupe d'arbres dans la direction du sud au nord. Plusieurs fois nous les perdons de vue et nous les retrouvons, quand enfin, un peu avant le coucher du soleil, nous entrons au milieu du couvert. Les hommes de la caravane déchargent leurs armes, heureux de notre joie et des difficultés vaincues. La température, sans être froide, est sensiblement abaissée. Notre tente est dressée et le repas se prépare. A demain.

12 septembre, dimanche. — La nuit passée sous les cèdres a été parfaite. Nous sommes sur pied de grand matin admirant les crêtes élevées qui nous entourent, éclairées des premiers rayons du soleil.

Une modeste chapelle est construite sur un des mamelons occupés par les cèdres : elle est pauvre comme le lieu où elle se trouve, sans dalles, sans décoration; sa charpente, laissée à nu, est en bois de cèdre, ainsi que quatre poutres qui la soutiennent en forme de piliers. A six heures, un prêtre maronite, venu de la montagne, célèbre la sainte Messe devant une trentaine de personnes accourues de divers points. Le rite maronite nous frappa singulièrement, rite tout particulier, conservé religieusement et autorisé par l'Église. L'assistance avait de quoi édifier et je fus dominé par une foule de pensées consolantes. « Le vrai Dieu, me disais-je, est donc adoré par
» ce bon peuple maronite ! C'est une langue, ce sont des
» cérémonies à part; mais, au fond, c'est toujours la victime
» divine qui est immolée ! Les montagnes et les précipices
» ont préservé ce peuple des erreurs et de beaucoup de vices;
» il a la foi véritable, il a des mœurs simples : n'est-ce pas
» le plus grand bien et le seul réel, après tout?... »

Après cette messe, j'eus le bonheur de la dire à mon tour, grâce à un petit missel que M. le Comte portait avec lui, et ce pieux compagnon me la servit. Nous n'avions pas osé nous attendre à tant de bonheur. Nous pensions bien la veille être obligés d'aller à une assez longue distance pour trouver un couvent ou une église. Dire la messe sous les cèdres, et la messe de la Vierge, si souvent comparée au Liban, et cela le dimanche où dans ma paroisse on faisait la solennité de la Nativité de cette tendre mère, c'est une de ces joies que l'on ne peut dire : le souvenir ne s'en effacera jamais ! — Cette chapelle n'existe que depuis peu d'années. Les Maronites ne l'ont quittée qu'à une heure avancée, restant groupés à l'entour : ils chantaient presque tout le temps, et des cantiques au dire de nos interprètes, tantôt ensemble, tantôt à plusieurs chœurs, mais avec une volubilité extraordinaire et avec une cadence vivement marquée : c'était fort beau.

Nous voilà sous les cèdres, parcourant les groupes divers, examinant les proportions athlétiques de ces géants de la végétation. . . . .

Les cèdres étaient autrefois très-nombreux ; ils le sont beaucoup moins aujourd'hui : mais le spectacle qu'ils offrent est bien plus imposant que ce que l'on se figure communément, et la réalité a été au-dessus de mon attente, ce qui n'est pas ordinaire pour les lieux lointains et vantés que l'on va visiter. D'abord la région où nous les trouvons est à six mille pieds au-dessus du niveau de la mer : c'est le site sévère en plein, le séjour de la solitude et du silence la moitié de l'année. Ensuite ils ne sont pas répandus sur une grande étendue, mais réunis, dans une espèce d'entonnoir, aux pieds de la plus haute cime du Makmel. Ils occupent six mamelons, qui ne sont séparés l'un de l'autre que par un faible abaissement de terrain, et en vingt ou vingt-cinq minutes on en fait le tour. La naissance des branches est, généralement, de deux à trois mètres de la terre et ces branches s'étendent horizontalement, de sorte que la hauteur de l'arbre ne répond pas à sa largeur. Le cèdre a le privilège de rester toujours vert et le bois en est incorruptible dans les constructions, à moins qu'il ne soit exposé à l'eau. Il porte une espèce de fruit assez semblable aux pommes de pin, et il répand, goutte à goutte, une résine grasse, luisante, d'une forte et agréable odeur. Nous avons mesuré sept de ces géans du premier âge, et nous avons trouvé des circonférences de treize mètres à huit mètres soixante-dix centimètres.

Ce sont les aînés de la forêt : on y voit gravés les noms de quantité de voyageurs ou pèlerins de tous pays. Après eux, nous en avons compté vingt-deux qui ont de quatre à sept mètres de circonférence, et qui sont d'une beauté remarquable. Enfin les mamelons sont couverts de trois cent cinquante à quatre cents jeunes cèdres de la plus belle venue. En dehors de la forêt, nous n'avons vu que quelques cèdres isolés, qui sont là comme des sentinelles avancées annonçant le gros de l'armée. Du reste le sol est sans gazon, jonché de pierres et semé de rares buissons : la montagne partout est également dénudée.

Pour la cinquième fois j'allai de mamelon en mamelon : je ne pouvais me lasser de regarder ces arbres, aux formes si hardies et si inaccoutumées pour nous, ni me défendre d'un certain sentiment de respect. Ils se présentaient à moi comme les arbres de Dieu, comme les témoins de sa vérité. Tous les environs sont frappés de stérilité. Tout a été ravagé et dissipé : mais la destruction s'est arrêtée à une limite que Dieu avait marquée, et la puissante main du Seigneur a entouré de sa protection ces précieux restes. Que ne diraient pas les ennemis de la Religion si tous les cèdres avaient disparu? N'en triompheraient-ils pas comme d'une preuve évidente de la fausseté des récits de l'Ecriture sainte et des paroles des Prophètes !...

L'abbé Wonner.

LES HEU.

> « En son temps, estient les grand guere
> » des amys, a pais de Liege, que durait
> » 45 ans; pandant se temps, vindrent les
> » di II freres a Mets, lan 1232 et furent ap-
> » pele de Heu a cause que leur patrimoine
> » y estoit. »
> (*Maison de Heu*, fol. 29.)

L'espace manquerait ici pour dire comment une famille de prétendus exilés, fuyant les malheurs de la patrie, s'éleva au rang des plus puissantes familles patriciennes de la ville de Metz. Il faudrait expliquer la participation des Heu au grand événement de 1552 qui scella la réunion de la cité libre et impériale à la France, leur ambition toujours croissante, trainant après elle le fléau de l'hérésie et causant leur ruine ; il faudrait enfin relever le gibet de Vincennes, l'échafaud de Luxembourg, et laver le blason des Heu des souillures dont quelques-uns ont voulu le charger, sans pouvoir le ternir.

Une semblable entreprise ne doit pas être tentée légèrement. Que l'on ne voie donc dans ces lignes qu'une première et rapide esquisse sur la famille de Heu et sur son origine.

On trouve les Heu, en 1250, dans le commun, et bientôt après dans tous les paraiges ; douze fois ils occupèrent la suprême magistrature de la cité. D'autres charges importantes, dans l'épiscopat, dans les armées, à la cour des rois et des empereurs; de riches possessions territoriales et de brillantes alliances, de pieuses libéralités et des fondations d'églises, firent partager aux Heu la prépondérance des Gournay, des Baudoche, des Roucel, des Esch, des Ragecourt. Si le lustre de quelques-unes de ces familles est plus considérable, c'est, à n'en point douter, parce que durant les siècles qui suivirent l'extinction des Heu, elles l'ont acquis en Lorraine et en France.

L'hôtel de Heu fut bâti l'an 1480 par Nicolas de Heu dans le Neufbourg vis-à-vis celui d'Antoine de Nouroy. Il était d'une grande magnificence et le plus beau de la ville. En 1615 il fut vendu au comte de Montgommery et racheté par Anne d'Autriche pour y fonder le séminaire, en 1661.

Frappant contraste! Le palais où se réunirent souvent, dans de longs et pernicieux conciliabules, Châtelain, Farel, les Clervant, Coligny, Furstemberg et les princes que Luther avait intéressés à la cause du libre examen et du doute, devait un jour servir d'asile à l'esprit de foi et de piété. Le lieu où se complotait la ruine du *papisme* devait devenir le sanctuaire du dogme et l'une des plus fécondes écoles du catholicisme.

On a dit que Gaspard de Heu, mort en 1560, était le dernier de sa race. Il n'en est rien ; et ce qu'on pourrait imputer à lui-même ou à son fils, ne doit pas rejaillir sur les siens. Il eut des enfants, quatre frères, ses aînés; des sœurs, des nièces, et un neveu appelé Robert, qui était chef de sa maison. Celui-ci mourut en 1594 au siége de Saint-Marcel, pour le service du roi de Navarre. En lui seulement s'éteignit le nom de Heu dans les mâles, et ce nom put être transmis sans tache aux Souillac, marquis d'Aserac, qui le relevèrent du chef de Bonne de Heu, sœur de Robert.

On a dit aussi que Jean de Heu, fils de Gaspard et de la dame de Rognac, laissa des enfants ; que l'un de ses enfants dut s'expatrier de nouveau à la suite d'un duel fameux, et qu'il retourna au pays de ses aïeux, où il aurait formé la souche de deux familles de Heu-Awans. Divers membres de ces familles se seraient distingués au service du Prince-Evêque de Liége et du roi de France ; plusieurs même auraient mérité la croix de Saint-Louis à la fin du dernier siècle. Rien ne justifie cette opinion, elle ne paraît pas sérieuse.

Le nom de Heu s'enveloppe dans la mystérieuse légende de Dammartin, et puisse-t-il y rester toujours! Puissent le bruit de la clochette et le parfum de la prière dans le vieux château de Warfusée, nous faire oublier Charles-Quint sous nos murailles, et nos faubourgs détruits, et la basilique de Saint-Arnould s'affaissant sur elle-même dans une ruine éternelle.

Il y a longtemps déjà que l'on a cru découvrir le berceau des Heu suspendu aux rochers à pics des bords de la Meuse et du Hoyoux.

Paul Ferry, le rigide observateur des siècles passés, a consacré cette tradition, qu'il a reçue de Mlles d'Orthe et de Tremery, dit-il quelque part. Dans la *Généalogie de la maison de Heu, copiée sur celle de la famille, accrue et illustrée en quelques endroits,* il admet le sieur de Bernalmont parmi les aïeux de Thiébaut de Heu ; leurs armes anciennes sont *trois besans d'or en champ d'azur;* les armes nouvelles sont celles du commun, *de gueulles à la bande d'argent chargée de trois coquilles de sable.*

Dom Calmet affirme que Gilles de Heu, maire de la ville de Liége, dégoûté de sa patrie, se réfugia à Metz en 1261, avec ses deux fils Gilles et Robert ; Robert fut père de Thiébaut.

Moréri, Lachenaie-des-Bois et une foule d'écrivains disent

à-peu-près les mêmes choses; mais ils varient sur l'époque précise de l'arrivée des Heu dans ce pays, où ils payèrent par les services de soldoyeurs l'hospitalité qui leur fut accordée. La *Chronique de Metz* semblerait la reporter à 1179. On voyait, dit-on, le nom, les armes de Heu et la date de 1230, avec les armes et les noms de Cherisey, Lietals, Ragecourt, Baudoche et Gournay, sur une des cloches de la Cathédrale.

Toutes les idées reçues jusqu'à présent au sujet de l'origine des Heu, viennent plus ou moins directement d'une ancienne généalogie à laquelle Moréri assigne la fin du quinzième siècle. C'est probablement le recueil d'histoire laissé par Nicolas de Heu et dont parle Vassebourg, le type qui a servi aux manuscrits de Blanchart, aux copies de Jean Travault et de Paul Ferry. Serait-ce le manuscrit intitulé : *Maison de Heu*, que l'on trouve à la bibliothèque de l'arsenal, à Paris?

Ce petit livre contient l'horoscope de Nicolas de Heu, né le 14 novembre 1494, et la descendance directe de « mesire » Otton de Warfexée lequel ot a feme une comtesse....., » en 1086.

L'horoscope est daté de 1528, et signé Laurentius Frisius nature phs. *(philosophus)*.

La généalogie comprend seize générations ; elle est de plusieurs écritures, mais jusqu'à Nicole de Heu, « orfe enfant de pere et de mere en lage de 5 ans, » et né, selon P. Ferry, en 1461, elle est d'une même main. Elle fut faite pour lui seul, car Marguerite de Brandebourg, sa femme, n'est point mentionnée dans le texte, et le dernier degré, celui de Nicolas de Heu et d'Anne de Failly, est d'une troisième main. Chaque degré est orné d'une miniature occupant presque tout le *recto* du feuillet, et qui représente le chevalier et sa dame, tenant chacun son écu : les armes ne sont indiquées qu'à partir de Thiébaut qui forme le dixième degré descendant et le septième ascendant. Ces seize miniatures sont de même grandeur et de même genre ; elles semblent avoir été peintes en même temps, à l'exception des deux dernières qui sont mieux finies et proviennent d'un autre pinceau, le même cependant pour toutes deux, quoique les textes écrits soient différents.

Il est évident que l'horoscope, le degré de Nicolas et d'Anne de Failly et les deux dernières miniatures, ont été ajoutés à l'ancienne généalogie composée après 1466, époque à laquelle le premier Nicolas était « seul héritier, » et avant 1494, époque de la naissance du second Nicolas.

La *Généalogie de Heu*, à laquelle le préambule astrologique enlève sa sévérité, doit avoir une origine commune avec le *Miroir des Nobles de Hasbaye*, par Jacques de Hemricourt. Elle en émane peut-être.

Hemricourt n'ayant encore que vingt ans, entreprit l'histoire des sires de Warfusée et de Dammartin, depuis l'an 1102. Il y joignit le récit des guerres d'Awans et de Waroux, ou la chronique, pendant quarante-cinq ans, du pays entre Liége et Huy connu sous le nom de Hesbaye ; car cette lutte acharnée dont une jeune fille fut l'occasion plutôt que la cause, dura depuis 1290 jusqu'en 1335.

Le travail de Hemricourt dura le même temps, de 1353 à 1398. « Le fidelle autheur » ne le communiqua à personne, et le revit plusieurs fois jusqu'à sa mort, arrivée en 1403. Il y en eut deux ou trois cents copies ; l'original est inconnu. Le manuscrit qui semble le plus authentique est de 1436, date, à peu d'années près, de la *Généalogie de Heu*.

La première et la meilleure édition du *Miroir*, publiée à Bruxelles, en 1673, par le sieur de Salbray, en est la reproduction fidèle. Deux autres éditions annotées ont été publiées, en 1791, par Jalheau, et, en 1852, par M. Vasse.

Le *Miroir des Nobles de Hesbaye* est beaucoup plus étendu que la *Généalogie de Heu*, puisqu'il embrasse toute la descendance collatérale d'Otton de Warfusée et des Dammartin. Cependant il n'y est pas fait une seule fois mention de Roger et de Gilles, enfants de « Hubert de Bernamont. » Le nom de Heu n'est cité nulle part excepté dans les notes de M. Jalheau.

Huy est une petite ville dont la fondation remonte à une époque excessivement reculée. Située sur les deux rives de la Meuse et sur celles du Hoyoux, précisément comme Metz se trouve sur la Moselle et sur le bras de la Seille qui traverse ses murs, à mi-distance entre Liége et Namur, comme Pont-à-Mousson est entre Metz et Nancy, elle est dominée par de hautes montagnes, dont les crêtes étaient garnies de forts redoutables. Son principal château sert aujourd'hui de prison d'état.

Quoique environnée de nombreux manoirs aux tours féodales, la capitale du Condroz a toujours été un point important, dans les temps modernes surtout, à cause de sa position sur le fleuve, entre le Luxembourg, le comté de Namur, la principauté épiscopale de Liége et le Brabant.

Ce fut là que, de 1180 à 1189, se retira « mesire Rasse
» de Boullongne, dit à la Barbe, parans à Goffroy de Boul-
» longne et frere a Conte de Domertin en Geuelle. »

Il partit de France, dit l'historien des Heu, confirmé par Hemricourt, « pour lindignation que le Roy Phelippe print
» contre luy à loccasion de Elysabeth la Roygne sa feme que
» estoit fille de Badowin Conte Hanaw. En son temps regnoit
» Conrard Impereur (1128-1152), et Thierich Evescque de
» Mets fil du Conte de Bar (1164-1171). En ce temps morut
» le bon saint Bernard. »

Ce chevalier, ajoute Hemricourt, « soy partit a tresgrant
» avoir et Warniz de grant nombres de Joweaz, de chevaz et

» de maynyez, et vint sorjourneir à Huy; la il tenoit grant
» hosteit et avoit brakeniers, fakeniers, chiens et oyseaz a
» planteit. Sy aloit sovent en Rivière et en gibier por ly
» solassier.

» Si avient une fois qu'il astoit de matin aleys en gibiere
» en la terre de Wasfezêe, et environ leur de dyner, ilh oyt
» soneir la clokette delle levation en la capelle do Chasteal
» de Warfezée, sy chevauchat telle part por veyor le Sacra-
» ment, et luy deskendut ilh entrat en la cappelle, en laqueile
» ly Capelains dedit Seingnor de Warfezée celebroit la Messe,
» et ly sires astoit moult reverement en sa fourme en grant
» devotion, quand ly levation fut faite ilh regarde de coisté
» ly, sy parchut le Chevalier estrengne et l'envoyat tantost
» pryer a dyneir deleis ly et chilh l'otroyat.

» Apres Messe ly Sires de Warfezée le prist par le main et
» le rechuyt mult honorablement en ly demandant de son
» Estat, et tout parlant ilh le condusit en la salle de sa for-
» terece, sy commandat a drechier les tables et que ly belle
» Alys qui astoit tout ses desduys, fuist aminnée pour le Che-
» valier estrange a fiestyer. La Damoyselle vient tantost al
» commandement son peire, et com bien enseingnie elle s'a-
» dreçhat vers le Chevaliers et gratieusement le fist bin Ven-
» gnant et sacointat de ly meurement et sagement com bien
» endoctrinée; ly bon Sires de Warfezée les asseit ensemble
» et fiestyat grossement de ses provisions et de grant lyeche
» de cuer l'estrangne Chevalier et sa mainye, tant qu'il en
» fut toz mervelheux.

» Quant ilh furent de dyneir et ilh furent esbanoyes à plu-
» sieurs embatemengts, ly dis Mess: Rasses remerchiat le Sain-
» gnor de Warfezée et sa filhe delle honneur et bonne com-
» paingie qu'il ly avoyent faite, sy prist congiet et soy partit
» deaz mut courtoisement; et al departir, ly syres ly pryat mut

» a certes qu'il le Visentaist toutsfois que ses chemiens la
» porteroit celle part; car on ne luy pooit faer mielz a plaisier
» que de ly Visenteir et fair bonne compaignie; Et ilh qui ja
» estoit sopris del amour la dite Damoyss: Aely, ly ottroyat
» bonnemens, et tant y repairat que quant ilh furent infour-
» meis ly uns del atre, que mariages soy fist entre le dit
» Monss: Rasson alle Barbe de Domartin en Goyelle, et la dite
» Damoiss: Alys.

» Et asseis tost apres ce li dis Mess: Rasses fist faire asseis
» preis de Warfezéez, une Tour et bon demorages environ et
» le fist appeller, en remembrance de ses predecesseurs et de
» son lynage, Domartin. »

On ne sait au juste qui était ce comte de Dammartin; Alix avait pour aïeul Otton de Warfusée.

C'est de Raes et d'Alix que l'on fait descendre, au septième degré, le soldoyeur, père de Thiébaut de Heu qui naquit en 1245, et mourut « vieul homme de quatre-vingt-cinq ans, en
» l'an 1330, et est ensepulturé aux Jaicopins de Mets devant
» la fontene ou il y ait la sépulture de cuivre. » Ce système n'est pas admissible.

Thiébaut de Heu fut le huitième aïeul de Robert, mort au siége de Saint-Marcel, l'an 1594, dernier de la maison, du nom et des armes de Heu, dans la ligne masculine.

Cte F. van der Straten Ponthoz.

LES VERRIÈRES DU PALAIS DE L'INDUSTRIE.

Au Directeur de Metz littéraire.

Metz ; 4 octobre 1854.

Mon cher Blanc,

Votre livre touche à sa fin sans que je lui aie donné ma page, et voici une circonstance qui m'ôterait l'espoir de prendre part à cette bonne œuvre, si je devais réaliser à la lettre la promesse que je vous ai faite. La direction du Palais de l'Industrie me demande deux verrières à figures, qui auront chacune quatre cent cinquante mètres de surface et qui devront être posées avant le quinze avril prochain.

Vous voyez que, d'ici-là, je ne pourrai quitter le crayon que pour prendre le pinceau, et que si je veux me dégager envers vos souscripteurs, il me faudra substituer ce que je puis leur offrir à ce qu'il m'est impossible de leur donner. Le programme de l'œuvre et l'invitation de voir, dans des ateliers du Fort, les fragments qui trouveront place sur nos chevalets, sont les seules compensations que je puisse présenter : si vous les croyez acceptables, veuillez bien inscrire le programme et annoncer les invitations.

Les verrières dont je vais indiquer la composition sont destinées à la grande nef du Palais de l'Industrie ; elles en occuperont les extrémités supérieures qui sont terminées par deux arcs de quarante-deux mètres d'ouverture.

Le choix des sujets a été laissé à ma disposition. J'ai proposé la mise en œuvre des inscriptions suivantes, qui seront placées au haut des verrières :

Les Nations, conviées par la France, apportent leurs produits à l'exposition universelle ;

Les Nations, soumises aux lois de l'Équité, sont unies par l'accroissement des échanges.

Ces sujets, et les esquisses qui les formulent, ont été acceptés par la Direction des Beaux-Arts et par celle du Palais de l'Industrie.

Au centre de la première composition, la France est assise sur un trône qui a pour bases l'Art et la Science. A droite, l'industrie de l'Orient est représentée par un berger et par trois femmes qui portent un schall de l'Inde, un vase de la Chine, des pierreries et des armes de l'Arabie. A gauche, l'industrie de l'Occident est représentée par un forgeron et par trois femmes qui portent une chaudière à vapeur, un télégraphe électrique et un métier mécanique. La figure de l'Art tient une lyre ; elle est tournée du côté de l'Orient. La figure de la Science tient un globe céleste ; elle est tournée du côté de l'Occident.

Au centre de la seconde composition, l'Équité portant des balances et la marque manufacturière est assise sur un trône au pied duquel l'Art et la Science unissent leurs attributs. A droite, l'Angleterre porte un schall de l'Inde et appuie la main sur un vase de la Chine ; l'Inde reçoit la chaudière à vapeur ; la Chine regarde avec curiosité le cadran du télégraphe électrique ; le berger soulève une corne d'abondance d'où s'échappent des produits manufacturés de l'Occident. A gauche, la France, portant une écharpe et des armes algériennes, sert d'appui à l'Arabie qui a reçu le métier mécanique ; l'Italie, enveloppée dans un crépon, montre une pile dont le fil conducteur aboutit au cadran porté par la Chine ; le forgeron s'empare d'une corne d'abondance pleine de fruits et de matières premières de l'Orient. La figure de l'Art, assise, comme dans la première composition, sous la droite du personnage principal, est tournée du côté de la Science et lui présente le fronton du Parthénon avec cette inscription : *Le beau !* La figure de la Science est tournée du côté de l'Art et lui présente une formule de Leibnitz avec cette inscription : *Le vrai !*

Telles sont mes intentions principales. Sans entreprendre de les expliquer, je dois cependant faire quelques remarques, pour en compléter l'exposé :

1º En divisant les industries entre l'Orient et l'Occident, je n'ai pas seulement cédé au besoin de simplifier mes scènes pour les rendre lisibles de tous les points de l'immense édifice auquel elles sont destinées ; j'ai reproduit au point de vue industriel le vieux dualisme qui, à d'autres égards, occupe le monde depuis que les principes émancipateurs sortis des vieilles sociétés orientales sont venus préparer l'existence de l'Occident. Ce dualisme donne, dans la question qui m'occupe, l'industrie naturelle qui procède du sentiment et des forces de l'homme, et l'industrie mécanique qui procède de l'intelligence et des forces de la matière. L'Orient a conservé l'industrie naturelle, l'Occident adopte l'industrie mécanique : le bon sens indiquait une classification qui résume et explique mes sujets.

2º En donnant à la France et à l'Angleterre l'importance qu'elles ont dans mes scènes, je n'ai cédé ni à des considérations de circonstance ni à des vues étroites de nationalité. Je n'ai fait qu'indiquer le rang conquis par l'intervention de ces deux grandes nations dans les affaires du monde, par le développement de leurs établissements coloniaux et par celui de leurs forces productives.

3° En mettant l'Italie à la place qu'elle occupe entre les nations de l'Occident, j'ai voulu rendre hommage à cette antique souveraine qui nous a fait connaître, dans les temps modernes, avec une nouvelle terre et un nouveau ciel, les arts et les industries de Rome, de Florence et de Venise, et qui, après un siècle de repos, vient d'annoncer son réveil avec cet instrument qui place la foudre entre les mains de l'homme pour porter, à son gré, sa pensée aux extrémités de la terre.

4° En donnant les figures de l'Art et de la Science pour bases au trône de l'Équité, comme je les ai données à celui de la France, j'ai voulu montrer que si elles sont la gloire des nations, elles sont aussi les indices de la prospérité qui accompagne leur développement moral. Il m'a semblé, d'ailleurs, que l'union de ces deux puissances complétait leur signification; et que, dans un lieu consacré au concours de toutes les industries, on pouvait bien dire deux fois, en termes différents, que l'Art et la Science sont les forces génératrices de la production et les sources éternelles de ses perfectionnements.

5° Enfin, en joignant aux généralisations de l'allégorie les particularités contenues dans mes sujets, j'ai voulu les rendre explicites. Les types, les costumes, les attributs admis avec la mesure qu'il fallait garder pour ne pas compromettre l'unité de style, sont venus à mon aide et me permettront d'écarter la sécheresse qui s'attache ordinairement aux abstractions.

En dehors de toute considération personnelle, en dehors

même de la question d'art, les verrières du Palais de l'Industrie sont du plus haut intérêt pour moi. Le fait auquel elles se rattachent est grand comme tout ce qui touche à l'unité ; mais il a pris à mes yeux toute son importance le jour où j'ai vu s'ouvrir, au nom des nations, les portes de la première exposition universelle. Ce jour-là fut un jour de suprême émotion pour les tièdes aussi bien que pour les âmes d'élite ; et, il faut le dire à la gloire du cœur humain, un jour où les personnalités les plus vulgaires ne descendirent pas au-dessous du sentiment national !

A la vue de l'immense déploiement de richesses qui représentait les efforts productifs du monde entier, à la pensée du libre et loyal concours de toutes les nations, une souveraine impartialité vint dominer les intérêts les plus chers. La maison, la ville, le pays s'effacèrent devant le monde ; le français, l'allemand, l'anglais se firent hommes, et, mesurant avec respect les forces communes, distribuèrent l'éloge ou le blâme sans considérer l'origine des œuvres qu'ils mettaient en cause, sans écouter d'autres conseils que ceux de la justice et de la vérité.

Un fait qui produit des sentiments aussi élevés chez des hommes, forcés, la plupart par leur position, de chercher sans cesse à faire prédominer leurs intérêts personnels — ce fait n'eût-il d'autre pouvoir que celui d'illuminer un instant le cœur humain serait de nature à exciter les plus vives sympathies. Mais les concours universels ont une autre portée que la fugitive impression d'un jour. Joints aux communications rapides de la vapeur et de la télégraphie électrique, ils sont faits pour constater la situation productive des peuples et pour les obliger, sous peine de déchéance, à mettre en œuvre tous leurs éléments progressifs.

Les concours universels sont faits pour encourager les

hommes de bonne volonté et pour montrer à ceux qui rêveraient l'immobilisme ou la rétrogradation, qu'ils rêveraient la ruine de leur pays.

C'est pour cela surtout, mon cher Blanc, que j'aime le travail dont je viens de vous parler. C'est parce que je veux lui donner tous les soins que je puis y mettre, que je n'ai pu remplir ma promesse, et que je viens en hâte vous serrer la main.

MARÉCHAL.

TABLE DES MATIÈRES.

	Pag.
Dédicace..	V
Collaborateurs..	VII
Souscripteurs...	VIII
Au Lecteur..	XIII
Feuquières devant Thionville, par M. Charles Abel........	1
Les Trois Voisins, par M. Moïse Alcan....................	15
Les Lamentations de Jérémie, *id*........................	16
La Vie champêtre, par M. André...........................	20
Perfidie de l'Amour, par M. d'Attel de Luttange..........	27
La Colombe, *id*...	28
Sainte Barbe, son Culte, son Église et ses Pèlerinages dans le pays Messin, par M. Émile Bégin...........................	31
La Mort de la Novice, par M. Louis Barthélemy............	44
Fresque antique, *id*....................................	47
A ***, *id*..	48
Bas-Relief antique, *id*.................................	49
Le Vieillard, *id*.......................................	50
Excursion archéologique dans le pays de Bitche, par M. Georges Boulangé	52
A Auguste Rolland, de Rémilly, par M. F. Blanc...........	58
Etude biographique sur Pierre Joly, par M. F.-M. Chabert.	61
Au Linot (Idylle), par M. Edouard Carbault...............	72
Pourquoi passez-vous? *id*...............................	74
Aux Artistes lyriques de Metz, *id*......................	76

TABLE DES MATIÈRES.

Alexis, par M. L.-E. de Chastellux	79
L'Infant de Castille, par M. Michel Carré	88
Les Lois de la Providence, par M. Chenard de Mazières	107
Lacuée, comte de Cessac, par feu M. le comte du Coëtlosquet	114
Bulle d'Or, par M. Dufresne	125
Une Promenade archéologique dans Metz, par M. le baron Dufour	130
De quelques Accords employés par Beethoven, par M. le comte Camille Durutte	140
Sancta Maria, par M. J.-A. Estienne	147
Marie, *id.*	150
A Mariette, par M. Faivre	153
Images et Légendes dorées, par M. Charles Fournel	159
Des Peintures d'Homère, par M. E. Gandar	164
De l'École de Metz, *id.*	172
Étude sur la Sensation musicale et sur les Influences qui peuvent la modifier, par M. Eugène Grellois	178
Saint Éloi, par M. A. Huguenin	195
Artistes et Littérateurs Messins à Paris, par M. G.-A. Humbert	206
Le Dernier des Romantiques, par M. Louis Huart	215
Prévoyance et Progrès, par M. Émile Bouchotte	224
Système Géogénique de Buffon, par M. E. Jacquot	235
L'Alliance, par feu M. J. Kœnig	245
Metz, *id*	252
Le Hachych, par feu M. le docteur Lallemand (de l'Institut)	256
Félice, par M. Albert de la Fizelière	273
La Nature sur une fenêtre, par M. Lasaulce	287
Marguerite, par M. Adrien Linden	294
Ce n'est pas encore le Bonheur, *id.*	300
De la Littérature allemande à la fin du dix-huitième siècle, par M. Gerson Levy	302
Fables, par M. Macherez	312
Sur le Dix-Neuvième Siècle, *id.*	316
Notes d'une Excursion dans le Tyrol, par M. Alfred Malherbe	323
Le Château d'Offémont, par M. Camille Malher	337
Vallée de Tempé, par M. Alfred Mézières	350
La Colombe biblique, par M. l'abbé Maréchal	361
La Porte de Mars et les Arènes de Trèves, par M. F. Munier	375
Étude de la Musique, par M. E. Mouzin	382

TABLE DES MATIÈRES.

Episode médical du Siége de Metz en 1552, par M. Félix Maréchal... 390
Une Ballade messine du quinzième siècle, par M. Aug. Prost......... 407
La Dame des Armoises, par M. le comte Th. de Puymaigre........... 417
Poésies, par feu M. Ad. Rolland.................................. 424
Des Deux États Latent et Rayonnant de l'Ame humaine, par M. C. Stoffels 431
La Cloche de Schiller, par M. Soleirol............................ 443
Metz romain, par M. Victor Simon................................. 447
Le Costume militaire en France, par M. Susane.................... 458
Une Visite à l'Abendberg, par M. le docteur Scoutetten........... 465
La Mer Morte, par M. F. de Saulcy (de l'Institut)................ 481
La Mendiante, par Mme Amable Tastu.......................... 488
Les Saisons du Nord, id.. 490
Migrations, id... 492
Maur-le-Violon, par M. Alfred Toutain............................ 495
Les Deux Voix, par M. V. Vaillant................................ 510
L'Ile de Capri, par M. Virlet.................................... 515
Les Six Amours ou la Femme, par Mme Elise Voïart........... 531
Donnons, par M. Amédée Vaillant.................................. 545
Souvenirs Messins du Quinzième Siècle, par M. Poncelet (de l'Institut).. 548
Les Cèdres du Liban, par M. l'abbé Wonner........................ 557
Les Fleurs, par M. le comte F. van der Straten Ponthoz........... 564
Les Verrières du Palais de l'Industrie, par M. Maréchal.......... 572

www.ingramcontent.com/pod-product-compliance
Lightning Source LLC
Chambersburg PA
CBHW060301230426
43663CB00009B/1548